U0908974

经济管理学术文库·经济类

提高利用外资质量

——基于我国社会主义新农村问题的研究

Improving the Quality of Foreign Investment Utilization
—Based on the Research of Targeted
Chinese New Socialist Countryside

龚晓莺／著

图书在版编目（CIP）数据

提高利用外资质量——基于我国社会主义新农村问题的研究/龚晓莺著. —北京：经济管理出版社，2016.8
ISBN 978-7-5096-3967-2

Ⅰ. ①提… Ⅱ. ①龚… Ⅲ. ①外资利用—研究—中国 Ⅳ. ①F832.6

中国版本图书馆 CIP 数据核字（2015）第 227163 号

组稿编辑：王光艳
责任编辑：许　兵
责任印制：黄章平
责任校对：雨　千

出版发行：经济管理出版社
（北京市海淀区北蜂窝 8 号中雅大厦 A 座 11 层　100038）
网　　址：www. E-mp. com. cn
电　　话：（010）51915602
印　　刷：北京九州迅驰传媒文化有限公司
经　　销：新华书店
开　　本：710mm×1000mm/16
印　　张：21
字　　数：412 千字
版　　次：2017 年 1 月第 1 版　　2017 年 1 月第 1 次印刷
书　　号：ISBN 978-7-5096-3967-2
定　　价：68.00 元

联系地址：北京阜外月坛北小街 2 号
电话：（010）68022974　　邮编：100836

前 言

利用外资是我国改革开放事业的重要举措，是促进我国改革开放 30 多年来国民经济快速增长的一个重要引擎。

但是利用外资的实际效果与我们的期望值仍有较大差距，利用外资的经济结构优化效应、技术水平和管理水平提升效应、生态环境改善效应等都不显著。不仅如此，有些外资引进后在经济结构和生态环境方面还带来了负面影响。

中国人口众多，市场巨大，随着我国社会主义市场经济体制改革的深入以及经济全球化的发展，大量的国外闲置资本会源源不断进入中国寻求投资出路，我国当前在利用外资上面临的主要问题不再是如何引进更多外资的问题，而是如何提高利用外资质量的问题。

《中华人民共和国国民经济和社会发展第十一个五年规划纲要》明确提出了提高利用外资质量的目标。提高利用外资质量问题，已经引起理论界的高度关注。但是，我国理论界缺乏达成共识的对利用外资“质量”内涵的理论研究，导致理论上对利用外资“质量”内涵的把握不准确、不全面，在实践上，一些地方政府官员缺乏利用外资质量意识，未形成体现科学发展观的利用外资“质量”观，将利用外资作为追求政绩的手段，盲目引进外资，使一些地区利用外资在做大当地 GDP 的同时，带来了环境破坏等负面影响。

2005 年 10 月 11 日，党的十六届五中全会通过的《中共中央关于制定国民经济和社会发展第十一个五年规划的建议》和《关于推进社会主义新农村建设的若干意见》明确提出“建设社会主义新农村”的时代命题，建设社会主义新农村需要大量资金，在国内资金不够的情况下，能否发挥外资的作用，这里既涉及建设社会主义新农村进程中利用外资的数量问题，更涉及建设社会主义新农村进程中利用外资的质量问题。

利用外资的质量问题是一个重要的资本理论问题，需要对其内涵进行科学界定，构建系统完整的理论框架和完善合理的评价体系，同时，还需不同视角的多维透视，其中从建设社会主义新农村的角度研究利用外资质量问题，是利用外资质量问题理论创新的一个重要方面。

中国大多数人口在农村，解决了农村发展问题也就解决了中国经济发展的主要矛盾，社会主义新农村建设目标的达成意味着该矛盾的化解，如果能证明利用外资和提高利用外资质量在建设社会主义新农村中具有重要作用，也就证明了提高利用外资质量在解决中国经济发展的主要矛盾中所起的作用。

本书试图对社会主义新农村建设目标下的利用外资质量问题做一些理论和实践探讨。重点对利用外资质量的内涵、影响利用外资质量的因素、利用外资质量的评估、提高利用外资质量的路径、提高利用外资质量与社会主义新农村建设的关系、如何提高社会主义新农村建设目标下的利用外资质量等问题展开深入研究。由于我国经济发展在区域结构上存在东西差距，社会主义新农村建设在各地区的起点和任务不一样，本书还将对我国东部、中部、西部各地区建设社会主义新农村目标下的利用外资质量问题做针对性考察。

目　录

第一章　文献综述 …… 1

第一节　新农村建设研究 …… 2

一、对全国新农村建设研究 …… 2

二、对我国东、中、西部新农村建设研究 …… 8

三、评述 …… 10

第二节　利用外资研究 …… 11

一、对全国整体利用外资研究 …… 11

二、对我国东、中、西部利用外资研究 …… 19

三、评述 …… 21

第三节　社会主义新农村建设目标下利用外资质量研究 …… 22

一、研究现状 …… 22

二、评述 …… 25

第二章　我国新农村建设的一般理论研究 …… 27

第一节　社会主义新农村建设的探索历程 …… 27

一、社会主义新农村建设初期的探索阶段 …… 27

二、改革开放后的快速发展阶段 …… 28

三、社会主义新农村建设的新阶段 …… 30

第二节　社会主义新农村建设的内涵及特征 …… 32

一、社会主义新农村建设的内涵 …… 32

二、社会主义新农村建设的特征 …… 33

第三节　影响社会主义新农村建设的因素 …… 35

一、经济发展水平 …… 35

二、工业化水平 …… 35

三、城镇化水平 …… 36

四、地方政府的政绩观 …… 36

五、政府的主导作用 …… 36

六、农村建设的相关政策及财政资金 …… 37
七、农民的主体作用 …… 37
第四节 我国社会主义新农村建设的评价指标体系和评价模型 …… 38
一、新农村建设评价指标体系的意义与构建原则 …… 38
二、新农村建设评价指标体系的构建 …… 40
三、新农村建设评价指标体系指标的选择方法 …… 62
四、社会主义新农村建设的实证分析 …… 64
五、新农村建设评价指标体系的局限性及其调整 …… 75

第三章 利用外资质量的一般理论研究 …… 77

第一节 利用外资质量的含义 …… 77
一、外资的概念 …… 77
二、利用外资质量理念的形成 …… 78
三、利用外资质量的含义 …… 79
四、外资质量的含义 …… 79
第二节 利用外资质量的相对性、动态性 …… 80
一、利用外资质量的相对性 …… 80
二、利用外资质量的动态性 …… 81
第三节 利用外资质量的影响因素 …… 82
一、引资国的经济发展水平 …… 82
二、引资国的工业化水平 …… 83
三、引资国的科技水平和科技创新能力 …… 83
四、引资国的投资环境 …… 83
五、引资国的对外开放程度 …… 84
六、引资国地方政府的政绩观 …… 84
七、引资国的引资人才 …… 84
八、外资质量 …… 85
第四节 利用外资质量的演化规律 …… 85
一、利用外资质量演化规律概述 …… 85
二、利用外资的目的和质量观的演化 …… 97
三、探寻利用外资质量演化规律的逻辑 …… 105
四、构造利用外资质量演化规律理论模型的基本思路 …… 105
五、利用外资质量演化规律的理论模型 …… 106
第五节 利用外资质量的评价指标体系和评价模型 …… 109
一、基本假定 …… 109

二、利用外资质量评价指标体系的构建 …… 110
三、利用外资质量评价指标体系的计算 …… 125

第四章 我国社会主义新农村建设与利用外资的关系 …… 133

第一节 新农村建设对外资质量提出要求 …… 133
一、总量要求 …… 133
二、结构要求 …… 134
第二节 提高利用外资质量对社会主义新农村建设的促进作用 …… 135
一、经济发展效益 …… 136
二、社会进步效益 …… 137
三、技术外溢效应 …… 143
四、环境保护效应 …… 147

第五章 我国社会主义新农村建设目标下利用外资质量评价 …… 151

第一节 我国社会主义新农村建设目标下利用外资质量的内涵 …… 151
第二节 我国社会主义新农村建设目标下利用外资质量的评价指标和评价方法 …… 153
一、评价指标体系构建的意义 …… 153
二、评价指标体系的构建原则 …… 154
三、评价指标体系构建的假设 …… 155
四、评价指标体系的构建 …… 155
五、利用外资质量评价方法 …… 161
第三节 我国社会主义新农村建设目标下利用外资质量的定性评价 …… 162
第四节 我国社会主义新农村建设目标下利用外资质量的定量评价 …… 164
一、我国新农村建设目标下利用外资质量的因子分析法 …… 164
二、我国新农村建设与利用外资质量相关性分析 …… 175

第六章 我国东部地区社会主义新农村建设目标下利用外资质量实证研究 …… 183

第一节 东部地区新农村建设与利用外资质量的现状分析 …… 183
一、东部地区社会主义新农村建设现状 …… 183
二、东部地区社会主义新农村利用外资现状 …… 189
第二节 东部地区新农村建设与利用外资质量的关系分析 …… 191

一、东部地区新农村建设与利用外资质量的内涵 …… 191
二、东部地区社会主义新农村建设与利用外资质量关系的实证分析 …… 192

第七章 我国中部地区社会主义新农村建设目标下利用外资质量实证研究 …… 215

第一节 中部地区新农村建设与利用外资质量的现状分析 …… 215
一、中部地区社会主义新农村建设现状 …… 215
二、中部地区社会主义新农村建设利用外资现状 …… 223
三、中部地区新农村建设外资利用中存在的问题 …… 225
四、中部地区新农村建设外资利用问题的成因分析 …… 228
第二节 中部地区新农村建设与利用外资质量的关系分析 …… 229
一、中部地区新农村建设与利用外资质量的内涵 …… 229
二、中部地区社会主义新农村建设与利用外资质量关系的实证分析 …… 230

第八章 我国西部地区社会主义新农村建设目标下利用外资质量实证研究 …… 247

第一节 西部地区新农村建设与利用外资质量的现状分析 …… 247
一、西部地区社会主义新农村建设现状 …… 247
二、西部地区社会主义新农村利用外资现状 …… 255
三、西部地区新农村建设外资利用中存在的问题 …… 257
第二节 西部地区新农村建设与利用外资质量的关系分析 …… 258
一、西部地区社会主义新农村建设的实证分析 …… 258
二、西部地区利用外资质量的实证分析 …… 264
三、西部地区社会主义新农村建设与利用外资质量关系的实证分析 …… 270

第九章 我国社会主义新农村建设目标下提高利用外资质量的对策研究 …… 275

第一节 我国社会主义新农村建设目标下利用外资的趋势分析 …… 275
第二节 我国未来 10 年社会主义新农村建设目标下提高利用外资质量的目标 …… 276
第三节 社会主义新农村建设目标下提高利用外资质量的政策建议 …… 277
一、制定农业利用外资优惠政策，充分认识农业利用外资工作的

重要性 …… 277
二、优化农业利用外资的地区结构 …… 278
三、完善农业投资环境 …… 279
四、重视就业和税收效应，协调经济社会发展 …… 279
第四节 社会主义新农村建设目标下我国提高利用外资质量的路径 …… 280
一、更新思想观念，树立科学的利用外资质量观 …… 280
二、培养高层次引资人才 …… 280
三、制定提高利用外资质量的目标 …… 281
四、编制符合社会主义新农村建设目标的利用外资质量要求的引资目录，引导外资投放方向 …… 281
五、改善投资环境 …… 281
六、建立对利用外资质量进行监测的统计指标体系 …… 282
七、定期对利用外资的质量进行监测 …… 282
八、制定提高利用外资质量的对策 …… 282
九、利用外资质量提高 …… 282
第五节 社会主义新农村建设目标下我国提高利用外资质量的对策 …… 283
一、解放思想，更新观念，树立正确的利用外资质量观 …… 283
二、大力培养高层次引资人才 …… 283
三、改善投资环境，扩大符合社会主义新农村建设目标要求的高质量外资引进规模 …… 283
四、大力提高农村地区的经济发展水平，加快农村城镇化进程，缩小城乡经济发展差距 …… 284
五、大力提高农村地区科技含量高、技术创新能力强、管理水平高的外资的引进力度，提高这类外资在农村利用外资中的比重，并建立外资科技和管理的扩散机制 …… 284

附 件 …… 287

附件一 东部地区各年份指标及排名 …… 287
附件二 中部地区各年份指标及排名 …… 295
附件三 西部地区各年份指标及排名 …… 302

参考文献 …… 317

后 记 …… 323

第一章 文献综述

世界各国在各自发展进程中，均要进行农村建设改革。农村建设是每个国家在实现向现代工业化社会转型过程中非常重要的阶段，能否处理好工业化与农业化间的关系，能否实现城乡的平衡发展，直接关系到一个国家现代化的实现程度及社会的稳定。在农村建设改革的进程中，各个国家尤其是已经完成农村工业化的发达国家，在本地农村建设中留下了国际典型的地区农村建设的经验和教训。我国作为转型中的世界最大的发展中国家，农村问题是我国发展问题的基石，因此我国也早已走进关于新农村建设改革的道路。

2005 年，在党的十六届五中全会上通过的《中共中央关于第十一个五年规划纲要》，确立了社会主义新农村建设这一重大历史任务。国外在早期对农村建设发展进行了大量的研究，我国在 2005 年社会主义新农村建设明确提出之后，对这一课题的研究也如雨后春笋般涌现出来，成为社会的热点。

利用外资作为推动国家全面发展的重要动力，其作用不可忽视。据联合国贸发会议发布的《全球投资趋势监测报告》称，2014 年全球外商直接投资流入量达 1.26 万亿美元，比 2013 年下跌 8%。中国 2014 年吸收外资规模达 1196 亿美元（不含银行、证券、保险领域），同比增长 1.7%，中国利用外资规模首次成为全球第一。①

关于利用外资，《中国国民经济与社会发展十一五规划纲要》指出，利用外资工作要全面贯彻落实科学发展观，进一步推动利用外资从“量”到“质”的根本转变。在我国当下新农村建设目标下，利用外资质量具体内涵是什么，利用外资的效应如何，均是我们需要进行探讨的问题。

本部分将分别从新农村建设研究、利用外资研究以及社会主义新农村建设目标下利用外资质量研究三个方面对已有研究进行文献梳理。

① 证券时报网，2015-01-30.

第一节　新农村建设研究

一、对全国新农村建设研究

作为中国特色社会主义指导思想的马克思主义理论，阐述了关于农业、农民和农村的基本理论，也是我国农村建设发展的理论基础。马克思主义关于农业的基本思想就是农业现代化思想和农业基础论。马克思、恩格斯认为农业生产是人类生存和社会发展的首要条件，人类只有满足最基本的物质生活才能生存与发展。他们认为，超过劳动者个人需要的农业劳动生产率是一切社会发展的基础，社会用于农产品生产的时间与劳动投入越少，用于其他物质或精神的生产时间越多，从而使得财富增长与文明进步得到同等水平的提高。农业劳动生产率制约着农业和工业之间社会分工的发展程度，决定了农村人口向非农产业转移的强度。马克思、恩格斯在《工资、价格和利润》、《资本论》和《经济学手稿》（1861~1863年）等著作中把影响农业劳动生产率提高的因素分为三大类：劳动者的天赋、体力、受教育程度等个人因素；劳动的地形、土壤、气候、水利等自然条件；劳动的社会条件的改进。

农村城市化思想是马克思和恩格斯农业思想的一个重要内容。马克思和恩格斯的研究表明，乡村工业化与劳动力的非农化有两种模式：一种是随着交通运输事业的发展，城市工业向乡村扩散而产生的乡村工业化与非农化；另外一种是从农村经济中自发产生的乡村工业化与非农化。马克思、恩格斯认为，国家政策的实施在缩小城乡差别和工农业差别方面可以发挥积极的作用。他们在《共产党宣言》中指出："代替那存在着阶级和阶级对立的资产阶级旧社会的，将是这样一个联合体，在那里，每个人的自由发展是一切人的自由发展的条件。"[①] 以此为基础，提出了消灭城市与乡村、工业与农业、脑力和体力劳动三大差别的思想。马克思和恩格斯在《共产党宣言》中把"农业和工业结合起来、促使城乡之间的对立逐步消灭"[②] 作为向社会主义过渡的十项措施中的第九项提出来。值得注意的是，"对立"在1872年、1883年和1890年德文版中是"差别"。可见，消灭城乡对立不是社会主义的终极目标，仅仅是向社会主义过渡的一项措施。

因此，马克思主义理论表明，政党必须亲自去研究农村居民包括农村工人和

① 马克思恩格斯选集（第1卷）［M］. 北京：人民出版社，1972.
② 马克思恩格斯选集（第1卷）［M］. 北京：人民出版社，1995.

小农的利益和状况，考虑到农村和农业发生的变化和实际情况，强调政党或政府应当采取各种措施改善农民的生存状况。

基于国外马克思主义理论，学者从关于劳动生产、城乡关系等多方面对新农村建设理论基础进行了如下研究：

罗敏、祝小宁（2008）在《马克思城乡统筹思想的三个基本要素探析》中提出马克思城乡统筹思想包含着三个逻辑严谨、相互联系的基本要素：一是对城乡关系一系列前瞻性的具体论述，即城乡分离与对立的必然性、合理性和历史进步性；二是研究城乡关系的方法论原则，即历史唯物主义的基本原则；三是城乡关系的发展目标和价值指向，即消除城乡对立和差别的共产主义城乡一体化的社会目标，这三个要素又是浑然一体的。

岑乾明、宋卫琴（2010）在《分工理论：理解马克思主义城乡观的钥匙》中提出，马克思、恩格斯的社会分工理论是理解城乡关系的基础，并总结了城乡关系的发展历程。社会分工使得城乡由浑然一体走向分离与对立，使得城市战胜农村、农村屈从于城市，等到城市发展到一定阶段又会带动农村的工业化和城乡差别的逐渐缩小，最后旧式的分工消除，城乡走向融合。分工的发展决定了城市与乡村的力量对比情况，两者在不同的特定阶段虽然表现为对立的状态，但是分工以及生产力的发展使得两者表现出“既对立又统一”的关系，当城市分工发展到一定阶段后，反过来又必然促进农村、农业的分工，从而农村得到发展；反过来，农村、农业的发展又会促进城市、工业的发展。

刘荣才（2011）在《马克思主义城乡发展理论及其对新农村建设的启示》中提出马克思主义关于城乡发展的对立—融合理论，对于我们统筹城乡发展、建设社会主义新农村具有有益的启示。第一，坚持农村集体经济制度，完善农村家庭联产承包责任制。农村集体经济制度，保障了广大农民在农村生产资料（土地）面前是平等的，这是社会主义性质在农村的体现。第二，改革城乡二元体制，统筹城乡发展，把农村纳入现代化的进程。新农村建设、农村现代化能否顺利推进和实现主要取决于能否解决好“三农”问题。解决“三农”问题的根本出路在于改革二元体制、统筹城乡发展，把农村纳入现代化进程。第三，发展现代农业。用现代物质条件装备农业，用现代科学技术改造农业，用现代产业体系提升农业，用现代经营形式推进农业，用现代发展理念引领农业，用培育新型农民发展农业，提高农业水利化、机械化和信息化水平，提高土地产出率、资源利用率和农业劳动生产率，提高农业素质、效益和竞争力。

在基本理论之外，国外率先完成新农村改革的发达国家，在关于新农村建设方面也为我国的农村建设发展提供了研究内容和经验教训。

韩国于20世纪70年代在全国范围内开展了以“勤奋、自助、合作”为宗旨的新村运动，旨在缓解由于城乡居民收入差距不断拉大、农村人口大批涌入城市所导致的诸多社会问题。孙保营（2009）在《韩国“新村运动”与我国新农村建设问题分析》中分析了韩国“新村运动”的经验和教训，并深入分析了我国新农村建设中存在的问题。韩国的“新村运动”，历程之短，成就之大令世人瞩目。这种“就地”现代化运动，既促进了农业的发展，扩大了农村劳动力的就业，又快速缩小了城乡差别，实现了农村的繁荣和稳定。韩国“新村运动”的成功经验主要体现在：第一，政府引导支持与农民自发参与有机结合；第二，政策的连续性和稳定性；第三，注重骨干培训，发动社会力量支持农村建设；第四，具有广泛的社会民众基础。

日本在20世纪70年代后期为了解决“地域过疏化”，实现乡村可持续发展和农民收入增加，实施“造村运动”并开始推行“一村一品”的发展模式。随着城市化进程的加快，日本在20世纪60年代出现农村人口的大规模转移。农村人口尤其是农业劳动力流动加速，乡村地区出现了人口过疏化现象。为应对农村人口流失，日本政府一方面制定了大量促进农村发展的政策法规（如《过疏地域对策紧急处置法》），在法律中对农村过疏化地区提出具体应对措施；另一方面加强对农村、农业的投资，大力开展针对农村的各种公共设施建设工程，旨在缩小城乡差距，减小农村地区的人口外推力。此外，为了恢复过疏化地区的发展活力，日本还特别强调地区自立，并在2000~2010年实施的《过疏化地域自立促进特别处置法》中，对过疏化地区自立制定了具体目标，内容涉及产业发展、设施建设、环境改善、文化振兴以及福利提高等方面。通过上述各种努力，日本有效控制了过疏化蔓延，防止农村人口的进一步流失。

社会主义新农村建设并不是一个新概念。新中国成立以来，在党的有关农业农村的文件、领导同志的讲话中，一般性地把社会主义新农村建设作为一个长远的发展目标，作为引导农民的一种未来的憧憬，这个提法在文件中是多次出现的。与新中国成立60多年以来的历史相比较，比较集中地明确提出社会主义新农村建设在历史上有两次。

第一次是在1956年，全国人大一届三次会议通过了《高级农业生产合作社示范章程》。章程通过之后，中央明确指出，《高级农业生产合作社示范章程》是我国进行社会主义新农村建设的一部重要法规。这是在党的文件中第一次明确提出社会主义新农村建设。

第二次是在1960年4月，全国人大二届二次会议通过了一部重要的法规《全国农业发展纲要》，是毛泽东于1955年开始亲自主持起草的，历时四年多。作为发展纲要，《全国农业发展纲要》进行了规划期设计，1956~1967年，跨越了三个五年计划的阶段。纲要内容涉及多方面丰富内容，共40条内容，老农业同志也概括为“农业纲要40条”。

2005年10月十六届六中全会通过建议，提出社会主义新农村建设，这次提出不是简单地对前两次提出的重复，而是在新的时代背景下，赋予了社会主义新农村建设新的科学内涵。

社会主义新农村的具体内涵是指，在社会主义初级阶段这一特殊历史时期，以坚持党在农村基本政策为前提，以经济社会全面进步为标志的农村社会发展状态。这是以科学发展观为指导，在构建社会主义和谐社会的新历史阶段提出来的，既有高度的引导性，又有明确的详细要求的历史任务。十六届五中全会对于社会主义新农村建设提出了“生产发展、生活宽裕、乡风文明、村容整洁、管理民主”的目标，该目标内容丰富、含义深刻，较全面表达了新形势下建设社会主义新农村的要求。对于社会主义新农村建设的具体内容和目标，不少国内专家学者提出了各自的观点。

依据“二十字”发展目标方针，李炳坤（2006）提出新农村建设的内容包含发展农村经济、建设农村基础设施、发展农村社会事业、推进农村体制改革、建设农村现代文明、增加农民收入六个方面。他认为，由于我国较大的地域差别性、人口众多、城乡差距较大等基本国情，因此要实现新农村生产力的解放和发展必须要坚持以农村经济发展为中心。陈锡文（2007）将新农村建设解释为“三个五”，他认为新农村建设的目标和任务是系统、全面、完整的，不能简单解释为单纯的新村庄建设。第一个“五”是五个建设方面，即经济、政治、文化、社会和党的建设；第二个“五”是五个方面的建设内容，即“生产发展、生活宽裕、乡风文明、村容整洁、管理民主”；第三个“五”是五大目标，即农村生产力发展、农民生活水平提高、农村基础设施完善、农村社会事业发展、基层民主政治建设继续推进。

此外，陈锡文对当前农村总体改革发展的形式做出了客观判断，对农村改革发展取得的成就显然要充分肯定，但从居安思危的角度出发，分析当前我国农业、农村中存在的问题。其中有三句话对当前农业、农村存在的问题进行了高度概括：农业基础仍然薄弱，最需要加强；农村发展仍然落后，最需要扶持；农民增收仍然困难，最需要加快。我国社会经济发展出现了新的阶段特征，无法更加主动、自觉地去调整国民经济收入分配格局，为加快解决“三农”问题，各级财政对农业的扶持力度必须加大。关于这个问题：一是我国总体上已进入以工促农、以城带乡的发展阶段；二是进入加快改造传统农业、走中国特色农业现代化道路的关键时刻；三是进入着力破除城乡二元结构、形成城乡经济社会发展一体化新格局的重要时期。

生产发展和生活宽裕是从农民收入状况、农民消费状况、基础设施建设等方面全面衡量农村经济发展规模、农业现代化建设、农村工业化建设和产业结构化发展等元素的评价指标，同时也是新农村建设所追求的重要目标。学者们在新农村建设研究中大多会涉及新农村经济建设和发展，许多学者通过提出相关体制政策机制以研究对新农村经济发展的正效应。

中国财政部前部长金人庆（2006）在《建设社会主义新农村——扩大公共财政覆盖农村范围，建立支农资金稳定增长机制》一文中强调，财政支持“三农”进展过程中要改进财政支农方式，提高支农资金使用效益：一是转变农业综合开发资金的使用方式，如 2005 年采用参股、专项贴息等方式吸引信贷资金和其他全社会资金 45.36 亿元，近三年中央财政共投入农业综合开发资金 270.2 亿元；二是积极开展整合支农资金试点；三是创立缓解县乡财政困难的激励约束机制。以此支持推进相关政策改革，搞活农村市场。通过多途径、多角度、多方法实现惠农、富农。

王雍军、陈灵、陈钰宇（2006）在《新农村建设论集》中阐述，新农村建设中的县域经济是连接城市和乡村的结合点，是国民经济的基础和重要组成部分，在农村大力发展以县为单位和中心的县域经济是发展中国农村经济的关键，也是促进中国农村经济整体长期发展的动力。发展县域经济的途径很多，招商引资是发展县域经济的强有力措施。招商引资在一定程度上起到对投资缺口的弥补作用，减轻了当地政府财务负担；外资的引进促进了先进管理方法、高科技核心技术等的引入，发展特色产业并加快产业技术进步和结构升级，促进产品出口；促进经济发展，为不同层次劳动力提供就业机会；最终实现我国经济管理体制改革和经济国际化。

任庆国（2007）在《我国社会主义新农村建设政策框架研究》一文中阐述，我国目前的新农村建设政策制定的特点：农村政策制定处于快速发展期、政策制定有着优良传统、基层干部和农民对政策制定有着很大动员依赖。鉴于上述情况，我国新农村政策建设应该培养和造就新型农民，完善农民利益表达机制，增强政府与民间的信息沟通，开放政策制定系统等。并指出新农村建设过程中政府执行力相对较弱和外商投资环境较差，政府加大政策执行能力实有必要。

王德海、孙素芬指出，除了相关政府经济政策和机制的颁布以外，同时应将新农村建设过程中只重视基础设施建设的偏向扭转到重视生产发展上来，推动农业技术推广服务的体制与机制创新研究，提高农业技术推广服务的质量和效率，解决农民最关切的问题，使新农村建设的成果具有可持续性。通过培养科技协调员和农民辅导员等措施，加强基层科技推广队伍建设和农民田间学校的建设，创新农业推广与农民培训的形式与机制，提高农民培训效果。①

乡风文明是农村和谐社会构建的重要体现，表现在农村居民思想道德和法律水平、知识文化水平的提高。张敬华根据对我国当前农村地区乡风文明现状的分

① 王德海，孙素芬. 新农村建设中农民视角的生产发展问题与需求分析[J]. 农村经济，2009（4）：34-36.

析，指出现阶段农村社区乡风文明建设过程中还存在一些突出问题：一是基层组织成员往往重经济发展，轻文明建设；二是农村文化生活贫乏，相关设施不足，且缺少相应的组织和管理；三是某些腐朽消极的东西沉渣泛起。因此要通过农村教育、卫生、文化和体育等事业的发展，推进农民知识化、文明化和现代化。①

对于村容整洁，我国国家环境保护总局前局长周生贤同志认为，村容整洁就是“清洁水源、清洁家园、清洁田园”②，是对社会主义新农村“村容整洁”丰富内涵的最佳阐释。

刘雪荣、程水源、张正才（2009）指出，村容整洁是指村庄布局合理、基础设施完善、服务设施齐全、生态环境良好，是综合体现社会主义新农村建设的外显状态和有效载体，其目的就是强调农村在追求经济发展的同时，必须重视农民生活环境的改善，以全面促进农村经济发展。村容整洁是新农村建设的重要内容和突破口，为社区经济发展提供环境保障，协调推进农村物质文明、精神文明和政治文明建设，努力实现农民和农村经济社会的全面发展。他们指出，影响村容整洁是由多重混合因素引起，居民素质、政府整体规划与管理机制、当地经济发展水平及政府财政状况等均是村容整洁目标的影响因子。因此，村容整洁也是反映地区整体发展状况的重要指标。

湛方栋、郭先华认为，村容整洁在农业生产环境整治方面，缺少操作性强的具体措施和可供考核的量化目标，有待进一步完善。我国农村在地区上存在差异，农村环境综合整治在具体措施上和实施目标上尚待完善，使得处于探索阶段的社会主义新农村“村容整洁”建设工作依然面临许多现实难题。在维护农业生产环境中，需要实施“源头减排、过程控制、末端治理”的全过程污染控制与管理措施；农村村庄环境需要通过基础设施建设、居民文明程度提升等综合多方面制度和机制，才能实现“村容整洁”目标。③

管理民主是新农村建设的重要目标，也是实现新农村建设的管理手段。管理民主的实现途径就是村民自治，通过民主选举、民主决策、民主管理、民主监督，使农村的管理按农民自身的意愿、依据相关规章制度行事。

有学者认为我国农村群众缺乏对管理民主的实质性认识，对于选举等民主性活动只停留于表面形式。雷鸣（2010）指出，从全国来看，农村管理民主工作虽然取得了一定的成绩，但还处于起步阶段，整体运作水平不高。全国不同地区由于教育、经济等差异使得管理民主成效存在地区间显著差别；当地领导人员对管理民主持消极态度，拖延了管理民主建设的发展节奏；群众对管理民主缺乏深入

---

① 张敬华. 江苏扬泰地区新农村建设研究［D］. 南京：南京林业大学博士学位论文，2014.

② 周生贤. 推进村容整洁是新农村环保工作的重大任务［J］. 环境保护，2007（1）：8-11.

③ 湛方栋，郭先华. 农村环境整治：村容整洁的实现路径［J］. 云南农业大学学报（社会科学版），2013，7（S2）：117-123.

认知，对管理民主的实现缺少动力；民主制度不健全，导致村民参与民主管理的渠道不通畅，影响了村民对村集体事务管理的民主权利的行使，进而影响了新农村管理民主的建设进程。只有通过健全法律法规、完善监督制度和村务公开制度等建设，才是解决农村管理民主问题的较好方法。①

王学军、陈武（2009）对我国27个省（区）的农村投入水平、政府效能发挥和新农村建设绩效进行客观综合评价，运用相关分析、探寻三者之间的相关性研究中发现，我国新农村建设绩效相对比较均衡，中部省份略优于东部地区和西部地区；农村投入水平的产出存在时间上的滞后性，西部地区的投入水平（相对水平）高于东部地区和中部地区；政府在社会主义新农村建设中发挥作用的大小呈不均衡态势且存在明显的滞后性，中部地区政府效能发挥更加明显，而西部地区政府在新农村建设中的作用相对较弱；农村投入水平和政府效能发挥是相互影响、相互制约、相互作用、相辅相成的。

二、对我国东、中、西部新农村建设研究

我国整体发展呈现为东、中、西三大经济地带的差异发展。1978年改革开放以来，我国实施效率优先的原则，投资和产业分布重点东移，向东部沿海发达地区倾斜，实施非均衡发展的区域经济发展战略，东部投资比重上升，中部、西部大部分省区投资比重下降。中国区域经济发展策略由以平衡为目的的“均衡模式”逐步转向以效率为目标的“倾斜模式”，改变了过去“轻效益、重平衡”、“轻沿海、重内陆”的区域发展策略，以东部优先发展为策略。自此东部地区发展迅速，中西部地区发展相对落后，东部、中西部地区经济发展的差距逐渐扩大，地理上的二元结构与经济上的二元结构并存，严重制约了区域经济的可持续协调发展。因此，在进行新农村建设时，要以地区经济发展差异为前提。学者们在对我国新农村建设进行研究时，主要是从区域发展差异化角度进行划分。

根据地区经济条件差异化，王景新（2006）将我国划分为经济发达地区和经济欠发达地区。他认为经济发达地区的新农村建设，是以城乡一体化为目标，以工业反哺农业、城市支持为条件，以基础设施建设和经济发展的各类工程为抓手而展开的。区域经济地理优势、经济实力和财政支付能力优势，使这些地区开始出现逆城市化现象，特别是区域工业化和城市化进入成熟时期，这些条件使村落经济社会加快向现代工业社会转型，分化很明显。欠发达地区的新农村建设是以改造、建设农业生产和农民生活的基础设施为主，从而改善当地发展条件。

东部地区的快速发展为新农村建设提供了工业基础、经济支持。刘彦随（2007）指出，乡村转型发展是实现农村传统产业、就业方式与消费结构的转变，

① 雷鸣. 论新农村建设中的管理民主［J］. 2010（7）：128-130.

是由过去城乡隔离的社会结构转向构建和谐社会过程的统一，其实质是推进工农关系与城乡关系的根本转变。改革开放，东部地区工业化、城市化快速发展，促进区域经济增长并深刻地改变着广大农村地区。东部沿海地区工业化、城镇化，促使农村产业结构、就业结构与农业生产等发生巨大变化。沿海地区乡村发展进入转型升级新阶段，在全国率先基本实现现代化，新农村建设也须率先推进。沿海地区南北及城乡差异很大，决定着农村地域类型的复杂性及其发展模式的多样性。新农村建设须遵循区域差异性与乡村转型发展规律，因地制宜、科学规划、分区推进。注重发挥农民主体作用，发展外向型现代农业，提升农村生产力，全面推进沿海新农村建设。为此，在区域市场体系、城乡产业、就业制度与社会保障的一体化发展上须有所突破和创新。

高燕琼（2007）指出，东、中、西部发展差距的扩大已成为21世纪影响中国经济持续、快速、健康发展的一个突出矛盾。中西部农村的建设和发展面临着诸多不利因素：贫困问题未根本解决；产业结构亟待调整和升级；政策支持体系不完善等。在新农村建设的进程中，只有对这些影响全国均衡建设和发展的不利因素进行研究，并提出对策方案，才能促进中西部同东部地区协调健康发展、促进整个国民经济和社会的和谐发展。进行中西部地区新农村建设中，可以援引梯度推进理论，充分利用东、中、西部地区的发展存在差异梯度特点，因地制宜，互相促进，充分发挥东部地区的资本、技术优势，以及中西部的资源、劳务优势；按增长极理论，在中西部地区培育若干经济“增长极”，以带动中西部农村以及该区域的整体发展；按照点轴开发理论，在中西部地区新农村建设中“以点连线”、“以线带面”；依照圈层结构理论，打造城市经济圈，充分发挥城市对农村的辐射作用。

在差异化存在的背景下，李瑞霞、陈烈（2008）指出，新农村建设的提出基于学界在三方面内容上的共识：城乡发展不协调以及现实巨大的城乡差距；我国已进入“以工促农、以城带乡”的发展新阶段并具有实现反哺的经济基石；应该采取整村推进的方式，建立城乡统筹的协调机制，才能真正提高农村经济的整体实力。

我国是多民族的国家，因此除经济发达与经济不发达地区之外，还有因民族文化存在有差异的地方。对于这些特殊的历史文化背景，段晓凤、薛兴华（2015）指出，对于中西部少数民族集聚省份，其发展困境在于边缘化的经济区位、农业生产模式的更新动力不足、相对恶劣的自然环境条件对现代生产模式的限制性、人口发展的退化趋势和现代科技文明冲击下民族传统社会文化的传承间断五个方面。

三、评述

根据对我国新农村建设的文献梳理分析，学者们分别从政治、经济、文化、社会等各方面阐述了新农村建设过程中遇到的各种情况和优缺点。其中，国家财政部前部长金人庆，王雍军、陈灵、陈钰宇，李炳坤等人从经济的角度研究新农村建设进程中的农村经济应注意的问题，农村经济要更好，搞活经济、增加就业是关键，经济一活将带动农产品的生产，进一步带动农产品的出口，增加了国家GDP的同时又解决了农民增收问题。此外，应尊重农民地位、以民为本、因地制宜，依靠社会各界的力量建设我国的新农村。

从新农村建设政策方面研究我国社会主义，任庆国发现我国新农村建设政策制定存在很多特点，农村政策制定处于快速发展期、政策制定有着优良传统、基层干部和农民对政策制定有着很大程度的依赖性。我国新农村政策建设，应该培养和造就新型农民，完善农民利益表达机制，增强政府与民间的信息沟通，开放政策制定系统等。

从新农村综合评价方面研究我国新农村建设，陈锡文和王学军、陈武研究得很深入，他们从经济、政策和文化方面整体研究，认为东西部地区差异、经济发展不均、城乡结构不合理等诸多因素都将影响我国新农村建设进程。

对于东、中、西部区域发展差异性对新农村建设的阻碍，王景新、刘彦随、高炎琼等提出，良好的基础建设和先进的生产力、工业化、技术化等是利用优势带动新农村建设的动力，也是缩小各发展区域间差距的关键因素。

综上可看出，我国新农村建设是个艰辛的过程，农村既蕴含着巨大的潜力，也存在着与发展过程相悖的各种弊端，如何扬长避短，将成为新农村建设过程中的重要问题。社会主义新农村建设是涵盖经济、社会、政治、文化、生态以及党的建设的全面建设。各个地区由于社会经济发展水平各异，教育程度、资源环境各有不同，造成农村经济基础和政策执行力各异，因而社会主义新农村建设内容的重点和次序也不同，地区差异较大。

积极推进社会主义新农村建设、有效解决“三农”问题是摆在我们面前的一个重大实践课题。主要应从以下几方面努力：第一，政府积极支持、大力推动是关键，政府的积极推动和强有力支持起到了决定性的作用。第二，遵循“三农”发展特点和规律，确立长期发展战略。第三，找准新农村建设突破口。切实带给农民实惠是新农村建设的突破口，应增加农村公共产品有效供给，切实带给农民益处，满足农户需要，吸引农民自愿参加、自主建设，激发农民建设新农村的动力。促进粮食稳定增长、农民持续增收，必须坚持农村基本经营制度，尊重农民的主体地位，不断创新农村发展的体制机制。以家庭承包经营为基础、统分结合的双层经营体制，已经被实践证明是现阶段我国农村行之有效的基本经营制度；

必须长期坚持并不断完善，必须坚持以人为本，着力解决农民生产生活中最迫切的实际问题，切实让农民得到实惠；必须坚持科学规划，实行因地制宜、分类指导，有计划有步骤地逐步推进；必须坚持发挥各方面的积极性，依靠农民辛勤劳动、国家扶持和社会力量的广泛参与，使社会主义新农村建设成为全党全社会的共同行动；必须切实注意工作方法，建设新农村是一项长期而艰巨的任务，各项工作要从实际出发，注重实效，不搞形式主义；要量力而行，不盲目攀比；要民主商议，不强迫命令；要突出特色，不强求一律；要引导扶持，不包办代替。要坚决避免一切形式的“政绩工程”，切忌违背农民意愿、侵犯农民权益、加重农民负担，确保社会主义新农村建设真正造福亿万农民。

第二节 利用外资研究

一、对全国整体利用外资研究

作为中国特色社会主义的倡导者，邓小平同志在继承马克思列宁主义的基础上，对我国利用外资的理论和实践做出了卓越的贡献。敢于和善于利用外资，是邓小平同志改革开放理论中一个重要的组成部分，“搞社会主义，中心任务是发展社会生产力，一切有利于发展社会生产力的方法包括利用外资和引进先进技术，我们都采用”。充分利用外资有利于解决我国社会主义现代化建设资金的不足，深入学习现代化生产规律的先进经营管理方式和管理方法，有利于缓解劳动力的就业问题，开拓国际市场。利用外资是一个很大的政策，应该长期坚持。关于筹措方式、经济效益等方面，邓小平都有一些经典的论述，并且他把这些思想灵活运用到实践当中去，比如出台利用外资的法律法规、采取多种类型的吸收外资方式等。改革开放以来，我国利用外资的工作以邓小平利用外资理论为指导思想，在我国全方位、多层次、宽领域的对外开放的经济环境中，更多更好地利用外资促进了国民经济持续快速、健康发展。

江泽民进一步发展了邓小平利用外资的思想，指出要“把握有利时机和采取多种形式大胆引进外资，坚持利用外资与国内经济发展战略有机结合，着眼于提高国民经济的素质和效益，增强综合国力和国家竞争力，要在坚持优化结构、注重质量和效益的基础上，保持外资的稳定增长，积极引导外资投向农业、高新技术产业、基础设施建设，要完善全方位、多层次、宽领域的对外开放格局，把利用外资提高到新水平”，同时，他也提出，“必须始终注意维护国家主权和经济社会安全，进一步完善有关政策，不断提高对外开放质量和水平”。

胡锦涛也指出："要着力提高利用外资的质量和水平，要根据我国发展的需要，不断优化利用外资的结构，提高利用外资的水平，更好地把引进外资同提升国内产业结构、技术水平结合起来，同促进区域发展、企业改组改造结合起来。要以提高自主创新能力为出发点，着重引进先进技术、管理经验和高素质人才，做好引进技术的消化吸收和创新提高。"可见，几代党和国家领导人都重视引进外资的问题。

国外的利用外资相关研究主要体现在国际直接投资理论中，代表性理论有企业优势理论、内生增长理论、两缺口模型理论等，这些理论分别从不同角度论述了开展国际投资的必要性以及影响国际投资的因素。

而有关利用外资质量问题研究，可追溯到 1999 年《世界投资报告》，该报告从多方面概括了外商直接投资对东道国的影响，认为外资是东道国资本的来源之一，利用外资可以通过技术转移促进东道国技术发展，扩张贸易量，增加就业量，提高就业质量，同时还可以促进环境保护等。纳格什·库马尔（Nagesh Kumar）最早对外资质量问题展开研究，如萨达娜·斯里瓦斯塔瓦（Sadhana Srivastava）在书评中讲道：库马尔的研究是"现有的唯一从发展中国家的角度对评价外商直接投资质量做出贡献的文献"。[①] 从库马尔提出的外商直接投资评价指标可以推断出：外资质量的内涵是外资为东道国带来的收益或正外部性，主要是指外资对引资国技术、进出口贸易、产业结构、研发投入、企业经营管理等方面的积极效应。库马尔指出，"不同国家引进外资的质量因不同的标准而不同"。

就利用外资质量评价实证分析领域，库马尔不仅较全面地指出外资质量评价标准，还对利用外资质量进行了系统的实证研究，库马尔重点选择 74 个国家在 1982~1994 年的 3 个时点上运用指标评价体系进行了实证研究。库马尔的研究其中有一个重要的结论，除了在出口层面外，大多数发展中国家利用外资质量较低。库马尔又指出，东道国一些外资可能带来正外部性，另一些则产生了挤出效应导致总体效益为负[②]。2005 年，库马尔从外商直接投资出口信息溢出角度比较了中国和印度利用外资的质量，结果表明，中国外商直接投资的利用质量远高于印度。现有的研究没有全面系统深入地评估我国利用外商直接投资质量，因而没有对我国利用外资质量做出全面客观的判断。[③]

巴克利（Buckley P. J.）则指出，中国外商直接投资的质量在 1995~2001 年

① Sadhana Srivastava. Globalization and the Quality of Foreign Direct Investment [J]. ASEAN Economic Bulletin, 2003, 20 (2): 194.

② Kumar, N. Globalization and the Quality of Foreign Direct Investment [M]. New Delhi: Oxford University Press, 2002.

③ Nagesh Kumar. Quality of Flows as Important as Magnitude [EB/OL]. [2009-01-22]. http: // fecolum nists expressindia. com. 2005-11-03.

(从项目平均规模的增大、从劳动密集型产业过渡到资本密集型产业和外商直接投资企业通过前后向关联与本地企业一体化角度衡量) 不断提高。①

早在 2001 年召开的全国外资工作会议上，中国政府已经明确提出要把利用外资的工作重点转向引进国外先进技术，正确处理好质量和数量、局部和整体、眼前与长远的关系；2006 年 3 月，全国人大通过了第十一个五年规划，其中对吸收外资有明确表述，就是在未来五年要进一步优化外商产业结构，鼓励外商投资设立高新技术企业和研发中心，也鼓励外商投资服务贸易，大力推进我国现代服务业的发展；2006 年 11 月，国家发改委公布了《利用外资“十一五”规划》，提出将利用外资的重点从弥补资金、外汇不足切实转到引进先进技术、管理经验和高素质人才上来，更加注重地区平衡、生态建设、环境保护、资源能源节约与综合利用。

目前学术界对利用外资质量的内涵界定主要有以下三种观点：一是认为利用外资质量的内涵主要是指外资的溢出效应，如何洁 (2000)、陈自芳 (2005)。二是利用外资能够优化中国的资源配置，能够促进中国经济社会的持续、快速、健康发展。三是认为利用外资质量，实际上就是经济安全，尤其是金融安全。

何洁在利用外资的溢出效应上解释到，外国直接投资的“外溢效应”，是指外商直接投资对东道国的经济效率和经济增长或发展能力发生无意识影响的间接作用，它可以发生在同一产业内或者不同的产业间。影响外溢效应的内部因素：经济发展水平、经济开放程度、当地技术水平、基础设施建设——投资硬环境、当地人口数量、当地产业结构、不同地区的地理位置、开放程度因素和其他因素之间的相互作用对外溢效应产生的间接影响。20 世纪 90 年代以来，我国工业部门引进的外商直接投资的总体质量没有得到实质性的提高，外资的要素边际生产率并不存在很明显的优势，这说明外商直接投资企业对我国总体资源利用效率的提高并无太大的帮助。但外资企业对内资工业部门的总体正向外溢效应是现实存在的，而且这个正效应还随我国对外开放步伐的加快而扩大，引进外商直接投资增加速度的加快有不断增强的趋势。值得一提的是，我们发现外商直接投资的外溢效应中存在经济发展门槛效应，即在经济发展达到某一个水平以后，外商直接投资外溢效应的作用水平将发生显著的跳跃，进入另外一个更高的层次。②

陈自芳 (2005) 提到，外溢效应的途径和机制分为示范与模仿、效应产业关联效应、人力资本流动效应、企业竞争效应，在通过外溢效应带动我国产业升级

① Buckley P. J. , J. Clegg, and C. Wang. The Relationship between Inward Foreign Direct Investment and the Performance of Domestically-owned Chinese Manufacturing Industry [J]. The Multinational Business Review, 2004, 12 (3).

② 何洁. 外国直接投资对中国工业部门外溢效应的进一步精确量化 [J]. 世界经济, 2000 (12): 29-36.

和技术创新具有重要意义的前提下，以东道国优势寻求引入高技术外资，并促进内外资的有效结合，是强化外溢效应的必然前提。优势的发挥，则要根据外资的进入行为偏好，有针对性地采取相应的方式。因此有必要研究促进外资增强外溢效应的导向性条件，以调整我方引进外资及相应技术的取向和政策。

佘德荣、陈红卫（1997），张宏（2004）几位学者认为，我国农业利用外资偏少的原因之一是因为我国农业不具有资源禀赋优势，在国际比较中我国农业总体上处于绝对劣势。实证评价中国利用外商直接投资质量的成果很少，已有的研究主要是用单一或几个指标评估利用外商直接投资质量。结论表明：我国利用外商直接投资质量不高，主要表现在技术含量低、项目规模小、产业层次低和空间上集中于沿海地区造成了产业和区域利用外资的失衡，这些研究主要评价流入我国外商直接投资的质量。

傅元海、彭民安（2007）[①] 依据外资可能或实际为东道国带来的收益将外资的收益进一步界定为潜在收益和实际收益两类，依据上述角度进一步建立利用外资质量的评价指标。在强调经济安全的基础上，有学者认为，利用外资质量的具体内容是民族经济主体论、交换论和防范危机论。张琦对三种观点进行了总结：强调民族经济主体论就是认为民族资本控制东道国的关键产业、关键领域、关键区域和关键企业及其相关的无形资产，外资只能对这种控制力起推动作用；交换论则是主张出让部分市场、利润、资源和资产，以换取技术、专利、管理经验、人才等创新的资源；防范危机论则是主张控制外资的负面效应。

江小涓在生产能力和资金都过剩时仍然还要利用外资[②] 这一问题中，对外资的重要性作了深刻分析后指出，内资不能替代外资是因为在近年来我国生产能力和资金都过剩的情况下，外商直接投资对东道国经济发展能起到改善资产质量、促进技术进步、提升产业结构、带动配套产业、增强国际竞争力等作用。[③] 在外资推进我国科技进步方面，江小娟认为，利用外资对我国技术引进起到了积极作用，中国利用外资技术溢出效应明显，对中国企业起到配套带动作用，将导致人才双向流动，引导我国研发能力面向市场，与国内企业合作建立研发中心，从而对国内市场起到示范和竞争效应，与此同时，还能为国内企业提供高水平配套产品。但特别提醒，国家安全和重大技术战略的重点领域并不能依赖外部资源，如国防领域。因此，在吸引利用外资的同时也必须注意国家安全问题。

黄洪燕、赵银德（2008）在《关于外商直接投资的思考》中提出，我们在积极引进外资的同时，自身能力的提升尤为重要。一方面要继续积极引进外商投

① 傅元海，彭民安. 中国利用外商直接投资质量的评价标准研究［J］. 求索，2007（11）：20-23.

② 江小娟. 吸引外资对推进中国产业技术进步的影响［J］. 煤炭企业管理，2004（5）：16-18.

③ 江小娟. 内资不能替代外资［J］. 国际贸易，2000（3）：4-8.

资，另一方面走自主创新之路。作为一个发展中大国，在当前激烈的市场竞争中，我国不能过分依赖国外转移的先进技术，而应该不断完善自身的创新能力，把利用引进外资和自主创新结合起来，创造出具有核心竞争力的技术资源。

崔凡主张利用横向外资，提高外资质量[①]。所谓的横向外资，即主要发生在发达国家之间，其目的主要在于通过获得更大的市场谋求规模经济收益，也称为市场导向型外资。横向外资的决策取决于邻近与集中的权衡。邻近是在邻近市场设厂生产，从而节约产品运输成本；集中是集中于一地进行生产，从而节约固定生产成本，获得规模经济效益。目前，我国的外资流入将逐步从以纵向外资为主向以横向外资为主转化。利用横向外资将是我国外商直接投资体制中今后相当长一段时间里的一个根本特征。利用横向外资有以下优点：第一，有利于维持和扩大现有外资引进规模；第二，有利于促进出口；第三，有利于实施均衡区域政策；第四，可以促进技术引进和扩散。但引进横向外资在促进外资经济的同时也有弊端的存在，其中一个重要的问题就是这类外资往往项目资金规模比较大，投资者具有相当强的实力，具有垄断的倾向。为了有效吸收和利用横向外资，我们应该建立起以竞争政策为核心的外资管理体制，并配合以行业性技术监管体制。

在当前世界经济一体化趋势下，隆国强认为，提高吸收外资的质量与水平的含义主要体现在：第一，进一步发挥外资在国家技术创新中的积极作用，充分发挥其技术溢出效应。第二，充分发挥外资在促进现代服务业发展和增强服务业出口竞争力方面的积极作用。第三，继续发挥外资改造低效率国有企业的积极作用，按照完善社会主义市场体制改革的要求，深化经济体制改革。第四，引导外资投向中西部地区，发挥外资在区域协调发展方面的积极作用。第五，坚持以我为主的原则，充分发挥外资在我国的跨国公司成长中的作用。第六，引导外商投资企业积极履行社会责任，包括节能减排、环境保护、劳资和谐等方面。[②]

李凡曾经提出，利用外资的质量问题从本质上说就是能否把引进的外资投放到使用效率最高用途上的问题。[③] 在开放经济条件下的经济发展中，利用外资的形成总是体现为向一定的部门或地区引入一定比例的外资，各部门、各地区吸收外资的总和决定了外资占有率的一般水平，而一定的外资占有率水平往往又要求一定的投资结构与之相适应。

姜晓亭认为，面对国际资本流动的新趋势和日趋激烈的引资竞争，传统的吸引和利用外资的手段和方式已明显表现出一定的局限性。[④] 必须加快利用外资的

① 崔凡. 利用横向外资，提高外资质量［J］. 国际贸易，2007（1）：45-47.

② 隆国强. 论新时期进一步提高利用外资质量与水平［J］. 国际贸易，2007（10）：47-48.

③ 李凡. 论外资质量研究中应注意的几个问题［J］. 湖南商学院学报，2002（2）：57-58.

④ 姜晓亭. 创新引资方式、提高利用外资质量和水平［J］. 四川经济研究，2004（1）：31-34.

政策创新、机制创新，积极探索利用外资的新方式，增强引资的实效。

利用外资的最终目的是为了促进我国经济进一步发展并与世界经济融为一体。利用外资的质量如何、利用外资对地区经济的影响如何等是评价和衡量利用外资的重中之重。对于如何评价利用外资的质量，甘宏业建立起科学的外商投资质量评价体系，对于进一步提高我国的对外开放水平，提出了九点质量评价标准：是否符合国家产业政策；技术水平是否先进适用；能否提高原有企业的经营管理水平；是否创出了自己品牌；是否有本国资本掌控权；合资产品的市场结构是否优化；合资是否有利于增强原有企业活力；合资企业的利税指标是否达到要求；企业是否具有长期持续发展的后劲。[①] 当然，对于外商投资质量评价并不止这九条，但是，改革开放进行到今天，我们有必要用一些基本的标准对引进的外资进行一番客观的评价，以便进一步提高引进外资的质量，提高对外开放的水平。把引进外资同保护和发展民族工业有机地结合起来，使我国的经济增长质量进一步的提高。

李萍认为，提高我国利用外资的质量要注重发挥外国直接投资的外部效应，其主要表现：技术外溢效应、产业结构效应、制度变迁效应等。同时，利用外资可能会使我国部分经济主权受损，一些行业和商品市场被外商独占，形成垄断产业。[②] 外国直接投资作为"一揽子资源"，它的作用是多方面的。一方面通过直接的资本效应促进我国经济增长，另一方面还通过产业连锁效应和示范与牵动效应间接增加我国国内资本而影响经济发展。在我国，外国直接投资对技术进步的影响是不完全的，没有充分发挥理论分析所应具有的技术外溢效应。因此，利用外资的同时要注重国家经济安全，外商如果投资于高污染行业，给我国的生态环境造成极大的破坏，给社会环境造成不良后果。所以，提高利用外资质量也包含提高利用外资的生态效益。

赵敏在研究中国利用外资前景的战略过程中发现，中国在吸引外商直接投资方面一向非常成功。但由于中国较好的投资环境、低廉的工资和近几年来国内市场的迅速增长，外商直接投资在中国各个省份的分布并不平均，沿海省份最多，而西部即使在政府鼓励外商投资的情况下仍然只得到外商总投资的 10%左右。此外，按照现在的趋势，中国在新的"十一五"规划期间将会吸引充足的外商直接投资。为保持具有吸引力的投资环境，中国应该继续改善其投资环境。印度、巴西、泰国和墨西哥这样的经济大国的崛起会限制中国在世界外商直接投资中所占的比例。中国如欲吸引大量外商直接投资，就必须不断改善投资环境。创造公

① 甘宏业. 关于引进外资的质量评价 [J]. 中国流通经济，1996（6）：36-38.

② 李萍. 进一步提高我国利用外资实效性的思考 [J]. 国际贸易问题，2004（12）：47-50.

平的税收体制，中国为外商投资企业提供一系列的税收优惠地区政策，东部省份不断上升的投资成本给中西部省份带来了机会。产业政策在新的一个五年计划中，中国政府打算刺激服务行业和高附加值行业的增长。但是，在如何最佳地利用外商直接投资方面，中国还面临许多政策挑战。[①]

许佩倩在讨论我国利用外资的绩效评价中发现，外商直接投资对推进我国工业化进程有明显作用，并且外商直接投资在我国工业中已占有较大份额。[②]但是，外商直接投资对我国资本形成和经济增长的贡献并不很大，外商直接投资在就业、税收等社会福利方面与其在工业中所占份额及社会资源的消耗严重不对称。除少部分企业外，大多数外资企业的技术水平并不很高，以劳动密集型为主。在我们利用外商资本的同时，外商也在利用我们的要素资源和市场空间。从理论上说，发展中国家通过利用外商直接投资可以获得多方面的社会经济福利：首先是可以增加资本投入，推动经济增长；其次是可以引入先进的技术和管理，促进产业提升；再次是可以提供更多的就业机会，进而增加居民的收入；最后是可以增加市场供给满足居民消费，同时政府也可以增加税收。此外，我国正处于体制转变过程中，外商直接投资的进入还有利于市场经济观念和市场竞争机制的形成。然而，由于资源禀赋、区位条件、发展水平及社会文化等各种因素，不同地区实际利用外资的效益是不一样的。简而言之，就经济层面来看，外商直接投资对我国经济发展的贡献和影响并不如我们想象的大。

张强（2009）分析了我国利用外资现状，改革开放后，我国利用外资工作取得了明显成效。利用外资已经成为拉动我国经济发展的重要途径，外资对我国的经济发展做出了巨大的贡献，我国具有利用外资的内部条件优势和外部条件优势，但同时外资也存在质量问题：一是产业优势不明显，产业集群效应较差；二是引资理念不适应于当前跨国公司投资战略的变化；三是技术引进溢出效应不显著。[③]为提高我国利用外资质量，我们应该完善产业集群，促进产业集聚；适应形势变化，深化引资理念；增加引进外商直接投资技术含量；扶持和鼓励企业提升自主技术创新的能力和水平。

张亚春针对中国利用外资适度规模所包含的三个子系统——外资的必要规模、外资的吸收规模和外资的安全规模，通过选择适当的数学模型分析了中国利用外资适度规模后表示，中国引进外资的规模虽然不适度，但也不至于危及国家经济的安全。[④]由此可以看出，一个国家的国民经济运行是一个动态的系统，还

① 世界银行. 中国利用外资的前景和战略研究［M］. 北京：中信出版社，2007.

② 许佩倩. 我国利用外资的绩效评价及区域比较［J］. 世界经济与政治论坛，2006（6）：20-26.

③ 张强. 我国利用外资质量的现状分析及对策［J］. 商业经济，2009（4）：26-27.

④ 张亚春. 中国利用外资适度规模的模型及实证分析［J］. 亚太经济，2005（3）：94-96.

受国际国内其他诸多因素的影响，在理论上很难确定最佳的利用外资额度，需要时刻关注国际国内形势，制定适当而健全的经济政策，不断提高利用外资给经济运行带来的预期收益，减少其利用外资的成本和风险，以确保利用外资的安全性。

汪春、傅元海（2011）在对我国外商直接投资的利用质量评价问题的研究中提到，他们通过统计分析研究外商直接投资的利用质量，有以下几个方面的发现：首先在工业资本贡献、产出数量增长上的外商直接投资利用质量总体上较高；但外商直接投资企业的单位产值的消耗高于内资企业，降低了我国经济增长的质量，因而我国区域经济发展空间分布不均造成了利用外商直接投资的质量低。其次是外商直接投资通过技术溢出在一定程度上推动了我国技术进步和管理水平的提高，但外商直接投资企业本地化程度低从而制约了外商直接投资企业的溢出效应，这一指标也说明我国外商直接投资的质量不高。另外，溢出效应由于外商直接投资企业技术水平、竞争效应和关联效应的制约而有限，同样可以得出我国利用外商直接投资的质量总体上是不高的判断。外商直接投资的就业效应和人力资本贡献的研究均说明，我国引进外商直接投资的利用质量随时间推移一直不断提高，而且外商直接投资在创造就业贡献上的利用质量总体水平也比较高。我国利用外商直接投资在出口层面上的质量不仅随时间不断提高，而且总体上外商直接投资的利用质量也较高。[①] 外商直接投资在推动现代产业和制造业结构升级层面上的利用质量是值得肯定的，但在现代产业技术进步层面上的利用质量不高。我国利用外商直接投资的质量在经济结构效应和制度演进上是可以肯定的。政府应该继续深化制度改革，为企业生产经营活动创造良好的制度环境，因为充分而适度的竞争是促使外商直接投资产生行业内溢出效应的有效机制，有利于扩大外资的溢出效应，提高外资的利用绩效。

利用外资是由多方面的影响共同促进当地经济发展的，如同新农村建设的20字目标“生产发展、生活宽裕、乡风文明、村容整洁、管理民主”，在综合分析利用外资质量的基础上，根据一定的原则和标准，全面系统地概括利用外资的若干指标，并对新农村利用外资质量进行评估和判断，这对于研究社会主义新农村建设与利用外资质量以及两者之间的关系具有重要意义。

就利用外资质量评价实证分析领域的研究，王巾英（2001）从宏观和微观两个层面构建我国引进外资指标体系与评价标准；傅元海、彭民安（2007）从外资的潜在收益和实际收益两方面分别选定外资质量评价指标，从潜在收益评价的是引进外资的质量，实际收益评价的是对引进外资的利用质量。引进外资的质量评价指标的作用是鉴别不同质量的外资，包括利用外资规模、利用外资的产业结构和区域结构、技术含量、研发投资在总外资中的比重及外资企业研究开发能力、

① 汪春，傅元海. 我国外商直接投资的利用质量评价［J］. 湖南科技学院学报，2011（2）：92-97.

实际利用外资到位率、制度安排、企业经营管理知识信息量。许佩倩（2006）是从宏观层面和产业层面对利用外资的效果进行的整体评价，即外商直接投资是否带来社会经济福利的净增加，形成了正的综合经济效应，或者说外商直接投资所带来的边际收益是否大于其带来的边际成本。[①]

王巾英（2001）依据利用外资的性质将利用外资划分为四个不同种类：①利用外资的规模指标与评价。利用外资规模包括间接投资和直接投资的总和。利用外资的规模指标由偿债率、债务率、负债率、外债增长率等几个重要指标来度量。②利用外资的结构指标与评价，主要指利用外资的产业结构、区域结构。③利用外资的地区指标和评价，主要指地区结构指标优化和评价问题。④直接投资的安全指标体系与评价，主要指市场占有率、产业市场占有率、外资控股率和品牌占有率等。若这些比率指标达到警戒线，则会对本土产品或产业造成负面影响。[②]

二、对我国东、中、西部利用外资研究

从 20 世纪 80 年代开始，我国开始实施利用外资策略，并取得了一系列的成就。但由于我国经济发展存在区域阶梯化，东部地区凭借地理、开放程度等优势得到迅速发展，中、西部地区发展较为缓慢，形成我国三个阶梯级经济发展区域，在利用外资方面也呈现出这种趋势。

鲁明泓（2000）指出，我国各个地区为引进更多的外商投资而进行竞争，而不是从我国拥有巨大市场规模这一独占性优势为出发点，对环境、体制和政策进行设计，构建有利于外商投资扩大其溢出效应的市场结构和竞争环境。截至目前，我国引进外资的发展，东部地区仍然是“资本引进中心论”，这不仅影响了我国民族企业的发展，也进一步扩大了东部与中西部发展的差距。此外，我国引进外商投资一直是一种表层引进、粗放型引进，其特征在于重数量、轻质量，大量利用外资，但多处于基本的外商投资，并未带来期望的技术、核心设计的引进；重引进、轻管理，只是盲目追求外资的引进，忽略了先进的经营方法和管理方法，缺乏先进思想和创新的引进；重数额、轻结构，我国大量引入外资，但未能考虑到与我国经济结构转型发展相融合。[③]

对于中西部外资引进滞后，朱延福（2003）指出，中国的对外开放战略是使东部沿海地区率先发展，允许一个地区先富起来，然后带动内陆地区发展的基本模式。在这种区域发展政策导向作用下，本身具有发展外向型经济有利条件的东

① 许佩倩. 我国利用外资的绩效评价及区域比较［J］. 世界经济与政治论坛，2006（6）：20-26.

② 王巾英. 关于提高我国引进外资质量指标体系的探索［J］. 经济前沿，2001（12）：8-11.

③ 鲁明泓等. 国际直接投资区位研究（第一版）［M］. 南京：南京大学出版社，2000.

部沿海地区，先行获得了利用地区优势发展对外经济关系的机会，从而在地区经济发展条件上进一步扩大了中西部之间的已有差距。此外，在改革的初期，为了使中国走上国际化道路、吸引国外资本向中国转移，国家制定了一系列优惠政策，在利用外资方面享有很多特殊政策优惠的经济特区和开放城市大多集中在这些沿海地区。再加上中西部自身天然的劣势以及经济体制改革的滞后，使得中西部外资的引进与东部地区有相当的差距。①

吴献忠（2006）在分析外资投资地区分布时指出，外资对我国的投资地区分布结构呈阶梯分布。我国利用外资的地区分布状况差异很大，主要分布在东部地区，利用外资对东部的经济发展过程发挥了较大的作用。比较而言，对西部的投资绝对数量和比重甚小，发挥作用也极为有限，这在一定程度上与地区发展不平衡有关；反过来，利用外资地区差异也加剧了地区经济发展的不平衡。他认为，利用外资加快了地区国际化的脚步，也使得工业化发展更为迅速，从而吸引更多的人力、资本集聚，也进一步加剧了东部、中部、西部地区间的发展差距。

王文选通过对我国东部、中部、西部利用外资总量进行实证分析指出，我国东部、中部、西部利用外资总量均呈现增长趋势。东部地区维持高位持续上升态势，中部地区平稳，西部地区的利用外资总量增速较东中部地区略缓。他认为，东部经济凭借地理、交通运输等优势条件保持高速发展，继续对外资拥有巨大的吸引力；且随着东部产业化步伐加快，部分劳动密集型、资源密集型产业将逐渐被东部地区淘汰，从而转向在人力、资源、交通等方面逐渐呈现优势的中部地区。西部地区由于人力相对匮乏，交通、电信网络等基础设施仍有待完善，因此对于外资吸引力较弱。

尹淑贤（2008）的研究表明，在华外商直接投资配置效率的区域差异特征明显。在动态趋势方面，东部优势减弱，中部综合优势明显。在国家、区域间以及区域内这三个层面上，对外商直接投资的配置效率的影响因素各不相同。在国家层面上，市场和公共资本等因素权重较大；在区域间，区位、知识和技术以及劳动力成本等因素较关键。对于相对封闭的经济体而言，长期因果关系主要是经济增长带动外商直接投资增长；对于相对封闭的经济体而言，长期因果的关系主要是经济增长带动外商直接投资增长；对于相对开放的经济体，经济增长与外商直接投资互为因果。短期和长期的双向因果关系表明外商直接投资可以引起经济增长的永久改变。

宁亮亮指出，外资在我国农业上的投资去向是以市场为导向型的投资，资本的逐利就决定了外资地区分布的不平衡。东部地区凭借国家政策以及沿海地区先天优势，因此发展迅速，大部分地区实现了现代工业化，资本大量流入东部沿海

① 朱延福等. 外资国民待遇导论（第一版）[M]. 北京：中国财政经济出版社，2003.

地区。中西部地区应提高利用外资水平，通过引进外资来获取先进的经营模式、高端技术、核心技能，通过资本动力和先进经验实现快速发展，缩小地区间经济发展差异。

徐圣（2015）通过对外商直接投资中劳动收入的比重分析，得出东部地区利用外商直接投资的基础较好，而中西部地区利用外资的基础较差，不同地区本土企业与外资企业的生产效率差距不同以及不同地区劳动者的质量不同。与中西部地区相比，东部地区的外资企业与本地企业的生产效率差距最小，并且东部地区的劳动者质量最高，中西部地区由于生产效率较低，外资企业与本地企业生产效率较大，再加上本地劳动者质量不高，无法主动和被动地获得较高的工资，导致外资企业进入的初期就会使劳动收入比重较快下降。为了保持东部地区外资利用质量的高效率，需要提高东部地区本土企业的生产效率；中西部地区一方面利用外商直接投资的基础较为薄弱，因此必须提高劳动者的质量；另一方面中西部地区利用外商直接投资的潜力较好，因此，应制定有导向性的招商引资策略，将外资引向劳动密集型行业。①

三、评述

通过对我国利用外资已有的研究进行梳理发现，我国利用外资存在较大的区域性差异，利用外资主要目的是为了促进我国经济优化和发展，但目前为止还没有建立起一个明确的利用外资质量的评价指标体系。

我国经济发展明显呈现出东部、中部、西部间差异，资本的逐利性决定了利用外资在我国地区间存在巨大悬殊。东部地区由于政策、地理、资源等优势已率先开展工业化，并逐渐形成了部分相对落后产业逐步向中西部地区转移的趋势，因此经济发展程度较弱地区应当充分利用地区优势加大利用外资，并提高利用外资质量。通过提高劳动力素质、利用中西部地区资源优势，加大利用外资的吸收，引导外资投向中西部地区，发挥外资在区域协调发展方面的积极作用。利用外资引进先进的管理方法、科技技术、提高劳动力综合素质，促进地区经济结构的转型和经济发展。

此外，根据对利用外资的目的及含义等的分析，对外资质量的评价方法繁多：综合评价法中有专家评分法、层次分析法、主成分分析法，此外还有神经网络法、多目标决策分析方法等，但没有制定一个明确详尽的利用外资质量评价指标体系。对于利用外资的质量评价主要有三个观点：一是外资的溢出效应；二是外资对我国资源的有效配置；三是认为利用外资的质量就是经济安全，特别是金

① 徐圣. 外商直接投资的阶段性与区域性特征——基于劳动收入比重的视角［J］. 世界经济研究，2015（3）：38-46.

融安全。多数学者通过利用外资的“溢出效应”来评价利用外资质量的好坏。但具体运用到我国社会主义新农村建设目标下外资利用质量就需要根据研究的特点进行斟酌。少数文献的实证研究也是局限于一个或几个指标的评价，缺乏对利用外资质量的整体评价。

对于我国利用外资情况，学者们认为在利用外资为我国经济发展提供动力时：第一，需充分发挥外资的引导作用，通过外资引入从而引进先进管理方法、技术、核心思维；第二，通过国家政策等，进行我国经济结构的调整以及市场经济机制的完善，大力推动第三产业的发展，加速现代化、工业化发展的进程，促进我国国营企业和民营企业的转型与升级；第三，通过利用外资转变我国经济发展方式，推动生态文明建设，实现可持续发展。

第三节　社会主义新农村建设目标下利用外资质量研究

学术界对新农村建设领域利用外资探讨最多的是农业利用外资，但目前我国农业利用外资水平不高，利用外资质量亟待提高，存在如下问题：从总体情况来看，数量少、规模小，且资金到位率低；农业利用外资项目区域分布和产业分布极不平衡，表现为农业领域中的外商投资主要集中在东部地区；此外我国农业利用外资水平较低，表现在利用外资项目很大程度上还停留在一般生产性项目上，例如农产品加工项目，这些项目科技含量不高。外商投资于种植业、养殖业项目较少，大规模投资粮、棉、油等开发也极为少见；利用外资的途径单一，新型引资方式运用不多；中西部地区，主要是西部地区外资投资环境差，政府效率低，形式主义、官僚主义严重。

一、研究现状

赵慧娥在《国外农业利用外资政策及其对中国的启示》一文中综述了不同国家农业利用外资政策的主要措施，并提出了这些措施对中国农村利用外资的启示。

韩国几十年来主要依靠大规模外债来发展农业，外商直接投资不多，1997年金融危机后才开始放宽对外商直接投资的限制。长期以来，韩国对跨国公司限制最严，对技术转移、当地化比率、出口要求、股权形式、资本收益与汇回等均有限制性规定。韩国农业利用外资产生了两方面的效应。其中积极效应如下：一是提高了经济增长率，农业得到较快发展；二是基础设施得到扩充，为农业及其他产业经济的发展创造了有利条件；三是利用外资为农业引进了先进技术，促进

了农业产业结构的合理化和高级化。负面效应如下：第一，经济对外具有高度依赖性；第二，加剧了通货膨胀；第三，使得国民经济发展出现不平衡。

同为发展中国家的金砖五国之一的拉美大国巴西采取了积极利用外资的态度和政策，其利用外资的战略目标是获得资金和先进技术，并不强调出口创汇。巴西农业利用外资发展经济的成功经验如下：第一，充分利用外资开发落后地区；第二，利用外资促进农业科技进步。在利用外资取得经验的同时，巴西利用外资也有一些教训：一是外资的参与使包括农业在内的许多行业受外资控制程度高；二是外债负担沉重，严重影响经济发展；三是外资来源结构相对不合理。

国外的新农村建设与利用外资质量对中国具有很大的借鉴意义。首先，引进外资应注重技术引进，利用外资促进农业科技进步。从根本上说，国家间的竞争最终取决于技术水平，而农业技术水平的提升取决于农业研发能力及相关的人才、体制建设。我国政府利用外资时应大量引进农业先进技术，逐步提高我国农业企业的开发能力，提高农业科技对农业生产的贡献率。其次，充分利用外资开发我国落后地区。西部地区的农业资源丰富，急需大量的资金；东北工业基地的农业基础雄厚，应积极改善投资环境，加大西部和东北老工业基地农业利用外资的力度。

对于新农村建设目标下利用外资质量的研究，河北农业大学博士任庆国在其毕业论文中指出，新农村政治框架构建问题，以往总是缺乏宏观视野和理论纵深状态，长期摸着石头过河。对于新农村建设下利用外资质量的研究很少。因此仅找到一些与新农村建设下研究外资质量有一定关系的文献。

已有研究发现，我国农村利用外资数量少、质量低。吴敏华（2006）认为，中国农业在内部化优势和区位优势两个方面都存在不足。就内部化优势而言，由于中国农业产业结构不合理、经营组织化程度低，因而缺乏外商投资的有效载体。就区位优势而言，由于中国农业投资环境不够完善，因而缺乏对外商投资农业的吸引力。在中国当前的农业生产中，农民市场化观念不强。受自然条件等因素的影响大，资本产出规模效应低等，难以有效吸引现代化大规模的外商投资。在给予外资优惠政策、创造鼓励外商直接投资的有利环境方面尚存在较大的改进空间。

农村利用外资水平受多方面因素的制约，利用外资的同时又对我国社会主义新农村建设具有重要影响。李志平指出，利用外资来提高农业、农民和农村生产资源的生产模式和组织方式，以促进农产品进出口贸易结构的调整，使农村生产力水平接轨于国际生产大循环而从根本上得到提高，但新农村建设中仍然面临诸多问题，农民的组织方式落后、农业发展资金不足、农业生产力水平不高、农村环境因素日益突出等问题仍然影响着对外资的利用效率。[①] 针对我国城市部门利

① 李志平. 外资利用与新农村建设［J］. 北方经贸，2007（5）：104-106.

用外资促进发展得到的经验，我国可以利用外资来提高国内资源组织水平、调整市场结构、调整产业结构和使政府服务丰富而到位。根据目前新农村建设的具体不足之处，从城市利用外资引申至新农村利用外资，通过经验借鉴向新农村建设利用外资提出了措施建议：一是利用外资提高农村地区生产和出口的组织程度；二是利用外资打破或者绕过绿色壁垒；三是灵活使用外资服务多个领域；四是政府加大对农业生产的支持力度。从城市到农村，我们看到利用外资在经济建设中起到了积极作用，因此，利用外资是当前建设新农村的主体途径之一。

闵海燕、马明指出，加大引进外资的力度，利用政府债务资金推进集约高效型农业的建立，一是提高了农业综合开发能力，提高了对各种资源的有效利用程度。对于扩大农业生产规模，加快农村产业结构调整，优化农业生产布局，促进农民脱贫致富，提高农业综合生产能力具有重要意义。二是建立了有效的投入机制。打破部门界限，整合各类支农资金，集中力量保重点、办大事，提高资金使用效益。三是建立了有效的以工补农、以城带乡机制。着力提高工业反哺农业的能力，不断扩大公共财政覆盖农村的范围，建立健全财政支农资金稳定增长机制，把对基础设施建设投入的重点转向农村。四是加强了农业基础设施建设。通过有效利用外资，引进了先进的农业技术科研和推广设备，改进了农业服务手段，增强了综合服务功能，促进了农业新技术的推广和应用。[①] 此外，在新农村建设中，各级财政收入的增长速度还远不能满足公共支出增长的需要，农村经济和社会发展中公共投入不足。因此要充分利用好外资，加强同国内外金融组织和外国政府的合作，加大利用政府债务资金的力度，统筹规划外资利用的重点及方向，强化信贷资金的投入，按多元化、多层次的融资思路，统筹解决新农村建设中的巨额资金需求。促进新农村建设，要进一步更新理念，统筹规划新农村外资利用的重点领域，建立有效利用外资的体制机制，提高利用外资效益，使利用外资真正在新农村建设中发挥作用。

宁亮亮在对中国农业利用外资现状进行分析时表明，分散的耕作方式使农民缺乏基础设施中需要的资金，中央政府或当地政府不可能提供农业发展需要的所有资金，因此需借助利用外资弥补资金不足。利用外资有助于调整农业结构，为农业发展带来先进技术和最新的信息，促进农业的现代化发展。同时为中国整合国内和国外资源，为发展农业提供机遇。

通过文献整理发现，我国农业利用外资总量较少。有学者认为我国农业利用外资偏少的原因如下：一是从投资需求方来看，中国的农业自然禀赋和投资环境决定了中国缺乏外资的拉动力量；二是从投资供给方来看，投资流出环境对农业直接投资缺乏推力；三是从农业本身来看，农业企业受农业特性的约束，不适合

① 闵海燕，马明. 利用外资促进辽宁新农村建设对策分析［J］. 农村发展，2007（5）：16-17.

大规模对外投资；四是农业技术具有很强的地域性，这是农业实际性利用外资偏少的重要原因。

二、评述

自我国加入 WTO 以来，国际间资本流动日趋频繁，外资对我国经济的快速发展做出了巨大的贡献，发挥着提高生产力、优化资源配置等作用。鉴于我国社会主义新农村建设仍为刚起步阶段，加之我国城乡二元结构明显，除却国家相应的资金注入，外资进入新农村建设项目更有利于推进我国社会主义新农村建设的进程；并且农村、农业方面引资总量较少、引资比重相对偏低，在新农村建设项目的开展与落实中，加大引资力度、注重引资质量也将有助于我国社会主义新农村的建设进程。同时我国农村巨大的市场潜力、低廉丰富的劳动力对外资可产生极大的吸引力。

首先，外资进入新农村建设中有利于弥补资金缺口。随着时间的演进，外资企业较为先进的技术将会产生一定的外溢效应，以及外资企业较完善合理的管理制度将被当地乡镇企业学习、借鉴，改善企业经营与管理；随着引资目标的变化，外资相应发挥的作用也将随之演进，引资初期主要目标是利用外资补充新农村建设的资金缺口，随着时间的推移，引资目标将由单一化向多元化发展、从低层次向高层次演进，最终实现促进农村经济发展的目标。外资对我国社会主义新农村建设可发挥弥补资金缺口、创造就业、技术渗透、税收贡献等作用，本书将通过外资产生的经济发展效益、社会进步效益、技术外溢效益、生态环境效益四方面来分析我国社会主义新农村建设与利用外资之间的关系。迄今为止，还没有建立起一个新农村建设目标下利用外资质量的评价指标体系。其次，关于利用外资质量的评价方法，无论是综合评价法中的专家评分法、层次分析法、主成分分析法，还是神经网络法、多目标决策分析方法，就方法本身来说都是比较成熟的。但具体运用到新农村建设目标下外资利用质量的评价就需要根据研究的特点进行斟酌了。

关于社会主义新农村建设目标下利用外资研究视角独特，但研究成果不多。此外现有研究的论述层面单一，多为从单一角度进行研究论述，因此，在进一步研究中要对新农村建设目标下的利用外资进行系统性研究，明确社会主义新农村建设目标下对利用外资质量的影响因素，进而才能得出社会主义新农村建设目标下利用外资质量评价的指标选择。此外，还要建立科学的、严密的利用外资质量评价体系，使利用外资质量的提高有一个科学的定量系统可以依据。

| 第二章 |

我国新农村建设的一般理论研究

第一节　社会主义新农村建设的探索历程

农村建设是每个国家都必须重视的问题，农村的发展是促进经济增长的一个关键动力，农村的建设程度也反映出一个国家或一个地区的经济社会发展水平。对于我国这样一个农业人口众多的社会主义国家，农村建设显得尤为重要。与其他国家农村建设的历程相比较，我国的社会主义新农村建设探索历程具有比较明显的曲折性和波动性。目前绝大多数国内学者将社会主义新农村建设的时期划分为社会主义建设初期探索阶段、改革开放后的快速发展阶段以及十六届五中全会后社会主义新农村发展的新阶段。从我国基本国情出发，深入考察分析我国政治经济制度发展的特点、农村发展水平以及空间布局特征，我们认为我国的社会主义新农村建设的探索阶段分为 1949~1977 年、1978~2004 年、2005 年至今三个历史时期比较合理，这也符合我国农村发展的一般规律。

一、社会主义新农村建设初期的探索阶段

中华人民共和国成立以后，由于当时国际国内的特殊环境，国家实施了工业化优先发展的战略，而资金来源则主要是国家通过工农产品的“剪刀差”强行吸收农业剩余并将其转移到工业建设上。因此，农业的发展显得更加重要，1953 年 12 月，中央发布了《关于发展农业生产合作社的决议》，明确提出中国农业要走由初级社到集体所有制的高级农业生产合作社的路子，合作化的步伐进一步加快。1956 年一届人大三次会议通过的《高级农业生产合作社示范章程》提出了“建设社会主义新农村”的奋斗目标。在这次会议上，邓颖超在讲话中指出，高级农业生产合作社示范章程（草案）“是建设社会主义新农村的法规”[①]，这是“社

① 《人民日报》1956 年 6 月 24 日第 5 版。

会主义新农村”的概念首次由中央领导人提出。1960 年第二届全国人民代表大会第二次会议通过了《1956 年到 1967 年全国农业发展纲要》。谭震林副总理在该会议上作了《关于为提前实现全国农业发展纲要而奋斗的报告》，报告指出“中共中央制订的 1956 年到 1967 年全国农业发展纲要是高速度发展我国社会主义农业和建设社会主义新农村的伟大纲领。农业是国民经济的基础，提前实现全国农业发展纲要，对于我国社会主义建设的继续跃进具有极其重大的意义”①。1962 年召开的中国共产党第八届中央委员会第十次全体会议指出：“全国人民当前的迫切任务是贯彻执行以农业为基础、以工业为主导的发展国民经济的总方针，把农业放在首要地位，坚决把工业部门的工作转移到以农业为基础的轨道上来。”② 1963 年《中共中央、国务院关于动员和组织城市知识青年参加农村社会主义建设的决定（草案）》，明确要求各级党政干部充分认识建设社会主义新农村，进一步贯彻执行毛泽东同志提出的以农业为基础以工业为主导的发展国民经济的总方针，建设现代化的农业，要求大批城市知识青年下乡，使城乡青年结合在一起，共同建设社会主义新农村。

新中国成立初期党中央提出社会主义新农村建设的目标和纲领后，切实展开了一系列的农村建设，解放和发展了生产力。生产者摆脱了剥削和压迫，获得了人身自由，生产积极性高涨。工业化的快速发展使得劳动工具得到了很大程度的改良，农村的基础设施得到改善。中共中央提出的社会主义新农村建设为我国的农村工作指出了根本方向，同时也为探索农村发展的经济规律做出了积极的尝试和探索。然而，我们必须看到在优先发展工业化的战略，农业支持工业，实行城乡二元结构的体制下，城乡差别显著增大。尽管提出了众多发展农村的方针政策，但实际投入到农村的资金甚少，过分集中的劳动组织形式和生产经营方式也严重脱离了我国农村生产力发展实际。新中国成立初期的社会主义新农村建设为我们提供了宝贵的经验和教训。

二、改革开放后的快速发展阶段

1978 年十一届三中全会后，党的工作重心由“以阶级斗争为纲”转移到社会主义现代化建设上来。改革首先从农村发起，破除了人民公社制度，实行家庭联产承包责任制。1979 年十一届四中全会通过了《关于加快农业发展若干问题的决定》，允许农民因时因地制宜，自主经营。《关于加快农业发展若干问题的决定》从充分调动农民的生产积极性和切实加强国家对农业的物质支持和技术支持的指导思想出发，提出发展农业生产力的 25 项政策和措施。1981 年国务院总理

①《人民日报》1960 年 4 月 11 日第 1 版。

②《中国共产党八届十中全会公报》，1962 年 9 月 27 日。

赵紫阳在第五届全国人民代表大会第四次会议上作了《当前的经济形势和今后经济建设的方针》的政府报告，主张继续坚持社会主义集体化道路、土地等基本生产资料公有制和生产责任制长期不变，发展生产力，促进社会主义新农村的全面发展。

1982 年，中共中央发出第一个关于“三农”问题的“一号文件”，突破了传统的“三级所有、队为基础”的体制框框，明确指出包产到户、包干到户或大包干“都是社会主义生产责任制”。1983 年，中共中央发出第二个关于“三农”问题的“一号文件”《当前农村经济政策的若干问题》，这个文件从理论上说明了家庭联产承包责任制“是在党的领导下中国农民的伟大创造，是马克思主义农业合作化理论在我国实践中的新发展”。1984 年，中共中央发出第三个一号文件《关于一九八四年农村工作的通知》。文件强调要继续稳定和完善联产承包责任制，延长土地承包期。为鼓励农民增加对土地的投资，规定土地承包期一般应在 15 年以上，生产周期长的和开发性的项目，承包期应当更长一些。1985 年，中共中央、国务院发出第四个“一号文件”《关于进一步活跃农村经济的十项政策》。文件的中心内容：调整农村产业结构，取消 30 年来农副产品统购派购的制度，对粮、棉等少数重要产品采取国家计划合同收购的新政策。1986 年，中共中央、国务院下发了第五个“一号文件”《关于 1986 年农村工作的部署》。文件肯定了农村改革的方针政策是正确的，必须继续贯彻执行。针对农业面临的停滞、徘徊和放松倾向，文件强调进一步摆正农业在国民经济中的地位。

1991 年十三届八中全会通过了《中共中央关于进一步加强农业和农村工作的决定》，《中共中央关于进一步加强农业和农村工作的决定》指出：建设有中国特色社会主义的新农村，进一步巩固工农联盟，必须始终把农业真正摆在首位，继续稳定以家庭联产承包为主的责任制，推进农业现代化。1992 年中国共产党第十四次全国代表大会做出建立社会主义市场经济体制的决定，为社会主义新农村的发展开拓了更广阔的空间。1998 年十五届三中全会审议通过《中共中央关于农业和农村工作若干重大问题的决定》，会议认为，农业、农村和农民问题是关系我国改革开放和现代化建设全局的重大问题。《中共中央关于农业和农村工作若干重大问题的决定》按照十五大确定的我国社会主义初级阶段的基本纲领和总体部署，从经济、政治、文化三个方面，提出了从 20 世纪末起到 2010 年建设有中国特色社会主义新农村的奋斗目标。2002 年十六大确定了全面建设小康社会的目标，并针对我国城乡差距不断拉大的现状，提出了统筹城乡经济社会发展的战略构想。2004 年第六个“一号文件”《中共中央国务院关于促进农民增加收入若干政策的意见》指出，要牢固树立科学发展观，按照统筹城乡经济社会发展的要求，坚持“多予、少取、放活”的方针，调整农业结构，扩大农民就业，加快科技进步，深化农村改革，增加农业投入，强化对农业支持保护，力争实现农民收入较快增长，尽快扭转城乡居民收入差距不断扩大的趋势。

这一阶段，农村生产力得到了极大的提升，劳动工具得到了更大程度的改进，农业现代化水平不断提高。自家庭联产承包制实行以来，农民的劳动积极性越发高涨，农民生活水平得到显著改善。在社会主义市场经济条件下，国家增加了对农村的财政支出，农村得到了较好的发展，但是城乡差距不断扩大，城乡关系、工农关系没有得到根本的调整，城乡二元结构没有打破。农民收入不足，缺乏必要的社会保障，农业基础薄弱，基础设施和社会事业发展滞后，农村依旧存在很多的问题。总的来说，这一阶段的农村发展为社会主义新农村的进一步改革和发展奠定了坚实的基础。

三、社会主义新农村建设的新阶段

在社会主义新农村建设初期的保障阶段，社会主义新农村作为一种口号和手段，促进农业发展是为了支持工业发展，在改革开放后的快速发展阶段，则主要是作为农村的发展方向，但却没有充足的实力促进发展。与之前的提法不同，这一次是党在认真总结国内外关于农村发展的实践基础上，提出中国已经进入到“工业反哺农业、城市支持农村”的发展新阶段，完全有能力建设好社会主义新农村。

2005 年，中央下发《中共中央国务院关于进一步加强农村工作提高农业综合生产能力若干政策的意见》。《中共中央国务院关于进一步加强农村工作提高农业综合生产能力若干政策的意见》指出，在中国总体上已进入“以工促农、以城带乡”发展阶段的大背景下，继续调整农业和农村经济结构，进一步深化农村改革，努力实现粮食稳定增产、农民持续增收，促进农村经济社会全面发展。2005 年 10 月 11 日十六届五中全会通过的《中共中央关于制定国民经济和社会发展第十一个五年规划的建议》和《关于推进社会主义新农村建设的若干意见》明确提出“建设社会主义新农村”的时代命题，会议认为，“建设社会主义新农村是我国现代化进程中的重大历史任务，要按照生产发展、生活宽裕、乡风文明、村容整洁、管理民主的要求，扎实稳步地加以推进。要统筹城乡经济社会发展，推进现代农业建设，全面深化农村改革，大力发展农村公共事业，千方百计增加农民收入……要加快建设资源节约型、环境友好型社会，大力发展循环经济，加大环境保护力度，切实保护好自然生态，认真解决影响经济社会发展特别是严重危害人民健康的突出的环境问题，在全社会形成资源节约的增长方式和健康文明的消费模式”。①

2005 年十届全国人大常委会第十九次会议以高票通过决定，自 2006 年 1 月

① 《中共中央第十六届五中全会公报》，2005 年 10 月 11 日。

1日起废止《农业税条例》，取消除烟叶以外的农业特产税、全部免征牧业税，取消“三提五统”等税外收费。至此，卸下了农民负担中最重的一部分，进一步降低农业生产成本，提高农业经营收益，促进建设现代农业。2006年2月，中央下发《中共中央国务院关于推进社会主义新农村建设的若干意见》。这是建设社会主义新农村的一个重要行动纲领，从推进新农村建设入手，强化对“三农”领域的全方位支持，更是以人为本地从乡风村容、社会文化事业以及民主管理等方面“多管齐下”，全面求解。

2007年，中央下发《中共中央国务院关于积极发展现代农业扎实推进社会主义新农村建设的若干意见》，指出发展现代农业是社会主义新农村建设的首要任务，是以科学发展观统领农村工作的必然要求。并从农业基础设施、农业科技创新等多角度对现代农业的发展提出要求，加快现代农业体系的发展。2008年和2009年中央分别下发《关于切实加强农业基础建设　进一步促进农业发展农民增收的若干意见》和《中共中央国务院关于2009年促进农业稳定发展农民持续增收的若干意见》，这一阶段主要针对农民的收入问题，统筹城乡发展，强化现代农业物质支撑和服务体系，保障现代农业健康发展，提升农民生活水平。2010年和2011年中央分别下发《中共中央国务院关于加大统筹城乡发展力度　进一步夯实农业农村发展基础的若干意见》和《中共中央国务院关于加快水利改革发展的决定》，这一阶段，党中央面对国际金融危机的影响，制定了夯实农业农村基础，降低来自国内外的经济冲击，保护农业农村可持续发展的政策。2012年后，中央相继发布《中共中央国务院关于加快推进农业科技创新持续增强农产品供给保障能力的若干意见》、《中共中央国务院关于加快发展现代农业　进一步增强农村发展活力的若干意见》、《中共中央国务院关于全面深化农村改革加快推进农业现代化的若干意见》和《中共中央国务院关于加大改革创新力度　加快农业现代化建设的若干意见》，坚持进一步解放思想，稳中求进，改革创新，坚持农业基础地位不动摇，加快推进农业现代化。强调始终将改革作为动力，推进社会主义新农村建设。

自2005年以来，中共中央高度重视社会主义新农村建设，始终坚持把解决好“三农”问题作为全党工作的重中之重，不断强化对农业和农村工作的领导；坚持统筹城乡发展，不断加大工业反哺农业、城市支持农村的力度；坚持多予、少取、放活，不断完善农业支持保护体系；坚持市场取向改革，不断解放和发展农村生产力；坚持改善民生，不断解决农民生产生活最迫切的实际问题。从农村经济、政治、文化和社会发展的方方面面入手，制定方针政策，探索属于中国特色的发展之路，形成了一套较为完整的强农、惠农、富农政策体系，对实现粮食连续增产、农民持续增收、农村社会和谐稳定起了重大作用。然而，在新形势下，新农村的发展依然存在很多问题。随着我国经济发展进入新常态，经济增长速度放缓，如何继续强化农业基础地位、促进农民持续增收等问题亟待解决。由于开发过度、污染加重，在资源环境硬约束下如何提升农业可持续发展能力，加大环境保护力度是必须应对的一个重大挑战。城镇化的快速发展，加强了城乡互动，促进了社会主义新农村的发展，如何缩小城乡差距、促进城乡共同繁荣是必须解决好的难题。

第二节 社会主义新农村建设的内涵及特征

一、社会主义新农村建设的内涵

“社会主义新农村”这一概念早在20世纪50年代就已经提出，在之后的农村发展战略中也多次被提及。党的十六届五中全会在新的历史背景下重提“社会主义新农村”，其实质意义与过去的提法是完全不同的。这次全会明确提出要按照“生产发展、生活宽裕、乡风文明、村容整洁、管理民主”的要求，扎实推进新农村建设，这涵盖了经济、文化、政治、社会四大建设，是对“建设新农村”内涵全面、系统、完整、准确的概括。

“社会主义新农村建设”的两个关键词语分别是“社会主义”和“新”。社会主义的本质是解放生产力，发展生产力，消灭剥削，消除两极分化，最终达到共同富裕。建设社会主义新农村就是为了贯彻执行“十一五”和“十二五”规划，统筹农村和城市之间的协调发展，逐步缩小城乡居民间的收入水平与生活条件之间的差距，从而实现全面建设小康社会的目标。“新”体现在很多方面，其中最重要的五个方面是新农民、新设施、新环境、新管理、新风貌。

“新农民”的培养是新农村建设的关键内容之一，就是要将农民群众培养成“有文化、有道德、有技术、讲文明和遵纪守法”的新农民。在新形势下，国家需加大对农村的教育投入，提升农村居民的受教育程度，组织实施新农村实用人才的培训，提高农民的科学技术水平。对外出务工农民职业技能进行培训，同时提高农民素质和创业能力，以创业带动就业，实现创业富民、创新强农。对农民群众进行法制教育，自己能够遵纪守法，同时也能用法律保护自身。只有农民群众的素质提高了，才能从根本上建设社会主义新农村。

“新设施”的建设就是指改善农村的生活基础设施和加强农业基础设施建设。生活基础设施包括道路交通、水电气、互联网、文化教育、公共广场、社会福利、医疗卫生等配套设施等。农业基础设施包括水利工程建设、先进的农作设备以及与生产相适应的配套设施等。

“新环境”的建设就是指改善农村人居环境和生态环境。从生活和生态角度出发，使农民可以住上更好的房屋，拥有更干净的街道，建设整齐、整洁、美观的新农村。同时更要以资源环境承载力为基础、建设可持续发展的新型农村，实现人与自然和谐相处、协调发展，保持优美秀丽的生态环境。

“新管理”的建设就是指在农村党组织的领导下，健全和完善民主选举、民主决策、民主管理、民主监督，使农村的管理按农民意愿办事，照规章制度办事。扩大农村基层民主，全面推进村民自治，坚持“以人为本”，使得农民群众成为新农村建设的主人。

“新风貌”的建设就是指加强农民精神文明建设，倡导健康文明新风尚。通过加强文化教育和法制教育，开展农村形势和政策教育，引导农民崇尚科学，抵制迷信，移风易俗，破除陋习，树立先进的思想观念和良好的道德风尚，在农村形成文明向上的社会风貌。

二、社会主义新农村建设的特征

1. 多元性

社会主义新农村建设的多元性是指我国建设的社会主义新农村是一个全面的、综合的和科学的范畴，建设内容极为丰富，并非单一的目标。“十一五”规划建议提出的“生产发展、生活宽裕、乡风文明、村容整洁、管理民主”要求涉及了新农村建设的经济、文化、政治和社会等的方方面面，为社会主义新农村的建设指出了明确的方向。

在经济建设方面，必须始终坚持以经济建设为中心，大力解放和发展农村生产力，促进农业现代化的发展。现阶段，我国社会的主要矛盾是人民日益增长的物质文化需要同落后的社会生产力之间的矛盾，社会主义新农村的建设也不例外。只有坚持“以人为本”，加大培养新农民的投入，提升农民群体的素质，调动其劳动积极性，才能切实加速现代农业的发展，实现农民收入的持续增长，为新农村的文化、政治和社会建设提供有力的物质基础。

在文化建设方面，要逐步理顺农村文化工作体制和机制，有效利用农村现有的文化资源，完备文化基础设施，调动社会力量支持新农村文化建设。通过各方面的努力，壮大文化队伍，丰富农民精神文化生活，改观农村地区文化面貌，提高农村的文明程度和农民整体素质。

在政治建设方面，要坚持中国共产党的领导，加快新农村基层民主建设和法制建设，保证人民群众直接行使民主权利，依法进行自我管理、自我服务和自我发展。通过推动社会主义基层民主政治建设，有力保障社会主义新农村的现代化发展。

在社会建设方面，要完备和改善科教文化、社会保障、医疗卫生和基础设施等各领域，为社会主义新农村的经济建设、文化建设和政治建设提供有力的支持。

总之，社会主义新农村的建设涉及经济、文化、政治和社会多个方面，需要将其视为一个完备的整体，在建设多元性的个体同时，要融合各个方面，重视整体效益，全面推进新农村建设。

2. 动态性

社会主义新农村建设的动态性是指我国在建设社会主义新农村的过程中的侧重点会随着时间的变化而变化。尽管社会主义新农村建设涵盖了经济、文化、政治、社会四个方面，但是由于农村发展所处的阶段不同，会对各方面的建设有不同的侧重程度。在我国农村经济尚处于相对落后的阶段时，经济建设是放在首位的，此时的建设重点主要是解放和发展农村社会生产力，加快农业发展，提高农民收入。随着农村经济水平的不断提高，农村建设会进入物质文明与精神文明并重的阶段。此时，新农村在继续保持以经济建设为中心的同时，需加强对农民的思想道德建设和科学文化建设。一方面，思想道德建设可以给予农民坚定的精神支柱和精神动力，引导农民树立具有中国特色的社会主义的共同理想和正确的世界观、人生观和价值观；科学文化建设可以提高农民科学文化素质，培育有文化、懂技术、会经营的新型农民。另一方面，由于农民思想道德水平和科技文化水平的进一步提高，也可以更好地促进经济发展，加快农业现代化的进程，有力地推动社会主义新农村的发展。由于农民生活水平的提高以及科学文化知识的丰富，农民群众会增加对生活质量的追求，同时也会意识到生活生态环境的重要性。另外，由于早期为摆脱经济落后的局面，在经济发展中难免会对环境造成一定的污染。这些都迫切使得新农村建设重点向生态环境转移。由于农民财富的增加、知识的积累和法制观念的养成，农民群众会对民主的政治生活产生诉求，这些都要求建设的侧重面中包含政治建设。另外，为了更好地加强村民自治，引导农民当家做主，更好地建设社会主义新农村，也需要农民的政治建设。

总之，社会主义新农村建设是一个长期的过程，由于农村发展所处的阶段不同，新农村各方面建设也不可能齐头并进，建设目标在一定程度上会产生差异性，这就会导致新农村建设侧重点的动态变化。因而社会主义新农村的建设在发展进程中必须与时俱进地反映时代特征，随时间的推移、社会的发展而变化。但由于发展过程中的实际情况并非完全一致，因此，应当具体问题具体对待，其动态性变化也并非与上述变化阶段完全一致，应当根据建设要求有所侧重。

3. 区域性

社会主义新农村建设的区域性是指我国在建设社会主义新农村的过程中由于地理区域原因而导致的差异性。由于我国地域辽阔，东、中、西部地区在资源禀赋条件、经济基础及历史沉淀等诸多方面存在着较大的差异，这就意味着社会主

义新农村建设不可能采取整齐划一、固定不变的模式。应当在社会主义新农村建设的总体目标下，尊重自然规律、经济规律和社会发展规律，把握长远发展趋势，按照政府引导和农民自主相结合的方式，因地制宜地选择建设社会主义新农村的具体路径，积极探索建设适合本地区社会主义新农村的有效模式。

第三节 影响社会主义新农村建设的因素

一、经济发展水平

我国的经济发展水平对社会主义新农村的建设有很大的影响。社会主义的本质决定了解放和发展生产力的要求，而新农村建设的首要任务也是要发展经济，因此，经济发展水平不仅体现了社会主义新农村建设的程度，更制约着新农村的发展水平。当我国的经济发展水平很低时，新农村的建设往往缺乏资金上的支持，此时，新农村的建设重点集中于经济建设上。对于经济发展的强烈需求通常会造成短视行为，一味地关注经济效益，会忽视由此带来的负面影响。即使在制定经济发展策略上对于生态环境等方面有所涉及，但也往往因为对于GDP增长率的过度追求而有所轻视。此时的经济发展通常是以粗放型的增长模式为主，乡镇企业中也多以高收益、高污染的中小企业为主，现代化农业的发展、现代企业的科学技术水平和管理水平以及生态环境的保护等问题在政府制定政策措施时还未能纳入重点考虑范围。

随着新农村经济发展水平的提高，新农村经济建设的目标更加侧重于“质”的要求。经济发展水平的提高为新农村各方面建设奠定了坚实的基础，新农村建设的整体目标除追求经济增长效应外，开始更多地追求社会效益、文化效益以及生态效益等。为了更好地全面发展新农村，政府会加强对各方面效应的权衡，引导经济发展的方向，促进新农村的可持续发展。

二、工业化水平

工业化是一个国家繁荣昌盛的必由之路，是一个国家综合实力的标志。新农村建设与工业化的发展在目标上存在一定的一致性，新农村的发展与工业化的进步是相互联系、相辅相成的。当我国的工业化水平较低时，工业化是我国发展战略的重要方面，新农村的发展会在一定程度上受到影响，我国的发展历程很好地诠释了这一关系。早期的农业发展是为了更好地促进工业化进步，在新的历史背景下，工业化发展水平相对较高，我国实行了“工业反哺农业”的方针政策，促进新农村的稳步发展。当工业化水平较低时，为加速工业化发展，农村的工业体系中通常是环境污染较为严重的企业，随着工业化水平的提高，新农村的发展获得了更加有力的资金支持，新农村的工业产业结构得以优化和升级，现代农业也得到更好的发展，社会主义新农村的发展目标更加全面。

三、城镇化水平

城镇化是每个国家发展和进步进程中不可逾越的阶段。城镇化和社会主义新农村是既有区别又有联系的两个概念，两者相辅相成、相互促进。城镇化是指农村逐步向城市转变、农业人口转变为城市人口、农村用地变为城市用地以及农村生活方式向城市生活方式等方面变化的过程。社会主义新农村建设则是对农村进行改造，在不改变农村性质的前提下，全面发展农村的各个领域。新农村的发展可以为城镇化提供坚实的物质基础，促进和支持城镇化的发展；城镇化发展为周边农村带来的辐射作用可以有力地促进新农村的繁荣。

当城镇化水平较低时，城市就业人口比较饱和，农村存在大量的剩余劳动力，农村的生产效率低下，农业发展水平较低。随着城镇化的发展，形成城市带动农村、农村促进城市，城乡协调一体化发展，大量的农村富余劳动力被城市吸纳，农村资源得到优化配置，农业人口大量减少更加有利于农业的集约化经营，现代化农业得以发展。随着农民进城务工，城市与农村的密切有效互动，为新农村注入了新的活力，有利于新农村各个领域的发展。

四、地方政府的政绩观

地方政府的政绩观会对新农村建设产生很大的影响。如果当地政府的政绩考核标准是以 GDP 增长率为主，则会导致政府在新农村建设中仅仅以经济增长为导向，片面追求经济效益，不加约束地建设和发展污染性的高收益率企业，导致生态环境受到很大的破坏。同时，由于建设目标的单一性会导致新农村发展的失衡，物质文明得到快速丰富，而精神文明却不能很好地衔接上。如果当地政府将科学发展观所要求的指标纳入政绩考核体系，不以经济增长作为唯一指标，选取能够考核经济效益、社会效益和生态效益等方面的综合性政绩观，政府则会从多角度重视新农村建设，全面、可持续地建设社会主义新农村。

五、政府的主导作用

政府的主导作用对社会主义新农村的建设具有重大影响。新农村建设过程中存在很多重大项目的建设、宏观布局、各种资源配置以及各方面利益关系权衡等问题，这些都需要科学的规划和部署。如果仅仅依靠市场自发的力量必然会使得新农村建设处于盲目无序的状态，导致农村资源配置不合理，农民收入差距拉

大，生态环境遭到破坏等问题。如果政府能够担负起规划的职责，在新农村建设中起到主导作用，弥补市场的不足，从宏观角度引导新农村的建设，才可以维护市场稳定，保障农民权益，为新农村建设奠定坚实的基础。除整体规划以外，如果缺乏必要的制度、法律、教育和卫生等方面的维护和保障，新农村建设也难以完成。只有政府发挥主导作用，统筹农村发展的各个领域，支持新农村各方面的建设，正确地引导农民群众，才能更加科学地建设社会主义新农村。

六、农村建设的相关政策及财政资金

与农村建设相关的政策和支农财政资金是社会主义新农村建设的重要因素。如果国家发展的战略重点不是在农村，那么国家建设的相关政策就不会关注农村的发展。没有国家政策上的引导和支持，农村建设就失去了根本性保障。如果国家将建设重点向农村转移，出台一系列的支农惠农政策，农村建设就有了基本方向。但是，如果缺乏支农财政资金，就会使得农村建设成为一种口号，缺乏实质内容。如果国家正视农村、农民和农业问题，将其放在国家繁荣复兴的重要位置，并为其提供相关的政策指导，配套一系列的资金支持，就能从根本上保障农村的健康发展。由于基础设施、文化教育等公共物品与准公共物品的特性，只有充足的财政资金支持，社会主义新农村才能多维度共同发展。农村发展一直是我国发展战略的重要方面，由于早期只有政策支持，缺乏必要的配套资金，农村建设相对落后。在现阶段，在支农惠农政策和相关支农资金的共同作用下，社会主义新农村将展现出新的面貌。

七、农民的主体作用

农民的主体作用对社会主义新农村的建设具有举足轻重的意义。科学发展观的核心是以人为本，坚持农民的主体地位就是贯彻科学发展观，充分发挥农民群众的积极性，依靠农民群众解决农民群众自己的事。在社会主义新农村的建设进程中，如果农民缺乏主体意识，自我提升能力较弱，不能充分发挥农民群众的主体作用，势必会阻碍新农村的发展。如果能够加强对新农民的培养，丰富农民群众的民主组织生活，充分调动农民群众的积极性，鼓励农民群众参加各类村级组织和活动，使得农民自觉地要求进步，提升个人素质，就能从根本上实现从传统农村、农业、农民向现代农村、农业、农民的转变。只有坚持农民的主体地位，切实遵从农民的意愿，坚定依靠农民的力量，最广泛、最充分地调动农民建设新农村的积极性、主动性和创造性，才能全面推进社会主义新农村的建设。如果脱离农民的愿望，忽视农民的主体作用，新农村建设就难以完成。

第四节　我国社会主义新农村建设的评价指标体系和评价模型

一、新农村建设评价指标体系的意义与构建原则

1. 新农村建设评价指标体系的意义

社会主义新农村建设是一项长期的、浩大的和复杂的系统工程，包括了多个相互联系、相互作用的子系统，而每个子系统的建设也是一项繁杂的巨大工程。因此，在综合分析社会主义新农村建设的基础上，根据一定的原则和标准，全面系统地概括新农村建设的若干指标，并对新农村建设进行评估和判断，对于社会主义新农村建设的目标确立以及理论和实践过程的考核具有重要的现实意义。具体表现如下：

第一，社会主义新农村评价指标体系是对新农村建设内容指标化、具体化和系统化的体现，是对新农村建设目标量化的直观反映。建立社会主义新农村的评价指标体系，有利于建设者更加深入地认识和理解新农村建设的理论及实践内容，更加清晰、直观地把握新农村建设的奋斗目标，更加全面地掌控新农村建设的前进方向。

第二，社会主义新农村建设包含经济、政治、文化和社会等多方面内容，新农村评价指标体系的建立有利于区别各项建设内容，有利于从整体和局部的角度分别考察各个地区新农村建设内容的绩效水平，推动新农村建设战略重点的全面落实。社会主义新农村的建设是由政府主导，以全体农民群众为主体，社会各界共同努力的历史性任务，量化的指标体系有利于科学地考核新农村建设的现状，有利于针对性地弥补建设过程中的不足和缺陷，有利于调动全体农民的积极性，投身于新农村建设中的薄弱环节。

第三，社会主义新农村建设是全国性的系统工程，由于我国地域辽阔，各个地区的具体情况有所不同，建立新农村评价体系有利于各个地区在国家总体目标的基础上，因地制宜、循序渐进地全力推进社会主义新农村建设。在区域差异的条件下，有选择地建立新农村评价指标体系有利于区别性地监测和评价各地的新农村建设状况，从而有利于发现建设过程中的薄弱环节，明晰当地新农村建设的战略重点和前进方向，为接下来的新农村建设提供可靠的科学依据。

第四，社会主义新农村建设是一项长期性和渐进性的工程，建立新农村评价指标体系有利于科学地度量新农村建设所处的阶段，为建设者提供新农村准确全

面的信息。通过对现有新农村建设进展情况的综合分析，可以阶段性地展现新农村建设的真实水平，制定下一步的建设目标，增强农民群众建设新农村的决心和信心，全面有效地推进社会主义新农村的发展。

2. 新农村建设评价指标体系的构建原则

社会主义新农村建设是一项浩大的长期性历史任务，内容包括了经济、政治、文化和社会等多个方面，是新时期下我国改革发展的重要环节。因而建立社会主义新农村评价指标体系，必须在深刻理解新农村建设内涵的基础上，坚持以可持续发展为导向，坚持以人为本，对新农村建设进行全方位、多视角的分析，全面反映出新农村建设的目标，体现出新农村发展的动态性、区域性等特征。新农村建设是一个复杂的系统工程，不能简略地通过几个指标进行描述和分析，所以，在建立新农村评价指标体系时，我们主要遵从以下几项基本原则：

（1）系统性原则。社会主义新农村建设是一项综合性的系统工程，因此，新农村指标体系的建立需力求成为一个有机的整体，在涵盖新农村建设的基本内涵与要求的前提下，能够全面反映出新农村的整体性能和综合情况。新农村评价指标体系的建立需从整体的视角出发，认识到整体评价功能大于各分指标的简单总和的重要性，既要突出重点方面，反映新农村建设的本质特征，也要科学、完整地体现新农村建设的基本情况。要抓住主要因素，既能反映直接效果，又要反映间接效果，以保证评价的全面性和可信度。因此，评价指标的选择既不能过少，无法充足地反映建设目标和现状，也不能选择过多，使得指标信息过于杂乱，关键在于要反映新农村建设的根本内容。

（2）科学性原则。社会主义新农村评价指标体系的建立需要符合科学发展观的要求，能够客观、公正、全面、科学地反映新农村建设的本质和规律。首先，评价指标体系的内容要有科学性，应该根据新农村建设本质内涵及发展目标等方面，建立能够客观反映新农村建设的指标。其次，评价指标体系构建本身要具有科学性，依据指标评价理论和统计指标系统建立科学的理论和原则，选择含义准确、便于理解、易于合成计算及分析的具体、可靠和实用的指标。

（3）导向性原则。社会主义新农村评价指标体系的建立不仅仅是为了评价现有新农村建设水平，在很大程度上具有引导新农村建设者根据规划的战略目标制订计划，实现指标体系内容的作用。因此，评价体系的建立需根据新农村建设的战略目标，突出重点，为建设者了解本地情况的同时明确现实中的不足，为全面、有序地建设新农村设定努力方向。

（4）动态性原则。社会主义新农村建设是一项长期性的历史任务，建设过程不是孤立存在和静止不动的，而是随着时间变化而不断进步和发展的。因而指标体系既要能够反映出一定时点和一定时期新农村建设的状况，也要能引导下一时点和时期的新农村发展目标。所以，必须用发展的眼光对待新农村评价指标体系的建立，从新农村建设的连续性和阶段性出发，确立指标体系，全面反映新农村的发展过程和动态变化。

（5）区域性原则。社会主义新农村建设涵盖了我国的各个地区，但是由于我国地域辽阔，资源禀赋差异明显，各地新农村在建设过程中存在差异。因此，新农村评价指标体系的确立需根据农村所处地域的差异，结合当地发展的现状，在贯彻党中央建设社会主义新农村的总体精神的前提下，因地制宜，有重点地建立评价指标体系，科学评价各地新农村建设的现状，引导新农村发展的未来方向。

（6）可操纵性原则。社会主义新农村建设涉及众多方面，在确立评价指标体系时尽量全面反映新农村的建设情况，但是指标的确立不可能面面俱到，体现于建设过程中的所有细节。因而，评价指标体系的建立应在坚持科学、客观的前提下，力求实用性和可行性，选取便于收集、来源真实的指标，既能方便建设者明晰新农村的建设现状，又能便于建设者确定新农村的建设目标。采取国际认可或国内通行的统计口径，指标的含义必须十分明确，便于有效地进行定量的分析和评估。

（7）以人为本的原则。坚持以人为本，就是要以实现人的全面发展为目标，从人民群众的根本利益出发谋发展、促发展，不断满足人民群众日益增长的物质文化需要，切实保障人民群众的经济、政治和文化权益，让发展的成果惠及全体人民。社会主义新农村的建设的主体是农民，发展的目的是为了提高广大人民的生活水平。因此，一方面，从建设内容出发，新农村评价指标体系的建立必须要在反映当地新农村发展现状的同时，突出人的全面发展；另一方面，从建设者出发，评价指标体系的建立能够为建设者提供准确的目标，为建设者指明道路，方便新农村的全面建设。

二、新农村建设评价指标体系的构建

1. 新农村建设评价指标体系的结构层次

社会主义新农村建设的维度是一个复杂的综合系统，而综合性的系统必然包含若干个子系统，而子系统又必然依靠众多的单元构成。因此，社会主义新农村的评价指标体应当以新农村的科学内涵为基础，按照系统科学层次分析方法分析而确定各项指标。通过一系列的指标反映各个子系统的建设水平，进而反映新农村建设的总体状况，并为新农村的进一步发展指明方向。通过对新农村的内涵、本质和任务的理解，以及在对前人研究的基础上，本书将社会主义新农村评价指标体系分解成五个子系统，然后逐步细分，再对每一个子系统的特征进行分析，分解成具体的构成要素，这些构成要素可以通过具体指标来描述，建立了四级层次结构。

（1）总目标层。社会主义新农村指标体系的总目标层是指标体系对评价对象

的总体目标的综合描述和整体反映，根据所研究的对象不同会有所差异。

（2）准则层。在对社会主义新农村的系统结构和各项构成元素深刻理解的基础上，建立的系统总目标与系统各个结构以及各构成要素之间的关系，一般称作准则。根据十六届五中全会对新农村建设的要求，以及对新农村建设本质的把握，准则层由生产发展、生活宽裕、乡风文明、村容整洁、管理民主五个子系统组成。

（3）子准则层的确立。在深刻分析新农村各项构成元素和各个子系统的基础上，建立子系统与各项构成要素之间的对应关系，可称为子准则层。本书将生产发展这一子系统具体分为农村经济发展规模、农业现代化建设、农村工业化建设和产业结构化发展四个构成元素。生活宽裕这一子系统具体分为农民收入状况、农民消费状况、基础设施建设三个构成元素。乡村文明这一子系统具体分为文化建设、社会治安建设和道德风尚建设三个构成元素。村容整洁这一子系统具体分为生态建设和农村环境建设两个构成元素。管理民主可不做具体划分，直接通过具体指标反映其建设状况。

（4）具体指标层。社会主义新农村建设评价体系的具体指标层就是指选取的各个具体的评价指标。

2. 新农村建设评价指标体系指标的确定

（1）生产发展指标。生产发展这一子系统可以具体分为农村经济发展规模、农业现代化建设、农村工业化建设和产业结构化发展四个构成元素。其中，农村经济发展规模由农村 GDP 和增长率，人均农村 GDP 和增长率，农户人均生产费用支出和增长率，粮食总产量和增长率，政府农业支出额及其占财政支出比重和增长率，乡镇企业数量和增长率等指标组成。农业现代化建设由万人农业科技人员数和增长率，农村人均科技培训时间，农业科研投入占的比重和增长率，农田旱涝保收面积和增长率，农业适度规模经营面积和增长率，规模化农业种养加工基地数和增长率，优良品种耕种率和增长率，单位农业增加值能源消耗率等指标构成。产业结构化发展由非农从业人口比重和增长率，第一产业、第二产业、第三产业产值和增长率，第一产业、第二产业、第三产业占总产值的比例和增长率，生态产业值比重和增长率，一村一品覆盖率等指标构成。

（2）生活宽裕指标。生活宽裕这一子系统可以具体分为农民收入状况、农民消费状况、基础设施建设三个构成元素。农民收入情况由农村居民人均可支配收入和增长率，农民家庭人均纯收入和增长率，人均储蓄额和增长率等指标构成。农民消费状况由恩格尔系数、农村人均生活用电量和增长率、人均居住面积和增长率等指标构成。基础设施建设由区域内专业农产品批发市场数和增长率、农村养老保险覆盖率和增长率、农村合作医疗覆盖率和增长率、每百户电话拥有量和增长率、互联网服务入户数和增长率、安全饮用水农户数和增长率、农业标准化卫生服务及医疗救助机构数和增长率、通乡公路硬化达标率和增长率等指标构成。

（3）乡风文明指标。乡风文明这一子系统可以进一步分为文化建设、道德风尚建设两个构成元素。文化建设由农民平均受教育年限和增长率、文教娱乐支出比重和增长率、社区图书室覆盖率、普通中小学教师人数和师生比例、万人大学生人数和增长率等指标构成。道德风尚由打架斗殴案件数和增长率、偷窃案件数和增长率等指标构成。

（4）村容整洁指标。村容整洁这一子系统可以进一步分为生态建设和农村环境建设两个构成元素。生态建设由绿化面积和增长率、空气质量达标率、退耕还林、植树造林面积和增长率等指标构成。农村环境建设由卫生厕所数和增长率、生活垃圾无害化处理率、污水处理率、秸秆综合利用率比重和增长率等指标构成。

（5）管理民主指标。管理民主这一子系统可以进一步分为社会治安建设和民主组织建设两个构成元素。社会治安建设由上访案件数和增长率，刑事案件比例和增长率等指标构成。民主组织建设由村民参加选举率，农民群众对事务公开满意度和增长率，村“两委”成员交叉任职比例和增长率，农业合作经济组织数和增长率等指标构成。

3. 新农村建设评价指标体系部分指标的解释

（1）农村 GDP 和增长率。农村 GDP 反映了当地农村在一年内经济发展的整体水平，在国内外对经济发展水平的考核中都将其视为重要指标，赋予较大的权重。农村 GDP 增长率可以动态地反映出当地农村整体经济的发展情况，通过该指标可以纵向得出当地农村的发展趋势。该指标公式可以表示为式（2–1）。

$$GDP_g = \frac{GDP_t - GDP_{t-1}}{GDP_{t-1}} \tag{2–1}$$

其中，GDP_g 表示农村 GDP 增长率，GDP_t 表示当期的农村 GDP，GDP_{t-1} 表示上一期的农村 GDP。GDP_g 的值越大，表示农村当年的经济增长越快；反之则相反。

（2）人均农村 GDP 和增长率。人均农村 GDP 从综合的角度反映一个当地农村的经济状况，是衡量经济发展的重要指标，同时也可以反映农业从业人员劳动生产率。人均农村 GDP 增长率更加全面地反映出当地农村经济发展水平的动态变化。党的十八大报告提出 2020 年实现国内生产总值和城乡居民人均收入比 2010 年翻一番。各地应当根据当前的发展水平，确定该指标的参考值。该指标公式可以分别表示如下：

$$\overline{GDP} = \frac{GDP}{N} \tag{2–2}$$

$$\overline{GDP_g} = \frac{\overline{GDP}_t - \overline{GDP}_{t-1}}{\overline{GDP}_{t-1}} \tag{2-3}$$

其中，$\overline{GDP}$ 表示人均农村 GDP，GDP 表示当年农村 GDP，N 表示农村总人口。显然，$\overline{GDP}$ 越大，表示农村经济发展水平越高；反之，则越低。$\overline{GDP_g}$ 表示人均农村 GDP 增长率，$\overline{GDP_t}$ 表示当期人均农村 GDP，$\overline{GDP}_{t-1}$ 表示上一期人均农村 GDP。$\overline{GDP}_g$ 越大，表示当地生产水平提高越快；反之则相反。

（3）农户人均生产费用支出和增长率。农户人均生产费用反映出农民在生产过程中的经济投入状况，生产费用的变化一方面显示了生产成本的变化，另一方面也显示出生产规模的变化。因此，该指标可以在一定程度上反映农村的整体经济规模。该指标公式可以分别表示如下：

$$\bar{C} = \frac{C}{N} \tag{2-4}$$

$$\bar{C}_g = \frac{\bar{C}_t - \bar{C}_{t-1}}{\bar{C}_{t-1}} \tag{2-5}$$

其中，$\bar{C}$ 表示农户人均生产费用支出，C 表示农户生产费用支出总额，N 表示农户总数。$\bar{C}$ 越大，表示农户人均生产投入越多，生产规模越大；反之则相反。$\bar{C}_g$ 表示农户人均生产费用支出的增长率，C_t 为当期的农户人均生产费用支出，$\bar{C}_{t-1}$ 表示上一期的农户人均生产费用支出。农户人均生产费用支出的增长率可以纵向反映出农户在生产过程中支出额的变化趋势。

（4）粮食总产量和增长率。农业目前依旧是大部分农村经济中的主体产业，粮食产量不仅关乎人类的生存与发展，也在一定程度上反映出农业乃至农村的发展水平。因而，粮食产量在考核新农村经济发展规模上存在一定的意义。该指标公式可以表示如下：

$$F_g = \frac{F_t - F_{t-1}}{F_{t-1}} \tag{2-6}$$

其中，F_g 表示粮食总产量的增长率，F_t 表示当期的粮食总产量，F_{t-1} 表示上一期的粮食总产量。

（5）政府农业支出额及其占财政支出比重和增长率。社会主义新农村建设是由政府主导的一项系统工程，新农村的发展离不开政府财政资金支持，新农村发展的快慢在很大程度上依赖政府财政支援，尤其是新农村发展的初期，市场发育还不完善，各项设施还有待建设，政府财政资金在很大程度上影响着新农村的发展步伐。因此，财政支农资金额能够反映出新农村经济发展规模。该指标公式可以分别表示如下：

$$GF = \frac{GA}{G} \tag{2-7}$$

$$GF_g = \frac{GF_t - GF_{t-1}}{GF_{t-1}} \tag{2-8}$$

其中，GF 表示政府农业支出额占财政支出比重，GA 表示政府财政中的农业支出额，G 表示政府财政总支出；GF_g 表示政府农业支出额占财政支出比重增长率，GF_t 表示当期政府农业支出额占财政支出比重，GF_{t-1} 表示上一期政府农业支出额占财政支出比重。

（6）乡镇企业数量和增长率。乡镇企业的发展对充分利用新农村的物质资源和社会资源具有重要意义，可以调动农民的劳动积极性，吸收大量的剩余劳动力，促进新农村的经济繁荣，提高广大农民群众的生活水平。乡镇企业涉及各行各业，其数量的增加从整体上反映出新农村的经济发展规模。该指标公式可以表示如下：

$$EP_g = \frac{EP_t - EP_{t-1}}{EP_{t-1}} \tag{2-9}$$

其中，EP_g 表示乡镇企业数量的增长率，EP_t 表示当期的乡镇企业数量，EP_{t-1} 表示上一期的乡镇企业数量。显然，EP_g 为正，意味着乡镇企业数量处于上升趋势，新农村经济在一定程度上体现出向上发展状态；EP_g 为零，意味着新农村经济处于相对稳定状态；EP_g 为负，则新农村经济发展可能处于倒退阶段，但由于企业可能发生兼并等行为，在具体考核过程中需对企业规模进行一定的限定。

（7）万人农业科技人员数和增长率。邓小平同志提出“科学技术是第一生产力”。现代科学技术的发展对推动经济发展产生巨大的影响，但科学技术不是单独的生产要素，它只能通过引起生产工具、劳动对象、劳动者发生变化，才能促进生产力的发展。其中，人的发展至关重要，我国实行的“人才兴国”战略正是体现了人才的作用。因此，科技人员对促进农业现代化的发展，进而对农业经济的整体发展具有重要意义，科技人员的数量也体现出农业现代化的发展程度。该指标公式可以表示如下：

$$TP_g = \frac{TP_t - TP_{t-1}}{TP_{t-1}} \tag{2-10}$$

其中，TP_g 表示万人农业科技人员数增长率，TP_t 表示当期万人农业科技人员数，TP_{t-1} 表示上一期万人农业科技人员数。

（8）农村人均科技培训时间。科学技术上的一个重大突破，往往会使一种产品的竞争力大大增强，有时能带动和形成一个新的产业，为一个国家的经济发展提供基础和动力。农业现代化的发展只有靠广大的农民群众才能真正地进步，但是，基层农业科技推广人员严重缺乏，广大农民群众并不能真正地掌握先进的科学技术，即使引入了新设备、新工艺和新技术，农民不能有效地使用依旧无法提高农业的生产效率。因而，农业现代化发展的过程中必然需要对农民进行相应的

科技培训。科技培训一方面可以提高农民使用先进技术的能力，另一方面还可以激发农民的创新能力，促进农业现代化发展。该指标公式可以表示如下：

$$\overline{STT} = \frac{\sum_i (i \times t_i)}{N} \tag{2-11}$$

其中，$\overline{STT}$ 表示农村人均科技培训时间，i 表示经过培训的第 i 个人，t_i 表示第 i 个人经过的培训时间，N 表示当地所有人。$\overline{STT}$ 越大，表示当地对科学技术的普及程度越高，越有利于掌握先进的农业技术，体现为农业现代化水平越高；反之则相反。

（9）农业科研投入占财政支出的比重和增长率。农业现代化发展需要发展农业科学技术，增加农业科研机构，这就需要不断加大农业科研投入。农业科研的投入量直接影响到农业科技创新和转化能力，农业科研机构目前整体上并不具备面向市场、自我发展的条件，因此，只有从政府角度加大对农业创新能力的重视，增加对农业科研的投入，才能从技术角度上提高农业生产效率，促进农业现代化发展。我国农业税减免以后，基层缺乏足够的资金投向农业科技，农技推广体系是“网破、线断、人散”。农业投入需要引起建设者的高度重视。该指标公式可以分别表示如下：

$$SRI = \frac{SR}{G} \tag{2-12}$$

$$SRI_g = \frac{SRI_t - SRI_{t-1}}{SRI_{t-1}} \tag{2-13}$$

其中，SRI 表示农业科研投入占财政支出的比重，SR 表示农业科研投入额，G 表示政府财政支出；SRI_g 表示农业科研投入占财政支出的比重的增长率，SRI_t 表示当期农业科研投入占财政支出的比重，SRI_{t-1} 表示上一期农业科研投入占财政支出的比重。SRI_g 越大，表示政府对于农业科研的重视程度越高，农业现代化发展环境越有利。

（10）农田旱涝保收面积和增长率。农业现代化的发展根本在于改善农业发展的基础，而农田是农业的最基本依托，农田保障了一定时期人口和社会经济发展对农产品的需求，因此，农田的改进至关重要。改善农田需要消除耕作田块畸零不整、配套设施缺乏及落后的现状，提升水利化、机械化水平，从而提高资源利用率、劳动生产率和土地产出率，保障粮食安全和农产品的有效供给。为实现农业机械化和现代化的快速发展，必须要有高标准的基本农田作为保障。只有提高旱涝保收高标准基本农田比重，才能为现代化农艺和农机装备提供依托，夯实国家粮食安全基础。旱涝保收农田的面积一方面体现着农业现代化发展的水平，另一方面也为农业现代化的进一步发展提供保障。该指标公式可以表示如下：

$$FL_g = \frac{FL_t - FL_{t-1}}{FL_{t-1}} \tag{2-14}$$

其中，FL_g 表示农田旱涝保收面积的增长率，FL_t 表示当期农田旱涝保收面积，FL_{t-1} 表示上一期农田旱涝保收面积。FL_g 为正意味着农田旱涝保收面积增长，体现出农业现代化水平的提升。

（11）农业适度规模经营面积和增长率。与欧洲一个劳动力可以耕种几百亩土地和美国一个劳动力可以耕种几千亩土地相比，中国一个劳动力只能耕种数十亩甚至几亩土地，这就意味着我国农业领域内的劳动生产率是极其低下的。同时，农业产出率还远远低于第二产业和第三产业，这就造成农村居民的人均收入大大低于城镇居民的收入。

农业适度规模经营首先可以大大节约成本，提高劳动生产率和土地生产率。比如在规模化经营条件下，可以减少劳动力数量，减少化肥农药的物质投入，减少机械等基础设施的建设量。大规模的机械化生产可以大量地增加农产品生产总量，提高利润额，调动广大农民群众的生产积极性。其次，大规模的农地经营可以更方便地引入新技术，利用新方法，更快更好地发展农业。最后，农业适度规模经营可以进行集中管理，在很大程度上规避市场风险，更好应对可能出现的疾病和自然灾难威胁。农业适度规模经营既是农业现代化进步的标志，也是促进农业现代化发展的基础。该指标公式可以表示如下：

$$SO_g = \frac{SO_t - SO_{t-1}}{SO_{t-1}} \tag{2-15}$$

其中，SO_g 表示农业适度规模经营面积的增长率，SO_t 表示当期农业适度规模经营面积，SO_{t-1} 表示上一期农业适度规模经营面积。

（12）规模化农业种养加工基地数和增长率。农业适度规模经营主要指农业种植和耕作方面，规模化农业种养加工基地则主要是指农业加工方面，但与前者类似，规模经营可以降低成本，提高劳动生产率，使农民增加收益。同时，农业种养加工基地可以与农业种养相互配合，共同发展，形成农业生产和加工一条线，全面发展现代化农业。该指标公式可以表示如下：

$$MB_g = \frac{MB_t - MB_{t-1}}{MB_{t-1}} \tag{2-16}$$

其中，MB_g 表示规模化农业种养加工基地数的增长率，MB_t 表示当期规模化农业种养加工基地数，MB_{t-1} 表示上一期规模化农业种养加工基地数。

（13）优良品种耕种率和增长率。所谓的优良品种，是指农业科技人员经过反复多次的实验，对农作物进行不断改良而得到的成果。该品种可以比较充分地利用自然环境、栽培环境中的有利条件，具有产量高、抗灾害、产品品质好等多个优点。在生产上大面积的推广使用，能获得较好的经济效益，提高农民收益

率。该指标公式可以分别表示如下：

$$GSP=\frac{GS}{CA} \tag{2-17}$$

$$GSP_g=\frac{GSP_t-GSP_{t-1}}{GSP_{t-1}} \tag{2-18}$$

其中，GSP 表示优良品种耕种率，GS 表示优良品种耕种面积，GA 表示农业耕种总面积。GSP 的大小反映了当地对于新科技成果的推广和应用程度。GSP_g 表示优良品种耕种率增长率，GSP_t 表示当期优良品种耕种率，GSP_{t-1} 表示上一期优良品种耕种率。

（14）单位农业增加值能源消耗率。能源是人类生存与发展的重要物质基础。能源消耗与经济发展存在密切的关系，一般来说，当一个国家处于工业化初期和中期时，能源消耗会处于上升趋势，能源消耗会带来经济的快速发展，能源消耗越大，国家经济发展水平与人们生活水平越高，而国家发展越强盛，能源消耗又会越大。而当工业化发展逐步进入后期，随着科学技术的发展，能源消耗会逐渐减少。新农村在发展过程中，也会耗费大量的能源，仅仅以能源消耗值作为指标只能体现新农村的发展现状，但单位农业增加值能源消耗率能够在一定程度上体现科学技术的发展水平，体现农业现代化的程度。该指标公式可以表示如下：

$$EC=\frac{ER}{GDP} \tag{2-19}$$

其中，EC 表示单位农业增加值能源消耗率，ER 表示能源消耗总量，GDP 为农业增加总值。结合当地经济的发展水平，考核单位农业增加值能源消耗率可以清晰地反映当地的科学技术水平状况，EC 越低，则科技水平越高；反之则相反。

（15）非农从业人口比重和增长率。尽管农业产业化经营导致农业剩余劳动力问题更加严重，但产业结构化调整过程中涌现出的乡镇企业吸收了大量的劳动人口，吸引了更多的劳动者在本地就业，从事各项非农产业。因此，非农从业人口比重能够反映农村经济结构情况，而其增长率则从动态视角体现出当地经济结构的变化。该指标可以分别表示如下：

$$NAP=\frac{NA}{P} \tag{2-20}$$

$$NAP_g=\frac{NAP_t-NAP_{t-1}}{NAP_{t-1}} \tag{2-21}$$

其中，NAP 表示非农从业人口比重，NA 表示非农从业人口，P 表示就业人员总数。NAP 越大，表示当地非农从业人员比重越大，非农产业吸收了更多的劳动力，从一定程度上反映出当地经济发展水平相对较高；反之则相反。NAP_g 表示非农从业人口比重增长率，NAP_g 表示当期非农从业人口比重，NAP_{t-1} 表示上一期非农从业人口比重。NAP_g 为正，表明更多的劳动力向非农产业转移，加速了产业结构和调整；反之则相反。

(16) 第一产业、第二产业、第三产业产值和增长率。农村 GDP 从整体上反映了农村的经济发展状况，而第一产业、第二产业、第三产业产值从各个产业的角度反映新农村发展的整体发展，体现了经济发展的结构性。中国人口众多，只有保证农业稳步发展，才能保持社会稳定，促进社会经济发展，从根本上提高全民生活水平。而工业的快速发展则能吸收大量的劳动力，为解决“三农”问题提供重要保障，在经济和社会发展中起着举足轻重的作用。第三产业的发展水平高低是衡量一个国家和地区经济发展水平的重要标志，也是新农村发展程度的重要标志，能够推进当地经济结构调整、加快转变经济增长方式，全面发展社会主义新农村。该指标公式可以表示如下：

$$IO_{i,g}=\frac{IO_{i,t}-IO_{i,t-1}}{IO_{i,t-1}}\quad i=1,2,3 \tag{2-22}$$

其中，$IO_{i,g}$ 表示第 i 产业产值的增长率，$IO_{i,t}$ 表示第 i 产业当期的产值，$IO_{i,t-1}$ 表示第 i 产业上一期的产值。$IO_{i,g}$ 为正，意味着第 i 产业发展处于上升趋势；$IO_{i,g}$ 为零，意味着该产业发展相对稳定；$IO_{i,g}$ 为负，意味着该产业发展可能处于下降趋势。

(17) 第一产业、第二产业、第三产业产值占总产值的比例和增长率。区别于各项产业产值的变化，该指标反映出当地新农村各项产业在经济整体发展中所占的比重，对经济发展造成的影响。按照经济发展的一般规律，第一产业产值比重会从早期的最大比重逐渐下降，第二产业产值比重越来越大，之后，第二产业产值比重开始下降，第三产业产值比重呈上升趋势。但三次产业之间并不是相互矛盾的，三者相辅相成，以第一产业的农业为基础，综合发展农产品加工等第二产业和农产品直销、饮食业、休闲农业等第三产业，实现农村各产业有机整合、农户分享价值链增值收益。该指标公式可以分别表示如下：

$$IOP_i=\frac{IO_i}{GDP}\quad i=1,2,3 \tag{2-23}$$

$$IOP_{i,g}=\frac{IOP_{i,t}-IOP_{i,t-1}}{IOP_{i,t-1}}\quad i=1,2,3 \tag{2-24}$$

其中，IOP_i 表示第 i 产业产值占总产值的比例，IO_i 表示第 i 产业产值，GDP 表示经济总产值。IOP_i 越大，表示第 i 产业对当地新农村的经济贡献越大，在经济结构中处于更加重要的位置；反之则相反。$IOP_{i,g}$ 表示第 i 产业产值占总产值的比例的增长率，$IOP_{i,t}$ 表示当期第 i 产业产值占总产值的比例，$IOP_{i,t-1}$ 表示上一期第 i 产业产值占总产值的比例。$IOP_{i,g}$ 的变化反映了第 i 产业在当地产业结构组成中的比重变化，动态地反映出第 i 产业在当地经济结构中的重要性变化。

（18）生态产业值比重和增长率。生态产业是涉及工业、农业和生态环境等多个方面的有机系统。在我国生态环境问题日益突出、资源环境保护压力不断加大的新形势下，建设和发展生态产业是大势所趋，是贯彻落实科学发展观、缓解生态环境压力、统筹人与自然和谐发展的必然选择。生态产业具有高效益、高回报的特点，既可以在不违背自然规律的条件下发展经济、转变经济结构，又可以提高人民生活质量，保护生态环境。生态产业发展受地区经济和社会发展的影响大，随着经济发展，对生态产业的需求会随之提高。该指标公式可以分别表示如下：

$$EIP = \frac{EI}{GDP} \tag{2-25}$$

$$EIP_g = \frac{EIP_t - EIP_{t-1}}{EIP_{t-1}} \tag{2-26}$$

其中，EIP 表示生态产业值比重，EI 表示生态产业总值，GDP 表示经济总产值。EIP 越大，意味着当地生态产业发展越好，对资源环境的保护越合理。EIP_g 表示生态产业值比重的增长率，EIP_t 表示当期生态产业值比重，EIP_{t-1} 表示上一期生态产业值比重。

（19）“一村一品”覆盖率。“一村一品是指在一定区域范围内，以村为基本单位，按照国内外市场需求，充分发挥本地资源优势、传统优势和区位优势，通过大力推进规模化、标准化、品牌化和市场化建设，使一个村（或几个村）拥有一个（或几个）市场潜力大、区域特色明显、附加值高的主导产品和产业，从而大幅度提升农村经济整体实力和综合竞争力的农村经济发展模式。”① “一村一品”工程能够打造当地特色优势品牌，促进主导产业优化升级，集中整合生产要素投入，更加有效地扩大农户的生产经营规模，壮大村级经济实力，带动农民增收致富。如果当地有“一村一品”品牌产品，则其覆盖率就是 100%；反之则为零。

（20）人均可支配收入和增长率。人均可支配收入是指个人向政府缴纳各项税费后的所得，是消费开支的最重要决定性因素，能够衡量一个国家人民生活水平。国内外在对人民生活水平的考核中都将其视为重要指标，赋予较大的权重。该指标公式可以表示如下：

$$DPI_g = \frac{DPI_t - DPI_{t-1}}{DPI_{t-1}} \tag{2-27}$$

其中，DPI_g 表示人均可支配收入的增长率，DPI_t 表示当期人均可支配收入额，DPI_{t-1} 表示上一期人均可支配收入额。DPI_g 为正意味着当地农村居民人均可

① http://www.ahnw.gov.cn/2006nwkx/html/201108/%7B8676226A-4787-4BB4-B62E-DD909BE13103%7D.shtml.

支配收入增加，人民生活水平提高。

（21）农村居民家庭人均纯收入和增长率。该指标是居民收入扣除各项生产性费用和税费之后的收入额，能够更加直观、准确地反映农村居民的生活水平。该指标公式可以分别表示如下：

$$NIF = \frac{y-c-t-dp}{N} \tag{2-28}$$

$$NIF_g = \frac{NIF_t - NIF_{t-1}}{NIF_{t-1}} \tag{2-29}$$

其中，NIF 表示农村居民家庭人均纯收入，y 表示农村居民家庭总收入，c 表示家庭经营费用支出，t 表示税费支出，dp 表示生产固定性资产折旧，N 表示农村居民家庭常住人口。由于家庭收入中存在现金收入和实物收入两个部分，而实物收入的调查比较困难，同时，生产固定性资产折旧的考察也存在一定的难度。因此，该项指标适合较为精细指标考核。NIF_g 表示农村居民家庭人均纯收入的增长率，NIF_t 表示当期农村居民家庭人均纯收入额，NIF_{t-1} 表示上一期农村居民家庭人均纯收入额。

（22）人均储蓄额和增长率。由于我国的消费习惯、文化传统和为应对不时之需的考虑，居民尤其是农村居民倾向于更多的储蓄，因而，储蓄率能够很好地反映出农村居民的收入水平，也意味着农村居民的未来消费能力。该指标公式可以分别表示如下：

$$\bar{S} = \frac{S}{N} \tag{2-30}$$

$$\bar{S}_g = \frac{\bar{S}_t - \bar{S}_{t-1}}{\bar{S}_{t-1}} \tag{2-31}$$

其中，$\bar{S}$ 表示人均储蓄额，S 表示总储蓄额，N 表示农村总人口；$\bar{S}_g$ 表示人均储蓄额增长率，$\bar{S}_t$ 表示当期人均储蓄额，$\bar{S}_{t-1}$ 表示上一期人均储蓄额。

（23）恩格尔系数。恩格尔系数是针对消费结构的变化而得出的，当一个家庭收入较少时，家庭总支出中用来购买食物的支出所占的比例就大，随着家庭收入的增加，家庭总支出中用来购买食物的支出比例则会下降。该指标是国内外衡量一个家庭或一个国家富裕程度的主要标准之一。该指标公式可以表示如下：

$$EN = \frac{FC}{TC} \tag{2-32}$$

其中，EN 表示恩格尔系数，FC 表示家庭食物支出，TC 表示家庭总支出。恩格尔系数越小，意味着农村居民越富裕，可以将更多的收入用在非食品消费上，如提高穿着水平，改善居住条件，外出旅游开阔视野、增长见识等。恩格尔系数越大则意味着农村居民生活水平越低。

(24) 农村生活用电量和增长率。随着农村居民生活水平的提高，农民会购买更多的家用电器，同时，会拥有更多的闲暇时间在家中享受生活，这些都必然会导致居民生活用电量的增加。因此，该指标能在一定程度上反映居民的生活水平和消费水平的变化。该指标可以表示如下：

$$EC_g = \frac{EC_t - EC_{t-1}}{EC_{t-1}} \tag{2-33}$$

其中，EC_g 表示农村生活用电量的增长率，EC_t 表示当期农村生活用电量，EC_{t-1} 表示上一期农村生活用电量。

(25) 人均居住面积和增长率。由于我国人民的传统习惯，对于房屋有自有需求的欲望，在农民生活水平提高后，农村居民会将大部分资金用于房屋购置与修缮，住房会由最初的土房、小平房向小楼房和更大面积的房屋转变。因而，该指标能在一定程度上，尤其是新农村发展的初期和中期阶段反映农民的生活水平。该指标可以分别表示如下：

$$PCLS = \frac{LS}{N} \tag{2-34}$$

$$PCLS_g = \frac{PCLS_t - PCLS_{t-1}}{PCLS_{t-1}} \tag{2-35}$$

其中，PCLS 表示人均居住面积，LS 表示总的住房面积，N 表示农村总人口；$PCLS_g$ 表示人均居住面积的增长率，$PCLS_t$ 表示当期人均居住面积，$PCLS_{t-1}$ 表示上一期人均居住面积。$PCLS_g$ 为正，表示人均住房面积处于上升趋势，农民拥有更多的收入用于提高住房质量。

(26) 区域内专业农产品批发市场数和增长率。在农村，大部分的农户都有自给自足的农产品，即使需要购买其他农产品，也多以分散式交易为主。但随着农村产业的结构性调整，农业发展越来越专业化，更多的农民进入非农产业，因此，需要更加专业性和集中化管理的批发市场。该指标公式可以表示如下：

$$APM_g = \frac{APM_t - APM_{t-1}}{APM_{t-1}} \tag{2-36}$$

其中，APM_g 表示区域内专业农产品批发市场数的增长率，APM_t 表示当期区域内专业农产品批发市场数，APM_{t-1} 表示上一期区域内专业农产品批发市场数。通常，该指标在短期内并不会发生太大变化，但随着农村的区域化发展和农村布局的变化，该指标会有一定的改变。

(27) 农村养老保险覆盖率和增长率。养老保险是社会保障制度的重要组成部分，是社会保险中最重要的险种之一，能够保障老年人的基本生活需求，为其提供稳定可靠的生活来源。现在中央政府主导，通过财政补贴来鼓励和引导农民积极参保，对维护社会稳定，促进新农村和谐发展，提高农民生活水平具有重要意义。该指标公式可以分别表示如下：

$$NP_e = \frac{N_e}{N} \tag{2-37}$$

$$NP_{e,g} = \frac{NP_{e,t} - NP_{e,t-1}}{NP_{e,t-1}} \tag{2-38}$$

其中，NP_e 表示农村养老保险覆盖率，N_e 表示参加农村养老保险的总人数，N 表示农村总人口；$NP_{e,g}$ 表示农村养老保险覆盖率的增长率，$NP_{e,t}$ 表示当期农村养老保险覆盖率，$NP_{e,t-1}$ 表示上一期农村养老保险覆盖率。

（28）农村合作医疗覆盖率和增长率。新型农村合作医疗制度是我国医疗卫生制度改革的重要环节，也是农村社会保障体系重要组成部分。它是一项由政府组织、引导、支持，农民自愿参加，个人、集体和政府多方筹资，以大病统筹为主的农民医疗互助共济制度。进入 21 世纪后，我国农民的生活水平大大提高，但城乡居民收入、卫生资源配置及社会保障水平等方面的差距却在逐步拉大，农民看病难、看病贵，因病致贫、返贫的现象十分突出。这不仅严重威胁广大农民的身体健康，也制约了农村发展。因此，农村合作医疗的广泛覆盖，一方面表现为农村生活水平的提高，另一方面也促进着新农村健康发展。该指标公式可以分别表示如下：

$$RCMSP = \frac{N_r}{N} \tag{2-39}$$

$$RCMSP_g = \frac{RCMSP_t - RCMSP_{t-1}}{RCMSP_{t-1}} \tag{2-40}$$

其中，RCMSP 表示农村合作医疗覆盖率，N_r 表示参加农村合作医疗的人数，N 表示农村总人口；$RCMSP_g$ 表示农村合作医疗覆盖率增长率，$RCMSP_t$ 表示当期农村合作医疗覆盖率，$RCMSP_{t-1}$ 表示上一期农村合作医疗覆盖率。

（29）人均电话拥有量和增长率。一方面，随着社会的快速发展和农村居民生活水平的提高，农民对于通信设备的需求日益迫切；另一方面，农村通信业的发展有力地促进了农业增产、农村繁荣和农民生活质量的提高，为加强农村社会建设、增进城乡交流、提高农民文化素质提供了有力保障。该指标公式分别表示如下：

$$TPP = \frac{N_{TP}}{N} \tag{2-41}$$

$$TPP_g = \frac{TPP_t - TPP_{t-1}}{TPP_{t-1}} \tag{2-42}$$

其中，TPP 表示人均电话拥有量，N_{TP} 表示电话总量，N 表示农村总人口；TPP_g 表示人均电话拥有量的增长率，TPP_t 表示当期人均电话拥有量，TPP_{t-1} 表示

上一期人均电话拥有量。

(30) 互联网服务覆盖率和增长率。信息化消费丰富了农民的业余生活，因而成为衡量生活质量的重要内容，成为一个国家或地区发展水平的重要标尺。互联网的发展将社会多元观念传入农村，开阔了农民的思维和视野，方便农民能够更快、更准确地了解外界的信息，获得更多的发展机遇，促进新农村的繁荣昌盛。但受目前农村基础设施情况和农民文化素质的影响，农民对于互联网的消费欲望并不高，互联网在大部分农村的覆盖率也比较低。该指标公式可以分别表示如下：

$$ITP = \frac{N_{IT}}{N} \tag{2-43}$$

$$ITP_g = \frac{ITP_t - ITP_{t-1}}{ITP_{t-1}} \tag{2-44}$$

其中，ITP 表示互联网服务覆盖率，N_{IT} 表示互联网服务入户总数，N 表示农村总人口；ITP_g 表示互联网服务覆盖率的增长率，ITP_t 表示当期互联网服务覆盖率，ITP_{t-1} 表示上一期互联网服务覆盖率。ITP_g 为正，意味着当地与外界联系得更加紧密，信息化发展速度加快，人民生活水平更高。

(31) 安全饮用水农户覆盖率和增长率。饮水安全直接关系人民群众身体健康和生命安全，能够使用经过处理改善的水源是人类文明进步的体现。随着人民生活水平的提高，人民群众对于安全饮用水的需求增加，农村安全饮用水普及率在一定程度上反映了农村生存环境状况。"'十二五'期间，中国将把农村饮水安全工程作为社会主义新农村建设的重点内容之一，全面解决 2.98 亿农村人口和 11.4 万所农村学校师生的饮水安全问题。"① 该指标公式可以分别表示如下：

$$SFWP = \frac{N_{SFW}}{N} \tag{2-45}$$

$$SFWP_g = \frac{SFWP_t - SFWP_{t-1}}{SFWP_{t-1}} \tag{2-46}$$

其中，SFWP 表示安全饮用水农户覆盖率，N_{SFW} 表示使用安全饮用水农户数，N 表示农户总数，$SFWP_g$ 表示安全饮用水农户覆盖率的增长率，$SFWP_t$ 表示当期安全饮用水农户覆盖率，$SFWP_{t-1}$ 表示上一期安全饮用水农户覆盖率。

(32) 农业标准化卫生服务及医疗救助机构数和增长率。农村医疗卫生服务体系的完善是农村经济社会发展"健康屏障"，也是广大农民群众的强烈诉求。如何加快构筑完善的农村医疗卫生服务体系，解决农村"看病难、看病贵"问题，是当前新农村建设一项迫切而重要的任务。标准化卫生服务及医疗救助机构

① http：//www.cusdn.org.cn/news_detail.php?id=223960.

的建设为广大农民群众提供了便捷的看病和保健场所，是农村医疗健康的基本保证。该指标公式可以表示如下：

$$MI_g = \frac{MI_t - MI_{t-1}}{MI_{t-1}} \tag{2-47}$$

其中，MI_g 表示农业标准化卫生服务及医疗救助机构数的增长率，MI_t 表示当期农业标准化卫生服务及医疗救助机构数，MI_{t-1} 表示上一期农业标准化卫生服务及医疗救助机构数。MI_g 为正，意味着当地医疗设施更加完善，居民就医更加便捷。

（33）通乡公路硬化达标率和增长率。公路建设是新农村经济、社会建设的重要基础设施，是解决“三农”问题的基础保障。农村公路的建设可以加快当地经济建设，促进当地与外界的联系，创造更多的就业机会，对改善当地农村居民的生产、生活水平具有极其重要的现实意义和深远的历史意义。该指标公式可以分别表示如下：

$$HRP = \frac{L_{HR}}{L} \tag{2-48}$$

$$HRP_g = \frac{HRP_t - HRP_{t-1}}{HRP_{t-1}} \tag{2-49}$$

其中，HRP 表示通乡公路硬化达标率，L_{HR} 表示通乡公路硬化里程，L 表示通乡公路总里程；HRP_g 表示通乡公路硬化达标率的增长率，HRP_t 表示当期通乡公路硬化达标率，HRP_{t-1} 表示上一期通乡公路硬化达标率。HRP 反映了当地的交通便捷程度，尤其是欠发达、欠开发地区公路几乎是唯一的交通运输通道，该指标越大，意味着当地的生产、生活水平越高。HRP_g 则动态地反映了该项基础设施的完善进程。

（34）农民平均受教育年限和增长率。新农村建设的中坚力量是农民群众，要实现新农村的全面发展就必须加强对农民群众的教育，提高他们的科学文化素养，从而提升他们的整体素质。农民平均受教育年限反映了人口素质和人力资源水平，一般来说，受教育水平越高，劳动者的素质与生产能力越高，对社会进步和经济发展越有促进作用，而受教育程度一般与受教育年限成正比。目前，农村人口平均受教育年限不满 10 年，远远低于城镇人口，农村的基础文化教育亟待改观。该指标公式可以分别表示如下：

$$\overline{EDU} = \frac{\sum_i (i \times n_i)}{N} \quad i = 1, 2, 3, \cdots \tag{2-50}$$

$$\overline{EDU}_g = \frac{\overline{EDU}_t - \overline{EDU}_{t-1}}{\overline{EDU}_{t-1}} \tag{2-51}$$

其中，$\overline{EDU}$ 表示农民平均受教育年限，i 表示受教育年限，n_i 表示接受 i 年教育的人数，N 表示农村总人口；$\overline{EDU}_g$ 表示农民平均受教育年限的增长率，$\overline{EDU}_t$ 表示当期农民平均受教育年限，$\overline{EDU}_{t-1}$ 表示上一期农民平均受教育年限。

（35）文教娱乐支出比重和增长率。文教娱乐支出是指农村住户用于文化、教育、娱乐方面的支出，包括文化教育娱乐用品、教育服务和文化体育娱乐服务支出。随着经济的发展和农民生活水平的提高，农村居民在物质生活条件得到一定满足的基础上会增加对精神生活方面的消费需求。这一指标可以较为全面地反映农村居民在精神文明方面的消费状况和提高程度。该指标公式可以表示如下：

$$EEP = \frac{C_{EE}}{C_H} \tag{2-52}$$

$$EEP_g = \frac{EEP_t - EEP_{t-1}}{EEP_{t-1}} \tag{2-53}$$

其中，EEP 表示文教娱乐支出比重，C_{EE} 表示文教娱乐支出，C_H 表示家庭总支出；EEP_g 表示文教娱乐支出比重和增长率，EEP_t 表示当期文教娱乐支出比重，EEP_{t-1} 表示上一期文教娱乐支出比重。

（36）社区图书室覆盖率。随着农村教育的普及和农民科学文化知识的丰富，农民群众对于知识的需求逐渐增长。社区图书馆作为农村教育的基础设施之一，能够为农村居民提供良好的学习环境，是精神文明建设的重要体现。该指标公式可以表示如下：

$$LBP = \frac{LB}{N_C} \tag{2-54}$$

其中，LBP 表示社区图书室覆盖率，LB 表示社区图书馆个数，N_C 表示社区个数。该指标可以直观反映当地社区精神文化建设的成果。

（37）普通中小学教师人数和师生比例。农村精神文明建设中的首要问题就是教育，而普及义务教育的关键是教师，如果缺乏数量充足和素质优良的中小学教师队伍，农村的义务教育就难以展开。长久以来，在我国农村，尤其是经济落后的地区，由于办学条件较差，中小学师资队伍匮乏，导致当地教学质量低，教学问题严重。该指标能够较为直观地反映农村义务教育的基础条件和普及现状。该指标公式可以表示如下：

$$TSP = \frac{TEA}{ST} \tag{2-55}$$

其中，TSP 表示普通中小学师生比例，TEA 表示普通中小学教师人数，ST 表示普通中小学学生人数。

（38）万人大学生人数和增长率。社会主义新农村建设需要一批具有较高素质的人才参与，大学生作为高素质人才的代表，一方面可以在新农村建设中起到带头作用；另一方面可以推动新农村文化建设，促进精神文明繁荣。该指标公式可以表示如下：

$$UG_g=\frac{UG_t-UG_{t-1}}{UG_{t-1}} \tag{2-56}$$

其中，UG_g 表示万人大学生人数的增长率，UG_t 表示当期万人大学生人数，UG_{t-1} 表示上一期万人大学生人数。

（39）打架斗殴案件数和增长率。思想道德教育是事关国家前途和民族命运的战略工程，是社会主义精神文明建设的基础工程，在新农村建设过程中，只有具有良好道德风尚的建设者才能真正建设好社会主义新农村。该指标能够间接地反映当地德育水平。该指标公式可以表示如下：

$$FAB_g=\frac{FAB_t-FAB_{t-1}}{FAB_{t-1}} \tag{2-57}$$

其中，FAB_g 表示打架斗殴案件数的增长率，FAB_t 表示当期打架斗殴案件数，FAB_{t-1} 表示上一期打架斗殴案件数。该指标为负时，意味着当地的道德风尚环境日渐良好；反之则相反。

（40）偷窃案件数和增长率。随着经济的发展，新农村部分群众的生活水平提高，仍有一些群众的经济状况尚未改善，这些人员由于文化素质低、适应能力差以及道德素质的欠缺，没有合适的工作，便有可能实行偷窃行为。由于农村的人口流动性比较小，在此居住的主要为本村人民，因此，该指标能在一定程度上反映当地的道德风气。该指标公式可以表示如下：

$$STL_g=\frac{STL_t-STL_{t-1}}{STL_{t-1}} \tag{2-58}$$

其中，STL_g 表示偷窃案件数的增长率，STL_t 表示当期偷窃案件数，STL_{t-1} 表示上一期偷窃案件数。

（41）绿化面积和增长率。随着人民生活水平的提高，居民更加注重生活环境的质量，绿化面积的增加是生态建设的重要方面，也是环境改善的重要标志。绿化面积的增加可以改善人类和动物、植物生活环境，并可以提升市容市貌。该指标公式可以表示如下：

$$GRA_g=\frac{GRA_t-GRA_{t-1}}{GRA_{t-1}} \tag{2-59}$$

其中，GRA_g 表示绿化面积的增长率，GRA_t 表示当期绿化面积，GRA_{t-1} 表示上一期绿化面积。

（42）空气质量达标率。在过去几十年的经济发展过程中，伴随着环境在一定程度上的破坏，尤其是近年来雾霾现象越发严重，即使是农村也难以避免。农村空气质量在很大程度上可以反映当地生态环境的现状，该指标公式可以表示如下：

$$AQP = \frac{D_{AQ}}{D} \tag{2-60}$$

其中，AQP 表示空气质量达标率，D_{AQ} 表示空气质量达标总天数，D 表示报告期总天数。

(43) 退耕还林、植树造林面积和增长率。为发展经济而对土地进行不合理的开发和利用，导致水土流失、土地沙漠化和湿地减少等一系列生态环境问题。退耕还林、植树造林是保护生态环境、走可持续发展道路的必然选择，也是新农村生态建设的重要环节。该指标公式可以表示如下：

$$FP_g = \frac{FP_t - FP_{t-1}}{FP_{t-1}} \tag{2-61}$$

其中，FP_g 表示退耕还林、植树造林面积的增长率，FP_t 表示当期退耕还林、植树造林面积，FP_{t-1} 表示上一期退耕还林、植树造林面积。FP_g 为正，意味着当地实行了有效的环境保护措施。

(44) 农村卫生厕所数和增长率。长期以来，农村的卫生状况较差，尤其是农村厕所设施简陋，导致肠道传染病和寄生虫病等疾病严重危害农村居民的健康。新农村的卫生环境建设可以促进人民对于卫生设施的使用，可以改善农村的环境和农民生活条件，有效预防疾病。该指标公式可以表示如下：

$$WC_g = \frac{WC_t - WC_{t-1}}{WC_{t-1}} \tag{2-62}$$

其中，WC_g 表示农村卫生厕所数的增长率，WC_t 表示当期农村卫生厕所数，WC_{t-1} 表示上一期农村卫生厕所数。WC_g 为正，意味着当地的卫生设施得到进一步巩固，农村环境建设得到进一步改善。

(45) 生活垃圾无害化处理率。随着环境问题逐渐被重视，节能、环保成为各国的发展主题，垃圾无害化处理日益重要。在我国，尤其是农村地区，由于生活垃圾未能得到有效的处理，导致大量垃圾被随意堆放在乡村道路、沟渠河道边，造成严重的环境污染，影响下游地区人民的生活、生产用水安全等问题。生活垃圾无害化处理是避免环境污染、改善农村居民生活条件的重要途径。该指标公式可以表示如下：

$$GHSP = \frac{GHS}{GS} \tag{2-63}$$

其中，GHSP 表示生活垃圾无害化处理率，GHS 表示无害化处理的生活垃圾总量，GS 表示生活垃圾总量。

(46) 污水处理率。污水处理是本着科学发展观的要求，推进可持续发展的重要举措，反映了广大人民群众的迫切愿望，对保护和循环利用水资源，建设资源节约型、环境友好型社会意义重大。随着工业化的快速发展，农村工业企业的数量与日俱增，工业废水量随之增加。如若不能处理好工业废水和农村居民生活污水，必然会对当地的环境造成破坏，影响经济发展和人民生活水平的提高。该指标公式可以表示如下：

$$SEWSP = \frac{SEWS}{SEW} \tag{2-64}$$

其中，SEWSP 表示污水处理率，SEWS 表示污水处理量，SEW 表示污水排放总量。

(47) 秸秆综合利用率和增长率。近年来，不少地区大面积焚烧农作物秸秆，这不仅妨碍了村容村貌整洁，对生态环境，尤其是大气环境造成了严重破坏，而且浪费了大量资源。近年来科学技术的发展和创新，为秸秆综合利用提供了多种用途。提高秸秆综合利用率是促进农民增收和农业可持续发展的客观需要，是新农村建设的重要内容。该指标公式可以分别表示如下：

$$STSP = \frac{STS}{ST} \tag{2-65}$$

$$STSP_g = \frac{STSP_t - STSP_{t-1}}{STSP_{t-1}} \tag{2-66}$$

其中，STSP 表示秸秆综合利用率，STS 表示综合利用的秸秆量，ST 表示秸秆总量；$STSP_g$ 表示秸秆综合利用率的增长率，$STSP_t$ 表示当期秸秆综合利用率，$STSP_{t-1}$ 表示上一期秸秆综合利用率。

(48) 上访案件数和增长率。如果当地政府部门能够独立办案、依法行政，按照法律手段对当地居民的诉讼案件进行处理，保护居民的合法权益，则相关的上访案件基本不会出现。因此，该指标可以比较直观地反映当地的执法治安情况。该指标公式可以表示如下：

$$ATC_g = \frac{ATC_t - ATC_{t-1}}{ATC_{t-1}} \tag{2-67}$$

其中，ATC_g 表示上访案件数的增长率，ATC_t 表示当期的上访案件数，ATC_{t-1} 表示上一期的上访案件数。

(49) 刑事案件比例和增长率。社会治安建设是构建和谐社会主义新农村的重要环节，而其关键是处理人民群众之间的矛盾。刑事案件数是对当地治安状况的直接反映，对于具有良好法制建设的地区，人民之间相处比较和谐，此类案件相对较少。该指标公式可以分别表示如下：

$$CCP = \frac{N_{CC}}{N} \tag{2-68}$$

$$CCP_g = \frac{CCP_t - CCP_{t-1}}{CCP_{t-1}} \tag{2-69}$$

其中，CCP 表示刑事案件比例，N_{CC} 表示当地刑事案件数量，N 表示农村总人口，CCP_g 表示刑事案件比例的增长率，CCP_t 表示当期刑事案件比例，CCP_{t-1} 表示上一期刑事案件比例。CCP_g 为负，表示当地的社会治安情况日趋良好；反之则相反。

（50）村民参加选举率。村民委员会换届选举是社会主义新农村民主建设的重要内容，是密切干群关系、稳定社会秩序的有效途径。农民群众是建设社会主义民主的坚实基础，他们在农村社会政治生活中享有社会主义民主直接选举的权利。通过村民选举的村委会干部拥有良好的群众基础，有利于缓和社会矛盾，维护良好的社会秩序，团结全体群众共同建设社会主义新农村。村民参加选举率是反映新农村民主管理的最重要指标之一。该指标公式可以表示如下：

$$VTP = \frac{N_{VT}}{N_{CV}} \tag{2-70}$$

其中，VTP 表示村民参加选举率，N_{VT} 表示村民参与投票数，N_{CV} 表示能够参与投票的村民总数。该指标越大，表示当地的村民政治生活热情越高，民主建设越完善。

（51）农民群众对党务、事务公开满意度和增长率。建立党务、事务公开制度是加强党内监督和民主监督，加强党的执政能力建设，加强农村社会管理，提高内部管理科学化、规范化水平，预防和惩治腐败体系的重要举措，是新农村民主建设的重要环节。该指标公式可以分别表示如下：

$$PS = \frac{n_{PS}}{n} \tag{2-71}$$

$$PS_g = \frac{PS_t - PS_{t-1}}{PS_{t-1}} \tag{2-72}$$

其中，PS 表示农民群众对党务、事务公开满意度，n_{PS} 表示调查样本中的满意人数，n 表示调查样本总人数；PS_g 表示农民群众对党务、事务公开满意度的增长率，PS_t 表示当期农民群众对党务、事务公开满意度，PS_{t-1} 表示上一期农民群众对党务、事务公开满意度。

（52）村“两委”成员交叉任职比例和增长率。村“两委”是指村中国共产党员支部委员会和村民自治委员会，农村“两委”交叉任职是推进农村基层组织建设的一项制度创新，是促进农村和谐的重要手段，对促进农村发展、巩固党的执政基础都起到了积极的作用，是新农村政治文明建设的重要内容。实行村“两委”成员交叉任职能够充分整合农村干部资源，从机制上较好地加强党的领导与完善村民自治的有机结合，使村级党组织在村级重大事务中可以更有效地发挥领导核心作用，规范村民自治制度，是民主管理的重要体现。该指标可以分别表示如下：

$$CAP = \frac{N_{CA}}{N_C} \tag{2-73}$$

$$CAP_g = \frac{CAP_t - CAP_{t-1}}{CAP_{t-1}} \tag{2-74}$$

其中，CAP 表示村“两委”成员交叉任职比例，N_{CA} 表示村“两委”成员交叉任职总数，N_C 表示村“两委”所有职位数；CAP_g 表示村“两委”成员交叉任职比例的增长率，CAP_t 表示当期“两委”成员交叉任职比例，CAP_{t-1} 表示上一期“两委”成员交叉任职比例。CAP 越大，表示党组织在村级重大事务中发挥领导核心作用越大，越有利于规范农村民主建设。

（53）农业合作经济组织数和增长率。随着社会主义市场经济体制的逐步确立，分散式的家庭农业生产方式在市场经济运行过程中出现了诸多问题，如信息不对称、较大的交易费用等加大了农户生产各种风险。因而，在保证以农户作为基本生产单位的前提下，将分散的农户组织起来，建立农业合作经济组织，能够有效地降低生产风险，促进农业经济的健康发展。由于农业合作组织自身存在的资金不足、合作意识不够强烈、自我管理能力有限等问题，政府需对其提供一定的资金扶植和相应帮助。因此，该指标从侧面反映了当地的民主管理状况。该指标可以表示如下：

$$DMO_g = \frac{DMO_t - DMO_{t-1}}{DMO_{t-1}} \tag{2-75}$$

其中，DMO_g 表示农业合作经济组织数的增长率，DMO_t 表示当期农业合作经济组织数，DMO_{t-1} 表示上一期农业合作经济组织数。

以上部分指标的解释只是针对前文所提及的重要指标。鉴于各地新农村发展的现状和特点，以及资源禀赋差异、风俗习惯等问题，在具体指标的选择上，存在一定的灵活性，具体参考值也需按实际情况而定。所列指标主要是从总体上提供一个参考范围，各地应根据实际情况有所删减和补充，力求全面，准确地反映当地新农村的发展实情，为未来新农村建设制定切实可行的标准（如表 2-1 所示）。

表 2-1　社会主义新农村评价指标（部分）

总目标层	准则层	子准则层	具体指标层
社会主义新农村建设水平	生产发展	农村经济发展规模	农村 GDP 和增长率
			人均农村 GDP 和增长率
			农户人均生产费用支出和增长率
			粮食总产量和增长率
			政府农业支出额及其占财政支出比重和增长率
			乡镇企业数量和增长率

续表

总目标层	准则层	子准则层	具体指标层
社会主义新农村建设水平	生产发展	农业现代化建设	万人农业科技人员数和增长率
			农村人均科技培训时间
			农业科研投入占的比重和增长率
			农田旱涝保收面积和增长率
			农业适度规模经营面积和增长率
			规模化农业种养加工基地数和增长率
			优良品种耕种率和增长率
			单位农业增加值能源消耗率
		产业结构化发展	非农从业人口比重和增长率
			第一产业、第二产业、第三产业产值和增长率
			第一产业、第二产业、第三产业占总产值的比例和增长率
			生态产业值比重和增长率
			一村一品覆盖率
	生活宽裕	农民收入状况	农村居民人均可支配收入和增长率
			农民家庭人均纯收入和增长率
			人均储蓄额和增长率
		农民消费状况	恩格尔系数
			农村人均生活用电量和增长率
			人均居住面积和增长率
		基础设施建设	区域内专业农产品批发市场数和增长率
			农村养老保险覆盖率和增长率
			农村合作医疗覆盖率和增长率
			每百户电话拥有量和增长率
			互联网服务入户数和增长率
			安全饮用水农户数和增长率
			农业标准化卫生服务及医疗救助机构数和增长率
			通乡公路硬化达标率和增长率
	乡风文明	文化建设	农民平均受教育年限和增长率
			文教娱乐支出比重和增长率
			社区图书室覆盖率
			普通中小学教师人数和师生比例
			万人大学生人数和增长率
		道德风尚	打架斗殴案件数和增长率
			偷窃案件数和增长率
	村容整洁	生态建设	绿化面积和增长率
			空气质量达标率
			退耕还林、植树造林面积和增长率

续表

总目标层	准则层	子准则层	具体指标层
社会主义新农村建设水平	村容整洁	农村环境建设	卫生厕所数和增长率
			生活垃圾无害化处理率
			污水处理率
			秸秆综合利用率比重和增长率
	管理民主	社会治安建设	上访案件数和增长率
			刑事案件比例和增长率
		民主组织建设	村民参加选举率
			农民群众对事务公开满意度和增长率
			村“两委”成员交叉任职比例和增长率
			农业合作经济组织数和增长率

三、新农村建设评价指标体系指标的选择方法

1. 评价方法的选择

由于我国新农村数量众多，分布范围广阔，各地的特点和发展路径等方面都不相同，因而，在具体的评价过程中不能采取完全一样的方法，需针对不同情况区别对待。但是鉴于对比分析的可操作性和可比性考虑，我们应该采取相同的方法和标准。根据前人的经验，在对新农村进行综合评价时，有以下几种方法可以借鉴：①层次分析法（AHP）；②数据包络分析法（EDA）；③模糊综合评判法；④主成分分析法。

考虑到我国新农村的种类繁多，很难用一个最优的方法进行统一评价。因此，本书认为采用因子分析法对新农村建设进行评价比较合适，可操作性较强，便于比较。

2. 因子分析模型

因子分析原来是用于处理多维随机变量在线性变换下其分量相关问题的，它通过求协方差阵或相关系数阵的特征值和特征向量，按指定的贡献率求出集中原来随机变量主要信息的、相互无关的主因子。其模型如下：

设有 n 个样本，每个样本有 ρ 个观测变量，分别用 X_1，X_2，…，X_ρ 表示；F_1，F_2，…，$F_m(m<\rho)$ 分别表示 m 个因子变量。如果：

（1）$X=(X_1, X_2, \cdots, X_\rho)^T$ 为 ρ 维可观测变量，且均值向量 $E(X)=0$，协方差阵与相关系数矩阵相等。

（2）$F=(F_1, F_2, \cdots, F_m)^T$（$m<\rho$）是不可测的变量，且均值向量 $E(F)=0$，协方差阵 $COV(F)=I$，即向量 F 的各分量之间是相互独立的。

（3）$\varepsilon=(\varepsilon_1, \varepsilon_2, \cdots, \varepsilon_\rho)^T$ 与 F 相互独立，且 $E(\varepsilon)=0$，协方差阵 $COV(\varepsilon)$ 是

对角阵，说明 ε 各分量之间也是相互独立的，则模型

$$\begin{cases} X_1 = a_{11}F_1 + a_{12}F_2 + \cdots + a_{1m}F_m + \varepsilon_1 \\ X_2 = a_{21}F_1 + a_{22}F_2 + \cdots + a_{2m}F_m + \varepsilon_2 \\ \cdots \\ X_\rho = a_{\rho 1}F_1 + a_{\rho 2}F_2 + \cdots + a_{\rho m}F_m + \varepsilon_m \end{cases}$$

或写成：X = AF，即为因子模型。

其中，模型中的 F_1，F_2，…，F_m（m < p）被称为公共因子，是相互独立的不可观测的理论变量；ε_1，ε_2，…，ε_ρ 被称为特殊因子，是向量 X 的分量 X_i（i = 1，2，…，p）所特有的因子，各特殊因子之间以及特殊因子与所有公共因子之间都是相互独立的；矩阵 A =（a_{ij}）的元素 a_{ij} 被称为因子载荷，a_{ij} 的绝对值越大（$|a_{ij}| \leqslant 1$），表明 X_i 与 F_j 的相依程度越大，或称 F_j 对于 X_i 的载荷量越大，故矩阵 A 称为因子载荷矩阵。

3. 因子分析的基本步骤

（1）确定原有变量是否适合进行因子分析。因子分析的最终目的是从原有众多变量中提取出少量具有代表意义的综合因子变量，这必定有一个潜在的前提要求，即原有变量之间应具有较强的相关关系。因此，一般在运用因子分析时需要对原有变量进行相关分析。最简单的方法是计算变量之间的相关系数矩阵并进行统计检验。

设有 n 个样本，每个样本有 ρ 个指标，于是得到原始数据矩阵：

$$X = \begin{bmatrix} x_{11} & x_{12} & \cdots & x_{1\rho} \\ x_{21} & x_{22} & \cdots & x_{2\rho} \\ \cdots & & & \\ x_{n1} & x_{n2} & \cdots & x_{n\rho} \end{bmatrix}，设相关矩阵为 R = \begin{bmatrix} r_{11} & r_{12} & \cdots & r_{1\rho} \\ r_{21} & r_{22} & \cdots & r_{2\rho} \\ \cdots & & & \\ r_{n1} & r_{n2} & \cdots & r_{n\rho} \end{bmatrix}$$

矩阵中相关系数 r_{ij} 的计算公式为 $r_{ij} = \sum X'_{ij}X'_{ij}/(n-1)(i, j = 1, 2, \cdots, \rho)$。如果相关系数矩阵中的大部分相关系数都大于 0.3，且通过统计检验，那么，这些变量就可以作因子分析。

（2）对原始变量数据进行标准化处理。由于各个指标会随着经济意义和表现形式的不同而不具有可比性，因此，为了进行科学的综合评价，有必要对各个指标予以标准化处理。所谓标准化处理，也就是对评价指标数值的无量纲化、正规化处理，它主要是通过一定的数学变换方法，把性质、量纲各异的指标转化为可以进行综合的一个相对数——量化值，以此来消除量纲的影响，并使其保持方向上的一致性。

（3）求相关系数矩阵 R 的特征值及特征向量。根据特征方程式 $|R - \lambda I| = 0$，求得 p 个特征值 $\lambda_m(m = 1, 2, \cdots, p)(m < p)$，其中，$\lambda_1 \geqslant \lambda_2 \geqslant \cdots \lambda_p \geqslant 0$；根据方

程组 $(R-\lambda_m I)F_m=0$，求得特征值 λ_m 对应的特征向量 F_m ($m=1, 2, \cdots, p$)。F_i 反映的是在竞争力评价中起支配作用的因素，称为综合因子，是 $X_1, X_2, \cdots, X_n$ 的线性组合。

（4）确定因子贡献率和累积贡献率。由于 R 的特征值 λ_i 就是综合因子的方差，因此，第 i 个综合因子保持原始数据信息总量的比重为 $d_i=\lambda_i/\sum\lambda_i$ ($i=1, 2, \cdots, n$)，d_i 即第 i 个综合因子 F_i 对原始数据的贡献率。则前 m 个公共因子的累积方差贡献率为 $\partial(k)=\sum_{i=1}^{m}\lambda_i\Big/\sum_{i=1}^{p}\lambda_i$，通常用 $\partial(k)\geqslant 85\%$ 或 $\lambda_k\geqslant 1$ 的原则来确定 m 值。

（5）建立因子载荷并对因子进行命名解释。由特征向量矩阵得到的初始因子载荷矩阵，很可能出现因子载荷的大小相关性不大的情况，使得我们对因子的解释有困难。因此，为了使主因子有明确的含义，要对初始载荷矩阵作正交旋转（比较常用的旋转方法是方差极大法，即 Varimax 法），使每个原始变量在主因子上的载荷向 0 和 1 分化，进而根据线性组合中权重较大的几个指标的综合意义来确定每个主因子的实际含义。

（6）计算各因子得分及综合得分。各因子得分的计算方法为：

$F_i=\beta_{i1}X_1+\beta_{i2}X_2+\cdots+\beta_{ip}X_p$，其中，$\beta_{ip}$($i=1, 2, 3, \cdots, m$) 为因子 F_i 在变量 X_p 上的得分。用每个主因子的贡献率作权重，进行加权求和即得综合值：

$$F=\sum_{m=1}^{p}d_i\cdot F_i$$

其中，$d_i=\lambda_i/\sum\lambda_i$($i=1, 2, \cdots, n$)。

四、社会主义新农村建设的实证分析

1. 数据说明

本书根据《全国第二次全国农业普查资料汇编》、《中国农业年鉴》和《中国农村统计年鉴》构造了包含 33 个指标的新农村建设评价体系，旨在全面地反映新农村建设的“生产发展、生活宽裕、乡风文明、村容整洁、管理民主”五个层面的情况，在统计软件 SPSS 因子分析模块下运用 KMO and Bartlett’s 的球形度检验最终确立了由第一产业占地区生产总值比重、农业支出占财政支出的比重、机械总动力、有效灌溉面积、乡村人员非农从业人口、农林牧渔总产值、农村居民人均纯收入、恩格尔系数、年末人均住房面积、农村用电量、年末人均彩电拥有量、农村养老服务机构、农村居民家庭劳动力文化（不识字或识字很少在劳动力占比）、文化机构（乡镇文化站）、卫生技术人员、中心卫生医院床位个数、林业重点工程历年完成造林面积、村民委员会个数 18 个指标构成的指标体系。其中，

关于涉及因物价指数变动指标，如农林牧渔总产值和农村居民人均纯收入等采用不变价格进行调整，方法：实际农林牧渔总产值=当年农林牧渔总产值×100÷CPI价格指数（设1993年为100）。具体指标构成如表2-2所示。

表2-2　具体指标构成

具体指标层	变量
第一产业占地区生产总值比重（%）	X_1
农业支出占财政支出的比重（%）	X_2
机械总动力（亿瓦）	X_3
有效灌溉面积（千公顷）	X_4
乡村人员非农从业人口（人）	X_5
农林牧渔总产值（亿元）	X_6
农村居民人均纯收入（元）	X_7
恩格尔系数	X_8
年末人均住房面积（平方米）	X_9
农村用电量（亿千瓦时）	X_{10}
年末人均彩电拥有量（台）	X_{11}
农村养老服务机构（个）	X_{12}
农村居民家庭劳动力文化（不识字或识字很少在劳动力占比）（%）	X_{13}
文化机构（乡镇文化站）（个）	X_{14}
卫生技术人员（人）	X_{15}
中心卫生医院床位（个）	X_{16}
林业重点工程历年完成造林面积（千公顷）	X_{17}
村民委员会个数（个）	X_{18}

2. 统计指标的描述性说明

对新农村建设实证分析所建立的指标体系由5个二级指标，12个三级指标，18个四级指标共同构成。18个四级指标的相应描述见表2-3。

表2-3　描述性统计指标统计量

	N	极小值	极大值	均值		标准差	方差
	统计量	统计量	统计量	统计量	标准误	统计量	统计量
X_1	20	10.10	20.00	14.3200	0.83850	3.74989	14.062
X_2	20	7.20	10.70	8.6450	0.22201	0.99286	0.986
X_3	20	3181.70	102559.00	10849.4850	4847.27828	21677.68746	4.699
X_4	20	48727.90	62490.50	54715.5450	919.95366	4114.15785	16926294.779
X_5	20	10866.00	14208.00	12998.8000	218.59788	977.59946	955700.695
X_6	20	10995.53	42138.26	22107.8905	2083.60970	9318.18584	86828587.362
X_7	20	921.60	3729.24	1892.9923	181.28989	810.75304	657320.491

续表

	N	极小值	极大值	均值		标准差	方差
	统计量	统计量	统计量	统计量	标准误	统计量	统计量
X_8	20	0.39	0.59	0.4829	0.01464	0.06548	0.004
X_9	20	20.22	37.10	27.5600	1.19704	5.35333	28.658
X_{10}	20	1244.90	8104.90	3812.5050	472.34827	2112.40569	4462257.811
X_{11}	20	10.86	116.90	64.4480	8.22441	36.78067	1352.818
X_{12}	20	16498.00	40130.00	31251.8000	1315.25981	5882.02067	34598167.116
X_{13}	20	5.30	15.29	8.5070	0.67661	3.02591	9.156
X_{14}	20	32706.00	43383.00	36834.5500	770.52930	3445.91180	11874308.155
X_{15}	20	822862.00	1027941.00	937480.5000	13979.68923	62519.07087	3.909
X_{16}	20	668863.00	1099262.00	782735.7000	28487.01552	127397.80635	1.623
X_{17}	20	2602.10	8262.78	3606.9720	332.38802	1486.48441	2209635.915
X_{18}	20	588407.00	802352.00	681612.2000	15948.40517	71323.43620	5.087
有效的 N（列表状态）	20						

3. 原始数据标准化处理

要对原始数据进行无量纲化处理，首先就要计算各指标的平均值和标准差，然后将这些数据代入前文所述的标准化公式中，经计算可以得到数据的标准化值，见表 2-4。

表 2-4　具体指标标准化数据

ZX_1	ZX_2	ZX_3	ZX_4	ZX_5	ZX_6	ZX_7	ZX_8	ZX_9
-1.12537	1.16331	4.23059	1.8898	0.84922	2.1496	2.26487	-1.36769	1.78207
-1.12537	0.96187	-0.04964	1.69319	0.93412	1.8445	1.82452	-1.21095	1.61395
-1.12537	0.86115	-0.07249	1.36897	0.49939	1.4169	1.38417	-1.09889	1.22167
-1.07203	0.86115	-0.09687	1.10493	0.63134	1.0362	1.00985	-1.1185	1.12827
-0.96536	0.86115	-0.12135	0.91298	0.55156	0.92492	0.7334	-0.70537	0.90411
-0.93869	0.0554	-0.14718	0.43818	0.65282	0.531	0.49112	-0.79508	0.76028
-0.85869	-0.75036	-0.16594	0.25156	0.41755	0.26779	0.42405	-0.80512	0.57721
-0.59202	-1.4554	-0.18497	0.07626	-0.18699	0.11956	0.02829	-0.42924	0.39602
-0.24534	-0.4482	-0.20513	-0.05764	-0.87746	-0.04213	-0.16457	-0.16156	0.06351
-0.40535	-1.4554	-0.22192	-0.17047	-1.73568	-0.38869	-0.32121	-0.41208	-0.05978
-0.16534	-1.4554	-0.23326	-0.08766	-1.55258	-0.52047	-0.41098	-0.31138	-0.1924
0.02133	-0.9518	-0.24598	-0.1133	-0.74039	-0.61653	-0.51055	-0.08854	-0.34184
0.20801	-0.85108	-0.25797	-0.2176	-0.11027	-0.6896	-0.58551	0.12794	-0.51183
0.58135	-0.4482	-0.27447	-0.37848	0.22013	-0.70977	-0.6121	0.65112	-0.62204
0.87469	2.06979	-0.29194	-0.5882	0.50041	-0.73321	-0.67334	0.78383	-0.7939
1.06136	-0.34748	-0.30667	-0.84514	1.2277	-0.74162	-0.74144	1.03245	-0.95455
1.43471	0.15612	-0.32267	-1.05342	1.23691	-0.77498	-0.82536	1.227	-1.09651
1.51471	-0.24676	-0.33388	-1.32079	0.50757	-0.87041	-0.99577	1.57783	-1.22354
1.48804	0.55899	-0.34456	-1.44779	-0.8437	-1.01049	-1.12131	1.61415	-1.37111
1.43471	0.86115	-0.35372	-1.45538	-2.18167	-1.19255	-1.19814	1.49007	-1.27958

续表

ZX_{10}	ZX_{11}	ZX_{12}	ZX_{13}	ZX_{14}	ZX_{15}	ZX_{16}	ZX_{17}	ZX_{18}
2.03199	1.42608	0.261	−1.05985	−0.79327	1.27346	2.48455	−0.57387	−1.3068
1.57503	1.38801	0.151	−1.00367	−0.78225	0.69973	1.91146	−0.34518	−1.28623
1.33487	1.28742	0.03744	−0.91774	−0.78747	0.56908	1.66089	0.04217	−1.21915
1.08497	1.20857	0.00581	−0.84834	−1.00309	0.19953	1.18282	0.66551	−1.15718
0.89978	0.94484	−0.15025	−0.77894	−1.00628	−0.53992	0.50331	−0.11401	−1.09393
0.80354	0.81434	0.58351	−0.71615	−1.11975	−1.18074	−0.27928	−0.62249	−0.84918
0.51283	0.6784	0.02061	−0.6137	−1.1981	−1.24019	−0.67901	−0.53561	−0.80606
0.26661	0.53158	0.56804	−0.54099	−0.6505	−1.07136	−0.82023	−0.33493	−0.58148
0.05704	0.28961	0.61666	−0.34601	−0.5675	−0.90114	−0.89384	0.8045	−0.40512
−0.1797	0.09113	0.66069	−0.36915	−0.49234	−0.50379	−0.8634	3.13209	−0.04239
−0.38776	−0.1087	0.81642	−0.30305	−0.22651	−0.37415	−0.87475	2.13282	0.18091
−0.56888	−0.27292	−0.78235	−0.21052	0.10634	1.44693	−0.33498	−0.30057	0.3876
−0.65859	−0.42707	−0.96494	−0.13781	0.7294	1.41978	−0.37621	−0.17562	0.74454
−0.77594	−0.71255	1.03573	0.14971	0.83706	1.27685	−0.3823	−0.2229	0.78259
−0.83805	−0.86616	1.38136	0.34799	0.86376	0.99092	−0.35356	−0.5052	0.81835
−0.86745	−1.00944	−2.50829	0.52645	0.31413	0.61694	−0.31624	−0.64875	0.81088
−0.9467	−1.12934	1.50938	0.8999	0.66353	0.07373	−0.3767	−0.63067	0.82043
−1.02102	−1.2922	−1.36871	1.64017	1.39251	−0.29768	−0.38989	−0.50105	0.82074
−1.10708	−1.38464	−1.02801	2.04005	1.90035	−0.62465	−0.39518	−0.59024	1.68864
−1.21549	−1.45696	−0.84508	2.24164	1.81997	−1.83334	−0.40745	−0.67601	1.69285

4. 因子分析过程

（1）计算相关系数矩阵并进行统计检验。从表 2-5 可以看到，这里的 KMO 值为 0.802，在 0.5~1.0 之间；Bartlett 的检验通过，相应的显著性概率（Sig）小于 0.001 为高度显著，因此数据适合使用因子分析方法。

表 2-5　KMO 和 Bartlett 的检验

取样足够度的 Kaiser-Meyer-Olkin 度量		0.802
Bartlett 的球形度检验	近似卡方	735.510
	df	153
	Sig.	0.000

（2）求相关系数矩阵 R 的特征值和特征向量，并提取因子。表 2-6 为总方差解释列表，表中列出了所有的主成分，且按照特征根从大到小次序排列。从表 2-6 中可见，第一个公共因子方差贡献率为 62.646%，第二个公共因子方差贡献率为 15.262%，第三个公共因子方差贡献率为 5.864%，方差累积贡献率达到 83.772%，一般来说，这两个公共因子足以概括大部分（约 85%）的样本信息，这在统计学上是很有意义的，可以认为此次提取的主成分是合理的，所提取的 3 个主成分因子能够体现 18 个指标所要反映的信息。通过图 2-1 碎石图也可以直观地看出前三个因子可以反映出指标体系所要体现的主要信息。

表 2-6　解释的总方差

成分	初始特征值			提取平方和载入			旋转平方和载入		
	合计	方差（%）	累计（%）	合计	方差（%）	累计（%）	合计	方差（%）	累计（%）
1	11.276	62.646	62.646	11.276	62.646	62.646	10.807	60.041	60.041
2	2.747	15.262	77.908	2.747	15.262	77.908	2.621	14.560	74.601
3	1.055	5.864	83.772	1.055	5.864	83.772	1.651	9.170	83.772
4	0.980	5.444	89.216						
5	0.931	5.174	94.389						
6	0.537	2.986	97.375						
7	0.268	1.490	98.865						
8	0.143	0.793	99.658						
9	0.020	0.113	99.771						
10	0.018	0.098	99.869						
11	0.010	0.056	99.925						
12	0.005	0.030	99.955						
13	0.004	0.020	99.976						

续表

成分	初始特征值			提取平方和载入			旋转平方和载入		
	合计	方差（%）	累计（%）	合计	方差（%）	累计（%）	合计	方差（%）	累计（%）
14	0.002	0.011	99.987						
15	0.001	0.005	99.992						
16	0.001	0.005	99.997						
17	0.000	0.002	99.999						
18	0.000	0.001	100.000						

提取方法：主成分分析。

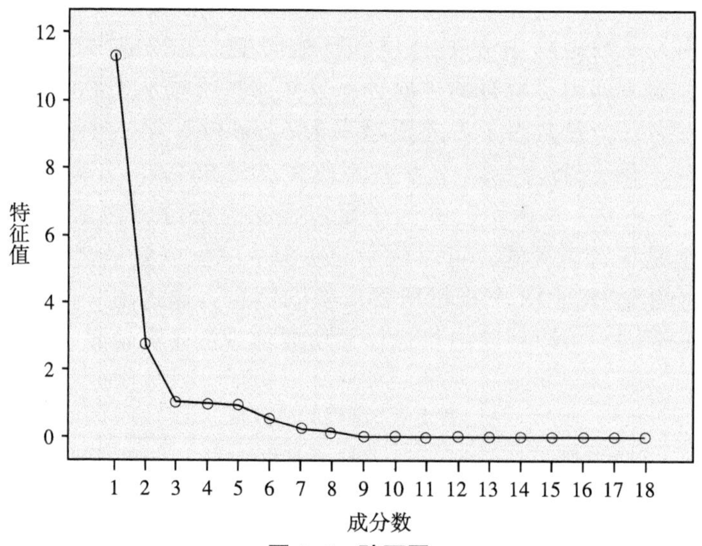

图 2-1　碎石图

（3）建立因子载荷矩阵。采用方差极大旋转法（即 Varimax 法）旋转之后的因子载荷矩阵（按各因子综合系数得分排序）和旋转空间中的分布图，见表 2-7 和图 2-2。

表 2-7　旋转成分矩阵[①]

	成分		
	1	2	3
Zscore（X_1）	-0.979	0.114	-0.032
Zscore（X_2）	0.092	0.798	0.100
Zscore（X_3）	0.418	0.333	0.419
Zscore（X_4）	0.946	0.135	0.268
Zscore（X_5）	0.264	0.586	0.345

续表

	成分		
	1	2	3
Zscore（X_6）	0.921	0.330	0.150
Zscore（X_7）	0.924	0.299	0.199
Zscore（X_8）	−0.975	0.117	−0.120
Zscore（X_9）	0.983	0.131	0.103
Zscore（X_{10}）	0.963	0.235	0.085
Zscore（X_{11}）	0.994	0.036	0.055
Zscore（X_{12}）	0.321	−0.310	0.094
Zscore（X_{13}）	−0.902	0.210	−0.276
Zscore（X_{14}）	−0.938	0.169	0.039
Zscore（X_{15}）	−0.016	0.107	0.967
Zscore（X_{16}）	0.597	0.601	0.391
Zscore（X_{17}）	0.215	−0.817	0.014
Zscore（X_{18}）	−0.983	−0.052	−0.023

提取方法：主成分。
旋转法：具有 Kaiser 标准化的正交旋转法。
①旋转在 5 次迭代后收敛。

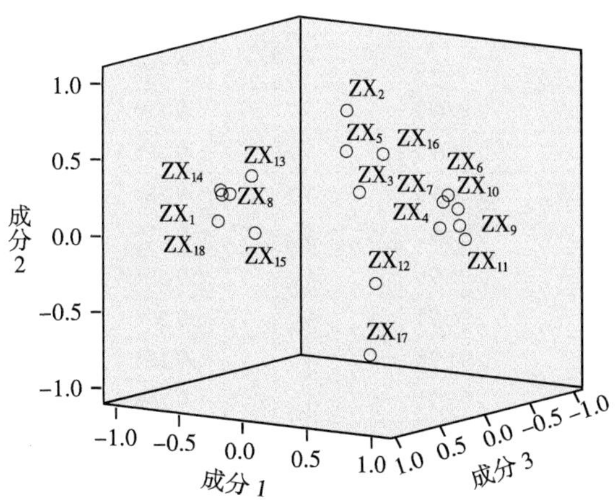

图 2-2　旋转空间中的成分图

设 F 为我们所提取出的因子，则三个因子可分别表示为 F_1、F_2 和 F_3。从表 2-7 中我们可以看出，第一个公共因子 F_1 在第一产业占地区生产总值比重、机械总动力、有效灌溉面积、农林牧渔总产值、农村居民人均纯收入、恩格尔系数、年末人均住房面积、农村用电量、年末人均彩电拥有量、农村养老服务机构、农村居民家庭劳动力文化（不识字或识字很少在劳动力占比）、文化机构

(乡镇文化站)、中心卫生医院床位个数和村民委员会个数指标上拥有较高负荷，几乎反映了新农村建设的“生产发展”、“生活宽裕”、“乡风文明”、“村容整洁”和“管理民主”五个方面的建设情况，因此命名为综合因子。

第二个公共因子 F_2 在农业支出占财政支出的比重、乡村人员非农从业人口、林业重点工程历年完成造林面积指标上的系数相对较大，拥有较高负荷，说明第二个公共因子主要反映了“生产发展”和“村容整洁”两个方面的建设情况，因而命名为生产环境因子。

第三个公共因子 F_3 在卫生技术人员指标上具有较高负荷，反映了新农村的基础设施建设，因而命名为生活富裕因子。

(4) 计算各因子得分及综合评价得分并排序。各变量 3 个因子成分得分系数矩阵如表 2-8 所示。

表 2-8　各变量 3 个因子成分得分系数矩阵

	成分		
	1	2	3
Zscore (X_1)	−0.106	0.067	0.057
Zscore (X_2)	−0.007	0.340	−0.104
Zscore (X_3)	−0.003	0.055	0.229
Zscore (X_4)	0.074	−0.005	0.088
Zscore (X_5)	−0.014	0.188	0.129
Zscore (X_6)	0.083	0.110	−0.051
Zscore (X_7)	0.078	0.085	−0.004
Zscore (X_8)	−0.096	0.087	−0.017
Zscore (X_9)	0.097	0.029	−0.053
Zscore (X_{10})	0.096	0.081	−0.089
Zscore (X_{11})	0.104	−0.004	−0.073
Zscore (X_{12})	0.028	−0.164	0.111
Zscore (X_{13})	−0.071	0.164	−0.175
Zscore (X_{14})	−0.110	0.075	0.100
Zscore (X_{15})	−0.111	−0.165	0.785
Zscore (X_{16})	0.018	0.182	0.127
Zscore (X_{17})	0.029	−0.376	0.168
Zscore (X_{18})	−0.106	−0.011	0.103

提取方法：主成分。
旋转法：具有 Kaiser 标准化的正交旋转法，构成得分。

我们记 Y_1 和 Y_2 分别是各年新农村建设在 2 个因子上的得分，则：

$$Y_1 = -0.106ZX_1 - 0.07ZX_2 - 0.03ZX_3 + \cdots - 0.106ZX_{18}$$

$Y_2 = 0.067ZX_1 + 0.340ZX_2 + 0.055ZX_3 + \cdots - 0.011ZX_{18}$

$Y_3 = 0.057ZX_1 - 0.104ZX_2 + 0.229ZX_3 + \cdots + 0.103ZX_{18}$

其中，ZX_1，ZX_2，ZX_3，ZX_4，…，ZX_{18} 为各项指标经预处理之后的标准化数据。再以各因子所对应的贡献率为权重进行加权求和，即可得到综合评价得分Y，即：

$Y = 0.62646Y_1 + 0.15262Y_2 + 0.05864Y_3$

每年各因子得分及排名如表 2-9 所示。

表 2-9　各因子得分及排名

年份	Y1	排名	Y2	排名	Y3	排名	综合得分	排名
2012	1.308849662	1	1.419663	3	1.803999	1	1.142397	1
2011	1.220924696	2	0.965843	4	0.401881	7	0.935834	2
2010	1.074874136	3	0.606987	5	0.30312	9	0.783779	3
2009	1.03088493	4	0.276618	10	0.071632	10	0.692226	4
2008	0.91375944	5	0.575615	6	−0.7287	14	0.617553	5
2007	0.881753009	6	0.273514	9	−1.23326	18	0.521809	6
2006	0.775931606	7	−0.0961	14	−1.30325	19	0.395002	7
2005	0.527523028	8	−0.64189	15	−0.99326	17	0.174262	8
2004	0.324544498	9	−0.88462	17	−0.81187	16	0.020695	9
2003	0.256396196	10	−2.43925	19	−0.01544	12	−0.21256	10
2002	0.052911091	11	−2.068	20	0.0598	11	−0.27896	11
2001	−0.429345414	12	−0.73736	18	1.105413	4	−0.31668	12
2000	−0.634417159	13	−0.54477	16	1.264055	3	−0.40646	14
1999	−0.748317139	14	−0.52434	13	1.363015	2	−0.46889	16
1998	−0.842166683	15	0.534573	12	0.898386	5	−0.39332	13
1997	−0.930525161	17	0.619366	11	0.414659	6	−0.46409	15
1996	−0.929198443	16	0.31384	8	0.370291	8	−0.51249	17
1995	−1.194763594	18	0.700539	7	−0.32615	13	−0.66068	18
1994	−1.387773858	20	0.809684	1	−0.73446	15	−0.78888	19
1993	−1.271819361	19	0.840087	2	−1.90987	20	−0.78052	20

5. 实证结果说明

通过实证结果可看出，不同年份对应的每个因子的排名与最后的综合排名并不完全具有一致性，从图 2-3 各因子得分情况来看，有些年份的单项排名与其综合排名还有很大差距。

从图 2-4 综合得分情况来看，随着社会经济的发展，尽管在 20 世纪 90 年代出现了一定程度的波动，但新农村建设在整体上处于上升的趋势。从各个因子的得分情况看，Y_1 基本处于稳步上升阶段，也体现出新农村建设的综合方面是逐渐改善

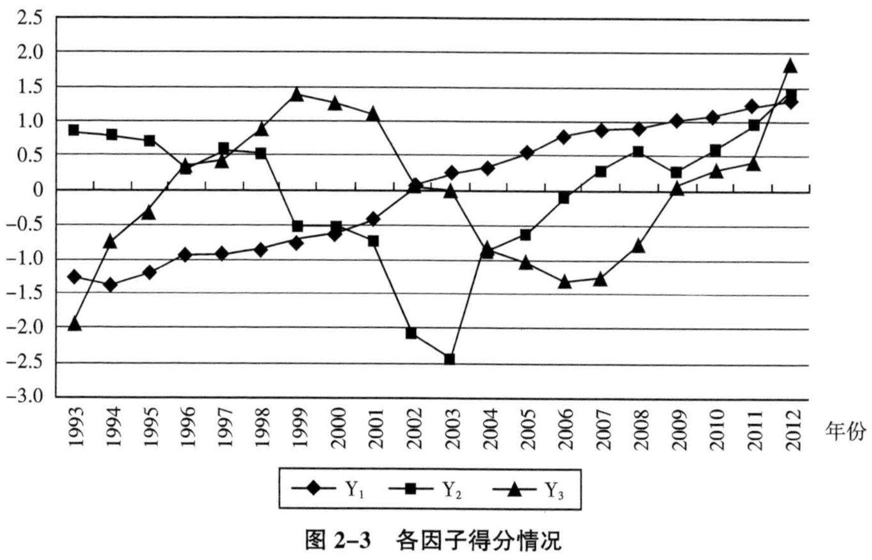

图 2-3　各因子得分情况

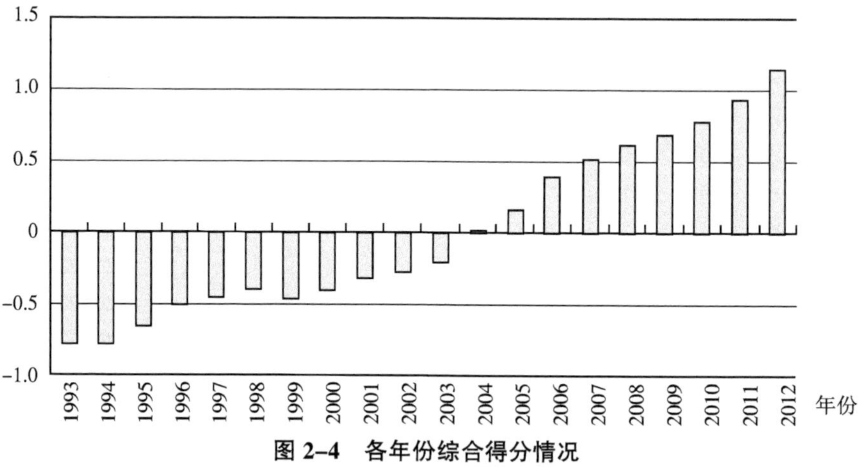

图 2-4　各年份综合得分情况

的。Y_2 和 Y_3 在 20 世纪 90 年代末和 21 世纪初期都存在不同程度的下滑，很大程度上是因为改革开放刚刚开始，农村建设过多地重视经济发展，在环境保护方面的意识淡薄。同时，对于农村基础设施的建设尤其是医疗卫生建设存在的一定的缺位，导致其发展没有跟上新农村整体建设的脚步。但随着社会主义新农村目标的提出，新农村建设的各个方面都得到了极大的好转。综合因子 Y_1 很好地体现了新农村建设的整体水平。总体上看，社会主义新农村的建设仍然是向越来越好的方向发展的。

五、新农村建设评价指标体系的局限性及其调整

1. 新农村建设评价指标体系的局限性

（1）社会主义新农村是一个长期性的系统工程，建设内容涉及经济、政治、文化和社会等方方面面，建立一个可以涵盖所有内容的评价体系是不可能的。由于评价体系制定者的专业背景，在制定具体指标体系时，不能对所有内容都有非常清晰深入的认识，因而，在具体的实施中可能达不到预期效果，在某些方面可能会有所侧重，无法全面细微地表现各个环节。

（2）本节的新农村建设评价体系主要是为全国新农村建设提供一套具体的评价指标和评价方法，侧重于整体层面的对比分析，在地方性的考核评价中不一定适用，并可能会影响评价效果。新农村建设评价体系中的相同指标可能因为中央、省、市（地区级）、县（县级市）、乡（镇）、村所划分的区域不同，造成评价效果不能达到最优。

（3）社会主义新农村建设评价指标体系尽管加入了动态性指标，并力求对未来的新农村建设提供引导作用，但是，由于新农村建设是一项复杂的工程，随着科学技术的进步、各项产业的发展以及当地与外界的交流效果会对各地新农村的发展特点与进程造成不同的影响，因而既定的指标体系可能不能时时满足所要评价的对象。

2. 新农村评价体系的调整

（1）评价指标体系的制定者应当由各个专业背景的专家学者组成，力求在全面深刻理解新农村建设内容的基础上制定综合性的评价指标。

（2）从中央、省、市（地区级）、县（县级市）、乡（镇）和村不同级别出发，根据所考察对象的具体特点，因地制宜地制定相关的评价指标体系，需对已有的指标进行删减和补充，力求真实可靠地反映当地新农村发展现状。

（3）在新农村建设中，应当时时注意新农村发展的新特点，针对新变化，及时更换和修正现有的指标。

第三章
利用外资质量的一般理论研究

第一节 利用外资质量的含义

一、外资的概念

本书研究的外资即为外商直接投资（Foreign Direct Investment，FDI），又称国际直接投资、外国直接投资或对外直接投资，指跨国公司在一个或数个国家通过直接投资建厂，建立原材料基地或销售渠道等实物性资产投资手段而获取一定收益的行为。它是以取得或拥有国外企业的经营控制权为特征，以获得利润或其他利益为目的的投资。

外商直接投资主要有三个特征：第一，投资者通过拥有股份掌握企业的经营管理权；第二，能够向投资企业提供一揽子资金、技术和管理经验；第三，不构成东道国的债务负担。具体到我国，外商直接投资是指外国企业和经济组织或个人（包括华侨、港澳台同胞以及我国在境外注册的企业）按我国有关政策、法规，用现汇、实物、技术等在我国境内开办外商独资企业、与我国境内的企业或经济组织共同举办中外合资经营企业、合作经营企业或合作开发资源的投资（包括外商投资收益的再投资）以及经政府有关部门批准的在项目投资总额内，企业从境外借入的资金。目前我国的外商直接投资方式主要有以下几种：中外合资经营企业，亦称股权式合营企业；中外合作经营企业，亦称契约式合营企业；外商独资经营企业①。

① 吴月芹. 外商直接投资理论与实证研究——FDI 对北京地区经济增长影响分析［D］. 北京：中国矿业大学硕士学位论文，2007.

二、利用外资质量理念的形成

第一，党和国家领导人关于利用外资的思想。

事物一定的量是其质的载体，特定的质是一定量的内容体现。就利用外资来说，不仅有其量的一面，更要注重其质的一面。在中国利用外资的实践中，党和政府对利用外资质量问题一直给予高度的重视。

邓小平指出："搞社会主义，中心任务是发展社会生产力，一切有利于发展社会生产力的方法，包括利用外资和引进先进技术，我们都采用。"① 利用外资对社会主义现代化建设有众多的好处，它能部分解决我国社会主义现代化建设资金的不足；能学习国外特别是发达国家的一切反映现代化生产规律的先进经营管理方式和管理方法；能部分解决劳动力的就业问题；能开拓国际市场；增加国家税收，扩大财政收入；能增加国民收入，增强国家的经济实力。由此可见，早在利用外资之初，党和国家领导人对于利用外资对社会经济发展产生的效应就已经有所认识。

江泽民进一步发展了邓小平利用外资的思想，指出要"把握有利时机和采取多种形式大胆引进外资，坚持利用外资与国内经济发展战略有机结合，着眼于提高国民经济的素质和效益，增强综合国力和国家竞争力，要在坚持优化结构、注重质量和效益的基础上，保持外资的稳定增长，积极引导外资投向农业、高新技术产业、基础设施建设，要完善全方位、多层次、宽领域的对外开放格局，把利用外资提高到新水平"，② 同时，他也提出，"必须始终注意维护国家主权和经济社会安全，进一步完善有关政策……不断提高对外开放质量和水平"。③

胡锦涛也指出："要着力提高利用外资的质量和水平。要根据我国发展的需要，不断优化利用外资的结构，提高利用外资的水平，更好地把引进外资同提升国内产业结构、技术水平结合起来，同促进区域发展、企业改组改造结合起来。要以提高自主创新能力为出发点，着重引进先进技术、管理经验和高素质人才，做好引进技术的消化吸收和创新提高。"④

尽管国内外文献中并没有关于利用外资质量的严格定义，但在上述我国党和国家领导人的相关论述中我们可以发现，从作为引资国的主体角度来说，利用外资质量应该内含着主体对客体的特定需要和要求，即利用外商直接投资必须有助于实现东道国的经济和社会发展目标，而提高利用外商直接投资质量，就是要注重在产业结构转变、技术进步、增加就业和税收、推进经济增长方式转变、发展

① 邓小平. 邓小平文选（第三卷）[M]. 北京：人民出版社，1993.

②《人民日报》，1997 年 12 月 25 日。

③ 中共中央文献研究室. 十五大以来重要文献选编（上册）[M]. 北京：人民出版社，2000.

④ 胡锦涛总书记 2005 年 5 月 31 日在中共中央政治局进行集体学习时的讲话。

对外贸易等方面更好发挥外商直接投资对经济社会发展的正面效应，抑制其负面效应，也就是说，利用外资质量主要体现在其对经济社会发展所具有的各种效应上。综合这些认识，我们可以说，所谓利用外资质量，就是在东道国一定时期经济和社会发展战略规划下，利用外商直接投资对经济社会发展所产生的各种经济社会效应的综合，这种综合不是对各种效应的简单相加，而是在一定时期内东道国一系列经济社会发展目标约束下对各种效应的综合评价结果。

第二，“十一五”规划明确提出提高利用外资质量的任务。

为了让外资在中国经济发展中发挥更大、更好的作用，我国国民经济和社会发展“十一五”规划纲要更是指明了利用外资的方向——“提高利用外资质量”。[①] 强调“十一五”期间，利用外资工作要全面贯彻落实科学发展观，进一步推动利用外资从“量”到“质”的根本转变，使利用外资的重点从弥补资金、外汇不足切实转到引进先进技术、管理经验和高素质人才上，更加注重生态建设、环境保护、资源能源节约与综合利用，切实把利用外资同提升国内产业结构、技术水平结合起来。

三、利用外资质量的含义

利用外资质量是利用外资的目的的实现程度，目的的实现程度越高，则利用外资的质量就越高，反之则越低。“利用外资质量”这一词组包含的“利用”、“外资”、“质量”三个词，可以组合为“利用外资”的“质量”，不能组合为“利用”“外资质量”，就是说，这里的“质量”是表述“利用”的状态，而不是“外资”的状态，探讨“利用外资质量”问题重在探讨如何“利用”，即回答如何“利用外资”才能很好实现利用外资的目的。研究“提高利用外资质量”问题，就是探讨相对利用外资的目的，如何提高外资的利用效率。

利用外资质量的高低主要应从利用外资的结果来衡量，即主要从利用外资的经济效益、社会效益、技术管理效益、生态环境效益来衡量。

四、外资质量的含义

从语法上来说，“外资”可以单独与“质量”组合在一起，得出“外资质量”一词，在现实中我们也会面临“外资质量”问题，但这一问题不是如何“利用”和“提高”的问题，而是如何“选择”的问题，即我们要选择“外资质量”高的外资。可以说，选择“外资质量”高的外资，对“提高利用外资质量”具有重要作用，也是“提高利用外资质量”的前提条件。

外资质量的高低可以分别从货币形式的外资和物质形式的外资来考察。货币

① 中国新闻网，2006年3月14日。

形式的外资质量可以从东道国对外资投放方向的可选择性来衡量，投放方向的可选择性越强，该外资的质量就越高，因为东道国可以将这样的外资引导到最需要、最合理的行业。反之，如果东道国对外资投放方向缺乏可选择性，即外资投放方向由投资国决定，那么外资质量就低，因为投资国的资本所有者按照盈利最大化原则确定的投资方向不一定符合东道国的需要，甚至有可能投在给东道国带来生态环境破坏的行业。

物质形式的外资质量的高低可以从以下两个方面来衡量：一看是否符合国家的产业政策。凡是符合国家产业政策鼓励和允许的投资项目和设备是质量好的或比较好的外资。国家产业政策明确禁止的产业类别，则是质量较差、不能盲目引进的外资。二看技术水平和设备是否先进适用。适应我国技术现状并能有效改进和提高现有技术水平的设备和技术先进的外资是较高质量的外资，不能对现有技术进行合理改造，缺乏后续开发能力的落后技术和设备则是质量差的外资，而那些严重污染的淘汰技术和设备更是应当禁止引进的没有质量的外资。

第二节　利用外资质量的相对性、动态性

一、利用外资质量的相对性

利用外资质量的相对性是指：第一，利用外资质量的高低是相对的，即利用外资质量的高低需通过对相同产业领域不同主体的既定单位数量利用外资质量的比较才能得出这些不同主体的利用外资质量孰高孰低的判断。这里的相同产业领域的约束条件是指只有相同产业领域的利用外资质量才能进行比较，因为不同产业的产业性质决定了单位数量利用外资投在不同产业所创造的 GDP、提供的就业水平、拥有的技术创新能力、具有的环境污染水平等都是不同的，这种因产业性质差异决定的相同数量利用外资绩效的差异不应作为利用外资质量的差异。据此，比较不同区域的利用外资质量的前提是这些区域利用外资的产业结构大体相同。第二，利用外资质量的评判标准是相对的。不同主体利用外资的目的不完全相同，由此决定利用外资质量的评判标准不应完全相同，在一般情况下，可以认为利用外资的目的是促进经济发展，但在特定时期特定区域利用外资的具体目的却是多样的，比如在某些时期某些区域利用外资是为了促进某些产业的发展，从而优化产业结构，而另一时期另一区域利用外资是为了引进先进技术和先进管理经验，发挥外资企业的技术溢出效应，或者是为了改善生态环境，或者是为了增加就业等。由于利用外资质量是利用外资的目的的实现程度，而不同的利用外资

的目的不完全相同，由此决定不同的利用外资质量的评判标准不应绝对化，而只能是相对的，所谓相对是相对利用外资的目的。

二、利用外资质量的动态性

利用外资质量的动态性是指一个国家或一个区域利用外资质量会随着时间的变化而变化。在一个国家或地区经济发展水平很落后、实行对外开放的初期，该国或地区利用外资的目的主要是解决资金短缺，促进经济发展，此时，利用外资质量相对较低，这是因为：第一，在对外开放初期，由于引资国经济发展水平很落后，资金很短缺，对外资需要强度大，容易犯“饥不择食”的错误，投资国往往利用引资国这一弱点提出一些附带条件，如要求用外资的一部分购买投资国的产品（引资国不一定需要这些产品），使利用的外资不能全部用在最需要投资的领域。第二，在对外开放初期，引资国的谈判代表往往缺乏经验，在谈判中处于不利地位，容易接受一些本不该接受的投资国提出的附带条件。第三，在对外开放初期，引资国主要注重外资的经济增长效益，而外资的社会效应和生态环境效应往往被忽略，使一些具有社会负效应和生态环境负效应的外资被引了进来。第四，在对外开放初期，引资国往往缺乏提高利用外资质量的意识，他们在利用外资上关注的重点是如何引进更多的外资，而不是如何提高利用外资质量，为了能引进更多的外资，他们往往在税收减免方面给予外商超国民待遇。

随着引资国或地区经济发展水平的提高、对外开放进程的不断推进，以及开放程度的提高，利用外资质量会趋于提高。这是因为：第一，随着引资国经济发展水平的提高，引资国积累了越来越多的经济发展资金，对外资的需要强度越来越弱，而国外需要寻求投资出路的资本越来越多，引资国有了更多的对外资的选择余地。第二，经过长期对外开放，引资国谈判代表积累了越来越多的经验，能够将外资用到最需要投资的领域，提高外资的使用效率。第三，在引资国经济发展水平达到一定高度后，引资国不再单纯注重外资的经济增长效益，而是越来越注重外资的技术溢出效应、企业管理水平提高效应、社会效应、生态环境效应。第四，随着经济全球化的发展，能否引进更多外资的问题不再是难题，引资国自然会将如何提高利用外资质量的问题重视起来，形成越来越强烈的提高利用外资质量意识。

利用外资质量动态性的另一层含义是指，随着对外开放事业的发展，引资国利用外资的目的和利用外资质量观或利用外资质量的评判标准是不断变化的。在改革开放初期，利用外资的目的主要是促进经济增长，此时，利用外资质量的高低主要体现在利用外资在拉动 GDP 增长的贡献率上。随着引资国经济发展和利用外资规模的扩大，利用外资在拉动 GDP 增长的贡献率达到一定高度后，引资国利用外资就会加上外资在引进先进技术和先进管理方面的目的，此时，利用外资在拉动 GDP 增长的贡献率仅仅是利用外资质量高低的一部分，而越来越多的部分体现在引进外资的技术管理效应上。当引资国引进外资的技术管理效应达到一定高度后，引资国引进外资的目的就会进一步加上利用外资的社会效应和生态环境效应，此时，利用外资的社会效应和生态环境效应占利用外资质量的权重越来越大。

当然，在特定时期利用外资同时具有经济增长效应、技术管理效应、社会效应和生态环境效应，但引资国不可能同时等比例获得这些效应。就引资国利用外资的目的来说，在不同时期有不同的侧重点。在对外开放初期，引资国一般侧重于利用外资的经济增长效应，当利用外资的经济增长效应达到一定高度后，引资国利用外资的目的会侧重于利用外资的技术管理效应，当引资国利用外资的技术管理效应达到一定高度后，引资国利用外资的目的会侧重于利用外资的社会效应和生态环境效应。上述利用外资质量观或利用外资质量的评判标准的变化是相对利用外资的目的的侧重点而言的。

第三节　利用外资质量的影响因素

一、引资国的经济发展水平

引资国的经济发展水平对利用外资质量有很大影响。在引资国的经济发展水平很低时，引资国自身发展经济的资金很短缺，对外资的需求强度大，引资国往往将注意力放在利用外资的数量上，不加选择地引进外资，而对利用外资质量关注较少。即使关注质量，也主要是关注利用外资在促进经济增长上的质量，只要引进外资提升了引资国 GDP 增长率，引资国就会认为利用外资质量是高的。至于利用外资是否促进了引资国企业技术水平和管理水平的提高，是否增加了引资国就业，是否造成了环境污染等问题，还不会引起引资国的高度重视。在这种情况下，通过引进外资引进的技术有许多是投资国淘汰不用的，在外资的投放方向上，许多外资被投在环境污染严重的领域。

随着引资国经济发展水平的提高，引资国对外资的需要强度逐渐下降，开始有选择地利用外资，利用外资的目的除了追求利用外资的经济增长效应，开始越来越多地追求利用外资的技术和管理效应、社会效应和生态环境效应。为了获得这些效应，引资国会加强对引进外资的考察，引导外资的投放方向，加强对利用外资的管理。

二、引资国的工业化水平

工业化是任何国家实现现代化进程中不可逾越的阶段。如果引资国工业化水平很低，其利用外资的一个重要目的就是加速实现工业化，使其引进的外资主要投向第二产业，一些发达国家会借此机会将环境污染严重的制造业转移到引资国，使引资国的环境污染加重。我国过去一段时期的利用外资就存在这样的情况，“中国制造”、“世界工厂”就是在这种情况下产生的。如果引资国工业化水平很高，甚至完成了工业化的任务，就不必借助外资实现工业化，其利用的外资就会主要投向第三产业和高科技产业，即使在第二产业引进外资，也只会引进环境污染小、实行清洁生产的行业，这样的利用外资，有利于扩大就业，有利于环境保护，有利于产业结构优化和升级。

三、引资国的科技水平和科技创新能力

科技水平和科技创新能力是影响利用外资质量的重要因素。如果一个国家或地区科技水平很低，科技创新能力很差，就会将一些科技含量低、技术水平差的外资引进来，如我国在改革开放初期引进的许多外资兴办的外资企业技术水平都是发达国家已经淘汰了的 20 世纪 30 年代到 40 年代的水平，这样利用的外资技术溢出效应往往很低，而环境污染水平往往很高。如果一个国家或地区科技水平很高，科技创新能力很强，就只会将科技含量和技术水平更高的外资引进来，这样利用的外资的技术溢出效应往往很高，而环境污染水平往往很低。改革开放以来，我国的科技水平和科技创新能力不断提高，因而我国利用外资的质量也应该是不断提高的。

四、引资国的投资环境

引资国的投资环境包括硬环境和软环境。投资的硬环境包括交通、通信、市场体系、自然环境等方面的条件；软环境包括政府服务水平高低、社会治安好坏、有关立法和执法的完善程度、有关投资项目的审批与税收等制度。科技含量高、规模大的外资对投资的硬环境和软环境要求都很高，如果投资的硬环境和软环境好，就能引进更多科技含量高、规模大的优质外资，从而为提高利用外资质量提供基础条件。更为重要的是，在优良的投资环境下，外资企业的交易成本很低，引进的外资必然能更好地实现经济增长效应、技术管理效应、社会效益正效应、生态环境正效应。我国的整体投资环境经历了一个由差到不断改善的过程，利用外资质量也随之经历了一个趋于提高的过程。在区域结构上，目前我国投资环境存在东西差异，东部地区的投资环境好于西部地区，因而东部地区的利用外资质量应该高于西部地区。

五、引资国的对外开放程度

一个国家的对外开放程度有高低之分，一是开放领域有宽窄之分，有些国家只是在少部分领域对外开放，有些国家在许多领域对外开放甚至全方位开放；二是开放的国别方向有多少之分，有些国家只是对部分国家开放，有些国家对所有国家开放；三是开放的约束条件有软硬之分，有些国家对外开放的约束条件很硬，有些国家对外开放的约束条件很软。引资国的对外开放程度对利用外资质量有很大影响。如果引资国对外开放程度低，在引进外资的领域、国别等都很少，引进外资的约束很强，则外资不能自由进出，对外资的选择余地就很小，利用外资质量就会相对较低。相反，如果引资国对外开放程度高，引进外资的领域、国别等都很多，引进外资的约束很弱，则外资就能自由进出，对外资的选择余地就很大，利用外资质量就会相对较高。我国改革开放初期，对外开放程度较低，利用外资质量不可能很高，随着改革开放事业的发展，我国对外开放程度不断提高，尤其是加入世贸组织之后，我国对外开放程度发生了质的飞跃，我国利用外资质量应该是不断提高的。

六、引资国地方政府的政绩观

引资国地方政府的政绩观对利用外资质量有很大影响。如果引资国地方政府都以提高 GDP 增长率作为主要政绩，会导致各地盲目引进外资，在投资方向上尽量满足资本的逐利本性而不加约束和引导，使大量外资被投在技术含量低、盈利水平高、环境污染大的行业。使一些地方引进的外资在做大地方 GDP 的同时，造成了严重的环境污染和破坏。如果引资国地方政府能树立真正体现科学发展观的政绩观，不唯 GDP，将保住青山绿水作为重要政绩，注重引进外资的社会效益和生态环境效益，必然会加强对引进外资在投放方向及其外部性的管理，从而使利用外资质量处于较高水平。我国目前不少地方政府的政绩观还不完全正确，存在片面追求 GDP 增长率从而盲目引进外资的现象，造成利用外资质量仍处于较低水平。

七、引资国的引资人才

引进外资需要建立专门的高素质的引资人才队伍。引资人才负责对引进外资的科技水平、经济效益、社会效益、环境效益等进行评价和可行性论证，以此作为引资决策者的决策依据。如果一个国家拥有一支强大的引资人才队伍，所有引进外资都通过了科学论证，利用外资质量必然很高。如果一个国家缺乏引资人才，引进的外资没有经过科学论证，由决策者“拍脑袋”决策，这样的利用外资质量必然很低。我国目前的引资人才还非常缺乏，一些地方政府缺乏培养引资

人才及对引资项目进行可行性论证的意识，这也是我国利用外资质量较低的重要原因。

八、外资质量

外资本身也有质量高低之分，外资质量高低也是影响利用外资质量的重要因素。质量高的外资往往伴随着高水平的科技、先进的工艺、很低的排污水平，甚至能进行清洁生产，这样的外资往往能带来很高的经济效益、社会效益以及很高的正社会效应和正的生态环境效应，使利用外资质量处在较高水平。质量低的外资往往伴随着低水平的科技、落后的工艺、很高的排污水平，这样的外资往往只能带来很低的经济效益、社会效益以及很高的负社会效应和负的生态环境效应，使利用外资质量处在较低水平。我国过去利用了不少低质量的外资，造成我国利用外资质量处在较低水平。

第四节　利用外资质量的演化规律

哲学原理告诉我们，规律是指客观事物发展过程中的本质联系，具有普遍性的形式。规律和本质是同等程度的概念，都是指事物本身所固有的、深藏于现象背后并决定或支配现象的方面。然而本质是指事物的内部联系，由事物的内部矛盾所构成，而规律则是就事物的发展过程而言，指同一类现象的本质关系或本质之间的稳定联系，它是千变万化的现象世界的相对静止的内容。规律是反复起作用的，只要具备必要的条件，合乎规律的现象就必然重复出现。同时，人在客观规律面前并不是完全消极被动的，人们在实践中，通过大量的外部现象，可以认识或发现客观规律，并用这种认识指导实践。本节我们研究提高利用外资质量的演化规律，最终的目的是要用来指导我们提高利用外资质量。此外，我们在此基础上推导出提高利用外资质量演化规律的理论模型，为后面研究利用外资质量的一般评价方法以及基于建设生态屏障视角对我国利用外资质量进行实证研究提供理论依据和框架。

一、利用外资质量演化规律概述

一般来说，科学研究中探索规律的方法主要包括三种：一是通过反复实验得出的实验数据来总结规律；二是通过在实践中表现出来的外部现象来总结规律；三是通过在既有的理论基础上，通过理论推导来得出规律。由于社会科学研究不同于自然科学研究可以在实验室中进行模拟从而得出规律，本节我们将借鉴经济学的既有理论，从利用外资的行为分析出发结合利用外资实践表现出来的利用外资质量演化的特征，研究提高利用外资质量的演化规律。

1. 利用外资的行为分析

一国利用外资从本质上说是该国对外部资金的需求，进一步地，提高利用外资质量是一国对外部资金需求档次的提高，因此，研究提高利用外资质量的演化规律实质上是研究一国对外部资金需求的变化规律。

在微观经济学里，反映需求与价格关系规律的需求曲线是以对消费者行为的分析作为依据的，也就是说，效用论从消费者行为的分析中推导出反映需求与价格关系规律的需求曲线。而利用外资实际上反映的是东道国对外部资金的需求，因此，我们可以以东道国利用外资行为（或者我们可以称之为东道国消费外资的行为）的分析作为依据（如图 3–1 所示），推导出反映利用外资质量演化的规律。

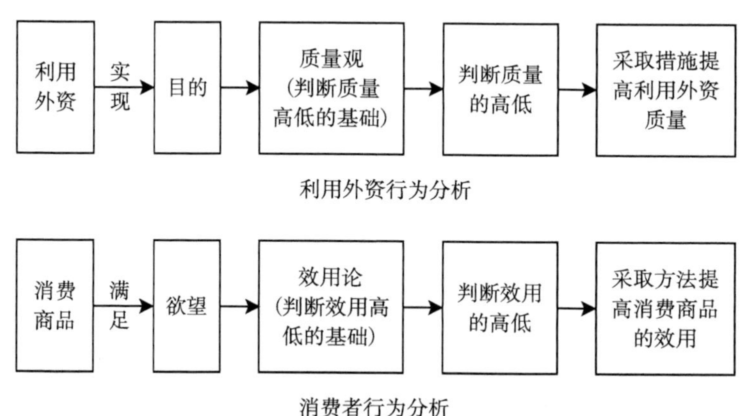

图 3–1　利用外资行为与消费者行为分析

消费者行为分析的方法从两方面为我们分析利用外资行为提供了参考和借鉴。

首先，利用外资质量是与东道国利用外资的目的联系在一起的。效用，是指商品满足人的欲望的能力评价，或者说，效用是指消费者在消费商品时所感受到的满足程度。一种商品对消费者是否具有效用，取决于消费者是否有消费这种商品的欲望，以及这种商品是否具有满足消费者欲望的能力。效用这一概念与人的欲望是联系在一起的，它是消费者对商品满足自己欲望的能力的一种主观心理评价。同样，通过分析东道国利用外资的行为，我们认为，利用外资质量是与东道国利用外资的目的联系在一起的。外资对东道国是否具有效用，取决于东道国是否有利用外资以实现某些目的的需求，以及外资是否具有满足东道国利用外资需求的能力。

其次，利用外资的不同目的，决定了利用外资的质量观，而质量观是判断利用外资质量高低的标准，东道国用质量观来审视引资实践，以提出提高利用外资

质量的方法。在经济学中，效用除了用来判断消费者从一组商品和服务中是否获得了幸福或者满足感之外，效用理论还告诉我们如何判断满足程度的大小。同样，我们在解释利用外资这种经济行为是否带来好处时也需要一个衡量标准，而这个标准就是东道国利用外资的质量观。东道国利用外资的质量观又包含两个层面的问题：其一，是什么决定了质量观。通过分析利用外资的行为，我们认为，利用外资的不同目的导致不同质量观的产生。不同的消费者消费同一种商品时会感受到不同的满足程度，这种区别的主要原因是不同的消费者消费同一种商品的目的有可能是不同的，有的消费者消费某种商品是出于实用的目的，而有的消费者消费某种商品是出于身份地位象征的目的。例如同样是购买轿车，有的购买者购买汽车是出于方便出行的目的，而有的购买者购买汽车是出于显示身份地位的目的，那么对于后者来说，中低档汽车显然不能满足他的目的，因此中低档汽车给他带来的效用就低。同样，利用外资对于不同的国家，甚至对处于不同时期的同一国家来说，目的也不同。在资金短缺、外汇不足的经济发展阶段，一国利用外资是出于弥补资金不足的目的，而在资金缺口得到弥补之后，一国利用外资的目的有可能转向寻求技术和管理经验外溢的效用，对于处在前一阶段的东道国来说，它的质量观就是利用外资如果能够达到弥补缺口的目的，那么利用外资就是有质量的。因此，我们认为，利用外资的质量观取决于利用外资的目的，不同的利用外资目的之下存在着不同的利用外资质量观。其二，如何来衡量利用外资质量的高低。利用外资质量，是指利用外资实现一国或地区发展目标的能力评价，或者说，是指东道国在利用外资时实现利用外资目标的程度，目标的实现程度越高，则利用外资的质量就越高；反之，则越低。也就是说，利用外资的目标和目标的实现程度是判断利用外资质量高低的标准。

2. 利用外资实践表现出来的利用外资质量的演化特征

（1）利用外资质量的演化过程是随着引资国经济发展阶段的变化而变化的。1960 年，美国经济学家华尔特·惠特曼·罗斯托（Walt Whitman Rostow）在《经济成长的阶段》中提出了他的“经济成长阶段论”，将一个国家的经济发展过程分为 5 个阶段，1971 年他在《政治和成长阶段》中增加了第六阶段。经济发展的 6 个阶段依次是：传统社会阶段、准备起飞阶段、起飞阶段、走向成熟阶段、大众消费阶段和超越大众消费阶段。

第一个是传统社会阶段。传统社会是在生产功能有限的情况下发展起来的，是围绕生存而展开的经济，而且通常都是封闭或者孤立的经济，生产活动中采用的技术是牛顿时代以前的技术，看待物质世界的方式也是牛顿时代以前的方式，社会似乎对现代化毫无兴趣。非洲撒哈拉沙漠地区的一些国家至今还处在这一发展阶段。

第二个是准备起飞阶段。这一阶段是摆脱贫穷落后走向繁荣富强的准备阶段，它的特征是社会开始考虑经济改革的问题，希望通过现代化来增强国力并改善人民的生活。这一阶段的一个重要任务是经济体制改革，为发展创造条件。这一阶段的主导产业则通常是第一产业或者劳动密集型的制造业，这一阶段要解决的关键难题是获得发展所需要的资金。

第三个是起飞阶段。这是经济由落后阶段向先进阶段的过渡时期。罗斯托认为，经济起飞必须具备四个条件：生产性投资率提高，占国民收入的比例提高到10%以上；经济中出现一个或几个具有很高成长率的领先部门；发明和革新十分活跃，生产过程吸收了科学技术所蕴藏的力量；适宜的政治、社会以及文化风俗环境。在起飞阶段，随着农业劳动生产率的提高，大量的劳动力从第一产业转移到制造业，外国投资明显增加，以一些快速成长的产业为基础，国家出现了若干区域性的增长极。起飞阶段完成的标志是国家在国际贸易中的比较优势从农业出口转向了劳动密集型产品的出口，开始出口大量的服装、鞋、玩具、小工艺品和标准化的家电产品。一些主要资本主义国家经历起飞阶段的时期如下：英国为1783~1802 年，法国为 1830~1860 年，美国为 1843~1860 年，德国为 1850~1873 年，日本为 1878~1900 年。中国，则在 1977~1987 年间实现了起飞。

第四个是走向成熟阶段。这是指一个社会已把现代化的技术有效地应用到了它的大部分产业的时期。在这一阶段，国家的产业以及出口的产品开始多样化，高附加值的出口产业不断增多，厂家和消费者热衷新的技术和产品，投资的重点从劳动密集型产业转向了资本密集型产业，国民福利、交通和通信设施显著改善，经济增长惠及整个社会，企业开始向国外投资，一些经济增长极开始转变为技术创新极。几个主要资本主义国家进入成熟阶段的时间：英国为 1850 年，美国为 1900 年，德国为 1910 年，日本为 1940 年。中国目前也已经进入了这一发展阶段。

第五个是大众消费阶段。在这一阶段，主要的经济部门从制造业转向服务业，奢侈品消费向上攀升，生产者和消费者都开始大量利用高科技的成果。人们在休闲、教育、保健、国家安全、社会保障项目上的花费增加，而且开始欢迎外国产品的进入。目前主要发达国家都已进入这一发展阶段。

第六个是超越大众消费阶段。罗斯托对大众消费阶段以后的社会并没有一个清晰的概念，不过他认为该阶段的主要目标是提高生活质量。随着这个阶段的到来，一些长期困扰社会的老大难问题有望逐步得到解决。

苏联和中国利用外资的实践证明了利用外资质量的演化过程是随着引资国经济发展阶段的变化而变化的。

苏联在第一个五年计划期间（1928~1932 年）利用资本主义经济危机的有利时机，在吸收外资方面取得了较大的进展。为了冲破信用封锁和争取较好的信贷条件，苏联在国外设立了一些银行。这些银行在当地金融市场上直接筹款，为苏

联贸易机构提供票据贴现和贷款的便利，有时还同外国大银行洽谈贷款业务，在苏联利用外资的过程中起了重要作用。此外，实行了租让制。在列宁的亲自领导下，苏联把当时暂时无力开发的矿山、森林区、企业等租让给外国资本家经营开发。从 1920 年 11 月到 1926 年，苏联共与外国资本家签订 135 个合同，并和美国、英国、日本签订为期 20 年或 30 年的金矿、锰矿、石油开发协定。列宁还主张组织苏联国家资本和外国资本共同组成合资企业和股份公司。他指出“利用合营公司进行认真学习，这是恢复我国工业的途径”。实行这些政策，解决了苏联建国初期在恢复和发展经济方面的部分资金和技术困难。

20 世纪 50 年代之初，我国在经济落后、民困国贫条件下，资金短缺和经济建设的繁重任务之间的矛盾十分突出。但在当时，鉴于西方国家对中国的封锁和意识形态的对立，中国政府宣布了“一边倒”的外交方针，当时可以指望的经济援助只能来自苏联和其他社会主义国家。1949 年 12 月，毛泽东迈出国门，走上寻求外资援助的道路。1949 年 12 月，毛泽东率领中国代表团访问苏联，揭开了中国利用外资的序幕。苏联以年息 1%的优惠条件，向中国提供 3 亿美元的贷款，供中国偿付苏联为帮助恢复和发展中国经济而出售给中国的设备和器材。此外，当时党中央还决定直接利用外资，在中国兴办中苏合营企业。1950 年 1 月，刘少奇提出由中方主动提议中苏在平等互利的原则下在新疆维吾尔自治区合办企业。1950 年 3 月，中国政府与苏联政府在莫斯科签订了《关于在中国新疆维吾尔自治区创办中苏石油股份公司的协定》、《关于在新疆维吾尔自治区创办中苏有色金属股份公司的协定》、《关于创办中苏民用航空股份公司的协定》三个协定。上述三个合营企业协定签订后，不仅西方国家媒体纷纷指责这些协定是“苏联吞并新疆维吾尔自治区的行动”，是最卑劣的“经济帝国主义”行为，而且在北京的学生当中也引起了极大的波动。为了消除人民群众对直接利用外资的顾虑，中共中央于 1950 年 4 月发出《关于中苏合股公司协定公布后消除群众波动的指示》，指出：为了利用外国资本以促进中国的工业化，在某些行业和外资合营及成立这种股份公司甚为必要，不仅限于苏联和各新民主主义国家，甚至和某些资本主义国家还可能在适当的条件下订立这种合营合同甚至租让合同。可见，经济发展处在这一阶段的国家急需资金恢复和建设本国经济，往往注重引资量上从无到有的突破。

中国在 1977~1987 年实现了起飞。中共十一届三中全会把对内改革和对外开放确定为国民经济发展的基本方针。中央政府根据这一方针，作出了积极利用外资加快社会主义现代化建设的重大决策。使中国开始逐步从封闭半封闭状态向积极利用国际交换的开放型经济转变，逐步克服了自给自足经济观念的束缚和把自力更生与对外开放对立起来的错误认识，“在利用国内国外两种资源、开拓国内国外两个市场、学会组织国内建设和发展对外经济关系两套本领方面，取得了显著成效。”截至 1985 年底，七年累计签订外商直接投资协议 6300 多项，其中中外合资经营企业 2300 多家，中外合作经营企业 3800 家，中外合作开发海上石油 35 项；举办外资经营企业 120 家；外商直接投资协议金额 160 多亿美元，其中属于中外合资经营 30 多亿美元，占 20%；中外合作经营 90 多亿美元，占 60%；中外合作开发海上石油 2 亿多美元，占 1%；外资经营 5 亿多美元，占3%；外商直接投资已实际投入的资金为 60 多亿美元，占协议金额的 36.4%。这些企业的全部从业人员共达 36.7 万人。外商投资企业分布在除西藏自治区以外的 28 个省、自治区、直辖市。前来投资的共有 33 个国家和地区。

这一阶段中国利用外资的一个重要特点：以给外商“超国民待遇”为政策导向，因为在改革开放初期，涉外法律处于草创之中，法律环境不完善，基础设施落后，因此在吸引外资的政策导向上主要是以给外商“超国民待遇”的优惠政策为主，主要是在税收、土地使用等方面提供优惠，一定程度上表现出对外资的“迷信”。1983 年 5 月，国务院召开第一次全国利用外资工作会议，统一了进一步放宽吸收外商投资的政策。1983 年 9 月，中央发出了《关于加强利用外资工作的指示》，要求“除国家已公布的优惠政策应当认真贯彻外，对中外合资经营企业，合营期在三十年以上的，从开始获利的年度起，头两年免征所得税，从第二年起减半征收所得税三年”。对农业、林业等利润较低的中外合资经营企业和在经济不发达的边远地区开办的中外合资经营企业，“在头五年减免所得税期满以后，还可以在以后的十年内继续减征所得税的百分之十五至百分之三十”。

此外，对中外合资经营企业征收的工商统一税，凡是税率高于国内企业工商税税率的，都可以按国内企业工商税税率征收。合资企业进口机器设备一律免征关税和进口环节的工商统一税。合资企业对外出口产品除了国家明令限制出口的商品外，均免征工商统一税和关税。此外，还进一步放宽利用外资建设项目的审批权限。“除广东、福建继续实行特殊政策和灵活措施外，给上海、天津等沿海城市以更多的自主权，使他们能够利用自己的优势，在引进和消化技术、利用外资、改造老企业开拓国际市场等方面，发挥更大的主动性和积极性。”“在非生产性项目方面，凡主要靠利用外资、自筹和进口器材建设，不需要国家综合平衡的，不论其投资额多少，均由各市自行审批。”

1979 年公布的《中华人民共和国中外合资经营企业法实施条例》虽然提出了以经济效益大小为审批外资的标准，但它所允许设立合资企业的行业仍然十分广泛，规定外资可以进入下列行业：能源开发、建筑材料、化学工业、冶金工业；机械制造工业、仪器仪表工业、海上石油开采设备的制造；电子工业、计算机工业、通信设备的制造业；轻工业、纺织业、食品工业、医疗和医疗器械工业、包装工业；农业、牧业、养殖业；旅游和服务业。这些行业几乎囊括了中国当时产业结构中的绝大多数。可见，经济处于这一发展阶段的国家引进外资仍然是注重数量多于质量。前一阶段的引资成效，加上经济结构主导产业由第一产业向制造业转变，这种产业结构的转变需要大量资本要素的投入和一定的技术基础，而由于第一产业本身的特性，引资国前期自身的资本积累远远无法支持产业结构的转变，制造业方面的技术水平也处于落后状态。与前一阶段不同的是，数量的增长速度非常快，除引资数量外，开始注重外资对本国制造业发展的技术支持，引资国开始进一步探索增加吸引外资的方法以及与外资相关的指导性法规。

中国在走向成熟阶段的实践印证了，一国经济发展走向成熟阶段后，其对外资的需求不仅仅停留在数量扩张上，而是更注重外资的质量。改革开放前七年，中国在吸引外资方面取得一定成效，外商对前来中国投资的前景越发看好，但是引资导致的问题也是明显的。由于缺乏利用外资的经验，有关配套工作没有跟上，管理体制方面存在的弊端突出，再加上社会基础设施不足、经营环境残缺、国内配套资金与消化能力弱等潜在问题相继表面化和尖锐化。

1986 年以后，第一批进入中国的外商投资项目已经相继进入开业投产阶段，但是当时签订的外资合同，因种种问题而迟迟不能落实，外商普遍感到经营困难。中国在 1984 年下半年也开始出现经济过热的迹象，出现了外商投资一拥而上的现象，如国家信贷失控、基本建设急剧膨胀。再加上 20 世纪 80 年代初西方各国政府及国际金融组织对中国提供了相当数额的各种援助和贷款，国内极易筹资，加剧了外商对华投资的盲目性，对如此迅猛的投资势头，中国对外资的选择、引导布局、管理等均显得力不从心，为了克服经济过热现象，从 1986 年开始国家宏观经济调整由刺激经济增长转为紧缩和调整。关于利用外资政策方面的调整出台了《关于鼓励外商投资的规定》等一系列法令法规、重点改善投资环境、改善外商企业的生产经营条件、进一步完善利用外资的立法和管理体制、利用产业政策引导外资投向。

1987 年 12 月制定了《指导吸收外商投资方向暂行规定》，目的是促进外商投资产业结构的改善。为了加强对外资流向的引导和筛选，1989 年 3 月公布了《国务院关于当前产业政策要点的决定》，提出外商投资审查标准，其中，重点鼓励的投资：产品适应国内外市场需要而国内不能生产者；可以扩大出口者；经济效益高、技术先进者；能源、交通运输和原材料工业急需者，但 1989 年受国内政治风波和通货紧缩政策的影响，外商投资一度出现小幅下降，尤其是“洋浦风波”使引进外资和发展外资经济一度陷入困局。为了扭转这种困局，中国政府采取了一系列新举措，使得 1991 年夏天后，外商对华直接投资出现新的局面。据中国对外经济贸易合作部统计，1991 年前 8 个月供给批准成立的外商投资企业为 7280 家，协议金额为 63.74 亿美元，实际使用金额为 23.21 亿美元，分别比 1990 年同期增长 44%、45%和 23%。在数量上有较大增长的同时，外商投资机构也有很大改善。在 7280 家新成立的外商投资企业中有 4600 多家为生产性项目，占项目总数的92%，其中又以机械、电子行业项目占较大比重。

1992年邓小平南方谈话后，中国继续把吸收外资作为经济发展的长期目标，在对原有的利用外资政策进行调整的基础上，出台了许多新的政策和措施。1992年成为改革开放以来吸收外商直接投资最多的一年。全年共批准外商投资项目48764个，协议外资金额581亿美元，大体相当于1979~1991年13年间批准外商投资项目数和协议外资金额的总和，利用外资快速发展的新态势为我国进一步调整利用外资政策提供了客观的依据。十四大报告指出："采取更加灵活的方式，继续完善投资环境，为外商投资经营提供更方便的条件和更充分的法律保障。还要按照产业政策，积极吸引外商投资，引导外资主要投向基础设施、基础产业和企业的技术改造，投向资金、技术密集型产业，适当投向金融、商业、旅游、房地产等领域。"在1991年以前，中国对外商投资基本上采取了大规模开放的方针，对外商投资主要强调了吸引生产型项目，结果使外商投资于工业生产项目的比重增大，连续几年都保持在80%以上。

1995年6月，国家计委、国家经贸委和外经贸部联合正式颁布了第一部《外商投资产业指导目录》和《指导外商投资方向暂行规定》，重新划分了对外商投资实施鼓励、限制和禁止政策的产业范围，将产业目录分为"鼓励、允许、限制、禁止"四大类，重新规划了对外商投资实施鼓励、限制和禁止政策的产业范围，并制定了相应的配套措施和政策，进一步引导外商投资农业、能源、交通、原材料等基础产业和基础设施，以及高新技术和出口创汇产业，促进国民经济结构的调整。在这一政策指导下，外商对华直接投资所涉及的领域进一步扩大，投资结构更加优化。外商直接投资逐渐进入国家鼓励投资的农业新技术、农业综合开发、高新技术、资源利用等诸多领域。外商直接投资于高科技的外资项目所占比重有明显的增加。与此同时，颁布了《外商投资企业进口管理实施细则》，对外资企业配额商品、特定登记商品和其他商品的进口做了明确规定。

1997年5月，颁布了《外商投资企业投资者股权变更的若干规定》，指出投资者股权变更应遵守中国有关法律、法规对投资者资格的规定和产业政策的要求，并按照本规定经审批机关批准和登记机关变更登记，未经审批机关批准的股权变更无效。此外，中国在这一阶段还逐步实行外商投资的国民待遇体制。20世纪80年代以来，中国实行的是通过提供各种优惠政策吸引外商投资的战略。外商投资企业一方面享有"超国民待遇"，如外资企业都有进出口经营权，设备进口免收关税，企业所得税也有减免优惠；另一方面，又在生活服务收费、投资领域等方面受到多种限制和歧视。这严重制约了中国利用外资项目的技术含量与资金规模的提高。因此，进入20世纪90年代以后，中国政府逐步确立了对外商投资企业实行国民待遇的政策目标。首先，逐步完善了内外税统一的税收体制，分阶段取消对外商投资企业的税收减免政策。例如，1995年12月，国务院发出

通知，决定对 1996 年 4 月 1 日之后新批准设立的外商投资企业进口的设备和原材料，一律按法定税率征收关税和进口环节的增值税和消费税。其次，建立了内外企业统一的外汇管理制度。

从 1997 年开始，国家计委、经贸委、外经贸部等有关部门又共同着手对 1995 年发布的《外商投资产业指导目录》进行修改，以适应产业结构调整和国内经济形势变化的需要。《外商投资产业指导目录》的宗旨主要体现在以下几个方面：第一，根据国家产业政策和产业结构调整的需要，重点鼓励外资投向农业、高新技术产业、基础工业、基础设施、环保产业和出口创汇型产业，提高这些领域利用外资的比重；第二，积极引导外资投向传统产业和老工业基地的技术改造，促使这些产业走内涵式发展的路子；第三，充分结合中国国情，发挥比较优势，继续发展符合产业政策的劳动密集型项目和以出口为导向的加工贸易项目；第四，严禁危害国家安全或损害社会公众利益、污染环境、破坏生态的项目。

2001 年 11 月 11 日，中国正式加入 WTO，中国利用外资进入了一个新的发展阶段。为了适应加入 WTO 的新形势，中国利用外资着重实现三个重要的战略转变：一是由政策优惠的吸引转变为竞争秩序和投资环境的吸引；二是由“超国民待遇”和“非国民待遇”转变为国民待遇；三是由注重吸引资金转变为注重引进技术。为此，2002 年我国又再次修订了《外商投资产业指导目录》，明确规定中国将鼓励以下领域的外商直接投资：一是鼓励外商投资改造传统农业，发展现代农业，促进农业产业化；二是鼓励外商投资交通、能源、原材料等基础设施和基础产业；三是鼓励外商投资电子信息、生物工程、新材料和航空航天等高新技术产业，鼓励外商在华设立研发中心；四是鼓励外商运用技术改造机械、轻工、纺织等传统工业，实现装备工业的升级换代；五是鼓励外商投资综合利用资源和再生资源、环境保护工程和市政工程；六是配合西部大开发战略，鼓励外商投资西部地区的优势产业；七是鼓励外商投资产品全部出口的允许类目录。随着引资实践的开展，到了 2000 年，在我国召开的九届人大三次会议上，江泽民指出要积极参与国际经济竞争，并努力掌握主动权。必须不失时机地实施“走出去”战略，把“引进来”和“走出去”紧密结合起来，更好地利用国内国外两种资源、两个市场，使得中国利用外资战略出现了重大突破和转变。截至 2003 年底，我国累计非金融类对外直接投资净额达 332 亿美元，其中 2003 年对外直接投资净额 28.5 亿美元，同比增长 5.5%；对外承包工程累计完成营业额 965.6 亿美元，签订合同额 1324.5 亿美元，累计派出各类劳务人员 294.5 万人次。

（2）利用外资质量的演化过程是随着引资国经济发展目标变化而变化的。利用外资的根本目的是要促进本国经济发展。如果外资使本国经济发展受益，则外资质量是高的，反之，则外资质量低。如何衡量外资是否使本国经济发展受益，就要看利用外资是否有助于实现引资国在某一经济发展阶段的发展目标。随着一国经济由低级向高级化发展，一国的经济发展目标也是由低到高、由相对单一到相对复杂而变化的。虽然一国经济发展总是有阶段性的，如果外资有助于实现引资国在某一经济发展阶段的发展目标，我们就说外资质量是高的，但由于一国的经济发展目标也是由低到高、由相对单一到相对复杂变化，那么从总的趋势上来看，引资国引资是一个由数量扩张到注重质量、由满足单一目标向满足多个目标发展的过程。

以中国引资实践为例，1950~1978 年，中国经济发展的目标就是通过“自力更生、自给自足”的途径，建立比较完整配套的国民经济体系。因此在改革开放的 30 多年中，中国引资形式单一、规模有限，共利用外资 144.9 亿美元，主要以间接引进为主，通过贷款购买成套设备和国内急需的技术。引资是为了采取“追赶”的战略和“跃进”的方式，发展重工业。经济发展目标的错误定位也导致了利用外资的效益低下。

1978 年，中国树立了“把全党工作的着重点转移到现代化建设上来”的目标，实现目标的基本方针就是“对内改革、对外开放”。于是，中国的国门逐渐打开，利用外资的工作也开始起步。在改革开放初期，外汇短缺是经济生活中的一个突出问题。所以在利用外资的起步阶段，中国始终把积极扩大出口创汇作为中国利用外资的一个首要目标。因此，在 20 世纪 80 年代初期，一大批具有国际先进水平的资本主义集约项目开始在中国相继落户。比如中外合资的上海大众汽车有限公司，投资了 1.8 亿美元，双方各出资 50%，合资期 25 年。1979~1985 年中国合同外资金额达 160.99 亿美元。经过 7 年的努力，中国引资取得了初步成效，但同时也带来了 1984 年下半年开始出现的经济过热迹象。

与此同时，从前 7 年的实践中，中国意识到既不能像“亚洲四小龙”那样，把国民经济发展的全部希望寄托在出口的增长上，同时拉美各国沉重外债的教训使中国下决心不再走回头路，坚决摒弃改革开放前的封闭式进口替代工业化模式。中国政府意识到中国经济的出路必须同时从出口创汇和发展进口替代改造、更新原有的工业体系以实现产业结构高级化两个方向发展。经济增长过快引起结构失衡的现象提醒中国，在能源、交通、通信和原材料工业部门的投入已经严重制约了国民经济的健康发展。在国内资金极端短缺的情况下，多引导外资进入交通、通信等社会基础设施和能源、原材料生产部门是尽快解决经济发展瓶颈的明智选择。因此，不能不从政策上对外资进行筛选和引导，使中国吸收外商投资的工作重点由追求数量上的扩张转移到追求质量上的提高，使外资政策真正服务和从属于出口导向与进口替代相结合的工业化总体战略。

在 1991 年以前，中国对外商投资基本上采取了大规模开放的方针，对外商投资主要强调了吸引生产型项目，结果使外商投资于工业生产项目的比重增大，连续几年都保持在 80%以上，但基础设施和基础产业部分仍然较为薄弱，经济发

展结构出现失衡，并且地区经济发展也出现了失衡，虽然主管部门颁布过一些限制性文件，但作用不大。于是，中共十四届三中全会指出要拓宽对外开放的领域，实行全方位开放格局，缩小地方经济发展差距。党的十四大又提出“按照产业政策吸引外商直接投资，引导外资主要投向基础设施、基础产业和企业的技术改造”。

从1992年开始，在国家积极扩大引资规模政策的影响下，外资进入高速增长阶段，产业分布结构有了较大改善，资金、技术密集型项目增长速度明显加快。1994年国家又通过了《九十年代国家产业政策纲要》，按照国家的产业发展目标，各地积极引导外资投向基础产业和基础设施建设等领域。与此同时，中国的对外开放形成了经济特区—沿海开放城市—沿海经济开放区—内地，这样一个包括不同开放层次、具有不同开放功能的梯度推进格局。加入WTO前后，由于前一阶段利用外资的迅猛发展，出现了很多问题，加上国内宏观经济环境的变化要求利用外资在促进经济结构调整和优化升级方面迈出更大步伐，因此中央出台了一系列政策继续完善外资的利用：要求实施多元化引资战略、多渠道多方式吸收外商投资；继续强化外商投资的产业导向，其中提出了严禁危害国家安全或损害社会公众利益、污染环境、破坏生态平衡的项目；继续扩大外商投资领域；完善外商投资的地区布局，加大中西部引资力度，这也是基于缩小地区经济发展差距的经济发展目标而提出的。

（3）利用外资质量的演化过程是随着引资成本的变化而变化的。如同满足某一需求要为其支付一定的价格一样，引进外资也是需要成本的，成本高，则引资会受到一定限制，当然，这要与引资所带来的收益结合起来，若引资成本高，但带来的收益大，则引进的外部资金也是受欢迎的。

引资的成本包括显性成本和隐性成本。显性成本包括对外部资金支付的利息、招商引资所需的对外宣传费用、招商引资所需的接洽费用等。隐性成本包括为吸引外资所给予的税收优惠、土地使用的优惠、让渡的国内市场份额、引进外资引起的环境污染和生态破坏等。如前所述，引资国会依据经济发展阶段和经济发展需要来衡量引资的成本和收益，当引资使本国经济受益较大时，引资国将愿意承担相应的成本。同理，当引资国认定引资成本过大，超过本国能够承担的界限，或者说成本超过收益时，引资国将调整引资规模和结构。

例如进入20世纪90年代以来，随着利用外商投资规模的急剧扩大所带来的种种负面影响，经济学界对于利用外资的量、度、作用、前景等问题产生了意见和分歧，政府也在这些学术争鸣的影响下，对中国利用外资的政策进行了调整和完善。这些问题包括以下几个方面：一是外资与市场的问题。进入20世纪90年代以后，外商投资的主体中，大型跨国公司明显增加，而且以兼并购买中国效益好的中型骨干企业为投资热点，采取整体并购、部分并购、增资扩股等形式转向以控股经营、独资经营为主。对此，一些人忧心忡忡，认为外资挤占中国市场，甚至认为外资已控制中国部分市场。二是外资与技术的问题。一些学者认为，发达国家对高新技术出口、技术转让等方面的限制相当严格，对关键技术和工艺严加保密，因此外商来华投资并没有带来先进技术，外方转让技术的程度与中国出让市场的份额不相称。三是外资与品牌的问题。一些学者认为，外商尤其是跨国公司与中国有实力的企业“合资”，使用外商的品牌，迫使中方名牌产品退出市场；或市价收购中国某些著名品牌，把它束之高阁、弃之不用，形成外商品牌垄断一些行业市场的局面。四是利用外资是否会挤垮民族工业的问题。一些学者担心外资将抢占中国市场，洋货将长驱直入，民族工业会受到严重冲击，如果不遏制合资的趋势，中国民族工业将岌岌可危。五是利用外资造成的环境污染和破坏生态问题。一些学者认为中国利用外资存在污染环境和破坏生态的问题，这必须计入中国利用外资的成本中去。

（4）利用外资质量的演化过程是随着引资国吸引外资的能力的变化而变化的。吸引外资的能力包括软实力和硬实力。软实力包括政府对外资的配套服务水平、招商队伍的素质、法律环境、引资国的开放程度等。硬实力则包括引资国的基础设施、自然资源禀赋、市场规模、劳动成本、经济发展前景、技术发展水平等。一般来说，引资国引资的能力越强，能够吸引到的外资质量越高。因此，引资国往往努力提高本国的软实力和硬实力来扩大引资规模和提高引资质量。

仍然以中国的引资实践为例，在中国利用外资的起步阶段，也就是改革开放初期，由于中国的体制改革处于摸索阶段，基础设施落后、配套服务不完善、法律体制不健全，使得外商对于长期的投资项目持观望态度，因为外商感到中长期投资收益无法预计，所以投资者大多选择投资数额小、见效快的非生产型项目，而生产型项目和技术密集型企业进入中国甚少。

1984 年，中国第三产业吸收外资合同总额、实际使用总额分别占全部金额的 84%和 72.6%。这种投资结构显然对中国建立完整的工业体系作用是有限的，从而对中国国内经济的拉动作用也是有限的。

1986 年国务院颁布了《关于鼓励外商投资的规定》，着力改善投资环境，不久又发出了《关于进一步改善外商投资企业生产经营条件的通知》，要求各级政府严格执行国家颁布的关于办好外资企业的法律、法规、实施条例和各项具体规定，认真改善外资企业的生产经营条件，检查合同执行情况，切实帮助外资企业，并检查纠正干预企业经营管理权和向外资企业乱收费、乱抬价格等问题。中央和地方政府投入了大量人力、物力、财力，加强能源、交通运输、通信等基础设施和生活设施建设，以适应扩大吸收外商投资的需要。

1986 年全国人民代表大会审议通过了《外资企业法》和《中外合作经营企业法》，使得外资政策的法律体系基本完备。同时，1989 年公布的《国务院关于当

前产业政策要点的决定》指出，要对光纤、超大规模集成电路、半导体生产设备、通信设备、汽车发动机、特殊纤维织物、石油化工、有色金属等行业的外商投资给予更多的优惠。投资环境的改善、相关配套政策的完善使得中国引资质量得到提高。一方面，项目和金额显著增加，1988 年批准外商投资项目比 1987 年增长 166%，接近前 9 年批准外商投资项目累计数的 1/2；另一方面，外商资金投向更有利于拉动国内经济发展的行业。旅游宾馆投资得到严格控制，这类项目的外商协议投资金额占总金额的比重，1985 年约为 1/3，1987 年为 34.3%，1988 年降为 6.7%；生产型项目所占比重则大幅度上升，1988 年为 90%，有些沿海地区如广东省、江苏省、山东省及深圳经济特区等达到 95%左右。

加入 WTO 以后，外商在中国投资的产业结构改善更为明显，质量进一步提高，主要表现：在生产型企业适度增长的同时，服务贸易领域吸收外资快速增长，金融、证券、保险、外贸、旅游、教育及运输等第三产业吸纳的外资大幅度攀升；在制造业吸收外资方面，外商投资更趋向于投资高新技术产业、技术附加值和资本附加值比较高的企业；高科技企业在外商投资中的比例显著提高，电子信息、生物工程、新材料、航空航天和新技术农业等高新技术产业成为外商投资新的增长点。外商投向高技术领域金额持续大幅度增长。电子器件制造业和计算机应用服务业实际使用外资分别增长 63.1%和 19%。外商设立研发中心累计近 700 家，主要分布在电子及通信制造业等行业；国家宏观调控重点行业吸收外资得到遏制，如炼铁、水泥行业实际使用外资分别下降 53%和 66.8%。从区域结构来看，吸收外资也更趋于合理。2001 年西部地区实际利用外资占全国 5.26%，而 1997 年为 3.43%。

二、利用外资的目的和质量观的演化

如前所述，在利用外资质量的演化过程中，利用外资的目的起着举足轻重的作用，因此，在这一节中我们进一步研究东道国利用外资的目的以及由此决定的质量观的演化。

1. 利用外资的目的

我们把东道国利用外资的目的进行了分类归纳，认为东道国利用外资的目的主要是想要获取四种效益：利用外资的经济发展效益、利用外资的技术管理效益、利用外资的社会效益、利用外资的生态环境效益。

（1）利用外资的经济发展效益。利用外资的经济发展效益主要包括缓解国内建设资金不足、促进经济结构调整和产业结构优化、促进区域经济协调发展。

1）缓解国内建设资金不足。发展中国家利用外资的主要理论依据是“双缺口”理论。其含义：如果一国或一地区的投资超过储蓄，就会形成储蓄缺口，并且在国内或地区内没有潜在资源以储蓄形式释放的情形下，维持既定的投资只能依赖商品与劳务的进口。然而，此举会造成进口超过出口，并形成外汇缺口。动用外汇储备和利用外资是弥补外汇缺口的可行途径，当外汇储备削减的可能性不存在的情况下，利用外资是唯一可行的。所以，外资起到弥补外汇缺口和储蓄缺口的双重功效。因此，弥补国内建设资金不足是一国在特定发展时期利用外资的重要目的，也是一般发展中国家利用外资最初始的目的。

2）促进经济结构调整和产业结构优化。促进本国生产技术和管理水平提高的根本目的是要促进引资国经济结构调整和产业结构优化，以进一步提高本国经济内生发展的能力。吸收外资带来的先进技术、工艺、设备和产品，在相互竞争和配套协作中会推动引资国国内相关工业的技术进步，加快引资国产业结构和产品结构的调整步伐。例如，中国在 20 世纪 80 年代初通过中外合资引进了程控交换机、大规模集成电路等一批高新技术产品及其技术、生产工艺，填补了国内空白。经过十几年的持续引进、消化和吸收，目前中国已具备了一定的研究开发能力，年产程控交换机 2500 万门，6 家中国全资拥有的程控交换机生产企业和数以千计的配套企业应运而生，从根本上改变了长期依靠进口和通信事业严重落后的状况。上海市、天津市、辽宁省等老工业基地吸收外资来发展、带动本地工业的龙头产品，利用现有的工业基础积极发展配套工业，有力地推动了现有企业的改造、产业结构的优化升级和经济结构的战略性调整。因此，利用外资促进本国经济结构调整和产业结构优化是引资国利用外资的关键目的，也是利用外资一个必经的过程，否则利用外资将是不可持续的。

3）促进区域经济协调发展。由于资本的逐利性，外部资金往往在引资国经济效率较高的地区进行投资试探，同时，引资国为了更多、更快地吸引外资，也往往愿意采取“非均衡发展”的战略，首先将本国经济效率较高的地区向外资开放。因此，外资在引资国的投资往往呈现出投资区域不平衡的问题，这间接地导致引资国区域经济发展不平衡。这种不平衡发展到一定阶段必然由次要矛盾演化为主要矛盾，从而引起引资国的关注。地区经济发展差距的扩大必然促使引资国由“非均衡发展战略”逐渐向“均衡发展战略”转变。因此，利用外资的目标也由“让一部分地区先富起来”逐渐向“促进地区经济协调发展”演化。而利用外资促进引资国各地区经济协调发展的目标在利用外资的初始阶段出现的可能性不大，在利用外资基本实现了缓解国内发展资金不足、促进本国生产技术和管理水平提高、促进经济结构调整和产业结构优化的目标之后，才有可能出现。

（2）利用外资的技术管理效益。利用外资的技术管理效益主要是指促进本国生产技术和管理水平提高。在一国利用外资的起步阶段，利用外资往往是粗放型或数量型的增长模式。随着外资的经济效应在引资国逐渐显现，引资国利用外资的目的将发生转变。从世界各国利用外资目标演化的路径来分析，向引进先进技术和管理经验的目标转变是世界各国利用外资政策的落脚点。这里有两层意思：

一是从利用国外先进技术和管理经验的角度看待利用外资的必要性。只要引资国与国外有技术和管理经验上的差距，就有继续利用外资的必要。二是从资本净流入的角度看利用外资。为了发挥发展中国家的比较优势，今后发展中国家对外投资必定会不断扩大，为了保持必要的资本净流入规模，不可避免地要相应扩大利用外资的规模。因此，不能把利用外资的目的仅仅归结为弥补双缺口。

（3）利用外资的社会效益。利用外资的社会效益主要包括利用外资扩大就业、缓解就业压力。经济发展旨在造福于民，而对于国民来说能否就业是影响他们福祉的关键因素，国民的就业问题也是一国政府最为关注的问题之一。投资国投入的资本要素需要与相应的劳动要素结合，因此，外资还具有扩大就业的作用。因此，利用外资是否能够带动国民的就业就成为衡量利用外资质量的标准之一。在利用外资缓解国内建设资金不足的阶段，外资对引资国的就业拉动作用一般较大，而在利用外资进行经济结构调整和产业结构优化的过程中却容易出现结构升级和就业压力的双重矛盾。在这种形势下，外资对就业的影响问题比在利用外资缓解国内建设资金不足的阶段更能引起引资国的关注。因此我们认为利用外资扩大就业、缓解就业压力的目标应该在利用外资进行经济结构调整和产业结构优化之后凸显。

此外我们可以看出，在利用外资的过程中，往往会出现利用外资实现多个目标之间的冲突。这时衡量利用外资的质量就应该看引资国在该阶段的主要矛盾是什么，如果利用外资解决了该阶段的主要矛盾，则从总体上看，利用外资质量是高的。而利用外资质量的演化过程就是一个随着主要矛盾调整的过程。

（4）利用外资的生态环境效益。按照发达国家的传统工业发展道路，工业化建设过程需要投入大量资源，与此同时，工业生产将对自然生态环境造成污染和破坏。发展中国家在工业建设初期往往容易因急于建立本国的工业体系而忽略传统工业发展道路的弊病，投入大量的本国资金和外国资金发展工业。但随着工业经济的发展，本国工业发展和环境破坏的冲突逐渐凸显。发展中国家逐渐意识到环境破坏是不可忽视的隐性成本。而资本丰裕的投资国对发展中国家的投资往往是试图将本国相对便宜的资本和发展中国家相对廉价的劳动、土地和环境成本结合起来，以在全球实现资源优化配置、实现利润最大化的目标。这种目标往往使得投资国在确定引资国的经济发展前景后，投资于符合发展中国家比较优势的工业，而这些工业往往是劳动密集型或资源密集型的，其结果也必然会牺牲引资国的资源环境。

随着引资国工业的逐渐建立以及外资生产对引资国环境负效应的显现，引资国无论是对本国企业还是对外资企业的生产都会加以环境保护的约束。同时，由于引资国发展的需求，引资国的引资政策必然向投资于环保产业的外资企业倾斜。此外，发达国家由于已经完成了工业化，无论是环境保护意识还是环境保护技术都领先于引资国。因此，引资国也更倾向于为了满足保护环境的目的而引进外资，而这在引资国利用外资的初期往往不被重视，因此不会作为引资国利用外资的主要目标。

2. 利用外资目的的演化

沿用管理学当中马斯洛的需求层次理论，人类在不同的时期表现出来的各种需要的迫切程度是不同的，人类的最迫切的需要才是激励人行动的主要原因和动力。人类的需求在温饱阶段只会产生低层次的需要，包括生理需要和安全需要，低层次的需要基本得到满足后，高层次的需要会取代它成为推动行为的主要原因。高层次的需要包括在小康阶段的尊重需要和社会需要，以及在富裕阶段的尊重需要和自我实现需要。我们认为，利用外资的目的同样也是一个由低层次需求向高层次需求的演化过程，并且这种演化过程是和一国所处的经济发展阶段和经济发展目标密切相关的，一国的经济发展是不断高级化的过程，因此经济发展目标也是不断高级化的，而某一特定阶段一个国家的经济发展目标有可能是多个，因此利用外资目标的演化过程是由低层次向高层次发展的，也是由单一化向多元化发展的。

（1）利用外资的目的是随着引资国经济发展阶段的变化而变化的。在一国工业化建设的初期，该国利用外资处于起步阶段，因此，对外资需求非常强烈，但由于经济发展前景不明朗、投资环境差、相关配套跟不上等原因，能够吸引到的外资往往数量不多。随着引资国经济发展环境、政治环境的稳定、投资环境和相关配套改善，能够吸引到的外资数量增多，并且增速加快。进入工业化建设中期，由于引资国经济发展速度快、政治环境相对稳定，劳动成本相对投资国低廉、土地使用费用低廉以及环境软约束、相关配套进一步完善等原因，引资数量进一步增多，增速更快，增速有可能达到一个峰值。进入工业化建设中后期，由于引资国工业体系建设相对完善，前期引进的外资加上自身经济发展积累的资本，使得引资国资本稀缺的困境得到缓解，制约引资国经济发展的主要因素已不是资本，而是技术、管理经验、商业模式等。

此外，由于前期工业经济发展造成自然资源的大量投入和对本国生态环境的累积破坏，开始引起引资国各界的广泛关注，这些因素将导致引资国引进外资的速度开始减缓，但引资的总体规模有可能达到一个峰值。到了工业化建设后期，引资国引进外资的速度进一步减缓，因为引资的主要目的不在于数量，而更多的是为了引进先进技术、管理经验和商业模式，再加上引资国生产成本（包括劳动力成本、土地使用成本和环境保护成本等）的上升，使得外资的投资回报率下降，可能引发外资的转移现象。

（2）利用外资的目的是随着引资国发展目标的变化而变化的。很长一段时间，人们认为利用外资的根本目的是要促进本国经济发展。一国经济发展总是有

阶段性的，在不同的发展阶段有不同的发展目标，但经济发展取得一定成就后，经济发展过程中引发的一些问题会逐渐凸显和激化，不解决这些问题将不利于经济的进一步发展，例如区域经济发展不平衡、经济发展与环境保护之间的关系等问题，于是，一些新的发展目标将引起重视。外资政策是服务于或者说从属于一国整体发展政策的，因此，当一国发展目标发生变化时，利用外资的目的自然应该随之变化。

（3）利用外资的目的是随着引资成本的变化而变化的。如同满足某一需求要为其支付一定的价格一样，引进外资也是需要成本的，成本高，则引资会受到一定限制，当然，这要与引资所带来的收益结合起来，若引资成本高，但带来的收益大，则引进的外部资金也是受欢迎的。

引资的成本包括显性成本和隐性成本。显性成本包括对外部资金支付的利息、招商引资所需的对外宣传费用、招商引资所需的接洽费用等。隐性成本包括为吸引外资所给予的税收优惠、土地使用的优惠、让渡的国内市场份额、引进外资引起的环境污染和生态破坏等。如前所述，引资国会依据经济发展阶段和经济发展需要来衡量引资的成本和收益，当引资使本国经济受益较大时，引资国将愿意承担相应的成本。同理，当引资国认定引资成本过大，超过本国能够承担的界限，或者说成本超过收益时，引资国将调整引资规模和结构。

（4）利用外资的目的是随着地域的变化而变化的。不同的国家有不同的发展国情，不同的地区也有不同的发展情况，尤其是作为像中国这样的大国，地区与地区之间无论是经济发展阶段、企业技术管理水平，还是拥有的自然资源、自然环境都存在着较大差异，因此，不同地区利用外资的目的都会存在差别，这种差别不仅从东部、中部、西部这一较大范围来看是客观存在的，就是小到各个省份、自治区之间利用外资的目的的差别都应该是客观存在的。各个地区、省份、自治区利用外资的目的是什么，从根本上说还是取决于各个地区、省份、自治区所处的经济发展阶段和发展目标，制定一个科学的发展目标，是一个地区有一个科学的利用外资目标的前提。

（5）利用外资的目的对于某些地区来说应是多元化的。这仍然是基于大国经济发展多元化的客观事实而必须提出的一个重要观点。例如，我国西部地区，经济发展落后、生态地位重要和生态环境脆弱都是不可否认的基本地情。在广阔的西部地区，经济还没有发展到资本总量大于劳动总量的资本相对丰裕的阶段，东部地区已经进入工业化的中后期，但西部一些地区才刚刚步入工业化中期，因此，经济发展仍然是西部地区追求的重要发展目标。没有经济发展作为前提的环境保护缺乏内在的动力，环境保护不可持续。于是，利用外资促进经济发展仍然是西部地区利用外资的目的之一。但基于西部地区在全国生态地位的重要性和生态环境的脆弱性，西部地区在追求经济发展的同时，要实现保护环境的目标。没有环境保护作为前提的经济发展对于西部来说，甚至对于全国来说都是毁灭性的。因此，我们认为，对于广阔的西部，利用外资的目的应该是多样化的，也可以是多样化的。只有承认和尊重这一客观事实，才能达到科学、合理的西部利用外资的目的，真正做到提高西部利用外资质量，走出一条既绿色又经济的利用外资之路。

3. 利用外资的质量观的演化

利用外资的质量观是指判断利用外资质量高低的思想和观念，它是一国用于判断利用外资质量高低的标准，也是一国制定利用外资政策的指导思想，它取决于东道国利用外资的目的。

（1）利用外资的质量观分类。我们按照利用外资的目的把利用外资的质量观分为利用外资的偏向经济发展效益质量观、利用外资的偏向技术管理效益质量观、利用外资的偏向社会效益质量观、利用外资的偏向生态环境效益质量观。

利用外资的偏向经济发展效益质量观是指东道国认为现阶段利用外资的主要目的是为了追求经济发展效益，并且以利用外资是否促进了经济增长和促进了产业结构优化为标准，判断利用外资质量的高低。如果利用外资促进了经济增长和促进了产业结构优化，就认为利用外资质量是高的；反之则相反。

利用外资的偏向技术管理效益质量观是指东道国认为现阶段利用外资的主要目的是为了追求技术管理效益，并且以利用外资是否促进了本国技术创新能力的提高为标准，判断利用外资质量的高低。如果利用外资促进了本国技术创新能力的提高，就认为利用外资质量是高的；反之则相反。

利用外资的偏向社会效益质量观是指东道国认为现阶段利用外资的主要目的是为了追求社会效益，并且以利用外资是否增加了就业和政府税收为标准，判断利用外资质量的高低。如果利用外资增加了就业和政府税收，就认为利用外资质量是高的；反之则相反。

利用外资的偏向生态环境效益质量观是指东道国认为现阶段利用外资的主要目的是为了追求生态环境效益，并且以利用外资是否促进了本国生态环境的改善为标准，判断利用外资质量的高低。如果利用外资促进了本国生态环境的改善，就认为利用外资质量是高的；反之则相反。

（2）利用外资质量观的演化。利用外资质量观的演化分为以下几方面：

1）利用外资的质量观是随着利用外资目的的变化而变化的。只有设定了利用外资的目的，才有判断利用外资是否达到了目的的基础，否则利用外资的质量就无从谈起。而如前所述，利用外资的目的是随着引资国经济发展阶段的变化而变化的，是随着引资国发展目标的变化而变化的，是随着引资成本的变化而变化的，是随着地域的变化而变化的，因此，利用外资质量观的变化也受这些因素的影响。

2）不同经济发展时期不同种类的利用外资质量观的主导地位是会发生变化的。按照罗斯托的理论，一国尤其是发展中国家在准备起飞阶段、起飞阶段和走向成熟阶段，对资本要素的需求是较大的。而对资本要素的需求在这三个阶段中又是不完全相同的。

第一，在准备起飞阶段，利用外资的偏向经济发展效益观占主导地位。在准备起飞阶段，主导产业通常是第一产业或者劳动密集型的制造业，这一阶段的一个重要任务是经济体制改革，为发展创造条件，而要解决的关键难题是获得发展所需要的资金，因此，处在这一发展阶段的国家往往对外部资金的需求更多地表现在如何最大数量地引进资金，而谈不上有选择性地引进外资。

因此，东道国在准备起飞阶段，利用外资的偏向经济发展效益观占主导地位。

第二，在起飞阶段，利用外资的偏向技术管理效益观占主导地位。在起飞阶段，随着农业劳动生产率的提高，大量的劳动力从第一产业转移到制造业，外国投资明显增加，国家在国际贸易中的比较优势从农业出口转向了劳动密集型产品的出口，开始出口大量的服装、鞋、玩具、小工艺品和标准化的家电产品。经济处于这一发展阶段的国家引进外资仍然是注重数量多于质量。前一阶段的引资成效，加上经济结构主导产业由第一产业向制造业转变，这种产业结构的转变需要大量资本要素的投入和一定的技术基础，而由于第一产业本身的特性，引资国前期自身的资本积累远远无法支持产业结构的转变，制造业方面的技术水平也处于落后状态。与前一阶段不同的是，数量的增长速度非常快，除引资数量外，开始注重外资对本国制造业发展的技术支持，引资国开始进一步探索增加吸引外资的方法以及与外资相关的指导性法规。

因此，东道国在起飞阶段，利用外资的偏向技术管理效益观占主导地位。

第三，在走向成熟阶段，利用外资的偏向社会效益观和利用外资的偏向生态环境效益观引起引资国的重视，利用外资的偏向生态环境效益观起主导作用。走向成熟阶段是指一个社会已把现代化的技术有效地应用到了它的大部分产业的时期。在这一阶段，国家的产业以及出口的产品开始多样化，高附加值的出口产业不断增多，厂家和消费者热衷新的技术和产品，投资的重点从劳动密集型产业转向了资本密集型产业，国民福利、交通和通信设施显著改善，经济增长惠及整个社会，企业开始向国外投资，一些经济增长极开始转变为技术创新极。中国目前已经进入这一阶段。

经过起飞阶段的积累，引资国资本要素稀缺的困境得到改善，完整的工业体系基本建成，后发国家本身劳动要素相对丰裕、劳动要素价格上涨存在刚性、有较高的投资回报率，加上投资国国内投资回报率的下降、丰裕资本的逐利性、跨国企业的发展等原因，投资国向引资国投资的意愿较大。引资国由于前期外部资金对国民经济增长促进作用的成效进一步凸显，往往仍然有较高的对外投资热情。外资的供给方和需求方意愿的一致性促使引资国引资规模达到空前的水平。

但与起飞阶段不同的是，引资国对外资的需求由单纯的数量扩张转向对外资需求档次水平的提高。原因主要有以下几个方面：首先，引资国的资源禀赋结构发生了变化。随着前期结合自身比较优势发展劳动密集型产业带来出口创汇形成的资本积累增加，加上外国资本供给的增加，引资国资本要素稀缺的困境相对得到缓解，本国一些有实力的企业都已开始对外投资。其次，引资国技术水平发生了变化。在技术要素方面，由于前期引资国本身技术研发经验的积累以及外资带来的技术溢出效应，本国拥有了一定的自主研发能力，一些经济发达的省份开始由经济增长极转变为技术创新极。因此，引进外资时尤其欢迎相对本国技术水平较高并且符合世界经济发展趋势需要的技术，而对一般技术则实现了进口替代。再次，引资国前期引进外资的效应凸显。这种效应既有正面效应，如促进经济增长、拉动就业、促进技术水平和管理经验的提高，也有负面效应，如外资对引资国国内市场的侵蚀、跨国企业出口造成引资国顺差过大、盲目引资技术不适应造成的资源浪费、盲目引资导致的国内投资过热、外商投资造成的环境污染和生态破坏等。随着引资国资本要素稀缺困境的改善，引资国开始关注引资的负面效应。最后，引资国国内经济结构发生变化，投资的重点从劳动密集型产业转向了资本密集型产业。这导致处于这一阶段的国家充斥着各种矛盾，如产业升级和劳动就业的矛盾、工业化发展和资源约束的矛盾、经济发展和生态环境保护的矛盾、区域经济发展失衡、城乡二元结构突出等。引资国处于既要保持发展又要有效缓解矛盾的关键时期。外资作为引资国的参与者对这些矛盾会产生重要影响。因此，外资对既有矛盾的影响也会引起引资国的广泛关注。以上原因导致引资国对外资的需求不仅仅停留在数量扩张上，而是更注重外资的质量。

因此，东道国在走向成熟阶段，利用外资的偏向社会效益观和利用外资的偏向生态环境效益观引起引资国的重视，利用外资的偏向生态环境效益观起主导作用。

第四，我国西部地区利用外资质量观的特殊性。按照罗斯托的经济发展阶段划分，我国东部沿海地区已经进入了走向成熟阶段，但广大的西部地区还处于起飞阶段，落后于东部的现实使得西部地区追求经济发展极具迫切性，不仅如此，西部大多数企业的技术水平和管理水平也远落后于东部企业，同时，西部地区是我国重要的生态屏障、生态环境又很脆弱，因此，西部地区利用外资的目的与东部地区相比可能是多样化的，因此，我国西部地区利用外资的质量观有更丰富的内涵和更广泛的外延，在现阶段，我国西部地区利用外资的质量观包含了利用外资的偏向经济发展效益观、利用外资的偏向技术管理效益观、利用外资的偏向生态环境效益观所包含的内容。

三、探寻利用外资质量演化规律的逻辑

在对利用外资的行为进行分析以及结合利用外资实践表现出来的利用外资质量演化特征的基础上，我们认为，一国所处的经济发展阶段决定了一国利用外资的目的，一国设定什么样的利用外资目的就决定了一国拥有什么样的利用外资质量观。这种质量观是判断利用外资是否有质量以及质量高低的标准。利用外资质量观随着利用外资目的的变化而变化，而质量观的变化决定了利用外资规模、方式和投向政策的变化，在利用外资质量观指导下的利用外资政策的实施进一步具体地体现为利用外资质量本身的变化，这就是探寻利用外资质量演化规律的基本逻辑。

四、构造利用外资质量演化规律理论模型的基本思路

要评价利用外资的质量以及最后提出提高利用外资质量的对策，这些后续研究必须有一个科学的理论依据和框架作为基础，必须建立成熟的理论模型然后再扩展到建立数量模型，而不能片面追求数量模型。因此，我们首先进行利用外资质量的行为分析、结合利用外资实践表现出来的利用外资质量的演化特征，进一步分析利用外资目的的演化和质量观的演化，从而发现利用外资质量的演化规律，为这一节构建理论模型提供依据。

此外，我们构建的利用外资质量演化规律的理论模型必须能够体现出两个方面的特点。一方面，一国或地区利用外资的目的是随着不同的经济发展阶段变化的，也就是说在不同经济发展阶段中，一国或地区利用外资的目的是不同的，因此，不同经济发展阶段的利用外资质量之间是不能进行比较的，因为不同阶段利用外资的目的是不同的，我们只能说某一阶段如果利用外资的行为实现了利用外资的目的，那么利用外资的质量就是高的。另一方面，某一阶段利用外资在能够实现某一主要目的的同时也是会作用于其他目的的。比如说，在经济准备起飞阶段，一国利用外资主要是追求经济发展效益，但在利用外资的过程中同样会对社会效益、技术管理效益、生态环境效益产生作用。此外，从最理想的状态和较长一段时间来看，一国或地区在利用外资时无论处于哪一个经济发展时期总是希望效用达到最大化，即希望外资的经济发展效益、社会效益、技术管理效益、生态环境效益均达到最大化。

为此，按照前文的论述，我们把利用外资质量的目的划分为利用外资追求经济发展效益、利用外资追求社会效益、利用外资追求技术管理效益、利用外资追求生态环境效益四大类。进而可以建立一个作为利用外资总体质量衡量标准的理论模型，这个模型中被解释变量为一国或地区利用外资的质量，利用外资追求经济发展效益、利用外资追求社会效益、利用外资追求技术管理效益、利用外资追

求生态环境效益作为解释变量。由于相对于东道国的欲望而言，能够利用的外资数量总是有限的，本国利用外资的能力也是有限的，因此，要提高利用外资的质量（效用），就要把有限的外资配置到能给东道国带来最大满足的地方。而外资配置到哪里能给东道国带来最大满足？如前所述，这就取决于不同地区在一定的经济发展阶段中设定的发展目标，以及在这种发展目标的影响下形成的某种利用外资的质量观。因此，我们按照各个经济发展阶段利用外资的目的对模型赋予约束条件。由此可以得到各个经济发展阶段利用外资质量的评价模型，从而既反映出从较长时间看一国或地区利用外资质量的总体演化，也反映出不同经济发展阶段之间利用外资质量的动态演化。

五、利用外资质量演化规律的理论模型

按照前述分析，我们假定：一国或地区利用外资的质量（效用）为 U，则U_D表示利用外资追求的经济发展效益，U_S表示利用外资追求的社会效益，U_T表示利用外资追求的技术管理效益，U_E表示利用外资追求的生态环境效益，那么，TU 就表示利用外资追求各种目的（效益）的总效益，也就是对一国或地区利用外资质量的总体评价。MU_D表示外资投资于经济发展效益的边际效用，MU_S表示外资投资于社会效益的边际效用，MU_T表示外资投资于技术管理效益的边际效用，MU_E表示外资投资于生态环境效益的边际效用。利用外资质量的总体评价函数：

$$TU = U_D + U_S + U_T + U_E \tag{3-1}$$

结合本章第三节关于影响利用外资质量因素的论述，则：

$$U_D = f[J(t), G(t), K(t), H(t), F(t), Z(t), R(t), U_D(t-1)]$$

$$U_S = f[J(t), G(t), K(t), H(t), F(t), Z(t), R(t), U_S(t-1)]$$

$$U_T = f[J(t), G(t), K(t), H(t), F(t), Z(t), R(t), U_T(t-1)]$$

$$U_E = f[J(t), G(t), K(t), H(t), F(t), Z(t), R(t), U_E(t-1)]$$

其中，J 为引资国的经济发展水平，G 为引资国的工业化水平，K 为引资国的科技水平和科技创新能力，H 为引资国的投资环境，F 为引资国的对外开放程度，Z 为引资国地方政府的政绩观，R 为引资国的引资人才。

事实上，无论处于哪一个经济发展阶段，东道国利用外资都希望使利用外资质量或者说取得的效用最大化，即：

$$\max \quad TU = U_D + U_S + U_T + U_E \tag{3-2}$$

但由于经济发展阶段的不同以及外资的有限性，东道国往往只能选择把有限的外资配置到能给东道国带来最大满足感的地方，即给利用外资质量的最大化设定了一定的限制条件，显然，在不同的经济发展阶段，利用外资的目的是不一样的，因此，在不同的经济发展阶段利用外资质量的最大化的限制条件是不一样的。

1. 准备起飞阶段

在准备起飞阶段，利用外资的偏向经济发展效益质量观占主导地位，因此，其限制条件如下：

$$
\begin{aligned}
&\text{s.t.}\quad MU_D > MU_S > MU_T > MU_E \\
&MU_D > 0,\ MU_D' > 0 \\
&MU_S > 0,\ MU_S' < 0 \\
&MU_T > 0,\ MU_T' < 0 \\
&MU_E > 0,\ MU_E' < 0
\end{aligned}
\tag{3-3}
$$

因此在准备起飞阶段，提高利用外资质量演化的理论模型如下：

$$
\begin{aligned}
&\max\ TU = U_D + U_S + U_T + U_E \\
&\text{s.t.}\quad MU_D > MU_S > MU_T > MU_E \\
&MU_D > 0,\ MU_D' > 0 \\
&MU_S > 0,\ MU_S' < 0 \\
&MU_T > 0,\ MU_T' < 0 \\
&MU_E > 0,\ MU_E' < 0
\end{aligned}
\tag{3-4}
$$

2. 起飞阶段

在起飞阶段，利用外资偏向追求技术管理效益，因此，其限制条件如下：

$$
\begin{aligned}
&\text{s.t.}\quad MU_T > MU_D > MU_S > MU_E \\
&MU_T > 0,\ MU_T' > 0 \\
&MU_D > 0,\ MU_D' < 0 \\
&MU_S > 0,\ MU_S' < 0 \\
&MU_E > 0,\ MU_E' < 0
\end{aligned}
\tag{3-5}
$$

因此在起飞阶段，提高利用外资质量演化的理论模型如下：

$$
\begin{aligned}
&\max\ TU = U_D + U_S + U_T + U_E \\
&\text{s.t.}\quad MU_T > MU_D > MU_S > MU_E \\
&MU_T > 0,\ MU_T' > 0 \\
&MU_D > 0,\ MU_D' < 0 \\
&MU_S > 0,\ MU_S' < 0 \\
&MU_E > 0,\ MU_E' < 0
\end{aligned}
\tag{3-6}
$$

3. 成熟阶段

在走向成熟阶段，利用外资的偏向社会效益观和利用外资的偏向生态环境效益观引起引资国的重视，利用外资的偏向生态环境效益观起主导作用，因此，其限制条件如下：

$$\text{s.t.}\quad MU_E > MU_S > MU_D > MU_T$$

$MU_E > 0$，$MU'_E > 0$

$MU_S > 0$，$MU'_S > 0$　　(3–7)

$MU_T > 0$，$MU'_T < 0$

$MU_D > 0$，$MU'_D < 0$

因此走向成熟阶段，提高利用外资质量演化的理论模型如下：

$\max\ TU = U_D + U_S + U_T + U_E$

s.t. $MU_E > MU_S > MU_D > MU_T$

$MU_E > 0$，$MU'_E > 0$

$MU_S > 0$，$MU'_S > 0$　　(3–8)

$MU_T > 0$，$MU'_T < 0$

$MU_D > 0$，$MU'_D < 0$

进一步地，我们对罗斯托各经济发展阶段的特征进行了描述，见表 3–1。

表 3–1　罗斯托经济发展阶段特征

经济发展阶段	主导产业	比较优势	出口主导产品	资本丰裕度	外资增长速度	资本边际收益产品
准备起飞阶段	第一产业	自然资源	初级产品	TK/TL < 1	缓慢增长	$0 < MP_K < 1$
起飞阶段	劳动密集型工业	劳动要素	劳动密集型产品	TK/TL < 1	最快	$0 < MP_K < 1$
走向成熟阶段	资本密集型工业	资本要素	资本密集型产品	TK/TL > 1	放缓	$MP_K < 0$

其中，根据数据可得性，我们选取主导产业这一特征为特征值表示经济发展的不同阶段。以 R 表示经济发展阶段的特征值，R_N 表示第一产业占 GDP 的比重，R_L 表示劳动密集型工业占 GDP 的比重，R_Z 表示资本密集型工业占 GDP 的比重。则在准备起飞阶段，$R_N > R_L$；在起飞阶段，$R_N < R_Z < R_L$；在走向成熟阶段，$R_L < R_Z$。于是，提高利用外资质量演化的理论模型的一般形式可以写为：

$\max\ TU = U_D + U_S + U_T + U_E$

$R_N < R_L$，s.t. $MU_D > MU_S > MU_T > MU_E$；$MU_D > 0$，$MU'_D > 0$；$MU_S > 0$，$MU'_S < 0$；$MU_T > 0$，$MU'_T < 0$；$MU_E > 0$，$MU'_E < 0$

$R_N < R_Z < R_L$，s.t. $MU_T > MU_D > MU_S > MU_E$；$MU_T > 0$，$MU'_T > 0$；$MU_D > 0$，$MU'_D < 0$；$MU_S > 0$，$MU'_S < 0$；$MU_E > 0$，$MU'_E < 0$

$R_L < R_Z$，s.t. $MU_E > MU_S > MU_D > MU_T$；$MU_E > 0$，$MU'_E > 0$；$MU_S > 0$，$MU'_S > 0$；$MU_T > 0$，$MU'_T < 0$；$MU_D > 0$，$MU'_D < 0$　　(3–9)

进一步地，根据本章第二节提到的我国西部地区利用外资质量观的特殊性，

我们把提高利用外资质量演化的理论模型的一般形式修正为我国西部地区提高利用外资质量演化的理论模型：

$\max TU = U_D + U_S + U_T + U_E$

$R_N < R_L$，s.t. $MU_D > MU_S > MU_T > MU_E$；$MU_D > 0$，$MU'_D > 0$；$MU_S > 0$，$MU'_S < 0$；$MU_T > 0$，$MU'_T < 0$；$MU_E > 0$，$MU'_E < 0$

$R_N < R_Z < R_L$，s.t. $MU_E = MU_D > MU_T > MU_S$；$MU_E > 0$，$MU'_E > 0$；$MU_D > 0$，$MU'_D > 0$；$MU_T > 0$，$MU'_T > 0$；$MU_S > 0$，$MU'_S < 0$

$R_L < R_Z$，s.t. $MU_E > MU_S > MU_D > MU_T$；$MU_E > 0$，$MU'_E > 0$；$MU_S > 0$，$MU'_S > 0$；$MU_T > 0$，$MU'_T < 0$；$MU_D > 0$，$MU'_D < 0$　　(3-10)

接下来，我们进一步分解利用外资的经济发展效益 U_D、利用外资的社会效益 U_S、利用外资的技术管理效益 U_T、利用外资的生态环境效益 U_E 的决定因素：利用外资的经济发展效益 U_D 由对经济量值贡献、结构改善贡献两方面决定；利用外资的社会效益 U_S 由外资增加就业贡献、增加政府税收贡献两方面决定；利用外资的技术管理效益 U_T 由利用外资引进先进技术的贡献和先进管理提高技术创新能力方面的贡献两方面决定；利用外资的生态环境效益 U_E 由外资企业对绿色项目的贡献、外资企业对环保的贡献两方面决定。

在此理论框架的基础上，我们将进一步研究利用外资质量的一般评价方法以及基于社会主义新农村建设视角的我国利用外资质量进行实证研究。

第五节　利用外资质量的评价指标体系和评价模型

一、基本假定

既然利用外资质量是利用外资的目的的实现程度，那么要研究利用外资质量，就必须首先明白利用外资的目的，亦即要回答为什么利用外资的问题。一般来说，一个国家之所以要利用外资，肯定是为了获得利用外资的好处，其基本动因是国内资金不足。利用外资可能的好处包括促进经济增长、促进产业结构优化、增加就业、增加政府税收、引进先进技术和先进管理、改善生态环境。那么评价利用外资质量的指标至少应包括这些内容，这些内容可归纳为四种效益，形成评价利用外资质量的四个一级指标：将利用外资在促进经济增长、促进产业结构优化方面的贡献率（力）称为利用外资的经济发展效益；将利用外资在引进先进技术和先进管理经验、提高技术创新能力方面的贡献率（力）称为利用外资的技术管理效益；将利用外资在增加就业、增加政府税收方面的贡献率（力）称为利用外资的社会效益；将利用外资在改善生态环境方面的贡献率（力）称为利用外资的生态环境效益。利用外资质量一般的评价指标应包括这四个一级指标。每个一级指标下面又可分为若干二级指标。

二、利用外资质量评价指标体系的构建

外资在我国经济建设中的地位举足轻重，在金融危机波及全球之时，充分发挥我国的比较优势，在稳定利用外资规模的基础上，更加有效地利用外资十分重要。尤其是在“保增长”成功破题后，我国将更加注重经济发展方式转变，这也是对利用外资质量提出的更高要求。十届全国人大四次会议通过的《中华人民共和国国民经济和社会发展第十一个五年规划纲要》明确提出要提高利用外资的质量。提高利用外资质量对于提高国民经济的整体质量有着直接、现实的意义。

本书认为当前我国利用外资的根本目的是通过利用外资带动我国经济发展、提高我国经济发展质量并实现我国经济可持续发展。在衡量利用外资质量时不仅需要考虑利用外资在拉动经济增长、促进产业结构优化、增加就业、增加政府税收、引进先进技术和先进管理经验等方面的目标，还需要着眼于经济、社会和环境的协调和可持续发展。[①] 鉴于此点，我们认为构建利用外资质量评价体系应该分为三个层次。

第一层次：基本目标层。我们建立利用外资质量评价体系的基本目标就是要评价当前我国利用外资的“质量”，而非单纯“数量”。因此，利用外资质量的优劣即为基本目标。

第二层次：基本原则层。将前文关注的几个关键问题构成要素规定为原则层的指标。具体而言，评价一个国家或地区利用外资质量的高低应该遵循以下几个基本原则：第一，所利用的外资必须是符合国家的产业政策。国家产业政策明确禁止的产业类别，则是质量较差、不能盲目引进的外资。第二，引进的外资应该是能够对地区经济增长起到促进作用，能否为产业结构带来改善作用。第三，引进外资的技术水平应该是先进适用的技术，即能够适应我国技术现状，并能有效改进和提高现有技术水平。第四，引进的外资能够为本地的企业经营管理水平带来促进作用。第五，引进的外资应该有利于该地区生态环境的改善以及经济的可持续发展。

第三层次：指标层。这是整个指标体系的核心部分。我们在基本目标的前提下，根据前面的假定，确定了评价利用外资质量的四个一级指标：①利用外资质量的经济发展效益指标；②利用外资质量的技术管理效益指标；③利用外资质量的社会效益指标；④利用外资质量的生态环境效益指标。利用外资质量一般的评

① 朱晓菁，韩福荣. 我国利用外资质量评析［J］. 世界标准化与管理，2007（2）.

价指标应包括这四个一级指标，每个一级指标下面又可分为若干二级指标，每个二级指标下面又可具体分为若干个三级指标。下面我们将从四个一级指标出发，构建一个反映我国利用外资水平的较为完整的利用外资质量评价指标体系。

1. 利用外资质量的经济发展效益指标

利用外资的经济发展效益是我们衡量利用外资质量的首要指标，主要是指利用外资在促进经济增长，加快企业利润增加，优化产业结构等方面的贡献。在本书中，我们将其细分为多个二级指标：利用外资的经济增长贡献指标、外资企业的利润增长率和利用外资的结构优化率，每个二级指标下面又可具体分为若干个三级指标，如表 3–2 所示。

表 3–2 利用外资质量的经济发展效益评价指标

二级指标	三级指标	四级指标
利用外资的经济增长贡献指标	GDP 增长净贡献率	
	增量资本产出比率	
	增加值贡献率	
	贸易贡献度	出口贡献率
		外资企业的贸易比较优势
利用外资企业利润率增长贡献指标		
利用外资的结构优化指标	外资产业投向结构指标	外资在第一产业、第二产业、第三产业中的投资比例
		外资在劳动—资本密集型产业、技术—资本密集型产业中的投资比例
		外资在我国鼓励发展的领域，如基础设施、高新技术产业、环保产业等的投资所占比重
	外资出口产品结构指标	

（1）利用外资的经济增长贡献指标。利用外资促进经济增长一直是我国引进外资的重要目标。引进外资对经济增长的贡献包括对经济量值贡献和结构改善贡献两部分。其中，经济量值贡献是指利用外资对诸如 GDP、投资效率、增加值、出口、利润等经济变量的贡献度；结构改善贡献是指外资企业对国内地区产业结构和出口结构改善的贡献度。

1）GDP 增长净贡献率。利用外资的资本贡献产生的 GDP 是外商直接投资对经济的直接拉动效应。外资与 GDP 之间的关联得到了很多学者的注意，赵晋平（2001）认为“外商直接投资带来大量资本，弥补国内资本短缺，我国经济增长率中的 2%~3%应当归功于外资贡献”。考虑到外资对东道国国内资本的挤出效应，本书使用外资对东道国 GDP 增长的净贡献这个指标来衡量。GDP 增长净贡献可以表示为式（3–11）。

$$ER^{net}=\frac{GDP^{fdi}}{GDP^{total}}-\frac{GDP^{coe}}{GDP^{total}} \tag{3-11}$$

其中，ER^{net} 表示外资的 GDP 增长净贡献率；GDP^{fdi} 表示东道国 GDP 中外资资本的贡献；GDP^{total} 表示东道国总的 GDP 数量；GDP^{coe} 表示外资对东道国资本挤出效应造成的 GDP 的损失。

就我国而言，ER^{net} 的值越大，表示我国或地区外资带来的 GDP 增长净贡献越大，利用外资的质量也就越高；反之，利用外资的质量就越低。

2）增量资本产出比率。利用外资的资本效应的确能够为我国的国内资本供给紧张带来一定的缓和，并能在一定程度上促进经济增长。然而，经济学中有一个规律——“投资回报递减”。也就是说，过度依赖投资拉动增长，一定会出现投资效率下降。这种现象，目前在我国利用外资过程中已经逐步显现。因此，在衡量利用外资对国内经济增长贡献的时候，还必须对外资的投资效率予以评价。一般来说，反映投资效率的经济指标为“增量资本产出率（ICOR）”。这个指标的意义就是每增加 1 单位货币的国民生产总值，需要投入几单位的外资投资。美国、德国、法国和印度这些国家每增加 1 亿元的 GDP 需要投资 1 亿元到 2 亿元。根据发改委统计，我国 21 世纪头 3 年的 ICOR 值为 5，而根据国际的经济资料库的数据，中国最近 3~5 年的 ICOR 增加到 5~7。这说明，外资在我国的投资效率在下降。因此，我们使用外资增量资本产出率来评价我国利用外资的投资效率，其公式为式（3-12）。

$$ICOR^{fdi}=\frac{\Delta GDP^{fdi}}{\Delta IP^{fdi}} \tag{3-12}$$

其中，$ICOR^{fdi}$ 表示外资增量资本产出率；ΔGDP^{fdi} 表示外资企业的创造的 GDP 增加量；ΔIP^{fdi} 表述外资企业投入资本的增加量。

根据公式，$ICOR^{fdi}$ 的值越大，表示我国利用外资的投资效率就越高；反之，则越小。

3）增加值贡献率。企业增加值是指企业在报告期内以货币形式表现的本企业生产活动的最终成果，是企业全部生产活动的最终成果扣除了在生产过程中消耗和转换的物质产品和劳务价值后的余额，是企业生产过程中新创造的价值。企业增加值率是指在一定时期内企业增加值占同期企业总产出的比重，即企业实现的价值占产品总价值的比重，用公式表示式（3-13）。

$$RV^{ad}=\frac{VA^{ad}}{OP^{total}} \tag{3-13}$$

其中，RV^{ad} 表示企业增加值率；VA^{ad} 表示一定时期内的企业增加值；OP^{total} 表示一定时期内企业的总产出。

外资企业增加值率的大小直接反映外资企业降低中间消耗的经济效益。RV^{ad}

越高，外资企业的附加值越高、盈利水平越高，投入产出的效果越佳，说明我国利用外资的质量和效率就越高。值得注意的是，增加值率与产出经济效益是既有联系又不一致的概念。增加值率是衡量处于相同生产阶段的产业或企业产出效益的一个指标，从中间投入消耗率的角度反映了企业生产状况。但产业产出经济效益则是一个更广泛的概念，它反映了企业在经济活动中相对于一定的投入所获得收益的程度（柳卸林、张杰军，2010）。

4）贸易贡献度。利用外资对我国的贸易贡献度主要从出口贡献率和进出口比较优势两个角度评价。

第一，出口贡献率。利用外资的出口贡献是指外资企业产品出口增长的贡献以及对东道国产品在国际市场竞争力影响等方面，这与利用外资质量正相关。借助外商直接投资走向国际产品市场是我国参与经济全球化的重要手段。外资企业出口与本地销售是对立的，外资企业出口不仅直接扩大我国出口，而且通过出口导向型外资企业的产业关联和出口的信息溢出等途径间接扩大我国出口，并提高我国生产的国际竞争力。但是从另一方面来看，出口的扩大会减少外资企业的前向关联效应，技术扩散途径减少，这样会导致溢出效应减少。同样，外资企业产品本地销售的增多，会增加技术扩散的渠道，技术溢出效应增大，但出口减少。为了简化计算，我们不考虑技术溢出效应的损失，单纯从出口贡献的视角衡量利用外资的质量。用公式表达为式（3-14）。

$$REX^{fdi} = \frac{EX^{fdi}}{EX^{total}} \tag{3-14}$$

其中，REX^{fdi} 表示利用外资的出口贡献率；EX^{fdi} 为外资企业的出口值；EX^{total} 为一定时期内中国的出口总值。

可见，出口产品中外资企业产品的贡献越大，我国利用外资的质量也就越高。

第二，外资企业的贸易比较优势。对于外商投资企业的出口和进口在全国出口和进口中的相对地位，这里采用显示性比较优势（RCA）来阐述。具体计算方法如式（3-15）。

$$RCA = \frac{EX^{fdi}}{EX^{total}} \div \frac{IM^{fdi}}{IM^{total}} \tag{3-15}$$

其中，RCA 表示外资企业的贸易显性比较优势；EX^{fdi} 和 EX^{total} 分别表示外商投资企业出口和全国出口总额；IM^{fdi} 和 IM^{total} 分别表示外商投资企业进口和全国进口总额。

该指标将外商投资企业出口占全国出口总额的比重与其进口占全国进口总额的比重进行比较，如果 $RCA > 1$，表明外商投资企业出口占全国出口总额的比重高于其进口占全国进口总额的比重，外商投资企业不仅对净出口有贡献，而且其贡献程度要高于国内企业。如果 $RCA < 1$，说明外商投资企业出口占全国出口总

额的比重低于其进口占全国进口总额的比重，此时，即使外商投资企业有净出口发生，但其对净出口的贡献程度低于国内企业。

（2）外资企业的利润增长率贡献指标。评价利用外资经济效益的另一个重要指标是测度外资企业的盈利能力，因为企业的盈利能力不仅是下一阶段企业发展壮大的原动力，而且还是我国经济增长和税收的重要推动力和源泉。我们使用利润增长率来评价外资企业的盈利能力。该指标是指已开业投产的外商投资企业盈亏相抵后的净盈利额占全国或地区当年利润总额的比重，公式为（3-16）。

$$RP = \frac{PT^{fdi}}{PT^{total}} \tag{3-16}$$

其中，RP 表示外资企业的利润增长率；PT^{fdi} 表示外商投资企业盈亏相抵后的净盈利额；PT^{total} 为全国或地区当年利润总额。

（3）利用外资的结构优化指标。本书从外资的产业投向结构和出口产品结构两个层面制定利用外资的结构优化指标。

1）外资产业投向结构指标。由于外资的产业投向结构会对东道国的产业结构产生一种间接贡献，即产业关联效应。这种产业关联又分为前向关联和后向关联。前向关联是指外商直接投资企业为东道国企业配套提供中间投入品；而后向关联则是本地企业为外商直接投资企业提供中间投入品，常常能带动相关行业的本地企业发展，并且通过对投入品的质量要求不断提高本地企业的技术水平，是技术扩散的重要途径，而行业内的技术扩散则推动了本行业企业的发展，即推动了产业结构的优化。因此，外资产业投向结构指标常被用于评价外资投向与我国产业政策和产业结构调整发展方向是否相一致。外资的产业投向结构如果能顺应中国产业结构调整和区域经济的协调发展，那么我国或地区利用外资的质量就越高。

外资的产业投向结构包括产业间结构、产业内结构以及行业集中度。具体包括以下三个因子：

其一，外资在第一产业、第二产业、第三产业中的投资比例。外资在三次产业中的投资比例，直接影响到我国产业结构的调整状况。外资投向第一产业、第二产业、第三产业中的比例可用下面公式表示：

$$S1^{i} = \frac{IV1_{i}^{fdi}}{IV1_{i}^{total}} \quad i = 1, 2, 3 \tag{3-17}$$

其中，$S1^{i}$ 表示第 i 产业中外商投资比例；$IV1_{i}^{fdi}$ 和 $IV1_{i}^{total}$ 分别表示外资企业和全国（地区）在第 i 产业中的投资额。

其二，外资在劳动—资本密集型产业、技术—资本密集型产业中的投资比例。

$$S2^{i} = \frac{IV2_{i}^{fdi}}{IV2_{i}^{total}} \tag{3-18}$$

$$i=\begin{cases}1\text{，表示在劳动—资本密集型产业的投资额}\\2\text{，表示在技术—资本密集型产业的投资额}\end{cases}$$

其中，$S2^i$ 表示第 i 类型产业中外商投资比例；$IV2_i^{fdi}$ 和 $IV2_i^{total}$ 分别表示外资企业和全国（地区）在第 i 类型产业中的投资额。

如果外资集中投向于加工、传统制造等劳动密集型产业，外商直接投资的产业结构分布不能促进中国产业结构升级，那么我国利用外资的质量就不高；反之，如果外商投资集中于先进制造业或技术密集型产业，那么它便有利于推动我国的制造业结构升级，利用外资的质量就比较高。

其三，外资在我国鼓励发展的领域，如基础设施、高新技术产业、环保产业等的投资所占比重。

党的十四大报告指出："进一步扩大对外开放，更多更好地利用国外资金、资源、技术和管理经验。利用外资的领域要拓宽。采取更加灵活的方式，继续完善投资环境，为外商投资经营提供更方便的条件和更充分的法律保障。按照产业政策，积极吸引外商投资，引导外资主要投向基础设施、基础产业和企业的技术改造，投向资金、技术密集型产业，适当投向金融、商业、旅游、房地产等领域。"最优的外资产业投向结构应当是第一产业、第二产业、第三产业均衡发展，第一产业应投向农业科学研究，改善农业的科技水平。第二产业应投向基础产业、基础设施部门，投向技术密集型和高新技术部门；对老企业进行技术改造；投向支柱产业等。第三产业应投向交通运输、通信、地质勘查、科教文与卫生部门。我们用式（3–19）来评价外资的行业集中度。

$$S3^i=\frac{IV3_i^{fdi}}{IV3_i^{total}}\quad i=1,\ 2,\ 3 \tag{3–19}$$

其中，$S3^i$ 表示第 i 种行业中外商投资比例；$IV3_i^{fdi}$ 和 $IV3_i^{total}$ 分别表示外资企业和全国（地区）在第 i 种行业中的投资额。

当然，$S3^i$ 的值并不是越高越好，如果外资企业高度集中于某些产业或行业，不仅容易造成垄断，甚至出现产业或行业的经济不安全，而且还会造成产业间的发展不平衡。因此外资集中的行业不仅要看是否属于我国引进外资优先领域目录，还要注意外资的行业集中度应要有一个合适的空间值。外资的行业集中过高，我国利用外资整体上的质量不一定很高。这个合适的空间值对于不同的行业并不相同，一般而言，在属于国家积极引资目录的行业里，外资集中度的合适值一般比较高；而在不属于国家优先引资目录里的行业，外资集中度的合适值一般也比较高。

2）外资出口产品结构指标。除了产业投向结构指标之外，出口产品的结构指标也是评价利用外资的结构优化效益的构成要素。它与前面分析的外资企业的出口贡献度指标的区别在于，前者是基于数量比例的考察，而后者则是基于结构比例的考察。我们将外资出口产品结构指标表示为式（3–20）。

$$S_i^{ex} = \frac{EX_i^{fdi}}{EX_i^{total}} \quad i = 1，2，3，\cdots \tag{3–20}$$

其中，S_i^{ex} 表示第 i 种行业出口产品中外商出口比例；EX_i^{fdi} 和 EX_i^{total} 分别表示外资企业和全国（地区）在第 i 种行业出口额。

外资出口产品的结构指标一方面能够体现外资企业在东道国的投资结构，另一方面还能够反映东道国出口产品结构的改善程度。更重要的是如果外资企业的出口产品比例过高，这在一定程度上意味着东道国的账面出口收益和真实出口收益之间的差额可能较大①。

2. 利用外资质量的技术管理效益指标

外资企业除了资本功能外，还具有技术、管理、经验、企业组织制度以及营销网络等多种无形资本，因此能为国内企业带来多种溢出效应。我们将利用外资在引进先进技术和先进管理，提高技术创新能力方面的贡献率（力）称为利用外资的技术管理效益。利用外资的技术管理效益指标由外资企业的生产技术溢出效益和管理技术溢出效益两个二级指标组成，如表 3–3 所示。

表 3–3　利用外资质量的技术管理效益评价指标

二级指标	三级指标	四级指标
利用外资的生产技术溢出效益	外资企业技术溢出率	外资 R&D 经费增长率
		R&D 投入强度
		技术吸收系数
	外资企业获发明专利比重	
	外资高新技术产业产值比重	
	外资企业与本地研发力量的带动强度	
外资企业有效管理技术溢出效益	外资企业先进管理制度方法的普及率	
	外企培训投入占总投入的比重	
	外企高级管理人员流动率	

（1）利用外资的生产技术溢出效益。技术进步是经济增长的重要源泉，通过吸引外商直接投资获取技术溢出效应就成为了发展中国家普遍重视的促进技术进步的途径。由于我国总体的生产技术水平相对落后，吸引跨国公司对华技术转移，并在此基础上诱导跨国公司的技术溢出，就成为改革开放以来我国推进技术

① 李真. 外商直接投资的贸易效应研究及实证检验：基于我国产业价值链、贸易结构和贸易利益视角的分析［J］. 山西财经大学学报，2009（7）.

进步的重要手段。我国于 20 世纪 90 年代中后期提出了“以市场换技术”的思路；但随着我国加入 WTO，步入世界经济舞台，以往的道路遇到了障碍。如何促进技术引进、利用的力度成为了我国面临的问题。改革开放 30 多年来，我国接受跨国技术转移的规模、方式、合作者和渠道发生了根本性变化，外商在华直接投资的技术转移成为我国引进国外先进技术的主体。

评价利用外资的生产技术效益可以从外资企业技术溢出率、外资企业获发明专利比重、外资高新技术产业产值比重、外资企业与本地研发力量的带动强度等三级指标予以展开。

1）外资企业技术溢出率。外资企业的全社会研究与试验发展经费（Research and Development，R&D）投资是实现技术溢出的一种非常重要的方式。溢出效应包括技术溢出、知识溢出和信息溢出效应。外资企业的R&D 活动是衡量利用外资所获的项目知识、技术最重要的指标之一。在当前R&D 国际化成为跨国公司活动新趋势的条件下，跨国公司通过直接在国外创建全新的 R&D 机构和组建 R&D 战略联盟等手段充分利用当地的 R&D 资源进行基础研究、开发研究、产品改造研究，然后通过跨国公司集团内部的国际网络进行研究成果的交流和传递。外资企业的 R&D 活动对东道国的 R&D 活动具有很强的外溢、示范和关联效应。通过合作、交流、关联、竞争等方式，外资企业的R&D 为东道国带来了先进的知识和生产技术经验。因此，这种知识高度密集性的活动，具有相当大的潜在的正外部性，本地企业通过外资企业的溢出效应，能迅速推动科技水平进步。下面用三个指标来说明：

一是外资 R&D 经费增长率。

$$r1^{fdi} = \frac{R\&D_t^{fdi} - R\&D_{t-1}^{fdi}}{R\&D_{t-1}^{fdi}} \tag{3-21}$$

其中，$r1^{fdi}$ 为外资企业 R&D 经费增长率；$R\&D_t^{fdi}$ 和 $R\&D_{t-1}^{fdi}$ 分别表示 t 期和 t-1 期外资投入的 R&D 经费。

二是 R&D 投入强度。

$$r2^{fdi} = \frac{GERD^{fdi}}{GDP^{fdi}} \tag{3-22}$$

其中，$r2^{fdi}$ 为外资企业 R&D 投入强度；$GERD^{fdi}$ 为外资企业的研究和开发经费支出；GDP^{fdi} 为外资企业生产的 GDP。

三是技术吸收系数（σ）。跨国公司大多倾向于只向子公司转让技术，主动防止技术溢出以保持自身技术优势。外商直接投资为中国经济的发展带来了现代科学技术，但这种国际技术转移在很大程度上被内部化了，即大部分国际技术转让都发生在跨国公司及其在华子公司之间，本地企业从跨国公司获得的技术转让比较有限。据商务部统计，在 2002 年签订的 6072 个技术引进合同中，57%都是外资企业签订的，若按合同金额计算，外资所占比重更高达 78%，本地企业所占比重仅为 22%。

因此，本地企业对外资现金生产技术的消化吸收能力便成了决定真实技术溢出效应的关键因素。较高的吸收消化能力，意味着本土企业从技术模仿、改良到自主创新过渡的可能性越高、速度越快。鉴于此点，我们构建一个外资企业有效的技术溢出率函数：

$$\Psi = f(r1^{fdi}, r2^{fdi}, \sigma, \varepsilon) \tag{3-23}$$

其中，ε 是除去 $r1^{fdi}$、$r2^{fdi}$ 和 σ 之外的其他影响因素。

关于 Ψ 与利用外资质量的关系，我们可以断定外资企业拥有研究和开发经费支出对外资企业 R&D 经费增长越快，所占 GDP 的比重越高，本土吸收消化系数越高，外资企业对本土企业的真实技术溢出率也就越高，继而利用外资的质量也就越高。

2）外资企业获发明专利比重。除了 R&D 经费支出之外，外资企业获得的三项专利情况也会通过示范效应、合作效应等方式提高利用外资的生产技术效益。外资企业获得发明专利所占比重的公式为：

$$RINO^{fdi} = \frac{INO^{fdi}}{INO^{total}} \tag{3-24}$$

其中，$RINO^{fdi}$ 为外资企业获发明专利比重；INO^{fdi} 和 INO^{fdi} 分别为外资企业发明专利的数量和全国获得发明专利总量。

3）外资高新技术产业产值比重。中国目前的高新技术产业正处于起步阶段，充分利用优先引入符合国家高科技产业政策的外资企业有助于本土高新技术企业的学习和成长。通过市场竞争和关联效益等方式，外资高新技术企业可以在生产领域、生产技术、产业布局、产业前景等方面对本土企业起到一定的示范作用。从而扩展本土经济发展视野，减少发展阻力。外资高新技术产业产值在当地总产值中所占的比重越大，一方面说明该地区的产业结构处于较优状态，另一方面也说明该地区利用外资的质量较高。其公式为：

$$AT^{fdi} = \frac{GDP_{AT}^{fdi}}{GDP^{total}} \tag{3-25}$$

其中，AT^{fdi} 为外资高新技术产业产值比重；GDP_{AT}^{fdi} 为外资高新技术企业的产值；GDP^{total} 表示地区总产值。

4）外资企业与本地研发力量的带动强度。该指标表明企业之间的技术获得、联盟以及外资企业与我国本土科技力量的联合。在表述双方合作研发的技术水平时，采用等级法，大致分为 4 个等级：国际领先水平、国际先进水平、国内或行业内领先水平、国内或行业先进水平。

$$TS^{fdi} = \frac{\sum_{i=i}^{n} w_i R_i}{\sum_{j=i}^{n} w_j R_j} \times \frac{F}{T} \tag{3-26}$$

其中，i(j) 表示合作研发的技术水平的等级；TS^{fdi} 表示外资企业对本地研发力量的带动；R_i 表示第 i 级合作技术水平；w_i 为第 i 级权重，$w_1 > w_2 > w_3 > w_4$；F 为外资企业对合作研发的投入；T 为所有企业对合作研发的投入（韩福荣，2010）。

TS^{fdi} 值越大，表明外资企业与本地研发力量的带动力越强，利用外资对本地企业的自主创新的影响力越大。

（2）外资企业有效管理技术溢出效益。外资企业的投资与管理模式对于东道国企业管理技术发展也有相当大的影响。不同的投资和管理模式在操作中对于技术的使用、控制和传播方式是不同的，通过合作、交流、雇用、培训等方式，外资企业能够为东道国带来先进的管理经验。在管理技术外溢和传播的过程中，本土企业能够吸收与自身相合适的管理模式和经验，使各种生产要素得到科学、合理的组合，从而有效提高资源配置效率。因此，不仅在生产技术上存在着溢出效应，在管理技术上，外资企业的溢出也会对本土企业产生正效应。在评价利用外资质量体系中，外资的有效管理技术溢出是不可忽视的构成要素。

1）外资企业先进管理制度方法的普及率。该指标是用来评价外资企业的先进管理制度方法在东道国的扩散程度。一般来说，外资先进管理制度的普及率越高，本土企业从中受惠程度也就越高，越有利于改善和促进本土企业软技术的发展和升级。用公式表示为式（3–27）。

$$MAR^{fdi} = \frac{N^{MA}}{N^{total}} \tag{3-27}$$

其中，MAR^{fdi} 表示外资企业先进管理制度的普及率；N^{MA} 表示使用外资企业先进管理制度的本土企业数量；N^{total} 表示在本土企业总数。

2）外企培训投入占总投入的比重。在通常情况下，外资企业用于培训的投入越多，其企业内部的人力资本存量（这里特指管理经验）也就越大，它对本土企业的潜在溢出能力也就越强。我们将该指标表示为式（3–28）。

$$R^{TI} = \frac{TI}{IP} \tag{3-28}$$

其中，R^{TI} 表示外资企业培训投入占总投入的比重；TI 为外企培训投入；IP 为外企生产经营总投入。

3）外企高级管理人员流动率。高级管理层是整个企业的核心决策层，这一层次人员的技术水平和管理经验对企业的发展和效益至关重要。因此，高级管理人员存量和流量的稳定是企业经营的重要目标之一。特别是外商投资企业的高级管理人员，这部分劳动者通常掌握了企业核心的硬技术（生产技术）和软技术（管理经验）。高级管理人员从外资企业向本土企业的流动，是利用外资质量提高的一个重要表现。因为这不是间接的管理技术溢出，而是直接的管理技术转移。外企高级管理人员的流动率可以用下面的式（3–29）表示。

$$FR = \frac{\Delta N^{advance}}{N^{total}} \tag{3–29}$$

其中，FR 为外企高级管理人员流动率；$\Delta N^{advance}$ 为一定时期外企高管流动人数；N^{total} 为一定时期内外企人员存量。

3. 利用外资质量的社会效益指标

除了经济效益和技术管理效益，外资企业产生的社会效益也是评价利用外资质量的一个越来越重要的指标。我们将利用外资在增加就业、增加政府税收方面的贡献率（力）称为利用外资的社会效益，它由外资企业的人力资本贡献、外资企业税收增长率等二级指标构成，如表 3–4 所示。

表 3–4　利用外资质量的社会效益评价指标

二级指标	三级指标
利用外资的人力资本贡献指标	外资企业就业增长贡献率
	人力资本质量优化率
外资企业税收贡献率	外资企业的税收存量贡献率
	外资企业的税收增量贡献率

（1）利用外资的人力资本贡献指标。利用外资对东道国社会效益促进的一个明显表现就是为东道国解决了一部分就业问题，而且还在一定程度上促进了东道国人力资本质量的提高。具体而言，该指标主要包括三个方面：一是利用外资促进本国就业量的绝对增量；二是外企里的中国员工实际工资水平的增长率；三是外商投资企业对我国员工培训费用的增加值。

1）外资企业就业增长贡献率。利用外资解决国内就业问题一直被我国作为优先目标来考虑。我国作为一个典型的劳动力大量剩余而资本严重缺乏的国家，特别是随着市场经济的深化和国企改革的进一步推进，农村人口大量转移到城市以及国企下岗人数逐渐增多，外资企业所提供的就业机会对于解决失业问题变得更加重要了。引进外商直接投资有利于提高经济福利和稳定社会，这也是我国大量吸收外资的初衷。外资企业吸收的劳动力数量逐年增加，2007 年对同期全国城镇就业新增数的贡献率达到 9.55，一定程度上缓解了我国的就业压力。

外资企业的就业增长贡献率可以表示为式（3–30）。

$$n^{fdi} = \frac{\Delta N^{fdi}}{\Delta N^{total}} \tag{3-30}$$

其中，n^{fdi} 表示外资企业的就业增长贡献率；ΔN^{fdi} 和 ΔN^{total} 分别表示外资企业和全国（地区）在一定时期内的新增就业数量。

n^{fdi} 越大，说明外资企业的就业增长贡献越大，东道国利用外资质量一般也比较大。值得注意的是，对于不同的外资企业，其就业效益对东道国利用外资质量的促进效应也不尽相同。一般而言，对于传统制造业、加工业型的外资企业，其技术含量低、溢出效应小，利用外资的就业效应较大，但经济效益较低。而对于先进制造业型的外资企业而言，不仅有较大的就业效应，又因为技术含量高而有较大的溢出效应和人力资源开发效应，因此利用这种类型外资的经济绩效也比较高。特别是对中国这样的人口大国，利用这种类型的外商直接投资具有特别的意义。

2）人力资本质量优化率。近年来，越来越多的跨国公司逐渐将投资转向电子和通信设备等附加值高、资本和技术密集程度高的行业，相应地也提供了越来越多的技术型岗位。通过国际平台上人才和信息流动，跨国公司的技术和管理经验迅速传播，从而孕育了一批新型的技术人才和管理专家。我们用外资企业中工程师以及从事研发工作的员工向国内企业转移的比例作为衡量人力资本质量优化率的标准，公式为式（3-31）。

$$tn_{fdi}^{advance} = \frac{\Delta TN_{fdi}^{advance}}{\Delta TN_{fdi}^{total}} \tag{3-31}$$

其中，$tn_{fdi}^{advance}$ 表示外资企业中工程师以及从事研发工作的员工向国内企业转移的比例；$\Delta TN_{fdi}^{advance}$ 表示一定时期内外资企业向国内企业转移的劳动者中从事工程师、研发工作的人数；ΔTN_{fdi}^{total} 表示外资企业向国内企业转移的劳动者总人数。$tn_{fdi}^{advance}$ 值越高，说明有越多的从事复杂劳动的劳动者由外资企业转移到国内企业，我国利用外资带来的人力资本质量优化程度也就越高。

（2）外资企业税收贡献率。税收作为政府财政收入用于向社会提供公共产品和服务，是真正提高国民福利的体现。因而，外商投资企业向政府缴纳的税金（含附加费）能够真实反映外资对我国（地区）的贡献，也是衡量利用外资质量的重要指标之一。

1）外资企业的税收存量贡献率。该指标用于评价一段时期内的涉外税收存量变化，公式为式（3-32）。

$$tax1^{fdi} = \frac{TX^{fdi}}{TX^{total}} \tag{3-32}$$

其中，$tax1^{fdi}$ 表示外资企业的税收存量贡献率；TX^{fdi} 为一定时期内外资企业缴纳的税金；TX^{total} 为一定时期内国家（地区）工商税收总额。

2）外资企业的税收增量贡献率。该指标用于评价一段时期内的涉外税收增量变化，公式为式（3–33）。

$$tax2^{fdi}=\frac{\Delta TX^{fdi}}{\Delta TX^{total}} \tag{3–33}$$

其中，$tax2^{fdi}$ 表示外资企业的税收增量贡献率；ΔTX^{fdi} 为一定时期内外资企业缴纳的税金增量；ΔTX^{total} 为一定时期内国家（地区）工商税收总额增量。

无论是 $tax1^{fdi}$ 还是 $tax2^{fdi}$，其值的增加都说明外资对我国税收贡献度的提高。值得一提的是，外资的税收贡献实际上反映了利用外资的成本，如果不考虑外商直接投资的正外部性，在国内储蓄率高、资金相对充裕时，给予外资税收优惠可能挤出国内投资，从而造成税收损失。

4. 利用外资质量的生态环境效益指标

外商投资虽然能够为东道国在经济效益、技术效益和社会效益上带来一定的促进作用，但是也同时带来了生态环境的负效应。对外投资的本质是资本流出国界，在世界范围内寻求利润最大化。对于投资国而言，东道国的劳动力成本、资源环境成本、经济监管成本等是其必须考虑的因素。通常情况下，发达国家对发展中国家的对外直接投资，一般是受发展中国家廉价劳动力成本以及相对不严格的资源环境约束所吸引。向发展中国家转移的投资一般是在发达国家国内已处于生命周期末端的夕阳产业，或是在国内遭受高劳动力成本约束、严格环境管制的产业。这些产业具有一个共同的性质，那就是污染重、能耗大。基于这种性质，外商投资的一个重要的副产品便是给东道国带来了环境、资源的负效应。

20 世纪 90 年代以来我国奉行的单纯追求经济增长的发展观破坏了生态环境及社会发展系统的有机性与整体性，我国获得的负效应增多，净收益减少，区域经济可持续发展面临严重危机。这就要求我们必须采取资源消耗低、环境污染少的新型工业化路径，实现可持续发展。落实到引资工作，就是要将资源与环境作为衡量外资利用质量高低的一个重要指标。

我们将利用外资在改善生态环境方面的贡献率（力）称为利用外资的生态环境效益，主要包括三个二级指标，如表 3–5 所示。

表 3–5　利用外资质量的生态环境效益评价指标

二级指标	三级指标
外资的绿色项目贡献指标	用于环保产品和绿色产品生产的外资项目/高能耗、高污染外资项目
外资企业环保贡献指标	外资工业污染企业达标率
	外资企业循环经济效率
	外资污染治理贡献率
外资企业低碳技术指标	外资企业的单位产值的碳排放量
	外资企业单位产值的能耗量

（1）外资企业绿色项目贡献指标。该指标主要用生产环保产品和绿色产品的外资项目与高能耗、高污染外资项目的比例来衡量。

$$n^C = \frac{N_{fdi}^C}{N_{fdi}^D} \tag{3-34}$$

其中，N_{fdi}^C 为清洁产品的外资项目数量；N_{fdi}^D 为能耗污染产品外资项目数量。

一个国家（地区）引进的清洁产品外资项目数量越多，利用外资对该国家（地区）的环境资源负效应就越小；反之，引进的高能耗、高污染的外资项目越多，利用外资对该地区的环境和资源的破坏力就越大。

（2）外资企业环保贡献指标。外资企业环保贡献包含以下几个指标：

1）外资工业污染企业达标率。此指标是特别针对外资工业投资企业而设置。当前，我国跨国公司污染环境的报道屡有发生，因此外资工业企业污染达标率成为评价利用外资生态环境效益的重要指标。公式为式（3-35）。

$$\theta = \frac{N_{fdi}^G}{N_{fdi}^{total}} \tag{3-35}$$

其中，θ 为工业污染企业达标率；N_{fdi}^G 为工业污染达标的外资企业数量；N_{fdi}^{total} 为外资工业企业总数量。

2）外资企业循环经济效率（rr^C）。该指标属于定性指标，主要通过专家对外资对于我国循环经济发展打分，可分为 5 个等级："很差（rr1）"、"比较差（rr2）"、"一般（rr3）"、"比较好（rr4）"、"很好（rr5）"。各等级分值满足：$rr1^C < rr2^C < rr3^C < rr4^C < rr5^C$。

rr^C 值越大，代表外资对"三废"的循环利用效率越高，"三废"对环境的破坏性越小、资源能源使用效率越高，利用外资的生态环境贡献度也就越高。

3）外资污染治理贡献率。我们将外资企业污染治理支出在整个地区污染治理总支出的比值定义为外资污染治理贡献率，公式为式（3-36）。

$$r\exp^D = \frac{EXP_{fdi}^D}{EXP_{total}^D} \tag{3-36}$$

其中，$r\exp^D$ 表示外资污染治理贡献率；EXP_{fdi}^D 表示外资企业用于治理污染的支出；EXP_{total}^D 表示整个地区的污染治理支出。

该比值越高，代表外资在整个地区的污染治理中的作用越大，外资企业的社会责任感越强，该地区利用外资的生态环境质量也就越高。

（3）外资企业的低碳技术指标。外资企业的低碳技术指标包含以下几项：

1）外资企业单位产值的碳排放量。单位产值的碳排放量为企业生产过程中的碳排放量与产量的比值，即：

$$c^e = \frac{C^e_{fdi}}{GDP_{fdi}} \quad (3-37)$$

其中，c^e 为外资企业单位产值的碳排放；C^e_{fdi} 表示外资生产过程中的碳排放总量；GDP_{fdi} 为外资总产值。

外资企业的单位产值碳排放与利用外资质量成反比，即 c^e 越小代表外资企业生产过程中的低碳技术越先进，该地区利用外资的生态环境效益越高。反之，c^e 越大，说明外资企业生产过程中的低碳技术相对落后，该地区利用外资的生态环境效益越低。

2）外资企业单位产值的能耗量。与单位产值的碳排放量相似，该指标也是评价外资企业低碳生产技术和利用外资生态环境效益的重要指标。公式为式(3-38)。

$$c^c = \frac{C^c_{fdi}}{GDP_{fdi}} \quad (3-38)$$

其中，c^c 为外资企业单位产值能耗；C^c_{fdi} 表示外资生产过程中的能耗总量。

将上述评价利用外资质量的四个一级指标的二级、三级、四级指标汇总，得出利用外资质量总体评价指标体系，如表 3-6 所示。

表 3-6　利用外资质量总体评价指标体系

指标名称	指标性质
◆ 利用外资质量的经济发展效益指标	一级指标
利用外资的经济增长贡献指标	二级指标
GDP 增长净贡献率	三级指标
增量资本产出比率	三级指标
增加值贡献率	三级指标
贸易贡献度	三级指标
出口贡献率	四级指标
外资企业的贸易比较优势	四级指标
利用外资企业利润增长贡献指标	二级指标
利用外资的结构优化指标	二级指标
外资产业投向结构指标	三级指标
外资在第一产业、第二产业、第三产业中的投资比例	四级指标
外资在劳动—资本密集型产业、技术—资本密集型产业中的投资比例	四级指标
外资在我国鼓励发展的领域，如基础设施、高新技术产业、环保产业等的投资所占比重	四级指标
外资出口产品结构指标	三级指标
◆ 利用外资质量的技术管理效益指标	一级指标
利用外资的生产技术溢出效益	二级指标

续表

指标名称	指标性质
外资企业技术溢出率	三级指标
外资 R&D 经费增长率	四级指标
R&D 投入强度	四级指标
技术吸收系数	四级指标
外资企业获发明专利比重	三级指标
外资高新技术产业产值比重	三级指标
外资企业与本地研发力量的带动强度	三级指标
外资企业有效管理技术溢出效益	二级指标
外资企业先进管理制度方法的普及率	三级指标
外企培训投入占总投入的比重	三级指标
外企高级管理人员流动率	三级指标
◆ 利用外资质量的社会效益指标	一级指标
利用外资的人力资本贡献指标	二级指标
外资企业就业增长贡献率	三级指标
人力资本质量优化率	三级指标
外资企业税收贡献率	二级指标
外资企业的税收存量贡献率	三级指标
外资企业的税收增量贡献率	三级指标
◆ 利用外资质量的生态环境效益指标	一级指标
外资的绿色项目贡献指标	二级指标
用于环保产品和绿色产品生产的外资项目/高能耗、高污染外资项目	三级指标
外资企业环保贡献指标	二级指标
外资工业污染企业达标率	三级指标
外资企业循环经济效率	三级指标
外资污染治理贡献率	三级指标
外资企业低碳技术指标	二级指标
外资企业的单位产值的碳排放量	三级指标
外资企业单位产值的能耗量	三级指标

三、利用外资质量评价指标体系的计算

构建利用外资质量评价指标体系的一个主要目的在于比较，既有纵向意义的比较，也有横向意义的比较。通过纵向比较可以使我们了解国家或某一地区在利用外资质量方面的一个历史变化，从而可以找出导致利用外资质量的改善或恶化的原因，以便为制定更好的外资政策提供参考；而各地区尤其是区域特征类似的省份之间的横向比较可以找出相互的差距，乃至差距产生的原因之所在，从而在引进外资、利用外资的政策上相互借鉴，共同提高利用外资的质量。

我们构建的利用外资质量评价指标的意义在于其序数性，而不在于基数性质。仅当这项指标被用于解释某地区利用外资的质量在得到改善或恶化以及某地区与其他地区相比在利用外资的质量方面表现更好或更差时，那些抽象的数字指标才有意义。

为了便于分析和计算，下面引入一些概念和符号。

1. 符号

如表 3-6 所示，利用外资质量的评价指标体系是个树型结构，i 级指标既可以隶属于 i-1 级指标，同时也可能有 i+1 级指标直接隶属于它。可以看出，i 级指标只可能直接隶属 i-1 级指标中的一个，而直接隶属于它的 i+1 级指标可能有多个，比如二级指标“利用外资的结构优化指标”只直接隶属于四个一级指标中的一个——“利用外资的经济增长贡献指标”，而直接隶属于它的三级指标有两个——“外资产业投向结构指标”和“外资出口产品结构指标”。

因为指标的数量很多，为了使符号能够体现指标之间的相互隶属关系，也为了分析计算方便，我们使用递归的方法去给每个指标赋予符号：如果该指标属于一级指标，并且是第 i 个[①]一级指标，那么该指标记为 e_i。如果该指标属于第 j 级指标（$1 \leqslant j \leqslant 4$），并且该指标直接隶属于指标 $e_{i_1 i_2 \cdots i_{j-1}}$，那么该指标记为 $e_{i_1 i_2 \cdots i_{j-1} i_j}$，其中 i_j 表示该指标是直接隶属于指标 $e_{i_1 i_2 \cdots i_{j-1}}$ 的所有指标中的第 i_j 个[②]。

定义末级指标：对一个第 i 级指标来说，如果 i = 4[③]，或者任何 i+1 级指标都不隶属于该指标，那么称该指标为末级指标。

末级指标是从原始数据中得来的或者是通过对原始数据的标准化而得来的，而任何非末级指标则是通过对其隶属指标的恰当加总[④]得出的。

2. 末级指标

如前所述，利用外资质量评价指标的意义在于比较，所以对末级指标基于比较的标准化处理就成为必要的了。另外，这种比较既可能是纵向的历史的比较，如贵州省改革开放以来利用外资的质量是如何逐年变化的，哪些年份利用外资的质量在提高、改善，哪些年份在降低、在恶化，以便于研究找出导致这些变化的原因，从而对未来的利用外资政策提供历史依据。当然，比较也可能是区域之间的横向比较，如云南省、贵州省、广西壮族自治区、四川省等在利用外资的质量方面的比较，这样可以找出区域差距，有利于分析原因、互相借鉴。而纵向比较和横向比较对末级指标的标准化要求是不一样的。

（1）纵向比较背景下的末级指标的标准化。对于 T 期的比较而言，标准化

①② 以表 3-6 中的先后顺序为依据。

③ 只限于本书。

④ 加总一般是通过引入权重的加权平均。

如下：

对数值越大越优的末级指标的标准化函数是（记第 t 期的末级指标为 $e^{t}_{i_1i_2\cdots i_j}$，标准化之前的原始数据为 c_t①，t = 1，2，…，T）：

$$e^{t}_{i_1i_2\cdots i_j}=\begin{cases}\dfrac{c_t-\min\{c_t\}}{\max\{c_t\}-\min\{c_t\}}, & 如果\ \max\{c_t\}\neq\min\{c_t\}\\ 1, & 如果\ \max\{c_t\}\neq\min\{c_t\}\end{cases}\quad t=1,\ 2,\ \cdots,\ T \tag{3-39}$$

比如对于“GDP 增长净贡献率”指标

$$e^{t}_{111}=\frac{ER^{net}_t-\min\{ER^{net}_t\}}{\max\{ER^{net}_t\}-\min\{ER^{net}_t\}}\quad t=1,\ 2,\ \cdots,\ T$$

通过式（3-39）的标准化处理后，这些末级指标就分布在［0，1］之间，它们的数值反映了它们在历史指标中的相对位置，并且原始数值越大得出的末级指标越大。

对于数值越小越优的末级指标的标准化函数为：

$$e^{t}_{i_1,i_2,\cdots,i_j}=\begin{cases}\dfrac{\max\{c_t\}-c_t}{\max\{c_t\}-\min\{c_t\}}, & 如果\ \max\{c_t\}\neq\min\{c_t\}\\ 1, & 如果\ \max\{c_t\}\neq\min\{c_t\}\end{cases}\quad t=1,\ 2,\ \cdots,\ T \tag{3-40}$$

比如对于“西部外资企业的单位产值的碳排放量”指标，则：

$$e^{t}_{431}=\frac{\max\{c^{e}_{west,t}\}-c^{e}_{west,t}}{\max\{c^{e}_{west,t}\}-\min\{c^{e}_{west,t}\}}\quad t=1,\ 2,\ \cdots,\ T$$

通过式（3-40）的标准化处理后，这些末级指标就分布在［0，1］之间，它们的数值反映了其在历史指标中的相对位置，并且原始数值越大得出的末级指标越小。

（2）横向比较背景下的末级指标的标准化。对于 N 个区域的比较而言，标准化如下：对数值越大越优的末级指标的标准化函数是（记第 n 个区域的末级指标为 $e^{n}_{i_1i_2\cdots i_j}$，标准化之前的原始数据为 c_n②，n = 1，2，…，N）：

$$e^{n}_{i_1i_2\cdots i_j}=\begin{cases}\dfrac{c_n-\min\{c_n\}}{\max\{c_n\}-\min\{c_n\}}, & 如果\ \max\{c_n\}\neq\min\{c_n\}\\ 1, & 如果\ \max\{c_n\}=\min\{c_n\}\end{cases}\quad n=1,\ 2,\ \cdots,\ N \tag{3-41}$$

比如对于“GDP 增长净贡献率”指标，则：

$$e^{n}_{111}=\frac{ER^{net}_n-\min\{ER^{net}_n\}}{\max\{ER^{net}_n\}-\min\{ER^{net}_n\}}\quad n=1,\ 2,\ \cdots,\ T$$

①② 具体根据待标准化的指标在本章第二节中的符号。

通过式（3-41）的标准化处理后，这些末级指标就分布在［0，1］之间，它们的数值反映了它们在各个区域的指标中的相对位置，并且原始数值越大得出的末级指标越大。

对于数值越小越优的末级指标的标准化函数为：

$$e^{n}_{i_1i_2\cdots i_j}=\begin{cases}\dfrac{\max\{c_n\}-c_n}{\max\{c_n\}-\min\{c_n\}}, & \text{如果}\max\{c_n\}\neq\min\{c_n\}\\ 1, & \text{如果}\max\{c_n\}=\min\{c_n\}\end{cases}\quad n=1,2,\cdots,N \tag{3-42}$$

比如对于“西部外资企业的单位产值的碳排放量”指标，则：

$$e^{n}_{431}=\frac{\max\{c^{e}_{west,n}\}-c^{e}_{west,n}}{\max\{c^{e}_{west,n}\}-\min\{c^{e}_{west,n}\}}\quad n=1,2,\cdots,T$$

通过式（3-42）的标准化处理后，这些末级指标就分布在［0，1］之间，它们的数值反映了其在各个区域的指标中的相对位置，并且原始数值越大得出的末级指标越小。

（3）面板数据的末级指标的标准化。在实际研究中，横向比较与纵向比较有时需要同时进行，比如西部各省份在改革开放以来利用外资质量的变动关系，这种情况下，前两种标准化方法都不能使得数据既在时间上有可比性，又在区域间有可比性，所以有必要对前述方法进行必要的改动。

对于T期N个区域的比较而言，可用如下的标准化方法：

对数值越大越优的末级指标的标准化函数是（记第t期第n个区域的末级指标为$e^{t,n}_{i_1i_2\cdots i_j}$，标准化之前的原始数据为$c_{t,n}$①，$t=1,2,\cdots,T$；$n=1,2,\cdots,N$）：

$$e^{t,n}_{i_1i_2\cdots i_j}=\begin{cases}\dfrac{c_{t,n}-\min\{c_{t,n}\}}{\max\{c_{t,n}\}-\min\{c_{t,n}\}}, & \text{如果}\max\{c_{t,n}\}\neq\min\{c_{t,n}\}\\ 1, & \text{如果}\max\{c_{t,n}\}=\min\{c_{t,n}\}\end{cases}\quad t=1,2,\cdots,T;\ n=1,2,\cdots,N \tag{3-43}$$

比如对于“GDP增长净贡献率”指标，则：

$$e^{t,n}_{111}=\frac{ER^{net}_{t,n}-\min\{ER^{net}_{t,n}\}}{\max\{ER^{net}_{t,n}\}-\min\{ER^{net}_{t,n}\}}\quad t=1,2,\cdots,T;\ n=1,2,\cdots,N$$

通过上述的标准化处理后，这些末级指标就分布在［0，1］之间，它们的数值反映了它们在所有的历史指标以及区域指标中的相对位置，并且原始数值越大得出的末级指标越大。

对于数值越小越优的末级指标的标准化函数为：

① 具体根据待标准化的指标在本章第二节中的符号。

$$e_{i_1i_2\cdots i_j}^{t,n}=\begin{cases}\dfrac{\max\{c_{t,n}\}-c_{t,n}}{\max\{c_{t,n}\}-\min\{c_{t,n}\}}, & \text{如果}\max\{c_{t,n}\}\neq\min\{c_{t,n}\}\\ 1, & \text{如果}\max\{c_{t,n}\}=\min\{c_{t,n}\}\end{cases}\quad t=1,2,\cdots,T;$$

$$n=1,2,\cdots,N \tag{3-44}$$

比如对于“西部外资企业的单位产值的碳排放量”指标，则：

$$e_{431}^{t,n}=\frac{\max\{c_{west,t,n}^{e}\}-c_{west,t,n}^{e}}{\max\{c_{west,t,n}^{e}\}-\min\{c_{west,t,n}^{e}\}}\quad t=1,2,\cdots,T;\ n=1,2,\cdots,N$$

通过这种标准化处理后，这些末级指标就分布在［0，1］之间，它们的数值反映了其在所有历史指标以及区域指标中的相对位置，并且原始数值越大得出的末级指标越小。

3. 非末级指标

非末级指标有两种，一种是不隶属于任何指标的指标，这种只有一个元素，即利用外资质量的评价指标，称之为第0级指标，记为 e_0，直接隶属该指标的有四个第1级指标，分别为 e_1，e_2，e_3，e_4；另一种是不仅有直接隶属于它们的指标，同时它们也隶属于其他某个指标。

非末级指标的获得不是通过观察原始数据或通过原始数据的标准化得到的，而是通过直接隶属该指标的各个指标的加权平均得到的。对于除 e_0 以外的所有指标，通过恰当的方法[①]都被赋予一个权重，记指标 $e_{i_1i_2\cdots i_j}$ 的权重为 $\alpha_{i_1i_2\cdots i_j}$，并且 $\sum\limits_{i_j=1,2,\cdots K(i_1i_2\cdots i_{j-1})}\alpha_{i_1i_2\cdots i_j}=1$，其中 $K(i_1i_2\cdots i_{j-1})$ 是直接隶属于指标 $\alpha_{i_1i_2\cdots i_{j-1}}$ 的指标的数量。定义矩阵 $E_{i_1i_2\cdots i_{j-1}}=[e_{i_1i_2\cdots i_{j-1}1}\ \ e_{i_1i_2\cdots i_{j-1}2}\ \cdots\ e_{i_1i_2\cdots i_{j-1}K(i_1i_2\cdots i_{j-1})}]'$ 为指标 $e_{i_1i_2\cdots i_{j-1}}$ 的直接隶属矩阵，矩阵 $A_{i_1i_2\cdots i_{j-1}}=[\alpha_{i_1i_2\cdots i_{j-1}1}\ \ \alpha_{i_1i_2\cdots i_{j-1}2}\ \cdots\ \alpha_{i_1i_2\cdots i_{j-1}K(i_1i_2\cdots i_{j-1})}]'$ 为指标 $e_{i_1i_2\cdots i_{j-1}}$ 的直接隶属指标的权重矩阵。为了使得符号上不相冲突，定义 $E_0=[e_1\ \ e_2\ \ e_3\ \ e_4]'$，$A_0=[\alpha_1\ \ \alpha_2\ \ \alpha_3\ \ \alpha_4]'$。

对于所有的非末级指标 $e_{i_1i_2\cdots i_j}$，可以用如下公式计算：

$$e_{i_1i_2\cdots i_j}=A_{i_1i_2\cdots i_j}\cdot E_{i_1i_2\cdots i_j}=\begin{cases}\sum\limits_{i_{j+1}=1,2,\cdots K(i_1i_2\cdots i_j)}\alpha_{i_1i_2\cdots i_{j+1}}e_{i_1i_2\cdots i_{j+1}} & \text{如果 } j\geqslant 1\\ \sum\limits_{k=1}^{4}\alpha_k e_k & \text{如果 } e_{i_1i_2\cdots i_j}=e_0\end{cases} \tag{3-45}$$

由此，可以给出计算利用外资质量的评价指标的总公式：

$e_0=A_0\cdot E_0$，$E_0=[e_1\ \ e_2\ \ e_3\ \ e_4]'$，$A_0=[\alpha_1\ \ \alpha_2\ \ \alpha_3\ \ \alpha_4]'$；

$e_{i_1}=A_{i_1}\cdot E_{i_1}$，$E_{i_1}=[e_{i_11}\ \ e_{i_12}\ \ \cdots\ \ e_{i_1K(i)}]'$，$A_{i_1}=[\alpha_{i_11}\ \ \alpha_{i_12}\ \ \cdots\ \ \alpha_{i_1K(i)}]'$；

① 比如可以通过专家组对相关指标的投票或打分这样的程序而获得权重。

$e_{i_1i_2} = A_{i_1i_2} \cdot E_{i_1i_2}$，$E_{i_1i_2} = [e_{i_1i_21} \quad e_{i_1i_22} \quad \cdots \quad e_{i_1i_2K(i_1i_2)}]'$，$A_{i_1i_2} = [\alpha_{i_1i_21} \quad \alpha_{i_1i_22} \quad \cdots \quad \alpha_{i_1i_2K(i_1i_2)}]'$；

$e_{i_1i_2i_3} = A_{i_1i_2i_3} \cdot E_{i_1i_2i_3}$，$E_{i_1i_2i_3} = [e_{i_1i_2i_31} \quad e_{i_1i_2i_32} \quad \cdots \quad e_{i_1i_2i_3K(i_1i_2i_3)}]'$，

$$A_{i_1i_2i_3} = [\alpha_{i_1i_2i_31} \quad \alpha_{i_1i_2i_32} \quad \cdots \quad \alpha_{i_1i_2i_3K(i_1i_2i_3)}]' \tag{3-46}$$

可以证明，包括 e_0 在内的所有指标都分布在区间［0，1］。

首先，通过对原始数据标准化的过程，所有的末级指标都分布在区间［0，1］。

其次，如果对任意的 $i_j = 1, 2, \cdots, K(i_1i_2\cdots i_{j-1})$，$e_{i_1i_2\cdots i_j} \in [0, 1]$，并且 $j \geq 1$，那么，因为 $e_{i_1i_2\cdots i_{j-1}} = A_{i_1i_2\cdots i_{j-1}} \cdot E_{i_1i_2\cdots i_{j-1}}$，所以：

$0 = A_{i_1i_2\cdots i_{j-1}} \cdot [0 \quad 0 \quad \cdots \quad 0]' \leqslant A_{i_1i_2\cdots i_{j-1}} \cdot E_{i_1i_2\cdots i_{j-1}} \leqslant A_{i_1i_2\cdots i_{j-1}} \cdot [1 \quad 1 \quad \cdots \quad 1]' = 1$，特别地，如果 $e_i \in [0, 1]$，其中 $i = 1, 2, 3, 4$，那么，类似可证 $e_0 \in [0, 1]$。

由此，证明了所有的指标都分布在区间［0，1］内。

4. 评价指标体系的特征

我们建立的评价指标体系有一些优良的特征，这些特征要么便于指标之间的比较，要么符合我们的直觉。

第一，如上文指出的那样，指标体系中所有的指标都分布在区间［0，1］内，使得指标的数值本身都能反映出其在待比较的指标中的位置，从而使得数值本身获得了比较的意义。

第二，所有的非末级指标满足单调性：如果 $e_{i_1i_2\cdots i_{j+1}} > e'_{i_1i_2\cdots i_{j+1}}$，对所有的 $i_{j+1} = 1, 2, \cdots, K(i_1i_2\cdots i_j)$，那么显然 $e_{i_1i_2\cdots i_j} > e'_{i_1i_2\cdots i_j}$，并且在 $\alpha_{i_1i_2\cdots i_{j+1}} \neq 0$，对任意 $i_{j+1} = 1, 2, \cdots, K(i_1i_2\cdots i_j)$ 情况下，指标 $e_{i_1i_2\cdots i_j}$ 满足强单调性：如果 $e_{i_1i_2\cdots i_{j+1}} \geqslant e'_{i_1i_2\cdots i_{j+1}}$，对所有的 $i_{j+1} = 1, 2, \cdots, K(i_1i_2\cdots i_j)$，并且存在某个 i_{j+1}，使得严格不等式成立，那么显然 $e_{i_1i_2\cdots i_j} > e'_{i_1i_2\cdots i_j}$。

具体利用外资质量总体评价指标体系各指标计算符号如表 3-7 所示。

表 3-7 利用外资质量总体评价指标体系各指标计算符号

指标名称	指标性质	符号
◆ 利用外资的经济发展效益指标	一级指标	e_1
利用外资的经济增长贡献指标	二级指标	e_{11}
GDP 增长净贡献率	三级指标	e_{111}
增量资本产出比率	三级指标	e_{112}
增加值贡献率	三级指标	e_{113}
贸易贡献度	三级指标	e_{114}
出口贡献率	四级指标	e_{1141}
外资企业的贸易比较优势	四级指标	e_{1142}
利用外资企业利润增长率贡献指标	二级指标	e_{12}

续表

指标名称	指标性质	符号
利用外资的结构优化指标	二级指标	e_{13}
外资产业投向结构指标	三级指标	e_{131}
外资在第一产业、第二产业、第三产业中的投资比例	四级指标	e_{1311}
外资在劳动—资本密集型产业、技术—资本密集型产业中的投资比例	四级指标	e_{1312}
外资在我国鼓励发展的领域，如基础设施、高新技术产业、环保产业等的投资所占比重	四级指标	e_{1313}
外资出口产品结构指标	三级指标	e_{132}
◆ 利用外资的社会效益指标	一级指标	e_2
利用外资的人力资本贡献指标	二级指标	e_{21}
外资企业就业增长贡献率	三级指标	e_{211}
人力资本质量优化率	三级指标	e_{212}
外资企业税收贡献率	二级指标	e_{22}
外资企业的税收存量贡献率	三级指标	e_{221}
外资企业的税收增量贡献率	三级指标	e_{222}
◆ 利用外资的技术管理效益指标	一级指标	e_3
利用外资的生产技术溢出效益	二级指标	e_{31}
外资企业技术溢出率	三级指标	e_{311}
外资 R&D 经费增长率	四级指标	e_{3111}
R&D 投入强度	四级指标	e_{3112}
技术吸收系数	四级指标	e_{3113}
外资企业获发明专利比重	三级指标	e_{312}
外资高新技术产业产值比重	三级指标	e_{313}
外资企业与本地研发力量的带动强度	三级指标	e_{314}
外资企业有效管理技术溢出效益	二级指标	e_{32}
外资企业先进管理制度方法的普及率	三级指标	e_{321}
外企培训投入占总投入的比重	三级指标	e_{322}
外企高级管理人员流动率	三级指标	e_{323}
◆ 利用外资的生态环境效益评价指标	一级指标	e_4
外资的绿色项目贡献指标	二级指标	e_{41}
用于环保和绿色产品生产的外资项目/高能耗污染外资项目	三级指标	e_{414}
外资企业环保贡献指标	二级指标	e_{42}
外资工业企业环保达标率	三级指标	e_{421}
外资企业循环经济效率	三级指标	e_{422}
外资污染治理贡献率	三级指标	e_{423}
外资企业低碳技术指标	二级指标	e_{43}
外资企业的单位产值的碳排放量	三级指标	e_{431}
外资企业单位产值的能耗量	三级指标	e_{432}

|第四章|

我国社会主义新农村建设与利用外资的关系

第一节　新农村建设对外资质量提出要求

一、总量要求

新农村建设旨在完善农村基础设施、改善农村生态环境、改善农村社保状况等，尽管国家在新农村建设项目中有拨付相应的建设资金，但建设新农村依旧存在较大的资金缺口。尽管我国近年来经济发展迅速，但详细查看数据后会发现农村经济对国民经济发展的贡献依然较小。目前我国城乡差距明显，主要体现在农业发展与工业发展之间的明显差距、农民与城市居民收入之间的差距，综合来看，我国农村相比城市的发展仍显滞后，“三农”问题仍处待解决阶段，我国农村经济的整体形势依旧不容乐观。

任何一种经济要持续、稳定地发展必须保持社会总供给和社会总需求的平衡，如果总需求与总供给之间不处于平衡时，便容易产生相应缺口，如一国或一地区的投资超过储蓄则会形成储蓄缺口，当该国或该地区没有相应的资源来填补储蓄缺口时，要维持既定的投资只能依赖商品与劳务的进口，如此便会导致经常账户不平衡，形成外汇缺口，此时适当引进外资便可起到弥补储蓄缺口和外汇缺口的双重功效，因此，一般发展中国家或地区引入外资的最初始目的便是填补资金缺口，以维持经济体的有序建设。

总体而言，我国的社会主义新农村建设依然存在资金缺乏问题，尽管在大力开展社会主义新农村建设的项目中国家会有大额资金投入农村基础设施的建设，但农村要得到全面的发展和提升，单纯依赖财政部门的政府转移性支付是远远不够的，农村需要大力借助外来资金以服务农村的全面建设与改进。当外资进入农村投资，在投资乘数效应作用下，资本会在运作中不断积累，若将其中积淀的部分资金用于农村地区硬件和软件设施的建设，可以弥补农村建设资金不足，服务农村经济的发展。

二、结构要求

“保增长、调结构”是稳定我国经济的“两难”，但“保增长”和“调结构”之间并不是“零和博弈”的关系，两者之间也具有相辅相成的彼此促进关系。外资能够促进农村经济增长，那么在农村经济结构的调整上也能够发挥一定的作用。一般外资在农村的投资方向可引导农村经济发展的方向。实现农村经济结构的优化升级是我国建设社会主义新农村建设的重要目标，该目标可从静态、动态两方面来剖析，从静态上看，新农村建设要求产业结构之间的协调，要同市场的需求结构相适应，相应的经济结构应符合特定时期下的经济发展水平；从动态上看，农村的经济结构应不断根据相应的发展背景和条件进行优化升级，不断更新生产产品和产品结构，在经济结构逐步演化和发展下推进我国社会主义新农村建设。并且合理吸收外资带来的较先进的技术、工艺、设备和产品，经历外资技术的渗透和传递，有利于加快我国农村经济结构的调整，故利用外资是促进农村经济结构调整的重要途径。

经济结构是一个由许多系统构成的多层次、多因素的复合体，经济结构状况是衡量国家和地区经济发展水平的重要标志，调整经济结构是国民经济发展的重点和难点。值得一提的是，经济结构的范畴不仅仅局限于产业结构，傅元海在《中国外商直接投资质量问题研究》中对“外商直接投资的经济结构效应”的论述，将经济结构细分产业结构、出口结构、市场结构、经济多元化、市场化进程五方面[①]，尽管学术界对经济结构的划分没有明确的依据，但经济结构调整对国民经济发展的重要性均得到肯定。引进外资对农村经济增长将起到很大的促进作用，有利于农村整体经济实力的提升，进而在推进农村经济发展的前提下，整体提升我国经济的产业结构，实现三大产业的均衡发展，共同服务国民经济的发展。

外资进入农村有利于改善农村传统的“日出而作，日落而息”的生产模式，为农村作业输入现代生产理念，将为农村产业结构的调整和资源配置提供一定的向导。我国素有“劳动密集型国家”的称号。根据要素禀赋理论，生产发展模式可分为劳动密集型、技术密集型、资本密集型、知识密集型等，我国总体上工业生产还比较落后，农村生产力水平更落后，主要是依赖资源、劳动力投入的粗放型生产，生产的规模效应不明显，因而外资的进入可以起到适度引导农村生产模式的转变，促进我国农村地区产业结构调整和经济结构优化升级。

目前农村中企业的规模大多较小，缺乏规模效应。外资进入农村有可能推进

① 傅元海. 中国外商直接投资质量问题研究（第一版）[M]. 北京：经济科学出版社，2009.

农村产业群[①] 的建设，根据波特对产业群的论述，产业群是指在特定领域中，一群在地理上邻近、有交互关联性的企业和相关法人机构因共通性和互补性相联结而形成的体系。我国在城市地区的产业群发展较为迅速，其中长三角、珠三角和京津环渤海是我国产业群发展较早、较快、较集中的地区，浙江、江苏、广东等地区产业群较为发达。并且像上海的张江高科、北京的中关村等在产业集中下创利颇丰，为了获得相应的规模效应，可在充分利用外资的基础上，在农村地区建设产业群。考虑到农村地区的乡镇企业总体规模较小，分布不集中。为了获得相应的规模效应，可在充分利用外资的基础上，在农村地区建设产业群。

其中外资对农村产业结构的调整主要可通过"技术溢出效应"、"产业关联效应"、"产业转移效应"、"人力资本效应"等渠道[②] 发挥促进产业结构优化升级的作用。在外资进入传递的若干效应影响下，实现我国农村经济结构的优化升级，生产高附加值、高技术含量、低消耗、低成本的产品，提升农村商品在市场中的竞争力，为农村建设和发展贡献力量。

第二节 提高利用外资质量对社会主义新农村建设的促进作用

我国社会主义新农村建设主要依据"生产发展、生活宽裕、乡风文明、村容整洁、管理民主"的二十字方针开展实施，正如前文中对我国建设社会主义新农村的措施和方法中提及的，我国建设社会主义新农村的思想在党的十六届五中全会正式提出，并且在《中共中央关于制定国民经济和社会发展第十一个五年规划的建议》中正式得到落实，在当年的《中共中央关于制定国民经济和社会发展第十一个五年规划的建议》中明确指明应注重利用外资以服务我国新农村的建设。鉴于我国社会主义新农村建设仍为起步阶段，加之我国城乡二元结构明显，除却国家相应的资金注入，外资进入新农村建设项目更有利于推进我国社会主义新农村建设的进程。

外资进入新农村建设中有利于弥补资金缺口；随着时间的演进，外资企业较为先进的技术将会产生一定的外溢效应，以及外资企业较完善合理的管理制度将被当地乡镇企业学习借鉴；随着引资目标的变化，外资相应发挥的作用也将随之演进，引资初期主要目标为利用外资补充新农村建设的资金缺口，随着时间的推

① 产业群也可称为集群。

② 陈成. 西部地区产业结构优化目标下的提高利用外资质量问题研究［D］. 贵阳：贵州大学硕士学位论文，2009.

移，引资目标将由单一化向多元化发展、从低层次向高层次演进，最终实现促进农村经济发展的目标。引进外资能从经济发展效益、社会进步效益、技术外溢效益、生态环境效益四方面对我国社会主义新农村建设产生促进作用。

一、经济发展效益

我国新农村建设引资的首要目的在于促进农村经济发展、增加农村经济对国民经济的贡献力度。外资进入农村，首先将缓解农村建设的资金缺口，外资在农村投资设厂或外资与当地企业合作进行生产，将逐步创造价值和财富推进农村经济的发展，在中长期的再投资经济行为中将会出现资本在产业间的分配与调整，促进我国农村产业结构的调整。

经过众多经济增长理论的探讨，如古典经济增长理论、凯恩斯经济增长理论、新古典经济增长理论等，众多学派从理论上对投资与经济增长之间关系展开分析，其中研究结果均肯定投资对经济发展可产生促进作用，也即投资将对东道国经济增长产生很大的促进作用。外资属于投资范畴的一种，因而也符合上述相应的研究结论，即外资将对东道国的经济发展产生推进作用。马克思曾在《资本论》中有过表述，资本的增加必然在再生产中形成资本积累，维持扩大再生产的运行。当外资注入新农村建设中，外商可通过投资设厂或合资生产等形式刺激农村地区的生产链，通过生产商品、创造价值等带动农村经济的发展，提升农村经济对国民经济的促进效果。

经济增长主要是指一国或地区生产的产品和劳务的增加，但出于平衡各国国民生活水平的需要，人们更加关注人均产出或人均国民收入，一般用 GDP 增长率来衡量。通常经济增长可分为粗放型增长和集约型增长两种，经济增长可由生产要素投入量增长和要素生产率提高实现，如果一国或地区的经济增长主要依赖要素（资本、劳动等）投入量的增加，而要素生产率的提高起次要作用，则成为粗放型经济增长方式；反之，当一国或地区的经济增长主要依赖要素生产率提高，而相应的要素投入量增长不占主导地位，则可成为集约型经济增长方式。显然，要实现经济增长由粗放到集约的转变，便有必要努力提高要素生产率和投入产出比。我国在改革开放初期，主要依赖粗放型增长模式带动国民经济的发展，以工业为主的第二产业几乎在走“先污染后治理”的规模不经济道路，随着我国经济总量的日益增加、经济发展速度加快，经济增长方式逐步实现从“粗放”向“集约”的转变。

鉴于我国仍为发展中国家，处于社会主义初级阶段，相应农业的发展仍然受到许多束缚导致我国农业依旧发展缓慢，比如投资性约束或储蓄约束①、贸易性

① 投资性约束或储蓄约束是指由于农业部门储蓄不足以支持其投资扩张，影响了农村经济发展。

约束或市场约束[①]、技术性约束或吸收能力约束[②]、教育资源约束[③] 等。外资进入农村后，不仅在很大程度上将起到促进农村地区经济增长由粗放向集约的转变，而且也能发挥更大作用以解除若干限制农村发展的约束，其中原因有二：一方面外资进入农村地区的最根本目的依然是盈利，外资企业将沿用该国较合理的生产模式（不会顺应中国农村现有的粗放模式），竭力实现资源的优化配置、提高生产要素的投入产出比，收获相应的利润；另一方面农村利用外资可以较便捷地从国外获取原材料、中间产品等加工材料，随着外资的渗透，外资企业较为先进的生产方法、生产技术、管理制度等将有利于乡镇企业的生产水平的提高，进而达到资源优化配置、投入产出比率提高等目的。一般而言，外资的流入对要素生产率的提高能发挥较显著的促进作用，并且其表现的促进作用比官方资本更为显著。当外资发挥到促进农村经济发展的作用时，则有利于破除我国城乡二元结构的格局，维持我国区域经济的协调发展，服务于小康社会的建设。

当然，虽然短时间内外资能够起到促进农村经济增长的作用，但农村政府应注重农村地区经济增长质量的提高，也即努力做好提高要素生产效率，不可继续走“以污染换收益”的道路。同时也需要高度注意，在农村建设过程中不可过度依赖外资来承担经济建设，适度控制好引入的外资规。因为外资规模过大，将极有可能发生失去控股权甚至垄断现象，导致外资企业吞噬农村经济的发展。

二、社会进步效益

我国目前存在严重的城乡二元结构，农村基础设施建设欠缺，农村人口接受教育不便，农村社会保障制度不完善等社会问题。这些问题皆为新农村建设项目中亟待处理和解决的重点。但上述农村固有的社会问题主要是通过政府的转移性支付来逐步解决。外资进入农村是因为农村具有丰富的资源、充足廉价的劳动力市场、极大的潜在需求空间等，一般外资不会承担起解决农村众多社会问题的责任，外资的根本目的依旧是盈利。但在满足外资和引资地区双方盈利的情况下，外资也能够在创造农村就业、贡献税收、发展农村人力资本等方面发挥一定的作用。

1. 农村就业效应

中国是世界上人口最多的国家，同时也是世界上劳动力总量最多的国家，我

---

① 贸易性约束或市场约束是指由于农业与其他部门贸易所得收入不足以支持农业部门发展需要的资金输入。

② 技术性约束或吸收能力约束，即由于缺乏必要的科学技术和人才无法更多地吸收外来资本和有效地利用各种资源。

③ 尽管政府普及九年义务教育，但相比城市而言，农村的教育资源比较缺乏、教育技术比较落后、教育设施仍然欠缺，导致农村人力资本普遍较薄弱，制约着农村的发展。

国超过80%的人口聚集在农村，我国农村拥有充足的劳动力资源，但正因为农村人口过多，导致农村人口就业成为一大难题，党的十六大报告中就曾提到解决就业问题的重要性和迫切感，"我国要千方百计扩大就业，不断改善人民生活，就业是民生之本，扩大就业是我国当前和今后长时期重大而艰巨的任务"。由于实现充分就业是调控宏观经济的重要目标和方法，因而解决农村人口的就业问题也是新农村建设阶段的重要目标之一。

根据已有研究，外资与就业之间的关系，一般可以分为外资对引资地区就业产生的直接影响和间接影响，因而外资对农村就业总量的影响方式可从直接效应和间接效应两方面分析。其中，直接效应可理解为外商在我国农村地区设立子公司、分支机构或是和当地乡镇企业合资经营可吸纳的新员工就业数量；[①] 间接效应则指外资进入我国农村地区间接产生的各类就业的总和，可以理解为外资对农村就业的广义效应，一般外资对就业的间接效应主要体现在其对农村经济发展和前后关联产业发展的促进效应。鉴于外资在农村投资设厂或合资经营需要较长一段时间，因而其对农村就业的作用可能随着时间的推进而演变，故在此处主要依据时间跨度将外资对农村就业产生的效应分成就业创造、就业损失、就业挤出和就业转移四个阶段。[②]

（1）外资的就业创造效应[③]。就业创造效应包括直接创造效应和间接创造效应。直接创造效应是指外资创办企业，增加新的生产能力导致就业人数增加。间接创造效应是指外资带动了前后向及相关产业的发展，创造了新的就业岗位。其中直接的就业创造效应和间接的就业创造效应之间较明显的差别在于时间的长短，一般短期内更容易产生直接的就业创造效应，但间接的就业创造效应则需要在一定的时间积累和沉淀中才能发挥。在外资进入农村地区初期，因外资在一定程度上弥补了农村建设的资金缺口，会适当增加农村就业岗位，提升农村就业人数，促进农民增收[④]。下面将分别从直接就业创造效应和间接就业创造效应的角度来分析。

第一，从直接就业创造效应角度来看，外资发挥相应的就业创造效应主要取决于外资在农村地区的投资方式，因为外资不同的投资方式会对创造就业的效应产生相应的差异。

一般来讲，外资进入方式主要有三种：一是新建企业，也称之为"绿地投资"，即在农村地区新建企业；二是跨国并购，投资者收购或兼并当地的乡镇企业；三是投资者增加投资扩展自己境内的原有企业。由于外资的投资方式不同，

---

①③ 张燕虹. 外商直接投资对我国就业影响的效应分析［D］. 厦门：厦门大学硕士学位论文，2007.

② 李恒. 外商直接投资对我国就业效应的影响分析. 大连：东北财经大学硕士学位论文，2006.

④ 创造农村就业，促进农民增收是建设社会主义新农村的重要目标之一。

其对直接就业的创造效应也有所不同。其中，在这三种方式中，第一种和第三种能直接促进农村地区的就业增长，因为采取创办新企业需要修建厂房，这就创造了大量短期的就业机会，而基础设施建好之后投入正式的生产需要大量的工人和销售管理人员，鉴于雇用农村劳动力的成本较低，外资会招聘本土化的农民做短期员工，这将会极大地增进东道国的就业。扩展原有企业也会增加企业对用人的需求，故“绿地投资”和“扩展原有企业”对我国农村地区的就业贡献较大。外商投资并购我国企业在短期内并不能形成新的生产能力，因而其在短期内一般不存在直接就业创造效应。

其次，外商投资对农村地区直接创造就业机会的效应也和外资企业生产过程中的劳动密集程度息息相关。如果劳动密集程度较高，亦即通常所言的劳动密集型生产，因为劳动密集型生产主要以劳动力要素的投入为主导进行生产，因此可吸纳较多的劳动力，相应产生的直接创造效应也会比较明显。比如服装业、电子制造业、食品饮料加工业等劳动密集型的生产部门，外资产生的直接就业创造效应非常突出。

第二，从外资产生的间接就业创造效应角度上看，外资可通过与当地的乡镇企业建立各种连锁关系和乘数效应来间接创造就业机会。

首先，产业的关联效应主要是垂直产业关联效应，包括前向关联和后向关联。前向关联是指外资企业为当地乡镇企业提供配套的中间产品；后向关联则指当地的乡镇企业为外资企业提供其生产所需的中间投入产品。在产业关联效应中可以为当地的供货商、销售商、服务代理商等创造就业机会和带来可观的利润，间接增加农村的就业人数。并且在一段时间内，外资企业相应产生的技术溢出效应又将促进我国农村地区乡镇企业生产技术的发展，加快农村地区经济结构的升级进程，推动农村经济的发展。根据菲利普斯曲线，经济增长有利于就业的增加，因而可进一步改善我国农村的就业形势。

其次，外资在农村投入产生的投资乘数效应也将间接创造就业机会。投资乘数效应是指在一定的边际消费倾向条件下，由于各生产部门之间的连续反应，一个部门增加投资必然会导致另一部门投资增加，在各产业部门的连锁效应下，使得多个部门的投资和收入增加，在乘数效应作用的过程中，可以增加农村人口的就业机会。外资发挥作用的方式较为类似，在投资乘数效应的驱动下，创造就业机会。但外商投资乘数效应的显著程度取决于外资企业采购生产材料的来源，如果其主要的生产原料在当地购买的比重大，则对当地的就业形势相应贡献就显著。但一般而言，外资企业的生产原料一部分从国际市场获得，这样将缩小投资的乘数效应，故内资产生的乘数效应一般比外资所发挥的效应更为显著。

（2）外资的就业损失效应①。在前面陈述的第二种外资进入方式② ——跨国并购中容易导致就业的损失效应，就业损失效应主要是指外资进入农村地区，其以并购乡镇企业的方式来扩大生产规模，在并购过程中的重新整合、重组下，精简原有乡镇企业的员工将会导致该部分职员失去就业岗位，造成我国农村地区的就业损失。由于农村地区职员的生产技术、工作能力低下，同外资企业要求的员工技术水平仍有较大差距，在外资通过并购扩大企业规模时，为了追求较高的生产效率和营业利润，外资企业会把大量的限制人员或能力素质低下的员工裁减掉，造成严重的就业损失现象。因而，跨国并购相比“绿地投资”和“扩展原有企业”具有较强的就业破坏力，加剧了农村就业的压力。

（3）外资的就业挤出效应③。挤出效应从经济学角度上来看，是指由于政府支出的增加引起私人消费或投资降低。④ 而就业挤出效应则指一方面外资进入将加剧国内市场的竞争激烈程度，国内企业为了同外资在竞争中抢占市场，企业不得不通过减少员工数量的方式来精简员工规模，进而提高效率和市场竞争力；另一方面国内企业在激烈的竞争中破产倒闭，造成众多员工的失业现象。

我国农村地区较为落后，其乡镇企业的整体实力同外资企业存在较大差距，在同外资竞争的过程中，通常处于劣势地位，外资的进入极有可能挤垮众多的农村乡镇企业，占领市场份额，甚至滋生垄断现象。当地企业在竞争中受到打压时，通常会采取“裁员”的方式来提高企业的运营效率、增强竞争力。同时，为了和外商投资企业竞争，我国企业对企业的原有设备和技术进行革新，内资企业的资本有机构成不断提高，由于资本技术对劳动力有替代的作用，这样也可能导致大批员工失业。同样，我国企业为了与外商投资企业竞争，投资的新项目一开始就采用新设备、新技术，这样的新项目所能吸纳的新增劳动力数量相对减少，所以投资扩张对解决下岗职工再就业的作用是微弱的。此外，那些经受不住外商投资企业竞争的国内企业可能停产、倒闭，也会产生大量的失业人口。因而外资对内资的挤出作用会减少就业，劳动生产率的提高、技术的进步使我国在享受技术进步利益的同时不得不承受较高的就业压力。

（4）外商直接投资的就业转移效应⑤。就业转移效应是指由于外商直接投资和我国那些停产和濒临倒闭的企业合资或合作，使这些企业得以挽救，从而转移了从业人员的就业。与外商合资或合作的国内企业绝大多数是有一定“问题”的企业。如果没有外商的合资或合作，这些企业可能被市场淘汰，企业中的就业人

①③⑤ 张燕虹. 外商直接投资对我国就业影响的效应分析 [D]. 厦门：厦门大学硕士学位论文，2007.

② 在就业创造中有讲到三种外资的进入方式，第二种外资进入方式（跨国并购）容易导致就业损失效应。

④ 叶德磊. 宏观经济学（第二版）[M]. 北京：高等教育出版社，2010.

员就可能转变为失业人口。正是因为外商的合资或合作没有使这些企业倒闭，从而使就业人员的就业机会得到了挽救。需要指出的是，外商直接投资挽救的就业人数是原有企业就业人员的一种转移，并不是新增加了这么多的就业人口。

尽管上述四种外资对农村就业形势的影响有好有坏，可能外资在进入农村地区初期在一定程度上创造就业机会和岗位，但随着时间的推进，外资规模的逐渐扩大，当地企业与外资企业在技术、资金、管理等方面差距的日益拉大等因素都将导致对农村就业的负向作用（抑制农村就业），故当地政府应高度关注外资企业的发展现状和发展趋势，积极鼓励当地企业学习外资企业技术、管理、企业文化等，把握好外资的利用质量使其不会干扰农村经济的有序发展，不会在恶性竞争中蚕食农村市场导致众多乡镇企业破产等不利于新农村建设的局面。

自我国提出建设社会主义新农村的方针，我国农村就业总人数出现小幅的下跌，自 2006 年正式落实新农村建设来，我国农村就业人数由 2006 年的 48090 万人下降到 2009 年的 46875 万人，相应农村就业占全国就业比重由 62.9%下降到 60.1%，数据显示，我国农村就业无论从就业总量上还是就业比重上均有小幅下降，说明在新农村建设期间我国农村就业形势不太乐观，或许外资在一定程度上对我国农村就业产生着负向作用，因而相关政府部门应对我国农村地区的就业形势保持高度警惕，加大对外资企业的监督力度，尽量规避外资对新农村建设的抑制效应，提高外资的利用质量，使其为新农村建设贡献力量。

2. 农村人力资本效应

随着社会经济的日益快速发展，对资本的定义相比传统的将资本束缚为“物质资本”已有突破，现可将资本划分为物质资本和人力资本。舒尔茨是人力资本的提出者，并因此而获得诺贝尔经济学奖，舒尔茨认为，人力资本是体现在劳动者身上的一种资本类型，包括劳动者的知识程度、技术水平、工作能力、健康状况等劳动者素质。

在舒尔茨看来，人力资本的积累是社会经济增长的源泉，人力资本的积累和增加对经济增长的贡献远比物质资本、劳动力数量的增加重要得多。人力资本主要的积累方式在于接受教育及受教育的质量，综观我国农村地区劳动力的人力资本现状，目前我国农村地区劳动力素质呈现“三低”现象——受教育程度低下、技术水平低下、工作能力低下，可见我国农村地区人力资本发展比较落后。就农村劳动力文化程度来看，根据《中国统计年鉴》的数据，我国农村劳动力文化水平普遍在高中文化以下，高中文化水平的劳动力仅为 10%左右，中专水平仅在 2.5%上下，大专及大专以上水平的劳动力仅为 1%~2%，对比美国、日本等发达国家的人力资本水平，我国农村地区存在明显的差距。

虽然国家已经大范围普及“九年义务教育”，表面上看好像解决了中西部地区人们受教育难的问题，但事实表明由于城乡差距、收入差距的显著存在，导致农村地区的教育资源外流，因而“九年义务教育”并没能从实质上提升农村的受教育质量，发展农村地区的人力资本。

舒尔茨在研究人力资本时曾肯定过外资对人力资本建设的重要意义，并且已有的引资经验也验证了外资对人力资本发展的促进作用。外资对我国农村地区人力资本发展的作用大致可体现在两方面：一方面，外资通过进入农村教育领域来改善农村学校的教育设备、增强学校的师资力量，从更深层次来看，外资企业可能适当引入该国的教育理念、教育技术以引导农村学生高效率学习，外资企业加入农村教育行业将对当地教育机构产生一定压力，在竞争中便会使得当地学校提高师资力量、重视学生学习能力培养等，整体上提升农村的教育质量，为社会建设输送人才；另一方面，外资企业对本地职工在技术、管理等方面的培训和外资企业在农村地区设立实验室和研究中心。鉴于农村员工较低的工作能力，外资企业为了达到需要的生产效率及员工技术之间的平衡，将对本地招纳的员工进行技术、管理等方面的培训，可起到提高员工技术水平和工作能力的效果。同时外资企业为增强竞争力和抢占市场，会通过设立实验室和研究中心来开发新产品或服务，这不仅有利于外资企业创造利益，也大大增强了农村地区的研究实力，在一定程度上能为新农村建设培养一批人才。外资的进入将不仅改善农村员工的技术水平，而且通过开发新技术、新产品加强农村产品的竞争力，外资的先进管理制度、先进技术和研发能力将在很大程度上促进农村的人力资本发展。但仍然需要警惕外资规模、实力的过度强大对农村经济的吞噬，这将不利于我国社会主义新农村建设的发展，因而有必要通过合理利用外资和提高外资利用质量增强外资对农村人力资本发展的促进作用。

3. 税收贡献

众所周知，税收是国家财政收入的最主要来源，也是衡量企业对国家财政贡献的重要尺度，税收具有“取之于民，用之于民”的特性。税收也是国家兴建社会基础设施的最重要资金源头，在建设社会主义新农村进程中，农村基础设施的配置、农村社会保障的完善等都要依赖国家税收来筹集资金。从理论上说，经济发展的规模和其增长速度直接决定税收的规模和增长速度，税收是政府资源配置的重要手段和调控经济的重要杠杆。农村的招商引资虽然会对外资给予相应的税收优惠政策，但有数据显示近年来我国外资企业的税收出现明显增加现象，可证明外资企业对当地政府做出的税收贡献，但从外资企业的相对税收贡献看，单位产值税率和单位资产的税率均低于内资企业，因而相比内资企业，外资企业税收贡献率较低。[①] 总体而言，外资的进入能够给当地政府带来一定的税收增加。农村地区的税收收入增加将有利于农村基础设施、社会保障的建设，减轻国家承担建

① 傅元海. 中国外商直接投资质量问题研究［M］. 北京：经济科学出版社，2009.

设新农村的资金负担。

尽管外资缴纳的税收能够增加当地政府的财政收入，但部分外资企业利用农村信息缺失发生的偷税漏税现象亦不容忽视，毕竟引入农村的外资的素质和信誉有所差异。另外，外资企业规模过大、实力过强极有可能出现垄断农村市场的现象，当外资企业成为农村市场的巨头，其缴纳的税收相比大额的盈利微乎其微，这样将导致农村经济发展的紊乱，因而不可因贪图少量的外资税收而耽误整个农村经济的发展。

三、技术外溢效应

发展中国家在大力发展经济阶段，通常会采取若干优惠政策引进外资，其中引资国不仅希望借用外资能够弥补发展经济的资金缺口，更注重吸收外资先进的生产技术和管理技术，通过技术外溢效应从本质上提高生产效率和管理水平，也即发展中国家引进外资旨在吸收外资技术。尽管学术界对技术的定义千差万别，通常在理解上易将“科学”、“创新”、“研究与开发”、“知识”、“技能”等术语同“技术”一词混淆，在本书的分析中，主要将技术细分成生产技术和管理技术，探讨外资进入我国农村地区对当地乡镇企业在“生产技术”和“管理技术”上发挥的技术溢出效应。

鉴于我国仍处于社会主义发展的初级阶段和发展中国家的背景，加上我国城乡发展的不均衡，使得农村的发展受到严重制约，导致我国农村发展仍然落后。《中华人民共和国国民经济和社会发展第十一个五年规划纲要》中针对我国社会主义新农村建设项目强调外资对我国新农村建设的重要性，考虑到外资企业与当地乡镇企业在技术、管理、生产等方面存在的较大差距，在外资进入农村地区投资经营期间乡镇企业可把握学习外资先进技术、高效管理的机会，进而提升自身企业的生产水平和管理水平，由于技术的发展和进步能够显著促进经济发展，因而在较好吸收外资的技术溢出效应前提下，促进农村经济的发展，服务我国社会主义新农村建设。

1. 生产技术溢出效应

技术进步是经济增长的重要源泉，通过吸引外资获取技术溢出效应已经成为发展中国家促进技术进步的途径之一。由于我国农村经济发展落后，总体生产技术水平低下，通过引进外资进入农村投资，跨国公司发生技术转移现象进而吸收相应的技术溢出效应，能提升当地乡镇企业的生产能力。

邓小平曾提出“科技是第一生产力”。农村企业可以通过吸收外资跨国公司的技术转移效应，在技术转移的直接和间接效应中改进企业的生产技术和生产效率。其中技术转移主要以技术外溢为依托实现技术传递，要发生技术外溢则需要满足双方企业存在技术差距的前提，即在技术水平和技术能力上存在差距，通常体现为经营效率或经营绩效的差异，考虑到我国农村乡镇企业不仅在生产技术上与跨国公司存在显著差距，在管理制度、产品流通、产品营销等许多方面也存在明显差距，因而在外资进入农村后，很大程度上会发生技术溢出现象。

技术溢出可通过四种渠道实现技术传递，分别为示范—模仿效应渠道、竞争效应渠道、关联效应渠道、培训效应与员工流动效应渠道。[①]

（1）示范—模仿渠道。示范—模仿渠道亦可称为传染效应，指由于内资、外资企业之间存在技术差距，当地内资企业可通过学习、模仿外资企业的生产经营行为来提高自身技术和管理水平。外资企业不仅将新设备、新产品或新加工方法引入国内市场，还会在其生产经营过程中间接地转移部分技术即发生技术转移，因而乡镇企业不仅可以直接通过引进外资先进的生产设备来保障生产效率，还可以通过外资企业传导的示范效应进行选择性的模仿，来提高自身企业的投产技术，综合提高乡镇企业的生产能力。

鉴于我国农村地区的发展起点偏低，外资进入农村地区，不仅可以为农村带来直接的经济效应，如弥补农村建设的资金缺口，增加税收贡献等，还可以通过示范效应和技术扩散效应显著提高当地乡镇企业的生产技术水平，总体上从直接、间接两方面推动农村经济的发展，顺应“生产发展”的方针加速我国社会主义新农村的建设进程。

（2）竞争效应渠道。竞争效应是指拥有先进技术、良好管理制度的外资企业进入农村地区，将对当地乡镇企业产生明显的竞争压力，双方在抢占市场的竞争过程中，乡镇企业明显提高生产技术水平以提升市场竞争力的现象。由于我国明显的城乡二元结构，相比城市，农村发展受到严重滞后和拖延，导致我国农村不论在生产技术和生产水平，还是在整体市场竞争力上均处于明显落后位置，外资企业进入农村将对当地发展落后、生产水平低下的乡镇企业形成巨大的威胁，即相比外资企业而言，乡镇企业没有竞争优势。外资企业凭借先进的生产设备、生产技术、管理经验等优势进入农村地区将打破原有的市场平衡，加剧当地的市场竞争，迫使当地乡镇企业通过模仿外资企业的生产经营行为、改进原有的落后生产技术和生产模式，促进自身企业生产技术的提高，合理配置资源来增强企业的市场竞争力。

但在竞争中外资企业对当地乡镇企业的破坏性不容忽视，外资企业拥有先进的生产设备、生产技术、管理经验、技术人员等优势，使得外资企业生产同种产品的成本较低，其最终推向市场的产品在价格上具有明显的优势，很大程度上依据廉价高质的产品为外资企业占领大量农村市场，明显挤压乡镇企业的市场份额

① 吕晓慧. 西部地区社会主义新农村建设目标下提高利用外资质量问题研究［D］. 贵阳：贵州大学硕士学位论文，2009.

和利润空间，乡镇企业极有可能在产品挤压、收入欠缺等情况下出现破产、裁员等现象，不利于农村经济的稳定和新农村的有序建设。

(3) 关联效应渠道。关联效应渠道是指外资企业在农村地区进行业务活动时，对当地供应商、购货商所产生的技术外溢效应。当外资企业与农村地区的供应商、顾客、合作伙伴发生联系时，后者有可能从外资企业的产品创新、先进的工艺技术和市场知识中"免费搭车"，从而产生外溢效应。关联外溢效应具体通过后向联系和前向联系来实现。所谓后向联系是指农村地区的内资企业向外资企业提供生产所需的原材料、零部件和各种服务。通过后向联系，一方面使农村地区的资源得以有效配置，从而使其上游产业的生产能力得以加强，进而提高生产效率；另一方面由于外资企业为了保证其产品的质量和竞争能力，通常会为供应商建立生产性设施，提供技术援助、信息咨询服务和管理上的培训等服务，从而促进了农村地区内资企业生产能力的改进和经营管理水平的提高。所谓前向联系是指由农村地区的内资企业为外资企业提供成品市场营销服务、半成品、零部件或原材料的再加工和各种服务。通过前向联系，促使农村地区的内资企业提高产品质量和生产效率，从而对当地经销商和下游产业的技术水平的提高产生积极影响，并能促进相关技术（如维修和操作技术）向当地企业的转移以及农村地区研究与开发产业的发展。

根据新经济地理理论对外资区位理论的发展，可将外资分为横向外资[①]和纵向外资，相比而言，横向外资更注重企业规模经济效益，当外资企业能收获可观的规模效应，则表明此类外资积聚着高效的生产技术，其可能传导的技术外溢效应将对当地乡镇企业技术革新产生很大作用和帮助。若横向外资的规模效应到达一定高度，将通过示范效应对当地乡镇企业产生很大影响，并引导乡镇企业通过合理的改进走上发展规模效应的道路，如此将推进乡镇企业实现缩减成本、提高生产效率等目标，进而推动我国社会主义新农村建设。

(4) 培训效应与员工流动效应渠道。外资企业为减少成本、方便人员调动等因素，通常会实现员工本土化，但由于我国农村地区人力资本发展欠缺、人力资本水平低下，外资企业需要通过对招聘的当地员工进行培训来提高员工的工作技能和技术知识。一般来说，外资企业尤其是跨国公司相当注重员工素质和技能的培训，因为员工生产技能低下将严重影响企业的生产效率和产品质量，加上外资企业注重员工技能和管理便于其打造一支既有技能又符合自身企业管理模式的生产队伍，因而外资企业通常会花费更多精力和费用用于当地员工培训。一般外资企业培训的对象包含生产操作人员、技术人员、管理人员等，当这批本土的员工在外资企业学习、锻炼一段时间后，其工作技能、生产技术等均会有明显的提

① "横向外资"概念源于崔凡博士的《利用横向外资，提高外资质量》一文。

升，当这批员工通过职业转换（流动到乡镇企业）、自主创业等形式离开外资企业，员工学到的技术也随之外流，产生直接的技术外溢效应。

在大力发展农村建设的阶段中，“以市场换技术”引入外资的现象不可避免，外资在农村生产经营过程中会有形无形地发生技术外溢现象，在存在技术外溢现象的前提下，当地乡镇企业的相应技术吸收能力也极其重要，考虑到我国农村乡镇企业发展层次较低，其相应的技术吸收能力仍没有较好保证。并且具有明显技术优势、管理优势的外资企业进入我国农村地区的主要目的极有可能是获取垄断收益，利用农村充足资源实现生产转移而非技术转移，外资企业选择在农村地区投资设厂更可能是为了避开较高的关税壁垒、利用当地廉价的劳动力资源、开发农村充足的生产原料等目的，而非善意地本着为我国新农村建设做贡献的目标。尽管外资企业技术溢出的渠道有示范—模仿效应、竞争效应、关联效应、培训效应与员工流动效应等，表面上可显现出外资技术外溢的较大可能性，但真正溢出的技术质量仍有待商榷。

由于外资企业与当地乡镇企业之间存在明显的差距，具有显著技术、管理、生产等优势的外资企业极有可能在产品价格、技术优势、成本控制等方面明显领先乡镇企业，造成其对农村市场的垄断，外资企业垄断市场的现象将严重影响当地企业的自主发展，乡镇企业极有可能在产品挤压、收入缺失、技术落后等压力下发生兼并重组、破产等现象，严重破坏我国农村市场经济的平衡。考虑到上述情况，我国农村乡镇企业不应过度依赖外资企业的技术外溢，理应根据企业的发展背景和水平相应进行自主革新，提升企业核心竞争力，警惕外资企业垄断市场的威胁；同时当地政府应加强对外资企业的监管，尽量避免外资规模过大、实力过强造成吞噬农村市场的现象。

2. 管理技术溢出效应

外资企业与当地乡镇企业存在明显的差距，在企业管理方面，我国乡镇企业的管理仍显落后，企业管理效率低下，不利于企业的长期发展，鉴于乡镇企业管理制度的不完善，将严重影响企业的经营效率和业绩，因而乡镇企业有必要在同外资企业的交流中学习其先进的管理技巧，服务自身企业的全面、合理发展。

当外资进入农村生产经营时，不可避免会开展一系列的同乡镇企业的交流、合作活动，外资企业在实行员工本土化时也会开展一些员工的培训课程，因而外资企业较好的企业管理方法可能会形成外溢现象。虽然外资企业的管理制度、生产技术不一定领先于我国农村的乡镇企业，但不同的投资和管理模式在操作中均具有其自身的特点，并且我国乡镇企业粗放式的生产模式和低下的企业管理效率的现状不容否定，乡镇企业与外资企业之间的差距不容忽视，因而当地乡镇企业非常有必要参考外资企业的生产经营模式，根据自身企业的发展特点针对性地采纳有利于便捷地改善乡镇企业的生产管理效率。

当企业的管理制度有所改进，则在日常生产活动中会产生明显的引导作用，如科学组合各生产要素的投产比例，有利于实现资源的优化配置；在员工管理方面，适度采用激励措施有利于提高员工的生产积极性，达到直接提升生产效率的目的；在企业整体管理上，科学合理的管理制度可规避任务分配的重叠、员工调配的紊乱、同外界交流的信息闭塞等，生产效率的改进和提升建立在科学合理的企业管理基础上，因而乡镇企业应敏锐感触外资企业的管理技术溢出效应，提高相应的吸收能力，使经本土化的外资企业管理技术结合乡镇企业自身发展的优势和特点为乡镇企业的发展做出贡献。

四、环境保护效应

外资进入引资地区可以在经济发展、社会进步、技术溢出等方面发挥积极作用，但外资对当地生态环境的影响一直备受质疑。1999 年的《世界投资报告》中就涉及外资对东道国影响的分析，《世界投资报告》肯定了外资对引资地区环境保护的促进作用。但综观国内学者针对外资的众多研究，持有“外资破坏引资地区生态环境”的观点占据主流，如李萍（2004）认为，外资规模的过大威胁国家经济安全，外资投资于高污染行业给我国生态环境造成极大破坏。同时，国家发改委于 2006 年 11 月发布《利用外资“十一五”规划》，强调利用外资与生态建设之间的协调发展。当然我国农村在发展进程中存在的严重生态环境破坏现象也不容否定，赵江丽在《论西部地区新农村建设的特殊性及其发展策略》一文中表示，西部地区农村发展受到众多制约导致农村经济发展相对滞后，农村环境污染严重，造成农村经济的恶性发展。在建设我国社会主义新农村的举措中通过“村容整洁”方针体现出农村生态环境建设的重要性，随着全球环境的日益严重破坏，以“低碳”为主导的环保措施规范着全球社会生产的进行，因而在建设我国社会主义新农村进程中，可沿用“低碳”思想来规范我国农村经济生产行为，保护农村生态环境。

针对外资对我国农村生态环境的影响，可从正反两面来分析，通过比较外资对农村地区生态环境的积极和消极影响，通过努力发挥积极作用、规避消极作用来促进我国农村的生态环境建设。

1. 消极影响

对于投资商而言，东道国的劳动力成本、资源环境成本、经济监管成本等因素是其进入之前必须考虑的事项。通常情况下，发达国家对发展中国家的资本转移，很大程度上受到发展中国家廉价劳动力成本及相对宽松的资源环境法规吸引，由于发达国家工业化程度过高，导致产业链更新迅速，使得一部分不适应当地工业高速发展的企业为了寻求生存转移到发展中国家继续生产，即向发展中国家相对落后的农村地区转移的投资大多为处于生产生命周期末端的夕阳产业，或在其国内遭到高劳动力成本约束和严格环境管制的产业，此类从发达国家转移的产业大多具有污染重、能耗大等共性，如果农村过多引进类似的外资将显著威胁农村生态环境的保护，制造较重的环保负担，不利于“村容整洁”的建设。

但考虑到我国农村产业发展层次过低，对引资的要求较低，比较注重单纯追求经济增长而忽视环境保护的重要性。从我国农村的引资历程来看，引进的外资通常本着“污染转移”的企图，并且引资的企业也存在众多“外部不经济”的生产现象，依然处于“高投入、低产出、高能耗、低效益、高排放、低利用”的发展境况，导致农村自然资源的严重浪费和肆意开采，对经济的可持续发展起到明显的抵制作用。外资企业对当地环境造成负面效应，严重降低了我国农村利用外资的质量，因而当地政府在引资过程中，不宜盲目引资以追求自身政绩，适当在引资之前做好对外资实力、背景的调查，在外资进入农村地区后，也应加强对外资的监管，尤其对外资企业的生产制造行为应保持高度警惕，尽量减轻外资对当地生态环境的破坏。

2. 积极影响

尽管进入农村地区的外资可能是处于产业末端的夕阳产业或是“高能耗、高污染”的企业，但不宜将所有进入农村的外资一概而论。客观来看，进入农村地区的外资企业中仍然有部分企业拥有先进的生产技术、科学的管理制度以及良好的污染治理技术，由于乡镇企业生产效率低下、投入产出比例偏低、污染治理能力不够，因而乡镇企业可以参观外资企业的生产流程，留意其对生产废物的处理或循环利用；也可以通过自身争取或政府主导手段等途径就生产技术、管理效果、污染治理等方面同外资企业进行交流，吸取其较为先进的技术和方法用于指导自身企业的生产行为。

部分外资企业生产的产品在原料利用、成本控制上具有相当的优势，该类环保产品或绿色产品的生产既能节约原料和能源，又能减少生产过程中的污染，一定程度上满足“低碳”要求，当地乡镇企业可学习效仿类似“环保产品”、“绿色产品”的生产，既能提高企业的经济效益，也能通过减少资源投入减轻对环境的负担和污染。对于外资企业较好的循环利用技术也值得当地企业学习，毕竟许多资源具有不可再生性和稀缺性，合理节约资源有利于经济生产活动的持续开展。在生产废物的处理上，如果外资企业具有较好的除污技术，那么不仅会减轻外资企业对农村地区生态环境的污染，而且可通过技术外溢效应提高乡镇企业的污染处理能力。

综上所述，由于外资企业具有较好的技术优势，其在绿色环保产品、原料循环使用、除污技术等方面领先于当地的乡镇企业，不仅能使外资企业自身减轻对当地环境的污染和负担，也可通过示范和传导效应规范当地乡镇企业的经济生产，整体促进农村生态环境的保护。

外资企业可能会带来负向的环境破坏效应，但也能促进农村生态环境的保障和发展，因而外资对当地生态环境的影响结果仍有待商榷。但不管是建设环境友好型社会还是建设具有中国特色的新农村，甚至是全面建设小康社会，保护环境都是发展进程中的重要议题，随着中国经济的快速发展，农村的建设应尽量规避“先污染后治理”的发展误区，农村经济活动的开展，应实现由“粗放型”向“集约型”的转变，因而在新农村建设进程中，应努力提高外资对农村环境的保障作用，减轻其对农村生态环境的破坏作用，使外资的进入更好地服务新农村的建设。

总之，外资作为一种资本存量，它流入我国农村地区可分别在经济发展、社会进步、技术外溢、环境保护等方面发挥作用。在经济发展方面可起到弥补资金缺口、促进经济增长、调整经济结构等作用；在社会进步方面可创造农村就业机会、发展农村人力资本、带来税收贡献等效果；在技术外溢方面，可通过技术溢出效应提升乡镇企业的生产技术水平和管理技术质量；在环境保护方面，可通过高新技术的渗入节约能源、减轻环境负担。尽管外资进入会产生众多的促进效应，但其中隐含的负面效应也不容忽视，如外资规模过大将挤压乡镇企业的市场占比，造成农村市场的垄断进而吞噬农村市场，打破农村市场经济的平衡；外资企业实力过强将在竞争中挤出乡镇企业，导致乡镇企业兼并重组、破产等局势；外资技工的技术水平过高将造成农村大量劳动力的失业问题；外资企业不负责任的“污染转移”生产将对农村生态环境造成严重的污染和破坏；等等。鉴于上述外资可能产生的负面效应，我们有必要深入分析在我国社会主义新农村建设的目标下如何提高利用外资质量问题，使外资在新农村建设的政策影响下得到高效利用。

第五章
我国社会主义新农村建设目标下利用外资质量评价

第一节 我国社会主义新农村建设目标下利用外资质量的内涵

在本书的第二章对新农村建设的内涵做了具体说明，总的来说社会主义新农村的内涵是指，在社会主义初级阶段这一特定历史条件下，以坚持党在农村的基本经济政策为前提，以反映全面建设小康社会要求的经济发展为基础，以社会全面进步为标志的农村社会状态。这是在科学发展观指导下、在“构建和谐社会”的新的历史时期提出来的，既有高度的前瞻性，又有明确的具体要求的历史任务。概括起来社会主义新农村建设的目标为“生产发展、生活宽裕、乡风文明、村容整洁、管理民主”，这二十字方针是对农村三个文明建设综合要求的具体化。其中，生产发展是基础，生活宽裕是核心目标，乡风文明是建设社会主义新农村的灵魂，村容整洁是一个生存与发展环境的改善问题，管理民主是建设社会主义新农村的政治保证。①

本书第三章从一般意义上概括了利用外资理论。改革开放以来各地政府都十分重视利用外资情况。毋庸置疑，在社会主义新农村建设目标下，我国农村利用外资的目的与以往有很大不同，利用外资质量的内涵也发生一定变换。

利用外资质量是利用外资的目的的实现程度。在社会主义新农村建设目标下利用外资质量回答如何“利用外资”实现社会主义新农村建设的发展目标。衡量利用外资质量高低主要看利用外资是否有助于农村“生产发展、生活宽裕、乡风文明、村容整洁、管理民主”。如果利用外资对于这些新农村建设的目标实现都

① 罗中昌. 西部新农村建设的主体及矛盾［J］. 理论与当代，2006(9)：39-40.

有促进作用，我们就可以说利用外资质量很高。如果对其中一些方面有促进作用，另一些方面产生不利，就需要综合评价。

我国对于农村利用外资的认识是一个动态发展的过程，不同时期利用外资的目的不同，对利用外资质量的评价标准也不同。对于我国农村利用外资质量的认识总体上可以分为三个阶段。第一个阶段是 20 世纪 80 年代初至 90 年代初，这一阶段主要追求利用外资规模；第二个阶段 20 世纪 90 年代至 21 世纪初大约十年的时间，在这一阶段我国开始逐渐关注农村利用外资质量；第三个阶段是 2005 年至今，也是社会主义新农村建设阶段，在这一阶段利用外资的生态效益、社会效益、可持续发展效益成为最受关注的问题。

我国农村利用外资是从 1978 年改革开放开始的，20 世纪 80 年代全国人大颁布了首部《中华人民共和国中外合资经营企业法》，农村开始了利用外资之路，在这一阶段中国政府出台了各种引进外资的优惠政策，对于外国商人在中国投资给予一定的优惠政策，例如土地出让金减免等。在这一阶段我国经济发展十分落后，尤其在农村地区，引进外资的首要目的是解决资金短缺。由于资金的缺乏，加之缺少引进外资的经验，这一阶段我国农村利用外资几乎不关注利用外资质量问题。在这一阶段我国资金匮乏，引进外资对我国农村经济发展起到巨大促进作用；另外由于多年封闭，我国和西方国家在技术水平、企业管理方面存在巨大差距，因此这一阶段引进外资技术溢出效果明显。虽然在这一阶段农村利用外资表现为“饥不择食”，利用外资也给农村带来一定负面影响，例如造成环境破坏、分配不公。由于对经济发展和技术进步的巨大促进作用，负面影响显得微不足道。这一阶段我国虽然没有关注农村利用外资质量问题，但总体上利用外资质量较高。

在看到外资对我国的农业发展的积极作用后，我国出台了更大力度的吸引外资政策。随着农业利用外资规模增加和本国资本积累，我国农业发展资金匮乏程度已经逐渐减弱，外资对于农村经济发展的边际作用降低；利用外资的技术外溢效果也逐渐减弱。随着利用外资规模的增加，外资对我国环境产业结构等产生的负面影响逐渐加重。在这种背景下，我国逐渐开始关注利用外资质量问题，1995 颁布了《外商投资产业指导目录》，随后又在 1997 年对《外商投资产业指导目录》在进行了修订。《外商投资产业指导目录》的出台改变了以往农村利用外资“饥不择食”的特征，对外商在我国投资方向作出规定，尤其是鼓励对西部传统农业基础设施建设。这一阶段我国已经从产业结构、区域平衡发展等方面关注利用外资质量。

随着我国利用外资规模进一步提升，同时缺乏相应的法规，利用外资对我国生态环境的负面效应逐渐体现出来，在外资流入拉动中国经济增长的同时，一些高污染产业也纷纷转移过来，造成局部地区的环境恶化和经济的不可持续增长。在利用外资发展经济的迫切愿望下，一些地区在引进外资的过程中具有较大的盲

目性，对项目审批把关不严，缺乏对地区经济可持续发展的考虑，给发达国家转移污染产业和夕阳产业提供了机会。制革、印染、电镀、杀虫剂、造纸、橡胶、塑料等产业一般具有高消耗、高污染的特点，是造成环境污染的主要产业。然而，这些产业一度成为外商在沿海地区投资的“热点”。在这一阶段，我国在利用外资过程中对利用外资质量重视程度越来越高。国家发改委、商务部在 2004 年、2007 年、2011 年、2015 年对 1995 年颁布的《外商投资产业指导目录》进行了修订，修订鼓励外商在下列项目投资：①木本食用油料、调料和工业原料的种植及开发、生产；②绿色、有机蔬菜（含食用菌）、干鲜果品、茶叶栽培技术开发及产品生产；③糖料、果树、牧草等农作物栽培新技术开发及产品生产；④花卉生产与苗圃基地的建设、经营；⑤橡胶、油棕、剑麻、咖啡种植；⑥中药材种植、养殖（限于合资、合作）；⑦农作物秸秆还田及综合利用、有机肥料资源的开发生产；⑧林木（竹）营造及良种培育、多倍体树木新品种培育；⑨水产苗种繁育（不含我国特有的珍贵优良品种）；⑩防治荒漠化及水土流失的植树种草等生态环境保护工程建设、经营；⑪水产品养殖、深水网箱养殖、工厂化水产养殖、生态型海洋增养殖。限制外商在农作物新品种选育和种子生产（中方控股）、珍贵树种原木加工（限于合资、合作）、棉花（籽棉）加工领域投资。禁止外资进入我国稀有和特有的珍贵优良品种的研发、养殖、种植以及相关繁殖材料的生产（包括种植业、畜牧业、水产业的优良基因）、转基因生物研发和转基因农作物种子、种畜禽、水产苗种生产、我国管辖海域及内陆水域水产品捕捞领域。可以看出我国鼓励外商投资的项目大部分是有利于改善生态环境的项目，这一阶段我国开始重视利用外资过程中的环境效益。

第二节　我国社会主义新农村建设目标下利用外资质量的评价指标和评价方法

一、评价指标体系构建的意义

利用外资已经成为我国参与世界经济一体化的主要途径，研究其对我国经济和社会产生的影响具有重大的现实意义。在当前我国快速步入城镇一体化的背景下，大量利用外资对我国新农村建设所产生的影响是研究外资对我国影响的关键所在。当前世界各地及国内对利用外资质量的评价有多种不同的解释。本书在综合分析社会主义新农村建设和我国农村利用外资的基础上，根据一定的原则和标准，全面系统地概括我国利用外资的若干指标，并对利用外资质量进行评估和判断，对于衡量社会主义新农村建设的目标下利用外资总体的评价具有重要意义。

第一，社会主义新农村建设目标下利用外资质量评价指标体系是对利用外资内容指标化的体现，是利用外资质量量化的直观反映。建立利用外资质量的评价指标体系，有利于促进人们对我国新农村建设利用外资对建设的影响的直接、具体、系统的认识，把握利用外资投资的方向，实现利用外资促进新农村建设的目标。

第二，社会主义新农村的建设包含经济、政治、文化和社会等多方面，建立利用外资质量的评价体系有利于从整体和局部的角度评估利用外资对新农村建设的作用，推动新农村建设战略重点的全面落实。量化的指标体系有利于科学地考核利用外资对新农村建设的影响，通过调整利用外资的结构、投资方向、投资金额等多方面来促进新农村建设更好实现。

第三，社会主义新农村建设是一项长期性和渐进性的过程，利用外资作为新农村建设投资的重要部分，具体、系统的指标化评价有利于在建设各个阶段提供全面的信息，可以循序渐进地反映利用外资对建设过程的各种影响和效应，为后续的投资结构、投资规模提供可参考依据，可及时通过调整来促进新农村建设。

二、评价指标体系的构建原则

1. 全面性

指标体系应能反映待评对象的整体性能和综合情况，指标体系的整体评价功能大于各分指标的简单总和。应注意使指标体系层次清楚、结构合理、相互关联、协调一致。要抓住主要因素，既能反映直接效果，又能反映间接效果，以保证评价的全面性和可信度。

2. 科学性

指标系统中的每一个指标都应具有确定的、科学的深刻内涵。指标系统的建立应该根据投资环境本身及经济社会发展的内在联系，依据指标评价理论和统计指标系统建立的科学理论和原则，选择含义准确、便于理解、易于合成计算及分析的具体、可靠和实用的指标，以客观、公正、全面、科学地反映区域投资环境的本质和规律性。

3. 可比性

评价指标和评价标准的制定要符合客观实际，便于比较。指标间要避免显见的包含关系，隐含的相关关系要以适当的方法加以消除。不同量纲的指标应该按特定规则作标准化处理，化为无量纲指标，便于整体综合评价。指标处理中要保持同趋势化，以保证指标间的可比性。

4. 可操作性

指标系统评估指标应该具有实用性和可行性，指标数据的选择、获得、计算

或换算，必须立足于现有统计年鉴或文献资料，至少容易获得、计算或换算，并采取国际认可或国内通行的统计口径，指标的含义必须十分明确，便于有效地进行定量的分析和评估。

三、评价指标体系构建的假设

假设一：大量的国内国外研究表明，外商直接投资与区域经济增长存在相关关系，并且利用外资在不同世界经济环境下不平衡是造成农村区域经济差异的一个重要原因，这也是本书写作的立足点所在。

假设二：假设外商是无行业或产业差别的。我们只从宏观上对不同年份的利用外资质量进行总体的基本评价与比较，所以，我们假设投资不同行业或产业的外商是无差别的。

假设三：内外资企业之间存在技术差距，流入的外资的确存在产生技术外溢的前提。①

四、评价指标体系的构建

本书通过结合新农村建设和利用外资质量的内涵和性质，将新农村建设目标下利用外资质量概括为规模、结构和效应三个方面，具体体现在对我国农村投资环境的影响、利用外资规模、利用外资结构和外资的溢出效应四个方面，我们选择这四个方面作为指标体系的一级指标。具体的二级指标如下：

1. 我国农村投资环境

（1）全国乡镇企业外商投资企业劳动者报酬。全国乡镇外商投资企业劳动者报酬，一方面是农村外商投资企业中劳动者自身价值、综合素质的体现，另一方面也衡量企业劳动成本。

（2）全国乡镇企业外商投资企业个数。全国乡镇企业外商投资个数是衡量在全国乡镇企业中乡镇环境下外资企业的投资意愿。

（3）全国外商投资企业出口额。全国外商投资企业出口额是衡量外商、外资企业生产能力和外向度的重要指标之一，也是衡量外商投资企业生产经营状况和在农村乡镇投资意愿的指标之一。

（4）全国乡镇企业外商投资企业营业收入。体现农村环境中外商投资企业的经营存活状况。

2. 我国农村利用外资规模

（1）外债增长率。指一国当年外债余额同前一年外债余额的差额与前一年外

---

① 张爱玲. 外商直接投资的技术外溢机制问题——结合中国现实的研究［D］. 北京：对外经济贸易大学博士学位论文，2006.

债余额的比。一般这一比率应小于国内生产总值的增长速度。①

（2）负债率。是指一国当年外债余额与该国当年国内生产总值之比，国际公认的警戒线是20%。

（3）外资到位率。其计算公式为实际利用外资额与合同协议利用外资额的比例。

（4）外资依存度。即利用外资额与社会总产值比率，利用外资占该地区社会总产值的比例越高，说明该地区的外资依存度越高，经济容易受外资影响而波动，这说明利用外资的整体质量不高。

（5）乡镇企业与外商合资合作新签协议项目数。新签协议项目数描述每年农村企业与外商企业间合作项目的变化量。

（6）乡镇企业与外商合资合作外商协议投资额。外商协议投资额是指外商与乡镇所签合同协议中标明的投资额，实际到位或实际利用资金可能会高于或低于所签协议中标明投资额。

（7）乡镇企业与外商合资合作外商实际投资额。该指标是衡量全年外商对乡镇投资的实际到位资金。该指标与协议投资额共同构成外资到位率指标。

（8）外商投资经济全部累计完成资产投资。该指标是描述每年外商投资经济累计完成资产投资的价值总额，有区别于外商投资额。

（9）全国乡镇外商投资企业总产值。该指标描述了乡村企业中外商投资企业的总产值，体现外商投资企业的创造的经济效益规模。

（10）利用外商直接投资业绩指数。该指标是一个地区农村在一定时期内利用外商直接投资流入量与全部农村地区利用外商直接投资流入量的比例，与该地区农村社会总产值占全部农村社会总产值的比例的比值。

3. 我国农村利用外资结构

（1）国民经济行业小类固定资产投资（外商投资）实际到位资金——农林牧渔。该指标描述农林牧渔行业固定资产投资中利用外资的实际到位资金。

（2）产业利用外资集中度。产业利用外资集中度即某产业利用外资额占全国利用外资总额的比例，反映了外商投资企业投资行业领域，合理的产业结构应该具有良好的经济效益。其计算方法：

$$\text{产业利用外资集中度} = \frac{\text{农村利用外资总额}}{\text{全国利用外资总额}} \times 100\% \tag{5-1}$$

（3）全员生产率。全员生产率是考核企业经济活动的重要指标，是企业生产技术水平、经营管理水平、职工技术熟练程度和劳动积极性的综合表现。目前我国通用的全员劳动生产率计算方法是用工业企业的工业增加值除以同一时期全部

① 王巾英. 关于提高我国引进外资质量指标体系的探索［J］. 经济前沿，2001（12）.

从业人员的平均人数。

（4）外商投资经济对第一产业固定资产投资占全国固定资产投资比。描述外商投资在固定资产投资中，对第一产业固定投资占对全国固定资产投资的比例，反映外商投资对农业的投资意愿。该指标由外商投资经济对第一产业固定投资和对全国固定资产投资两个统计数据计算而得。

（5）外商投资经济固定资产投资建设规模。该指标指固定资产投资项目中规定的全部设计生产能力、效益和投资总规模，反映了劳动力、劳动手段和劳动对象等生产力要素在固定资产投资项目中的集中程度。是描述外商投资中投资于固定资产的建设规模的价值衡量，不是投资固定资产的实际额。

（6）外商投资经济社会建筑安装工程投资。该指标衡量外商投资经济对社会建筑安装工程行业的投资额。

（7）外商投资经济全社会房屋竣工面积。该指标描述全社会房屋竣工面积中，由外商投资所产生的房屋竣工的面积。是对外商投资经济在固定资产投资方面的衡量指标。

4. 外资的溢出效应

外资进入农村后会产生各方面的溢出效应。本书主要包含了外资的五个溢出效应，即经济增长、技术进步、就业创造、税收贡献和环境效应。

（1）经济增长效应。对于我国新农村建设而言，转变经济增长方式就是要从主要依靠增加投入转向主要依靠资源配置效率。利用外资可以促进资本形成质量的改善，从而促进经济增长方式的转变，以更少的投入获得更多的产出。对于利用外资对经济增长方式转变的影响程度，本书以经济增长方式影响系数来表示。

（2）技术进步效应。为独立考察外商投资技术水平，并以此来检验外商投资在中国的技术进步效应，在前文技术进步效应分析和前人关于中国利用外资实证研究的基础上，本书假设在其他因素既定的情况下，外商投资企业技术水平决定了中国利用外资的技术进步效应。

长期以来对于一个经济系统技术水平的度量普遍采用产出增长型生产函数：

$$Y = AF(K, L) \tag{5-2}$$

此式的含义为，产出 Y 是由生产要素（资本 K，劳动力 L）投入及经济系统的技术水平 A（即全要素生产要素）共同决定的，此式定义的生产函数技术水平是建立在严格的假设条件下的：其一，仅有资本和劳动力两种生产要素，且这两种生产要素是可以相互替代的；其二，经济处于完全竞争条件下；其三，任何时候资本和劳动力都可以充分利用；其四，A 的增长率（即技术进步）满足希克斯中性技术进步的含义。

利用外资的技术溢出效果与东道国技术吸收能力相联系的，影响东道国技术吸收能力的因素也会影响到利用外资技术进步效应。人力资本是技术吸收能力的核心因素，东道国的人力资本可以通过直接和间接方式实现技术外溢，如果东道国人力资本水平越高，也就意味着技术外溢更容易，从而技术进步效应越大。按照 Borenszrein（1998）① 的方法，以利用外资额与人力资本的乘积作为代理指标，可以很好地将东道国的吸收能力具体量化。

（3）就业创造效应。联合国贸发会议（UNCTAD）1999 年使用外资企业雇员人数占总雇员人数的比例来分析东道国利用外资创造就业机会的能力②，借鉴这一思路，本书利用外商投资企业年末从业人员数与全部年末从业人员数的比值来衡量外资对就业数量的直接贡献度。

这一指标事实上也反映了外商投资对东道国劳动力资源利用率的贡献，在外商投资提供的就业机会绝对量一定的情况下，它与一国或地区的从业人数成反比，也即与东道国劳动力的实际利用率成反比，因此，当一国或地区过剩劳动力越多，劳动力实际利用率越低，利用外资对东道国就业率的影响也就越大。

（4）税收贡献效应。外商投资企业缴纳的税收是衡量东道国利用外资质量的一个重要方面，它反映东道国为外商投资企业提供税收优惠所带来的机会成本。对于外资税收效应的衡量，本书利用外资对税收增长的贡献度来表示，它是指外商投资企业税收总额与东道国或地区工商税收总额的比值。

（5）环境效应。外资进入农村也存在一定程度的负面效应。农村工业化、生产率得到提高的同时，环境污染问题日益严重。外资企业在治理污染方面的支出和单位产值碳排放量是衡量外资对农村建设中产生的环境效应的重要指标。

具体指标如下：

1）经济增长方式影响系数。

$$\text{经济增长方式影响系数} = \left(\frac{\text{利用外资额}}{\text{资本形成总额}}\right) \times \text{外资企业产值资产比率} \quad (5\text{-}3)$$

这一指标既考虑到利用外资资产质量，又考虑到利用外资在资本形成总额中所占的比例，因而能够较好地衡量利用外资对经济增长方式转变所发挥作用的程度。

2）乡镇企业技术水平。事实上，由于在实践中上述假设往往很难满足，以致上述产出增长型生产函数的应用受到局限，因此，这种测算技术水平的方法存在实践上的困难。

陈国宏构建了的经济系统技术水平的测算模型，其指标更具明确的经济含义，并且由于可以采用客观的数据进行测算，因此避免了参数估计等烦琐而不精

① Borensztein E., Gregorio J.D., Lee J-W. How does Foreign Direct Investment Affect Economic Growth [J]. Journal of International Economics, 1998 (45): 115-135.

② 联合国贸发会议. 1999 年世界投资报告（第一版）[M]. 北京：中国财政经济出版社，2000.

确的计算。其构建的技术水平表达式为：

$$A=\left[\left(\frac{K_1}{L}\right)_0+\left(\frac{Y}{L}\right)_0+\left(\frac{Y}{K}\right)_0\right]\times\frac{1}{3}\times 100 \quad (5\text{-}4)$$

①

其中，K_1 为企业生产用固定资产年平均余额；K 为企业生产用资金年投入量，本书使用乡镇企业增加值平均余额来表示，Y 为企业总产值当年价；L 为企业从业人员年平均数。公式中 $\left(\frac{K_1}{L}\right)$ 表示人均装备率，代表生产过程机械化、自动化水平；$\left(\frac{Y}{L}\right)$ 表示劳动生产率，反映活劳动的效率；$\left(\frac{Y}{K}\right)$ 表示生产用资金产出率，反映物化劳动的效率。②

3）技术吸收能力。技术吸收能力用利用外资额与人力资本的乘积表示。人力资本用初中以上人口比重表示。

4）农林牧渔产业增加值。描述每年农林牧渔产业的增加值，衡量每年外商投资企业投资对农业的影响。

5）出口增长贡献率。该指标描述外商投资企业的贸易出口增长对全国贸易出口增长的影响。计算方法为：

$$\text{出口增长贡献率}=\frac{\text{外资企业出口增长率}}{\text{全国企业出口增长率}}\times 100\% \quad (5\text{-}5)$$

6）全国乡镇外商投资企业利润总额。该指标体现外商企业在乡镇环境下随经济增长每年的企业利润总额。

7）全国乡镇外商投资企业年末人数。该指标描述每年年末乡镇外商企业中的劳动力人数，反映乡村外商企业对就业的影响。

8）乡镇外资就业贡献率。该指标反映乡镇企业中，外商企业对农村劳动力就业的影响程度。计算方式为全国乡镇外商投资企业年末人数与全国农村从业人员数的比。

9）乡镇外资税收贡献率。该指标描述乡镇企业中外商投资企业对全国税收的贡献，衡量农村外资企业的营业好坏。

具体新农村建设利用外资质量指标如表 5-1 所示。

---

① 陈国宏. 我国工业利用外资与技术进步关系研究（第一版）[M]. 北京：经济科学出版社，2000.

② 其中外商投资企业固定资产净值年平均余额为外商投资企业以及港澳台商投资企业固定资产净值年平均余额加总得出，其中外商投资企业增加值年平均余额为外商投资企业以及港澳台商投资企业增加值年平均余额加总得出。

表 5-1 新农村建设利用外资质量具体指标

<table>
<tr><th>一级指标名称</th><th>二级指标名称</th><th>指标计算</th></tr>
<tr><td rowspan="4">我国农村外资投资环境</td><td>全国乡镇企业外商投资企业劳动者报酬（亿元）</td><td>《中国农业年鉴》</td></tr>
<tr><td>全国乡镇企业外商投资企业个数（万个）</td><td>《中国农业年鉴》</td></tr>
<tr><td>全国外商投资企业出口额（万美元）</td><td>《中国贸易外经统计年鉴》</td></tr>
<tr><td>全国乡镇企业外商投资企业营业收入（亿元）</td><td>《中国农业年鉴》</td></tr>
<tr><td rowspan="11">农村利用外资规模</td><td>外债增长率</td><td></td></tr>
<tr><td>负债率</td><td>$\frac{\text{外债余额}}{\text{全年生产总值}}$</td></tr>
<tr><td>外资到位率（%）</td><td>$\frac{\text{实际利用外资额}}{\text{合同利用外资额}}$</td></tr>
<tr><td>外资依存度（%）</td><td>$\frac{\text{利用外资额}}{\text{社会总产值}}$</td></tr>
<tr><td>乡镇企业与外商合资合作新签协议项目数（个）</td><td>《中国农业年鉴》</td></tr>
<tr><td>乡镇企业与外商合资合作外商协议投资额（万美元）</td><td>《中国农业年鉴》</td></tr>
<tr><td>乡镇企业与外商合资合作外商实际投资额（万美元）</td><td>《中国农业年鉴》</td></tr>
<tr><td>外商投资经济全部累计完成资产投资（亿元）</td><td>《中国固定资产投资统计年鉴》</td></tr>
<tr><td>全国乡镇外商投资企业总产值（亿元）</td><td>《中国农业统计年鉴》</td></tr>
<tr><td rowspan="2">利用外商直接投资业绩指数</td><td>$\frac{\text{地区利用外商直接投资流入量}}{\text{全部利用外商直接投资流入量}}$</td></tr>
<tr><td>$\frac{\text{地区农村社会总产值}}{\text{全部农村社会总产值}}$</td></tr>
<tr><td rowspan="7">农村利用外资结构</td><td>国民经济行业小类固定资产投资实际到位资金——农林牧渔（万元）</td><td>《中国固定资产投资统计年鉴》</td></tr>
<tr><td>产业利用外资集中度（%）</td><td>$\frac{\text{农村利用外资总额}}{\text{全国利用外资总额}}$</td></tr>
<tr><td>全员生产率</td><td></td></tr>
<tr><td>外商投资经济对第一产业固定资产投资占全国固定资产投资比</td><td></td></tr>
<tr><td>外商投资经济固定资产投资建设规模（亿元）</td><td>《外商投资经济固定资产投资》</td></tr>
<tr><td>外商投资经济社会建筑安装工程投资（亿元）</td><td>《中国固定资产投资统计年鉴》</td></tr>
<tr><td>外商投资经济全社会房屋竣工面积（万平方米）</td><td>《中国固定资产投资统计年鉴》</td></tr>
</table>

续表

一级指标名称	二级指标名称	指标计算
外资的农村建设效应	经济增长方式影响系数	
	乡镇企业技术水平	$A=\left[\left(\frac{K_1}{L}\right)_0+\left(\frac{Y}{L}\right)_0+\left(\frac{Y}{K}\right)_0\right]\times\frac{1}{3}\times 100$
	技术吸收能力	
	农林牧渔产业增加值（亿元）	《中国农村统计年鉴》
	出口增长贡献率（%）	$\frac{\text{外资企业出口增长率}}{\text{全国企业出口增长率}}$
	全国乡镇外商投资企业利润总额（亿元）	《中国农业年鉴》
	全国乡镇外商投资企业年末人数（万人）	《中国农业年鉴》
	乡镇外资就业贡献率（%）	$\frac{\text{外资企业从业员工数}}{\text{农村从业人员数}}$
	乡镇外资税收贡献率（%）	$\frac{TX^{fi}}{TX^{total}}$

五、利用外资质量评价方法

对于新农村建设目标下利用外资质量的评价方法有多种，多数学者选用构建利用外资相关指标与新农村总产值间关系来衡量利用外资质量的好坏。本书在进行新农村建设与利用外资质量关系分析前，先对我国各年份利用外资综合情况进行评分并排序，通过各年份间的相对比较来描述整体利用外资的质量，方法同第二章新农村建设的主成分分析法。然后通过进行利用外资的各主成分对新农村建设的相关性分析，探索利用外资各主成分对新农村建设的正或负影响以及各成分对新农村建设影响的贡献程度。采取的主要统计方法如下：

1. 因子分析法

方法的过程及步骤参考第二章新农村建设主成分分析法。

2. 相关性分析

通过因子分析，对所构建的利用外资质量指标进行主成分公共因子的提取。对所提取因子与新农村建设的综合评分进行相关性分析，研究利用外资质量各公共因子与新农村建设综合评分的相关关系。

变量之间的关系可以分为两种：一种是函数关系，另一种是相关关系。函数关系是一一对应的确定性关系。但变量间也存在非一一对应、不确定的关系，即相关关系。

相关关系是一种比较简单并被广泛使用的多元分析方法，能快速发现总体特征之间的关系，并检验这些特征的显著性。

根据相关关系设计的变量个数，可分为简单相关和复相关。简单相关是一个变量与另一个变量间的相关关系，分析方法为简单的两变量的相关性分析方法。复相关是一个变量与另一组变量间的相关关系，分析方法采用偏相关分析。由于我们对利用外资质量进行主成分提取时所提取的公共因子是多个，因此本处的相关关系应为复相关，因此选用偏相关分析。详细过程见第六章第二节。

对利用外资质量主成分和新农村建设综合评分进行相关性分析后，两者间存在相对密切的相关关系。进而我们进行回归分析，研究利用外资各主成分对新农村建设综合评分的具体影响。

3. 回归分析

回归分析是指通过提供变量之间的数学表达式来定量描述变量间相关关系的数学过程。这一数学表达式通常称为经验公式。我们可通过对所得结果的有效性进行判定，并根据经验公式中自变量取值来预测因变量取值。

线性回归分析假设因变量与自变量为线性关系，用一定的线性回归模型来拟合因变量和自变量的数据，并通过确定模型参数来得到回归方程。只有一个自变量，称为一元线性回归；若存在多个自变量，称为多元线性回归。本书中，我们所得到的自变量利用外资公共因子为多个，因此采用多元线性回归分析。

第三节 我国社会主义新农村建设目标下利用外资质量的定性评价

农村地区引进外资能够产生就业创造效应，就业创造效应包括直接创造效应和间接创造效应。直接创造效应是指外资创办企业，增加新的生产能力导致就业人数增加。间接创造效应是指外资带动了前后向及相关产业的发展，创造了新的就业岗位。其中直接和间接的就业创造效应之间较明显的差别在于时间的长短，一般短期内更容易产生直接的就业创造效应，但间接的就业创造则需要在一定的时间积累和沉淀中才能发挥相应的效应。在外资进入农村地区初期，因外资一定程度上弥补了农村建设的资金缺口，会适当增加农村就业岗位，提升农村就业人数，促进农民增收①。下面将分别从直接就业创造效应和间接就业创造效应的角度来分析。

第一，从直接就业创造效应角度来看，外资发挥相应的就业创造效应主要取决于外资在农村地区的投资方式，因为外资不同的投资方式会对创造就业的效应产生相应的差异。

---

① 创造农村就业，促进农民增收是建设社会主义新农村的重要目标之一。

一般来讲，外资进入方式主要有三种：一是新建企业，也称之为“绿地投资”，即在农村地区新建企业；二是跨国并购，投资者收购或兼并当地的乡镇企业；三是投资者增加投资扩展自己境内的原有企业。由于外资的投资方式不同，其对直接就业的创造效应也有所不同。其中，在这三种方式中第一种和第三种能直接促进农村地区的就业增长，因为采取创办新企业需要修建厂房，这就创造了大量短期的就业机会，而基础设施建好之后投入正式的生产需要大量的工人和销售管理人员，鉴于雇用农村劳动力的成本较低，外资会招聘本土化的农民做短期员工，这将会极大地增进东道国的就业。扩展原有企业也会增加企业对用人的需求，故“绿地投资”和“扩展原有企业”对我国农村地区的就业贡献较大。外商投资并购我国企业在短期内并不能形成新的生产能力，因而其在短期内一般不存在直接就业创造效应。

外商投资对农村地区直接创造就业机会的效应也和外资企业生产过程中的劳动密集程度息息相关。如果劳动密集程度较高，亦即通常所言的劳动密集型生产，因为劳动密集型生产主要以劳动力要素的投入为主导进行生产，如此可吸纳较多的劳动力，相应产生的直接创造效应也会比较明显。比如像服装业、电子制造业、食品饮料加工业等劳动密集型的生产部门，外资产生的直接就业创造效应非常突出。

第二，从外资产生的间接就业创造效应角度上看，外资可通过与当地的乡镇企业建立各种连锁关系和乘数效应来间接创造就业机会。

产业的关联效应主要是垂直产业关联效应，包括前向关联和后向关联。前向关联是指外资企业为当地乡镇企业提供配套的中间产品；后向关联则指当地的乡镇企业为外资企业提供其生产所需的中间投入产品。在产业关联效应中可以为当地的供货商、销售商、服务代理商等创造就业机会和带来可观的利润，间接增加农村的就业人数。并且一段时间内，外资企业产生的相应技术溢出效应将促进我国农村地区乡镇企业生产技术的发展，加快农村地区经济结构的升级进程，推动农村经济的发展，根据菲利普斯曲线，经济增长有利于就业的增加，因而可进一步改善我国农村的就业形势。

外资在农村投入产生的投资乘数效应也将间接创造就业机会。投资乘数效应是指在一定的边际消费倾向条件下，由于各生产部门之间的连续反应，一个部门增加投资必然会导致另一部门投资增加，在各产业部门的连锁效应下，使得多个部门的投资和收入增加，在乘数效应作用的过程中，可以增加农村人口的就业机会。外资发挥作用的方式较为类似，在投资乘数效应的驱动下，创造就业机会。但外资投资乘数效应的显著程度取决于外资企业采购生产材料的来源，如果其主要生产原料在当地购买的比重越大，则相应对当地的就业形势贡献越显著。但一般而言，外资企业的生产原料一部分从国际市场获得，这样将缩小投资的乘数效应，故内资企业产生的乘数效应一般比外资企业产生的效应更为显著。

第四节　我国社会主义新农村建设目标下利用外资质量的定量评价

一、我国新农村建设目标下利用外资质量的因子分析法

对于利用外资质量的衡量是一个复杂的过程，根据本书前部分对利用外资质量概念、性质等的描述，新农村建设目标下利用外资质量具体体现在对我国农村投资环境的影响、利用外资规模、利用外资结构和外资的溢出效应四个方面。

本书按照具体指标数据的可获得性，利用《中国贸易外经统计年鉴》、《中国农业年鉴》、《中国农村统计年鉴》、《中国固定资产投资统计年鉴》选取了 21 个指标。

1. 评价指标筛选及解释

（1）我国农村投资环境。建设良好的投资环境，是做好新农村建设的前提条件。投资环境是指影响投资活动的各种外部情况和条件的综合体，投资环境的好坏，投资者对投资环境的了解程度与分析评估直接影响投资收益的高低。投资地的政治法律环境、社会经济环境、市场的进入与退出、劳动力的素质与供给、金融与税收政策等因素同基础设施条件相结合，共同影响投资者对投资环境的评价。

充分考虑到上述评价标准，本书将“我国农村投资环境”作为一级评价指标，下设 4 个二级指标。4 个二级指标分别从全国乡镇外商投资企业劳动者报酬、全国乡镇外商投资企业个数、全国外商投资企业出口总额以及全国乡镇外商投资企业营业收入四个方面反映我国农村的外商投资环境。

1）全国乡镇企业外商投资企业劳动者报酬。劳动是一切社会财富能被创造出来的根本源泉和基础性动力。全国乡镇外商投资企业劳动者报酬，一方面是农村外商投资企业中劳动者自身价值、综合素质的体现，另一方面也衡量企业劳动成本。

2）全国乡镇企业外商投资企业个数。全国乡镇企业外商投资个数是衡量在全国乡镇企业中，外资企业创办的个数，从一方面反映出乡镇环境下外资企业的投资意愿。企业数量的逐年变化从侧面反映出农村的外资企业投资环境。

3）全国外商投资企业出口额。全国外商投资企业出口额描述每年外商投资企业出口量，表现出外商投资企业出口额逐年的变化趋势和出口贸易情况。

4）全国乡镇企业外商投资企业营业收入。该指标衡量每年乡镇企业中外商投资企业的营业收入，从逐年变化趋势体现农村环境中外商投资企业的经营存活

状况。

具体指标如表 5–2 所示。

表 5–2　我国农村投资环境指标

一级指标名称	二级指标名称	指标数据来源
我国农村外资投资环境	全国乡镇企业外商[①] 投资企业劳动者报酬（亿元）	《中国农业年鉴》
	全国乡镇企业外商投资企业个数（万个）	《中国农业年鉴》
	全国外商投资企业[②] 出口额（万美元）	《中国贸易外经统计年鉴》
	全国乡镇企业外商投资企业营业收入（亿元）	《中国农业年鉴》

（2）我国农村地区利用外资规模。本书主要通过以下指标体现我国农村地区利用外资规模的情况（如表 5–3 所示）。其中外资到位率是指农村实际利用外资额与合同签订的协议利用外资额的比例。

表 5–3　我国农村地区利用外资规模

一级指标名称	二级指标名称	指标计算及数据来源
农村利用外资规模	外资到位率（%）	$\frac{\text{实际利用外资额}}{\text{合同利用外资额}}$
	乡镇企业与外商合资合作新签协议项目数（个）	《中国农业年鉴》
	乡镇企业与外商合资合作外商协议投资额（万美元）	《中国农业年鉴》
	乡镇企业与外商合资合作外商实际投资额（万美元）	《中国农业年鉴》
	外商投资经济全部累计完成资产投资（亿元）	《中国固定资产投资统计年鉴》
	全国乡镇外商投资企业总产值（亿元）	《中国农业统计年鉴》

1）外资到位率。外资到位率是衡量利用外资规模的重要指标。其计算公式为实际利用外资额与合同协议利用外资额的比例。

2）乡镇企业与外商合资合作新签协议项目数。新签协议项目数描述每年农村企业与外商企业间合作项目的变化量。

3）乡镇企业与外商合资合作外商协议投资额。外商协议投资额是指外商与乡镇所签合同协议中标明的投资额，并非实际到位或实际利用资金。实际到位或实际利用资金可能会高于或低于所签协议中标明投资额。

4）乡镇企业与外商合资合作外商实际投资额。该指标是衡量全年外商对乡镇投资的实际到位资金。该指标与协议投资额共同构成外资到位率指标。

5）外商投资经济全部累计完成资产投资。该指标是描述每年外商投资经济

① 本节统计分析中外商涵盖地区为非中国大陆境内的港澳台地区以及其他国家及地区。

② 此处外商投资企业种类包括中外合资企业、中外合作企业和外商独资企业。

累计完成资产投资的价值总额，有区别于外商投资额。

6）全国乡镇外商投资企业总产值。该指标描述了乡村企业中外商投资企业的总产值，体现外商投资企业创造的经济效益规模。

（3）我国农村利用外资结构。利用外资结构从地域分布和要素分配产生作用不同可分为利用外资区域结构和产业间协调性结构。利用外资区域结构，是体现利用外资的区域集中度的原则，体现某一区位引进的外资占该区域或国家引进总量的比例。产业间协调性主要指在农村产业发展过程中要合理配置生产要素，协调各产业部门之间的比例关系。该原则用以下指标进行衡量（如表 5–4 所示）：

表 5–4　我国农村利用外资结构指标

一级指标名称	二级指标名称	指标计算及数据来源
农村利用外资结构	国民经济行业小类固定资产投资实际到位资金——农林牧渔（万元）	《外商投资经济固定资产投资》
	产业利用外资集中度（%）	$\frac{\text{农村利用外资总额}}{\text{全国利用外资总额}}$
	外商投资经济对第一产业固定资产投资占全国固定资产投资比	$\frac{\text{外商投资经济对第一产业固定资产投资}}{\text{外商投资经济固定资产投资}}$
	外商投资经济固定资产投资建设规模（亿元）	《外商投资经济固定资产投资》
	外商投资经济社会建筑安装工程投资（亿元）	《中国固定资产投资统计年鉴》
	外商投资经济全社会房屋竣工面积（万平方米）	《中国固定资产投资统计年鉴》

1）国民经济行业小类固定资产投资（外商投资）实际到位资金——农林牧渔。该指标描述在外商投资固定资产实际到位资金中，农林牧渔农业大类中外商投资的实际到位资金。

2）产业利用外资集中度。产业利用外资集中度即某产业利用外资额占全国利用外资总额的比例，反映了外商投资企业投资行业领域，合理的产业结构应该具有良好的经济效益。其计算方法为：

$$\text{产业利用外资集中度} = \frac{\text{农村利用外资总额}}{\text{全国利用外资总额}} \times 100\% \tag{5-6}$$

3）外商投资经济对第一产业固定资产投资占全国固定资产投资比。描述外商投资在固定资产投资中，对第一产业固定投资占对全国固定资产投资的比例，反映外商投资对农业的投资意愿。该指标由外商投资经济对第一产业固定投资和对全国固定资产投资两个统计数据计算而得。

4）外商投资经济固定资产投资建设规模。该指标指固定资产投资项目中规定的全部设计生产能力、效益和投资总规模，反映了劳动力、劳动手段和劳动对象等生产力要素在固定资产投资项目中的集中程度。是描述外商投资中投资于固

定资产的建设规模的价值衡量，不是投资固定资产的实际额。

5）外商投资经济社会建筑安装工程投资。该指标衡量外商投资经济对社会建筑安装工程行业的投资额。

6）外商投资经济全社会房屋竣工面积。该指标描述全社会房屋竣工面积中，由外商投资所产生的房屋竣工的面积。是对外商投资经济在固定资产投资方面的衡量指标。

（4）外资的溢出效应。外资进入农村后会产生各方面的溢出效应。本书主要包含外资的5个溢出效应，即经济增长、技术进步、就业创造、税收贡献和环境效应。

根据以上5个效应以及数据的可查性，我们筛选出以下指标（如表5–5所示）：

表5–5　外资的农村建设效应

一级指标名称	二级指标名称	指标计算
外资的农村建设效应	农林牧渔产业增加值（亿元）	《中国农村统计年鉴》
	出口增长贡献率（%）	$\frac{\text{外商投资企业出口增长率}}{\text{全国企业出口增长率}} \times 100\%$
	全国乡镇外商投资企业利润总额（亿元）	《中国农业年鉴》
	全国乡镇外商投资企业年末人数（万人）	《中国农业年鉴》
	乡镇外资就业贡献率（%）	$\frac{\text{外资企业从业员工数}}{\text{农村从业人员数}}$
	乡镇外资税收贡献率（%）	$\frac{TX^{fi}}{TX^{total}}$

1）农林牧渔产业增加值。描述每年农林牧渔产业的增加值，衡量每年外商投资企业投资对农业的影响。

2）出口增长贡献率。该指标描述外商投资企业的贸易出口增长对全国贸易出口增长的影响。计算方法：

$$\text{出口增长贡献率} = \frac{\text{外资企业出口增长率}}{\text{全国企业出口增长率}} \times 100\% \tag{5-7}$$

3）全国乡镇外商投资企业利润总额。该指标体现外商企业在乡镇环境下随经济增长每年的企业利润总额。

4）全国乡镇外商投资企业年末人数。该指标描述每年年末乡镇外商企业中的劳动力人数，是反映乡村外商企业对就业的影响。

5）乡镇外资就业贡献率。该指标反映乡镇企业中，外商企业对农村劳动力就业的影响程度。计算方式为全国乡镇外商投资企业年末人数与全国农村从业人员数的比。

6）乡镇外资税收贡献率。该指标描述乡镇企业中外商投资企业对全国税收的贡献，衡量农村外商企业的营业好坏。

2. 综合指标数据说明

以上述指标为基础，通过数据搜集的可用性、合理性，以及统计软件 SPSS 因子分析模块下运用 KMO and Bartlett's 的球形度检验，最终确立了由全国乡镇外商投资企业劳动者报酬、全国外商投资企业营业收入、全社会全部累计完成资产投资（外商）、全国乡镇外商投资企业总产值、外商投资经济对第一产业固定资产投资占全国固定资产投资比、全社会固定资产投资建设规模（外商）、乡镇外资就业贡献率、全国乡镇外商投资企业就业贡献率、全国乡镇外商投资企业税收贡献率和外商投资企业出口增长贡献率等 9 个指标构成的指标体系。具体指标选择如表 5-6 所示。

表 5-6 指标变量

选择指标	变量
全国乡镇企业外商投资企业劳动者报酬（亿元）	X_1
全国外商投资企业营业收入（亿元）	X_2
全社会全部累计完成资产投资（外商）（亿元）	X_3
全国乡镇外商投资企业总产值（亿元）	X_4
外商投资经济对第一产业固定资产投资占全国固定资产投资比（%）	X_5
全社会固定资产投资建设规模（外商）（亿元）	X_6
乡镇外资企业就业贡献率（%）	X_7
乡镇外资企业税收贡献率（%）	X_8
外商投资企业出口增长贡献率（%）	X_9

（1）统计指标的描述性说明。本节对利用外资指标进行统计说明所选取的表 5-6 中的 9 个自变量选自新农村建设利用外资质量、我国农村投资环境、我国农村地区利用外资规模、我国农村利用外资结构和外资的溢出效应 4 个准则层。具体指标数据如表 5-7 所示。

表 5-7 各选择指标 2003~2012 年具体数据表①

指标 / 年份	全国乡镇企业外商投资企业劳动者报酬（亿元）	全国外商投资企业营业收入（亿元）	全社会全部累计完成资产投资（外商）（亿元）	全国乡镇外商投资企业总产值（亿元）
2012	1217.92	27625.28	22098.94	21501.01
2011	865.79	21281.83	20562.54	21725.61

① 表中数据涉及物价指数变动指标均以 1993 年为基准做消除通胀处理。方法举例：全国乡镇企业外商投资企业劳动者报酬 = 当年全国乡镇企业外商投资企业劳动者报酬 × 100 ÷ CPI 价格指数（设 1993 年为 100）。选取 1993 年为基期与第二章相应，以便进行后文中新农村建设与利用外资的相关性分析。

续表

指标 年份	全国乡镇企业外商投资企业劳动者报酬（亿元）	全国外商投资企业营业收入（亿元）	全社会全部累计完成资产投资（外商）（亿元）	全国乡镇外商投资企业总产值（亿元）	
2010	902.45	21899.83	19095.91	22387.92	
2009	883.88	21637.67	18579.45	22041.80	
2008	731.80	17672.80	14984.02	18070.61	
2007	709.05	15141.68	12994.95	15195.57	
2006	633.01	12840.13	11405.87	12863.86	
2005	456.48	8751.62	8708.57	9322.27	
2004	436.99	6766.14	11894.42	7187.05	
2003	394.33	5491.57	5711.66	5976.54	
	外商投资经济对第一产业固定资产投资占全国固定资产投资比（%）	全社会固定资产投资建设规模（外商）（亿元）	乡镇外资企业就业贡献率（%）	乡镇外资企业税收贡献率（%）	外商投资企业出口增长贡献率
2012	0.59	35291.01	2.43	10.78	0.3484
2011	0.43	32590.77	2.39	9.95	0.7598
2010	0.37	30203.87	2.34	11.62	0.9039
2009	0.34	29122.68	2.37	11.28	0.9363
2008	0.33	24662.88	2.28	10.78	0.7817
2007	0.33	21380.34	2.04	11.03	0.9082
2006	0.23	17532.22	1.89	10.65	0.9899
2005	0.37	14376.38	1.66	9.97	1.0981
2004	0.31	11477.31	1.55	9.47	1.1554
2003	0.35	9627.91	1.37	9.31	1.1956

（2）原始指标数据标准化处理。对所选取 9 个指标统计数据进行标准化处理（如表 5-8 所示）。

表 5-8 描述统计量

	N	极小值	极大值	均值		标准差	方差
	统计量	统计量	统计量	统计量	标准误	统计量	统计量
X_1	10	394.3269	1217.9173	723.167113	81.1482625	256.6133376	65850.405
X_2	10	5491.5702	27625.2767	15910.853020	2336.4425880	7388.4802004	54589639.671
X_3	10	5711.6638	22098.9391	14603.632847	1705.5232529	5393.3380815	29088095.661
X_4	10	5976.5408	22387.9213	15627.224165	2045.2191026	6467.5506783	41829211.776
X_5	10	0.2327	0.5889	0.364753	0.0294988	0.0932834	0.009
X_6	10	9627.9062	35291.0118	22626.537157	2891.1301868	9142.5564023	83586337.569
X_7	10	1.3674	2.4280	2.032104	0.1241296	0.3925322	0.154

续表

	N	极小值	极大值	均值		标准差	方差
	统计量	统计量	统计量	统计量	标准误	统计量	统计量
X_8	10	9.3108	11.6194	10.483322	0.2444406	0.7729891	0.598
X_9	10	0.3484	1.1956	0.907734	0.0773608	0.2446364	0.060
有效的 N（列表状态）	10						

要对原始数据进行无量纲化处理，首先就要计算各指标的平均值和标准差，然后将这些数据代入前文所述的标准化公式中，经计算可以得到数据的标准化值（如表 5-9 所示）。

表 5-9 评价指标标准化后的数据一览表

ZX_1	ZX_2	ZX_3	ZX_4	ZX_5	ZX_6	ZX_7	ZX_8	ZX_9
1.92800	1.58550	1.38973	0.90819	2.40265	1.38522	1.00853	0.38233	-2.28635
0.55578	0.72694	1.10486	0.94292	0.68811	1.08987	0.92224	-0.69239	-0.60451
0.69865	0.81058	0.83293	1.04533	0.09815	0.82880	0.78370	1.46973	-0.01546
0.62627	0.77510	0.73717	0.99181	-0.28301	0.71054	0.86230	1.02934	0.11665
0.03363	0.23847	0.07053	0.37779	-0.35954	0.22273	0.61957	0.38277	-0.51529
-0.05500	-0.10410	-0.29827	-0.06674	-0.42412	-0.13631	0.02409	0.70289	0.00195
-0.35135	-0.41561	-0.59291	-0.42727	-1.41606	-0.55721	-0.35318	0.21718	0.33584
-1.03929	-0.96897	-1.09303	-0.97486	0.03935	-0.90239	-0.95431	-0.65896	0.77804
-1.11523	-1.23770	-0.50233	-1.30500	-0.56015	-1.21949	-1.21968	-1.31601	1.01228
-1.28146	-1.41021	-1.64869	-1.49217	-0.18538	-1.42177	-1.69325	-1.51687	1.17684

（3）对利用外资指标进行因子分析过程。

1）计算相关系数矩阵并进行统计检验。通过数据检验从表 5-10 可得，KMO 值为 0.709，处于 0.5~1.0 之间；Bartlett 的检验通过，相应的显著性概率（Sig）小于 0.001 为高度显著，因此数据适合使用因子分析方法。

表 5-10 KMO 和 Bartlett 的检验

取样足够度的 Kaiser-Meyer-Olkin 度量		0.709
Bartlett 的球形度检验	近似卡方	154.829
	df	36
	Sig.	0.000

2）求相关系数矩阵 R 的特征值和特征向量，并提取因子。表 5-11 为解释的总方差列表，表中列出了所有的主成分，且按照特征根从大到小的次序排列。

从表 5-11 中可见，第一个公共因子方差贡献率为 82.390%，旋转后的方差贡献率为 55.379%；第二个公共因子方差贡献率为 12.333%，旋转后的方差贡献率为 39.344%，方差累计贡献率达到 94.723%。一般来说，这两个公共因子足以概括解释原变量的绝大部分（＞85%）的样本信息，这在统计学上是有意义的。因此可以选择前 2 个主成分进行分析，所提取的 2 个主成分因子能够体现 9 个指标所要反映的信息。通过图 5-1 碎石图也可以直观看出前两个因子可以反映出指标体系所要体现的主要信息。

表 5-11 解释的总方差

成分	初始特征值			提取平方和载入			旋转平方和载入		
	合计	方差（%）	累计（%）	合计	方差（%）	累计（%）	合计	方差（%）	累计（%）
1	7.415	82.390	82.390	7.415	82.390	82.390	4.984	55.379	55.379
2	1.110	12.333	94.723	1.110	12.333	94.723	3.541	39.344	94.723
3	0.262	2.915	97.638						
4	0.131	1.459	99.098						
5	0.056	0.619	99.716						
6	0.023	0.252	99.968						
7	0.002	0.023	99.991						
8	0.001	0.006	99.997						
9	0.000	0.003	100.000						

提取方法：主成分分析。

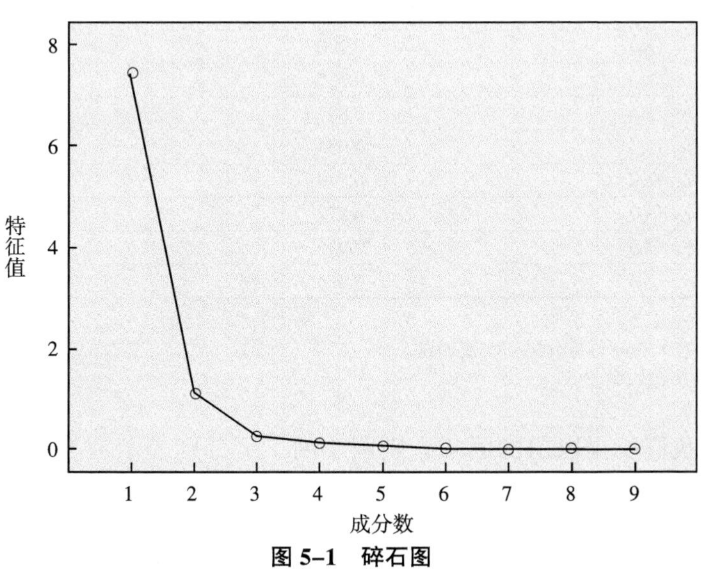

图 5-1 碎石图

3）建立因子载荷矩阵。表 5-12 为旋转前的因子载荷矩阵。

表 5-12 成分矩阵 [a]

	成分	
	1	2
Zscore（X_1）	0.984	−0.080
Zscore（X_2）	0.998	0.022
Zscore（X_3）	0.957	−0.025
Zscore（X_4）	0.961	0.215
Zscore（X_5）	0.643	−0.726
Zscore（X_6）	0.990	0.005
Zscore（X_7）	0.966	0.192
Zscore（X_8）	0.701	0.623
Zscore（X_9）	−0.890	0.322

提取方法：主成分。
a. 已提取了 2 个成分。

在表 5-12 所示未经旋转的载荷矩阵中，因子变量在许多变量上均有较高的载荷。

采用方差极大旋转法（即 Varimax 法）旋转之后的因子载荷矩阵见表 5-13。

表 5-13 旋转成分矩阵 [a]

	成分	
	1	2
Zscore（X_1）	0.721	0.673
Zscore（X_2）	0.796	0.603
Zscore（X_3）	0.735	0.614
Zscore（X_4）	0.887	0.428
Zscore（X_5）	0.053	0.968
Zscore（X_6）	0.779	0.611
Zscore（X_7）	0.877	0.449
Zscore（X_8）	0.936	−0.053
Zscore（X_9）	−0.498	−0.805

提取方法：主成分。
旋转法：具有 Kaiser 标准化的正交旋转法。
a. 旋转在 3 次迭代后收敛。

设 F 为我们所提取出的因子，则两个因子可分别表示为 F_1、F_2。从表 5-12 旋转我们可以看出，第一个公共因子 F_1 在 X_1、X_2、X_3、X_4、X_6、X_7、X_8 上拥有较高负荷，即第一个公共因子主要反映了全国乡镇企业外商投资企业劳动者报酬、全国外商投资企业营业收入、全社会全部累计完成资产投资、全国乡镇外商

投资企业总产值、全社会固定资产投资建设规模（外商）、乡镇外资企业税收贡献率。几乎反映了利用外资的农村投资环境的影响、利用外资规模、利用外资结构和外资的溢出效应四个方面情况。

第二个公共因子 F_2 在 X_5、X_9 上的系数较大，拥有较高负荷，说明第二个公共因子主要反映了外商投资经济对第一产业固定资产投资占全国固定资产投资比、外商投资企业出口增长贡献率信息。主要体现了利用外资结构和外资溢出效应指标信息。

成分 1、成分 2 在旋转空间中的情况如图 5–2 所示。

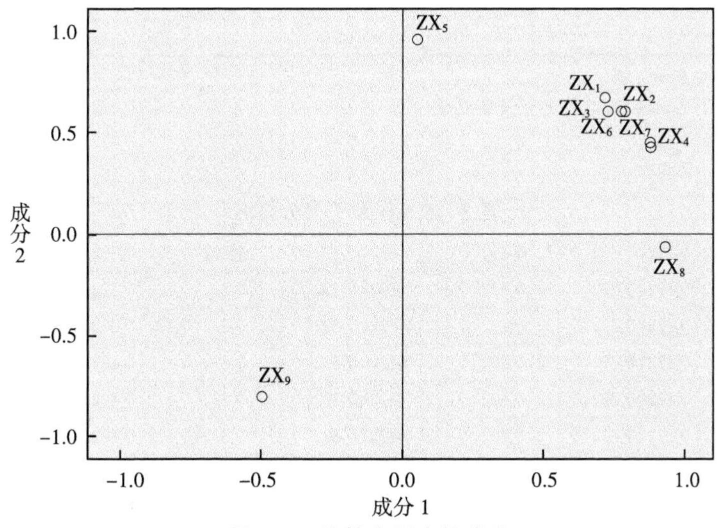

图 5–2　旋转空间中的成分

4）计算各因子得分及综合评价得分并排序。

我们记 Y_1 和 Y_2 分别是各年新农村利用外资质量在 2 个因子上的得分。则：

$Y_1 = 0.059ZX_1 + 0.118ZX_2 + 0.087ZX_3 + \cdots + 0.423ZX_8 + 0.086ZX_9$

$Y_2 = 0.139ZX_1 + 0.068ZX_2 + 0.098ZX_3 + \cdots - 0.381ZX_8 - 0.302ZX_9$

其中，ZX_1，ZX_2，ZX_3，…，ZX_9 为各项指标经预处理之后的标准化数据，成分得分系数如表 5–14 所示。再以各因子所对应的贡献率为权重进行加权求和，即可得到综合评价得分 Y，即：

$Y = 0.8239Y_1 + 0.12333Y_2$。各因子得分排名如表 5–15 所示。

表 5-14 成分得分系数矩阵

	成分	
	1	2
Zscore（X_1）	0.059	0.139
Zscore（X_2）	0.118	0.068
Zscore（X_3）	0.087	0.098
Zscore（X_4）	0.222	-0.071
Zscore（X_5）	-0.338	0.567
Zscore（X_6）	0.107	0.080
Zscore（X_7）	0.210	-0.055
Zscore（X_8）	0.423	-0.381
Zscore（X_9）	0.086	-0.302

提取方法：主成分。
旋转法：具有 Kaiser 标准化的正交旋转法。
构成得分。

表 5-15 各因子得分排名

年份	Y_1	排名	Y_2	排名	综合得分	排名
2012	0.136379	7	2.409979	1	2.409979	1
2011	0.156857	6	1.041002	2	1.041002	2
2010	1.281847	1	-0.31681	6	-0.31681	6
2009	1.210938	2	-0.43687	8	-0.43687	8
2008	0.513192	3	-0.20936	3	-0.20936	3
2007	0.375022	4	-0.56031	9	-0.56031	9
2006	0.24938	5	-1.1171	10	-1.1171	10
2005	-1.00926	8	-0.22955	4	-0.22955	4
2004	-1.21216	9	-0.34814	7	-0.34814	7
2003	-1.70219	10	-0.23285	5	-0.23285	5

（4）实证结果分析。通过实证结果可看出，不同年份对应的每个因子的排名与最后的综合排名并不完全具有一致性，而且有些地区的单项排名与其综合排名还有很大差距（如图 5-3、图 5-4 所示）。

从综合得分情况看，随着社会经济的发展，尽管在 2006 年美国次贷危机逐步显现期间，我国农村利用外资出现了一定程度的波动，但我国农村利用外资质量在整体上处于上升的趋势。从各个因子的得分情况看，Y_1 在 2003 年至 2010 年基本处于稳步上升阶段，也体现出我国新农村建设下利用外资质量的综合方面是逐渐改善的，2011 年后我国经济结构转型，利用外资在综合方面有一定程度的下降，但整体趋于稳定。Y_2 在 2006~2009 年全球金融危机时存在一定程度的下

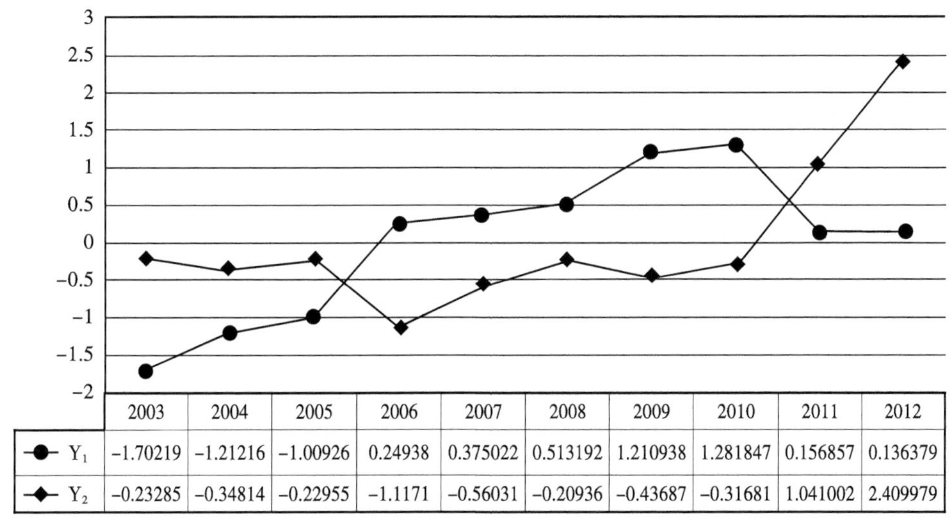

	2003	2004	2005	2006	2007	2008	2009	2010	2011	2012
Y₁	−1.70219	−1.21216	−1.00926	0.24938	0.375022	0.513192	1.210938	1.281847	0.156857	0.136379
Y₂	−0.23285	−0.34814	−0.22955	−1.1171	−0.56031	−0.20936	−0.43687	−0.31681	1.041002	2.409979

图 5-3　各因子逐年得分变动

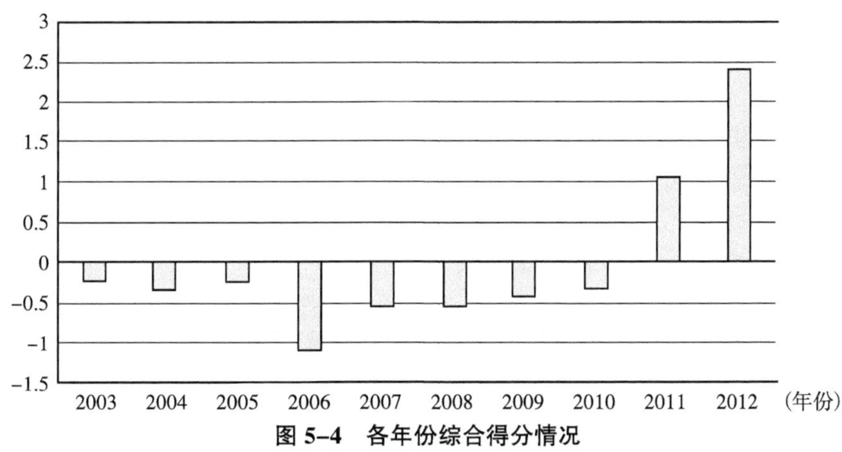

图 5-4　各年份综合得分情况

滑和波动，很大程度上是因为美国次贷危机蔓延至全球，中国作为世界最大进出口贸易国之一也在一定程度上受到了冲击。总体上，社会主义新农村建设条件下利用外资质量仍然是趋于稳定，并随着我国经济结构转型、区域投资转移和产业升级整体上逐步呈上升趋势。

二、我国新农村建设与利用外资质量相关性分析

1. 统计方法选择

为了考察利用外资是否有利于我国新农村建设，我们首先统计新农村建设得分和利用外资规模的相关性。连续变量是社会及行为科学研究者最常见的数据，

单独一个连续变量可以用一般的次数分布表与图示法来表现出数据的内容与特性，或以平均数及标准差来描绘数据的集中与离散情形。然而，一个研究所涉及的问题，往往同时牵涉到两个以上连续变量关系的探讨。在统计学上，涉及两个连续变量的关系多以线性关系的形式进行分析。线性关系分析是将两个变量的关系以直线方程式的原理来估计关联强度。因此，对我国新农村建设与利用外资质量相关性的研究是以存在变量的连续性为基础的。

相关分析计算两个变量之间的相互关系，分析两个变量间线性相关的程度，往往因为第三个变量所起的作用，使得相关系数不能真实地反映两个变量间的线性相关程度，这就导致了二元变量相关分析的不精确性。偏相关分析的任务就是在研究两个变量间的线性相关关系时控制可能对其产生影响的变量，这种相关系数称为偏相关系数[①]。

控制变量为 z，变量 x、y 之间的偏相关系数定义为：

$$r_{xy},\ z=\frac{r_{xy}-r_{xz}r_{yz}}{\sqrt{(1-r_{xz}^2)\ (1-r_{yz}^2)}} \tag{5-8}$$

r_{xy} 是控制在 z 的条件下，x、y 之间的偏相关系数；r_{xy} 是变量 x、y 之间的简单相关系数，r_{xz} 是变量 x、z 之间的简单相关系数，r_{yz} 是变量 y、z 之间的简单相关系数。

偏相关分析需计算偏相关系数并对样本来自的两总体是否存在显著性相关进行分析。具体如下：

提出原假设 H_0：即两总体的偏相关系数与零无显著性差异。

计算检验统计量 t 值，并计算相伴概率 P 值。

若相伴概率 P 值小于给定的显著性水平 α，则应拒绝原假设，认为两总体的偏相关系数与零有显著性差异，即两样本间的偏相关性显著；反之，则认为无显著性差异，两样本间偏相关性不显著。

此书此部分数据处理采用偏相关双尾检验。

2. 相关性分析过程和结果

通过对数据和分析目的进行选择，此处我们选择将第二章我国新农村建设总体评分以及本章中新农村建设目标下利用外资质量两个公共因子评分，选取其中 2003~2012 年[②] 数据进行新农村建设和利用外资质量的相关性分析。通过利用外资质量两因子与新农村建设间的相关性分析，统计出 2003~2012 年利用外资质量情况的变动对新农村建设的影响。

① 邓维斌，唐兴艳等编著. SPSS19.0 统计分析实用教程［M］. 北京：电子工业出版社，2013.

② 根据之前统计数据的可用性及合理性，选取 2003~2012 年 10 年作为统计样本。两组数据在做原始数据处理时均以 1993 年为基期进行去通胀处理。

Y 为社会主义目标下新农村建设综合评价得分；X_1 为反映了利用外资的农村投资环境的影响、利用外资规模、利用外资结构和外资的溢出效应四个方面综合情况的公共因子得分；X_2 为体现利用外资结构和外资溢出效应的公共因子得分情况。具体结果见下列计算过程。

分别对三个变量进行统计量描述。

表 5-16 描述性统计量

	均值	标准差	N
Y	0.507100	0.4201193	10
X_1	0.000000	1.0002384	10
X_2	-0.000001	1.0009281	10

首先在对变量 X_2 进行控制的条件下进行变量 Y 和变量 X_1 的相关分析。

表 5-17 相关性

控制变量			Y	X_1	X_2
-无[a]	Y	相关性	1.000	0.771	0.612
		显著性（双侧）	0	0.009	0.060
		df	0	8	8
	X_1	相关性	0.771	1.000	0.001
		显著性（双侧）	0.009	0	0.997
		df	8	0	8
	X_2	相关性	0.612	0.001	1.000
		显著性（双侧）	0.060	0.997	0
		df	8	8	0
X_2	Y	相关性	1.000	0.974	
		显著性（双侧）	0	0	
		df	0	7	
	X_1	相关性	0.974	1.000	
		显著性（双侧）	0	0	
		df	7	0	

a 单元格包含零阶（Pearson）相关。

表 5-17 中第一部分为无控制变量 X_1、X_2、Y 间的相关性数据。第二部分为当选择 X_2 为控制变量时，变量 X_1 与 Y 间的相关性。从表 5-17 中可以看出，偏相关系数为 0.974，双尾检测的相伴概率 P 为 0.000，明显小于显著性水平 0.05。故应拒绝原假设，说明变量 Y 与 X_1 间存在显著的相关性，且由于 0.9740>0，因此社会主义新农村建设与利用外资质量综合情况呈极强的正相关性。说明了

2003~2012 年我国利用外资整体上有利于新农村建设目标的实现。

由 0.9740>0，同理，将变量 X_1 作为控制变量，对变量 Y 和 X_2 进行相关性分析。

表 5-18 中第一部分依然为在无控制变量条件下三个变量间的相关性分析。通过表 5-17 和表 5-18 第一部分对比可得知，该部分相关系数矩阵是一个对称矩阵，任意两个变量例 X_1、Y 与 Y、X_1 之间的相关系数一样，即对相关性来讲，两变量之间的地位是平等的，无主次之分。

表 5-18　相关性

控制变量			Y	X_2	X_1
-无[a]	Y	相关性	1.000	0.612	0.771
		显著性（双侧）	0	0.060	0.009
		df	0	8.000	8.000
	X_2	相关性	0.612	1.000	0.001
		显著性（双侧）	0.060	0	0.997
		df	8	0	8
	X_1	相关性	0.771	0.001	1.000
		显著性（双侧）	0.009	0.997	0
		df	8	8	0
X_1	Y	相关性	1.000	0.960	
		显著性（双侧）	0	0	
		df	0	7	
	X_2	相关性	0.960	1.000	
		显著性（双侧）	0	0	
		df	7	0	

a 单元格包含零阶（Pearson）相关。

表 5-18 中第二部分是以变量 X_1 作为控制变量条件下变量 Y 和 X_2 间的相关性。从表 5-18 中可以看出，偏相关系数为 0.960，双尾检测的相伴概率 P 明显小于显著性水平 0.05。故应拒绝原假设，说明变量 Y 与 X_2 间存在显著的正相关性。因此社会主义新农村建设与利用外资结构和外资溢出效应呈正相关性。又由于 $r_{x1,y} = 0.974$，$r_{x2,y} = 0.960$，因此说明利用外资结构和外资溢出效应的提升对我国新农村建设目标实现具有推动作用，同时我国整体上利用外资质量的提高更加有利于新农村建设目标的实现。

3. 回归分析及所选样本间关系表示

对新农村建设和利用外资质量进行相关性分析，可通过回归分析将新农村建设目标的实现与利用外资质量的变化关系用函数关系进行表达。

回归分析要点：

（1）拟合优度检验。检验样本数据聚集在样本回归直线或曲线周围的密集程度，从而判断回归方程对样本数据的代表程度。用决定系数 R^2 实现，越接近 1，标明回归方程拟合程度越好；越接近 0，方程拟合程度越差。

（2）回归方程的显著性检验。对因变量与所有自变量之间的线性关系是否显著进行假设检验。采用 F 检验，其中原假设 H_0：回归总体不具显著性；备择假设 H_1：回归总体具有显著性。

（3）回归系数的显著性检验。根据样本估计的结果对总体回归系数进行假设检验，从而检验单个自变量与因变量之间的线性关系是否统计显著。采用 T 检验，其中原假设 H_0：自变量 X_i 对 Y 没有显著性影响；备择假设 H_1：自变量 X_i 对Y 有显著性影响。

表 5-19 相关性

		Y	X_1	X_2
Pearson 相关性	Y	1.000	0.771	0.612
	X_1	0.771	1.000	0.001
	X_2	0.612	0.001	1.000
Sig.（单侧）	Y	0	0.004	0.030
	X_1	0.004	0	0.499
	X_2	0.030	0.499	0
N	Y	10.000	10.000	10.000
	X_1	10.000	10.000	10.000
	X_2	10.000	10.000	10.000

表 5-19 是相关系数矩阵表。包括自变量和因变量 3 个变量的 Pearson 相关系数及单尾显著性概率。由表 5-19 可得，因变量与自变量的相关系数分别为 0.771 和0.612，单尾检验显著性概率分别为 0.004 和 0.030，说明两个自变量与因变量的关系均较密切。

通过“逐步”法回归过程，先后将自变量 X_1、X_2 引入模型，得到表 5-20 和表 5-21 两个模型数据。

表 5-20 模型汇总 [c]

模型	R	R^2	调整 R^2	标准估计的误差	Durbin-Watson
1	0.771[a]	0.595	0.544	0.2835494	
2	0.984[b]	0.968	0.959	0.0846005	1.554

a 预测变量：（常量），X_1。
b 预测变量：（常量），X_1，X_2。
c 因变量：Y。

从第二个模型来看，复相关系数 R = 0.968，决定系数 $R^2 = 0.968$。从拟合优度上看，第二个模型好于第一个模型。

从第二个模型来看，F = 107.472，显著性概率 P = 0.000，在显著性水平为 0.05 的条件下看，可以认为 Y（新农村建设）与 X_1（利用外资综合情况）和 X_2（利用外资结构和溢出效应）具有线性关系。

表 5-21 Anova[c]

模型		平方和	df	均方	F	Sig.
1	回归	0.945	1	0.945	11.757	0.009[a]
	残差	0.643	8	0.080		
	总计	1.589	9			
2	回归	1.538	2	0.769	107.472	0.000[b]
	残差	0.050	7	0.007		
	总计	1.589	9			

a 预测变量：（常量），X_1。
b 预测变量：（常量），X_1，X_2。
c 因变量：Y。

表 5-22 系数[a]

模型		非标准化系数		标准系数	t	Sig.
		B	标准误差	试用版		
1	（常量）	0.507	0.090		5.655	0.000
	X_1	0.324	0.094	0.771	3.429	0.009
2	（常量）	0.507	0.027		18.955	0.000
	X_1	0.324	0.028	0.771	11.482	0.000
	X_2	0.256	0.028	0.611	9.103	0.000

a 因变量：Y。

由回归系数表 5-22 可得到以下两个回归模型：

模型 1：$Y = 0.507 + 0.324X_1$（从拟合优度上看进行排除）

模型 2：$Y = 0.507 + 0.324X_1 + 0.256X_2$（T 统计量伴随概率均远小于 0.05，选择模型 2）

表 5-23 残差统计量[a]

	极小值	极大值	均值	标准偏差	N
预测值	−0.103629	1.169340	0.507100	0.4134410	10
残差	−0.1089311	0.1109704	0.0000000	0.0746106	10
标准预测值	−1.477	1.602	0.000	1.000	10
标准残差	−1.288	1.312	0.000	0.882	10

a 因变量：Y。

表 5-23 中标准化残差绝对值的最大值 1.3122，因此样本数据中没有奇异数据。

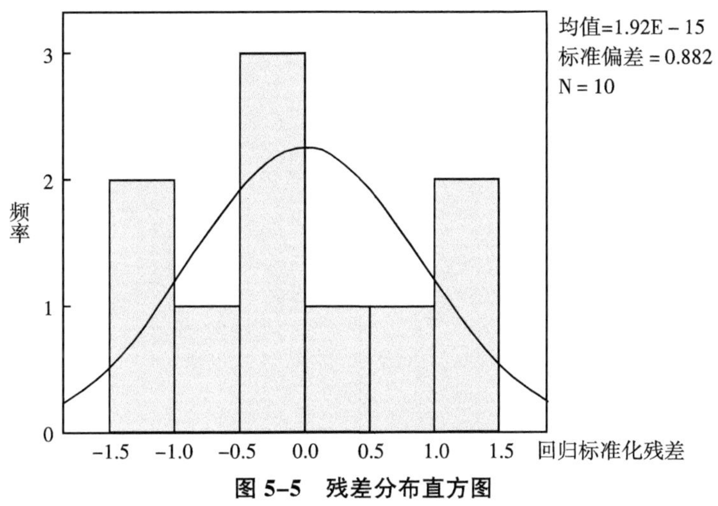

图 5-5 残差分布直方图

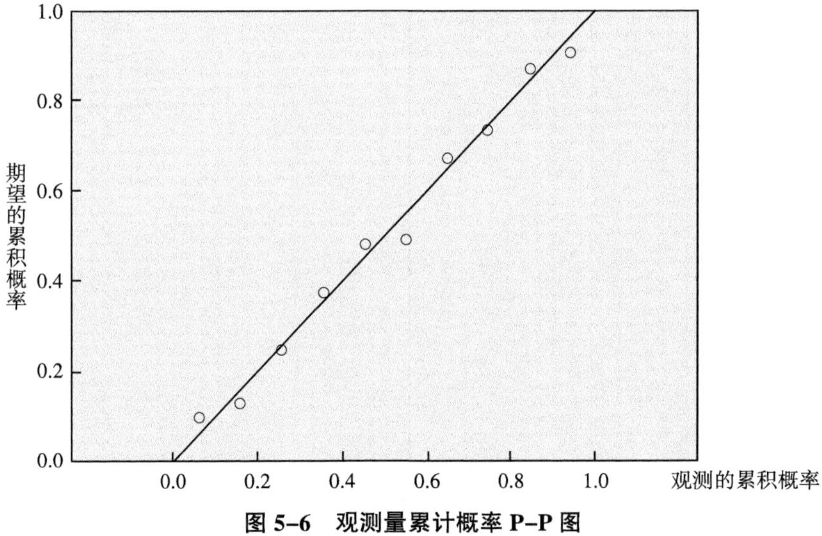

图 5-6 观测量累计概率 P-P 图

图 5-5 残差分布直方图和图 5-6 观测量累计概率 P-P 图表明残差分析的正态性，满足回归分析中残差服从正态分布的假定。

| 第六章 |

我国东部地区社会主义新农村建设目标下利用外资质量实证研究

第一节　东部地区新农村建设与利用外资质量的现状分析[①]

一、东部地区社会主义新农村建设现状

1. 生产发展

(1) 经济发展水平。建设社会主义新农村，其核心目标是实现农村经济发展，提升农村的生产力水平。发展农村经济是社会主义新农村建设的首要任务，故这里选取“经济发展水平”来分析我国东部地区社会主义新农村建设状况具有很强的针对性和合理性。衡量“生产发展”的指标有很多，通常以 GDP 为衡量“生产发展”的基本指标，但由于缺乏对农村 GDP 的统计，我们仅以东部农村农林牧渔总产值粗略代表国民产出水平。

通过对图 6-1 进行时间序列纵向比较可见，在建设新农村的政策落实后，东部地区农村在经济上取得较为明显的发展和进步。东部地区农村农林牧渔总产值从 2003 年的 15053.68 亿元增长到 2012 年的 42109.56 亿元，增长 179.7%。各个地区经济发展都处于稳步上升态势，但在 2009 年左右受到全球金融危机影响，各省都存在不同程度的波动。具体来看，山东省作为农业大省，农林牧渔总产值在十年中一直处于较高水平，且增速较东部其他省市快。而上海市、北京市、天津市由于城镇化水平较高，已经不再依托第一产业作为经济发展主要动力，十年

① 依据中国国家统计局关于东西中部和东北地区划分方法的口径，本书所指的东部地区包括北京市、天津市、河北省、上海市、江苏省、浙江省、福建省、山东省、广东省、海南省 10 个省（市），另外再涵盖东北地区辽宁省、吉林省以及黑龙江省三个省（市）。

来农林牧渔总产值均处于较低水平。福建省、浙江省以及江苏省虽然第一产业发展相对平缓且总量不大，但仍具有较大潜力。

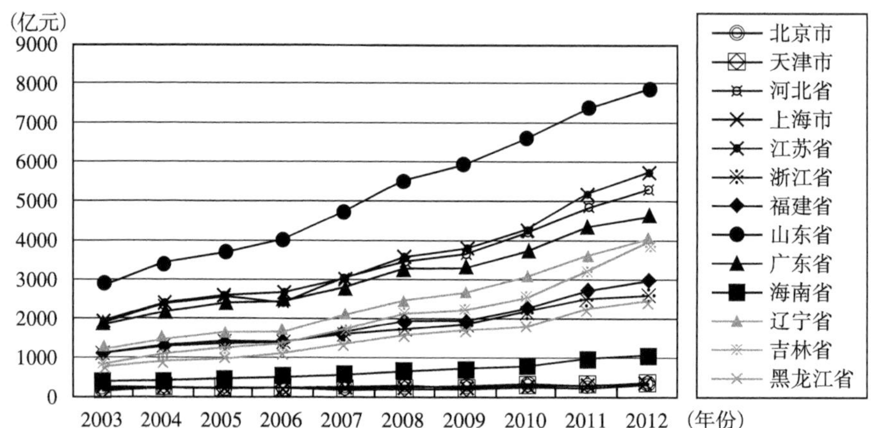

图 6-1 2003~2012 年东部地区农村社会农林牧渔总产值变化趋势

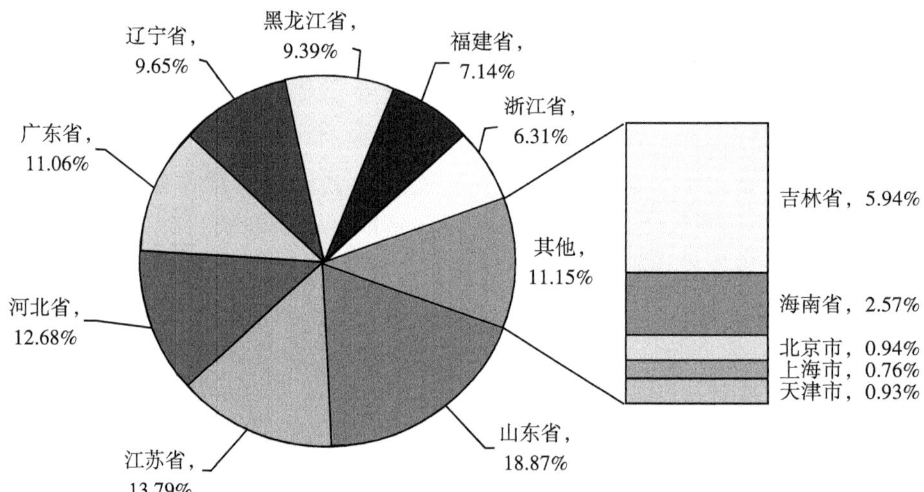

图 6-2 2012 年东部地区农村社会农林牧渔总产值比重

通过对图 6-2 进行横向比较可见，2012 年山东省、江苏省以及河北省作为我国东部地区三大传统农业大省，其农林牧渔总产值在东部地区占比处于前三位，分别是 18.87%、13.79%和 12.68%。而北京市、上海市以及天津市三个直辖市的农林牧渔总产值占比总计只为 2.63%。出现此类分化的原因之一是由于东部地区既有如山东省、东北三省等传统农业大省，又有现代化进程较为完善的北京市、上海市、天津市三大直辖市。从一定程度上可以看出，我国东部地区依托其先天地理优势，城镇化发展在我国东、中、西三大地区处于前列。中国一直以来

都是“农业大国”，以农业为主的第一产业一直是我国经济增长的支撑和保障，但随着以工业为主的第二产业和以服务业为主的第三产业的迅猛发展，第一产业的占比必然要下降。

（2）农业现代化发展。随着经济的发展和科学技术水平的提高，传统农业模式发生了重大变革，越来越多的高新技术应用于农业发展之中，同时，农业现代化也是新农村建设过程中重要内容之一。我们以机械总动力和有效灌溉面积来表示东部地区的农业现代化建设水平（见图 6-3 和图 6-4）。

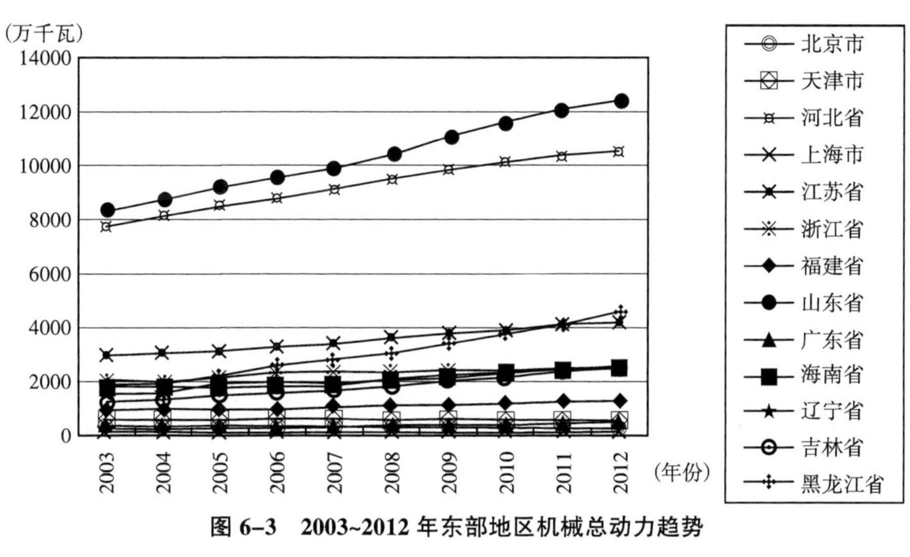

图 6-3 2003~2012 年东部地区机械总动力趋势

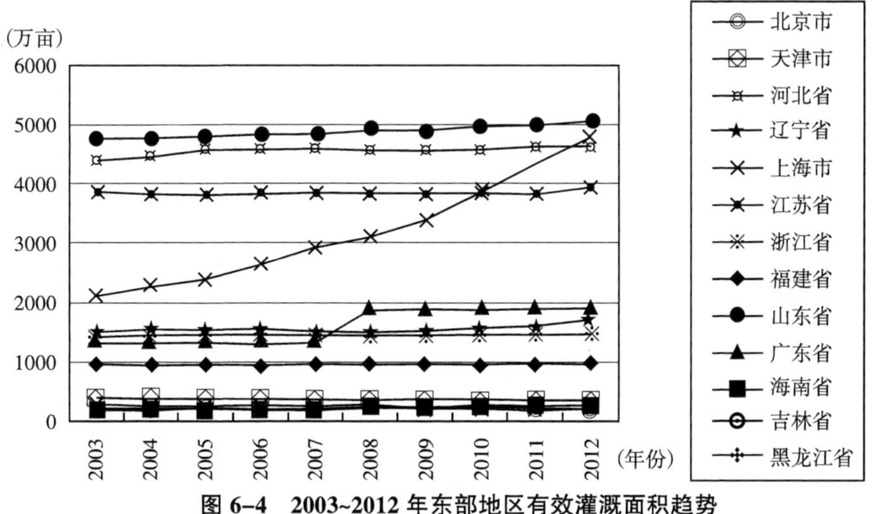

图 6-4 2003~2012 年东部地区有效灌溉面积趋势

在东部地区 13 个省市的机械总动力方面，河北省以及山东省多年来优势较为明显；黑龙江省及吉林省呈现出较为明显的增长趋势；其余省市机械总动力变化较小。在有效灌溉面积方面，江苏省、山东省以及河北省作为我国东部地区农业大省，有效灌溉面积始终处于东部地区 13 个省市的前列。黑龙江省虽然在 2003 年有效灌溉面积为 2111.53 千公顷，但到了 2012 年有效灌溉面积增加到了 4776.48 千公顷，增长率为 126%，增长趋势最为明显。其余省市变化不大。这从一定程度上反映出山东省、河北省、江苏省以及东北三省在新农村现代化建设方面的发展较为显著。由于各省的地理环境、区域资源禀赋不同，有效灌溉面积和机械总动力的变化不适合省际间的比较。

2. 生活宽裕

（1）居民收入水平。建设社会主义新农村中最基本的目标是促进农民收入增长，改善农民生活的物质条件。促进农民增收符合新农村建设中“生活宽裕”的目标，此处将主要选取“农村居民人均纯收入”指标对东部地区社会主义新农村建设的成效进行衡量，见表 6–1。

表 6–1　2003~2012 年农村居民人均纯收入

单位：元

年份 地区	2003	2004	2005	2006	2007	2008	2009	2010	2011	2012
北京市	5601.6	6170.3	7346.3	8275.5	9439.6	10661.9	11668.6	13262.3	14735.7	16475.7
天津市	4566	5019.5	5579.9	6227.9	7010.1	7910.8	8687.6	10074.9	12321.2	14025.5
河北省	2853.4	3171.1	3481.6	3801.8	4293.4	4795.5	5149.7	5958	7119.7	8081.4
辽宁省	2934.4	3307.1	3690.2	4090.4	4773.4	5576.5	5958	6907.9	8296.5	9383.7
上海市	6653.9	7066.3	8247.8	9138.7	10144.6	11440.3	12482.9	13978	16053.8	17803.7
江苏省	4239.3	4753.9	5276.3	5813.2	6561	7356.5	8003.5	9118.2	10805	12202
浙江省	5389	5944.1	6660	7334.8	8265.2	9257.9	10007.3	11302.6	13070.7	14551.9
福建省	3733.9	4089.4	4450.4	4834.8	5467.1	6196.1	6680.2	7426.9	8778.6	9967.2
山东省	3150.5	3507.4	3930.6	4368.3	4985.3	5641.4	6118.8	6990.3	8342.1	9446.5
广东省	4054.6	4365.9	4690.5	5079.8	5624	6399.8	6906.9	7890.3	9371.7	10542.8
海南省	2588.1	2817.6	3004	3255.5	3791.4	4390	4744.4	5275.4	6446	7408
吉林省	2530.4	2999.6	3264	3641.1	4191.3	4932.7	5265.9	6237.4	7510	8598.2
黑龙江省	2508.9	3005.2	3221.3	3552.4	4132.3	4855.6	5206.8	6210.7	7590.7	8603.8

资料来源：国家统计局。

根据表 6–1 数据，在 2003~2012 年中，东部地区农村居民人均纯收入呈上升趋势。以山东省为例，相比 2003 年山东省农村居民人均纯收入为 3150.5 元，到 2012 年，农村居民人均纯收入达到了 9446.5 元，十年间增长率为 199.8%。说明在新农村建设中农民在增收方面取得较明显的成效，在近两个“五年计划”中，农民可支配收入呈现出稳步上升的态势。

（2）居民消费水平。恩格尔系数可衡量人们的生活水平，当恩格尔系数下降

时，表明人们的生活水平在一定程度上得到改善。根据表 6-2 数据和图 6-5 所示，东部地区农村居民恩格尔系数总体上呈下降趋势，说明人们用于食品消费的支出比率在下降，人们可以将收入用于除食品消费以外的其他方面的支出，更合理地改善日常生活。

表 6-2 2003~2012 年东部地区农村居民恩格尔系数

地区 \ 年份	2003	2004	2005	2006	2007	2008	2009	2010	2011	2012
北京市	0.32	0.32	0.33	0.33	0.33	0.34	0.32	0.32	0.32	0.33
天津市	0.38	0.39	0.39	0.36	0.39	0.41	0.43	0.42	0.35	0.36
河北省	0.40	0.43	0.41	0.37	0.37	0.38	0.36	0.35	0.34	0.34
辽宁省	0.43	0.46	0.40	0.38	0.40	0.41	0.37	0.38	0.39	0.38
上海市	0.35	0.35	0.37	0.38	0.37	0.41	0.37	0.37	0.41	0.40
江苏省	0.41	0.44	0.44	0.42	0.41	0.41	0.39	0.38	0.35	0.33
浙江省	0.38	0.39	0.38	0.37	0.36	0.37	0.36	0.34	0.37	0.37
福建省	0.45	0.47	0.46	0.45	0.46	0.46	0.46	0.46	0.46	0.46
山东省	0.42	0.42	0.40	0.38	0.38	0.38	0.37	0.38	0.36	0.34
广东省	0.48	0.49	0.48	0.49	0.50	0.49	0.48	0.48	0.49	0.49
海南省	0.58	0.59	0.58	0.53	0.56	0.53	0.53	0.50	0.51	0.50
吉林省	0.44	0.46	0.44	0.40	0.40	0.40	0.35	0.37	0.35	0.37
黑龙江省	0.41	0.41	0.36	0.35	0.35	0.33	0.31	0.34	0.39	0.38

资料来源：根据《中国农村统计年鉴》整理。

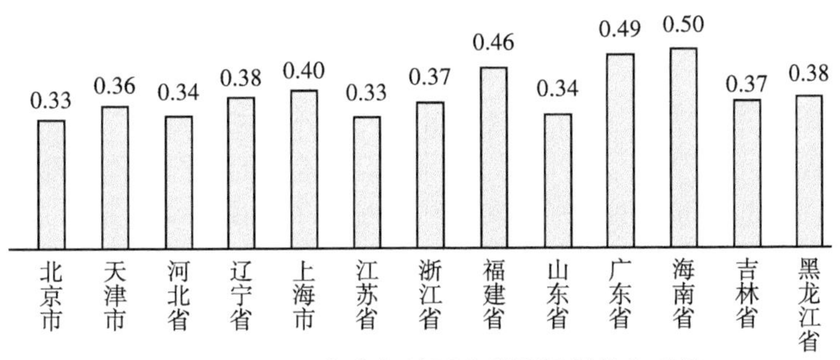

图 6-5 2012 年东部地区农村居民恩格尔系数

联合国粮农组织规定，恩格尔系数在 0.6 以上为贫困，0.5~0.6 为温饱，0.4~0.5 为小康，0.3~0.4 为富裕。根据统计年鉴数据，东部地区城镇恩格尔系数主要处于 0.3~0.5，一定程度上可等价为城镇居民的生活普遍进入富裕阶层。其中，海南省农村居民恩格尔系数最高，为 0.50，而江苏省和北京市农村居民恩格尔系数最低，为 0.33。由此可见，东部地区农村人民生活水平差异十分明显。

3. 乡风文明

前文已将乡风文明这一子系统分为文化建设、道德风尚建设两个构成元素。

文化建设由农民平均受教育年限和增长率，文教娱乐支出比重和增长率，社区图书室覆盖率，普通中小学教师人数和师生比例，万人大学生人数和增长率等指标构成。道德风尚由打架斗殴案件数和增长率，偷窃案件数和增长率等指标构成。

表 6-3 2012 年东部省市农村平均每百个劳动力的文化程度①

地区	平均每百个劳动力中					
	不识字或识字很少	小学程度	初中程度	高中程度	中专程度	大专及大专以上
全国	5.5	26.5	53.0	9.9	2.5	2.7
北京	1.1	6.5	49.4	20.7	9.2	13.0
天津	3.0	16.7	62.9	10.6	3.2	3.6
河北	2.5	19.0	60.3	13.1	2.5	2.6
辽宁	1.5	23.0	66.5	4.8	1.5	2.6
吉林	2.6	32.3	55.4	6.8	1.4	1.6
黑龙江	2.4	29.9	60.2	5.4	1.0	1.1
上海	2.3	21.5	50.8	11.1	6.2	8.0
江苏	5.7	24.1	53.1	11.2	2.5	3.3
浙江	7.2	29.8	44.4	11.6	1.9	5.1
福建	4.3	31.3	47.2	10.2	3.3	3.6
山东	3.5	18.7	57.5	13.0	3.8	3.4
广东	3.0	23.0	55.6	11.6	3.6	3.2
海南	3.9	18.7	61.3	12.6	2.1	1.4

资料来源：根据《2012 年中国农村统计年鉴》。

从表 6-3 可知，2012 年我国东部地区农村劳动力的文化程度整体高于全国平均水平，在东部地区 13 个省、直辖市中，农村劳动力高中文化程度高于全国平均水平的有 10 个；大专及大专以上文化程度高于全国平均水平的也有 10 个。

东部地区由于经济发展水平和文化程度都高于全国平均水平，东部地区的道德风尚水平也都高于全国平均水平，东部地区打架斗殴案件数，偷窃案件数在全国都是最低的。

4. 村容整洁

东部地区村容整洁水平在全国是最高的，东部地区使用燃气的农户比例达到 50%以上，是全国最高的地区；建成村级水泥路和柏油路的村庄比例在全国最高，早在 2006 年就分别达到 54%和 19%；② 东部地区一半以上的农户喝上自来水；其他诸如使用冲水厕所的比例、秸秆处理情况、农村绿化植被情况都是东部

① 鉴于社会发展的进步，主要考查农村劳动力中高中文化程度以上的平均人数。

② 陈源泉，高旺盛，王国升，隋鹏. 新农村建设中的区域农村村容现状与问题调查[J]. 中国农学通报，2007，10（23）.

地区最好。

5. 管理民主

2004年中办、国办联合下发的《关于健全和完善村务公开和民主管理制度的意见》（以下简称《意见》）为其后新农村建设在“管理民主”项目上的推进提供了良好的理论依据。改革开放以来，农村基层民主建设已经取得了较大的进展，主要体现在村民自治的落实。在《中共中央关于制定国民经济和社会发展第十一个五年规划的建议》正式提出新农村建设的思想后，地方省市均认真解读《意见》中的指导思想，根据当地的社会环境和发展实力针对性出台了相应的推进新农村管理民主的文件，北京市通州区常屯村的“村民议事厅”，主张实现农村事务公开化，保障农民当家做主的权利。之后各省市相应模式的“管理民主”建设也得到很好的开展，农村居民对村庄财务、行政事务等有较好的知悉，农民在村庄建设中能行使举报建议权，总体上农民能享受到管理的民主和行政事务的清晰透明。

二、东部地区社会主义新农村利用外资现状

1. 直接利用外资规模

（1）农业利用外商直接投资规模。近年来，农业领域外资涉及的范围正扩展到农业行业的所有方面，主要包括以下内容：农业教育科研及农业支持服务体系、区域性的农业综合开发、粮食流通及基础设施、水利灌溉、土壤改良、农产品加工、农村金融事业、灾民安置和灾民救助等领域。外商直接投资的重点主要集中在引进优良种植品种，畜牧业养殖与加工和农产品深加工，荒山、荒地、荒滩和未养殖水面的开发与利用等项目；另外对高风险、高技术含量和高附加值的项目，如农业技术研发、农业生物制品生产、农产品品种改良等，外商直接投资也在不断增加。

农业外资项目在全国各省、市、自治区分布不均衡，其中起步早、数量多、成效明显的是东部地区。东部地区在我国农、林、牧、渔各业利用外商直接投资项目数量中占据主导地位。2007~2009年，东部地区农、林、牧、渔各业利用外商直接投资项目数量分别为1116个、153个、225个和213个，分别占我国农、林、牧、渔各业利用外商直接投资项目数量的72.75%、59.07%、57.25%和85.89%。东部地区在全国农、林、牧、渔各业利用外商直接投资实际金额中占据绝对优势。2007~2009年东部地区农、林、牧、渔各业利用外商直接投资实际金额分别为15.28亿美元、2.35亿美元、3.69亿美元和3.16亿美元，分别占全国农业利用外商直接投资实际金额的89.88%、50.76%、69.10%和91.86%。这表明东部地区引资数量多，是跨国公司最为青睐的区域。①

① 徐玉波. 农业利用外商直接投资对中国农业的影响［D］. 北京：中国农业科学院博士学位论文，2012.

（2）非农产业利用外商直接投资规模。2012 年东部乡镇企业与外商合资合作新签协议项目数 13455 个，占全国72.82%，2012 年实际利用外资金额 2990751 万美元，占全国 84.57%。其中江苏省乡镇企业与外商合资合作新签协议项目数达 5064 个，占据了东部地区几乎 37.64%的新签项目数。在实际利用外资金额方面，江苏省、辽宁省以及广东省分别以 1295501 万美元、181159 万美元以及 178583 万美元的实际利用外资金额，占有绝对领先的优势。

2. 间接利用外资规模

间接利用外资的渠道主要是国际多边机构提供的贷款、赠款或者双边政府之间的经济技术合作协议。国际多边机构提供的贷款或赠款以联合国所属的国际组织和国际机构为提供资金的主体，如世界银行（WB）、国际农业发展基金会（IFAD）、亚洲开发银行（ADB）、世界粮食计划署（WFP）、联合国粮农组织（FAO）、联合国开发计划署（UNDP）等。据统计，在国外贷款和援助方面东部地区占全国比重为 35.43%。

3. 外商投资企业的经济效益

东部地区引进外资能够产生就业创造效应，提高当地的就业率，同时带来的新技术也可以快速提升当地的经济产出水平，增强当地的经济实力。这里仅以外商投资企业的进出口总额反映东部地区引进外资所带来的经济效益，见图 6-6。

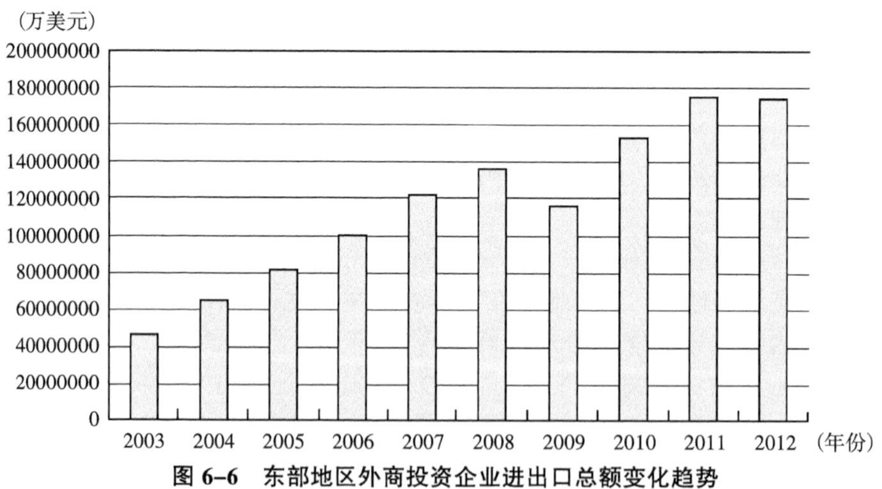

图 6-6　东部地区外商投资企业进出口总额变化趋势

由图 6-6 可知，2003~2007 年，外商投资企业进出口总额逐年递增，这反映出东部地区外商投资企业的快速发展，以及其对东部地区经济的快速推动。2009 年遭遇金融危机影响，外商投资企业进出口总额有小幅下滑后快速反弹，并逐年增加，体现出外商投资企业在东部地区重要性逐渐增加，这与东部地区经济较为发达的现状是相对应的。东部地区对于资金的需求量较大，且比较受到外商青

睐，因此外商投资总量在未来一段时间仍处于上升趋势。

第二节　东部地区新农村建设与利用外资质量的关系分析

一、东部地区新农村建设与利用外资质量的内涵

1. 东部地区新农村建设的内涵

东部地区社会主义新农村建设既有新农村建设的共性，也有其自身所存在的特殊性。从社会主义新农村建设的共性来看，东部地区新农村建设必须按照“生产发展、生活宽裕、乡风文明、村容整洁、管理民主”的要求，从经济、文化、政治、社会等多个方面进行。东部地区新农村建设在保证经济持续、平稳发展的同时，应将产业结构调整升级、经济文化转型等多方面协同发展作为首要目标，为新农村的各方面建设奠定基础。

从东部地区社会主义新农村建设的特殊性来看，由于东部地区地理位置以及资源禀赋等原因，大部分省市在经济建设上处于相对领先的地位，新农村建设逐渐步入成熟阶段。因此，东部地区推进新农村建设，首要任务是发展现代农业，优化农村发展结构。当前，我国东部新农村建设协调发展进程中还存在诸多问题，两者良性互动的局面还没有形成，农村发展滞后的局面仍然没有改变，相关政策措施亟待研究完善。我们需要立足于东部新农村建设实际，将新农村城乡统筹系统、农业基础夯实系统、农民素质综合提升系统、农村发展结构优化系统进行要素组合与优化配置，进而破除城乡人力资源二元结构、城乡市场资源二元结构、城乡户籍制度二元结构、城乡教育资源二元结构。以东部新农村建设为例，应立足于其建设实际，贯穿现代农村新理念，关注农村基本民生问题，通过经济社会、文化生态等建设，探寻东部新农村要素组合配置关键技术集成模式，从分化、整合到统筹迈进，进而实现东部农村的和谐共生与包容性发展。

综上所述，我们需要立足于东部新农村建设实际，贯穿现代农村新理念，进行城乡统筹、农业基础夯实、农民素质提升、农村发展结构优化方面的制度变迁，并进行相关政策诠释，运用于新农村建设实践中进行检验、矫正，不断进行范式转换，推动农村全面建设。

2. 东部地区利用外资质量的内涵

从利用外资的共性来看，东部地区利用外资的根本目的仍然是促进当地的经济发展；利用外资的质量是东部地区在一定时期经济和社会发展战略规划下，利

用外商直接投资对经济社会发展所产生的经济效益、社会效益、技术管理效益、生态环境效益等各方面的综合。

从东部地区利用外资质量的特殊性来看，东部地区利用特有的区位优势和要素禀赋，吸纳集聚的外资规模不断扩大，而且外资的质量不断提高，为经济的跨越式发展做出巨大贡献。凭借这些发展优势，东部利用外资将为打造开放型经济升级版打下坚实的发展基础。虽然东部地区利用外资在规模和质量上都取得了长足的发展，具有明显的优势，但也存在着外资结构不合理、质量效益不高等粗放式发展的问题，因此东部地区应加快利用外资的转型升级，以延伸产业链、提升价值链为重点调整和优化利用外资结构，提高利用外资的质量和综合效益，为全国其他地区利用外资发挥引领作用。

二、东部地区社会主义新农村建设与利用外资质量关系的实证分析

1. 东部地区社会主义新农村建设的实证分析

（1）方法选择。本书针对东部地区社会主义新农村建设采用全局主成分分析法模型。

1）建立时序立体数据表。若统计 n 个地区，使用相同的 p 个经济指标 X_1，X_2，…，X_p 来描述，那么在 t 年度就有一张数据表 $X_t=(X_{ij})_{n\times p}$，其中 n 为样本点个数，P 为变量个数。每年一张表，T 年共有 T 张数据表，这就是时序立体数据表。然后，将 T 张数据表从上到下排在一起构成一个 $T_{n\times p}$ 的大矩阵，将这个矩阵定义为全局数据表，记为：

$$X=(X^1，X^2，\cdots，X^t)'_{T_{n\times p}}=(X_{ij})_{T_{n\times p}} \tag{6-1}$$

矩阵中的每一行为一个样品，共有 T_n 个样品。形象地看，全局数据表是将时序立体数据表按时间纵向展开，然后就可以对全局数据表实施经典主成分分析。

2）数据标准化。将数据进行统一变换来消除量纲的影响。为方便起见，记标准后的数据表仍然为 X。

$$X'_{ij}=\frac{X_{ij}-\overline{X}_j}{\sigma_j} \tag{6-2}$$

式中，$T_{n\times p}$ 为标准化后的指标值；X_{ij} 为指标值；$\overline{X}_j$ 为该项指标的平均值；σ_j 为该项指标的标准差。

3）计算协方差矩阵。定义全局数据表的重心：

$$g=(\overline{X_1}，\overline{X_2}，\cdots，\overline{X_p})=\sum_{t=1}^{T}\sum_{i=1}^{n}q_i^t e_i^t \tag{6-3}$$

其中，q_i^t 是 t 时刻样本点 e_i 的权重，且满足：$\sum_{t=1}^{T}\sum_{i=1}^{n}q_i^t=1$，$\sum_{i=1}^{n}q_i^t=\frac{1}{T}$

显然，若样本点 e_i 的权重不随时间改变，则全局重心等于各表重心的平均。

定义全局变量：

$$X_j=(X_{ij}^1, \cdots, X_{nj}^1, \cdots, X_{ij}^2, \cdots, X_{nj}^2, \cdots, X_{ij}^T, \cdots, X_{nj}^T) \tag{6-4}$$

则全局方差：$s_j^2=Var(X_j)=\sum_{t=1}^T\sum_{i=1}^n q_i^t(x_{ij}^t-\overline{X_J})^2$ (6-5)

全局协方差：$s_{jk}=cov(X_j, X_k)=\sum_{t=1}^T\sum_{i=1}^n q_i^t(X_{ij}^t-\overline{X_J})(X_{ij}^t-\overline{X_k})$ (6-6)

因此，得到全局协方差矩阵：

$$V=(S_{jk})_{p\times p}=\sum_{t=1}^T\sum_{i=1}^n q_i^t(e_i^t-g)(e_i^t-g)' \tag{6-7}$$

X 已经是标准化了，所以 V 又是 X 的相关系数矩阵。

4）求协方差矩阵的特征向量。求协方差矩阵 V 的前 m 个特征值 $\lambda_1\geqslant\lambda_2\geqslant\lambda_3\geqslant$，…，$\geqslant\lambda_m$ 及对应的特征向量 μ_1，μ_2，…，μ_m，它们是标准正交，因此也将 μ_1，μ_2，…，μ_m 称为全局主轴。

5）计算主成分及方差贡献率。由于 X 是中心化的，则第 h 主成分为 $F_h=\mu'_hX$；求得主成分 F_1，F_2，…，F_m 使累计方差贡献率接近 85%。

6）求因子载荷矩阵。求出 X_i 的 F_i 相关系数 r_{ij}，得到因子载荷矩阵 $A=(r_{ij})$，r_{ij} 表示 r_{ij} 第 i 个变量 X_i。在第 j 个共因子 F_j 上的负荷，由此可解释主成分 F_j 主要包含了那些变量的信息。

7）求指标的主成分系数。指标的主成分系数由主成分分析结果的因子载荷矩阵中第 i 列数值除以对应第 i 个特征根的开方求得。

8）求指标权重。

$$指标权重=\sum_{i=1}^p\frac{a_{mi}\times\alpha_i}{p} \tag{6-8}$$

其中，a_{mi} 为第 i 个主成分中第 m 个基础指标的系数。

9）求综合评价函数。

$$F=\sum_{i=1}^m\frac{\lambda_i}{q}\times f_i \tag{6-9}$$

其中，λ_i 是第 i 个主成分的特征根；f_i 是未经标准化的第 i 个主成分得分；q 是各主成分的特征根之和。

（2）数据说明。我们根据《全国第二次全国农业普查资料汇编》、《中国农业年鉴》和《中国农村统计年鉴》构造了包含 23 个指标的新农村建设评价体系，旨在全面地反映了新农村建设的“生产发展、生活宽裕、乡风文明、村容整洁、管理民主”5 个层面的情况，在统计软件 SPSS 因子分析模块下运用 KMO and Bartlett’s 的球形度检验最终确立了由农作物总播种面积、粮食总产量、机械总动力、大小型拖拉机和渔用机动船年末数量、有效灌溉面积、农林牧渔总产值、农村居民人均纯收入、恩格尔系数、农村用电量、太阳能热水器、年末耐用品拥有量（彩电、移动电话、家用计算机)、农村养老服务机构、文化机构(乡镇文化站)、卫生技术人员、中心卫生医院床位个数、林业重点工程历年完成造林面积(公顷)、村民委员会个数等17个指标。其中,关于涉及因物价指数变动指标,如农林牧渔总产值和农村居民人均纯收入等采用不变价格进行调整,方法:实际农林牧渔总产值=当年农林牧渔总产值×100÷CPI价格指数(设1993年为100)。具体指标构成如表6-4所示。

表6-4 东部地区社会主义新农村具体指标层构成

具体指标层	变量
农作物总播种面积(千公顷)	X_1
粮食总产量(万吨)	X_2
机械总动力(亿瓦)	X_3
大小型拖拉机和渔用机动船年末数量(部)	X_4
有效灌溉面积(千公顷)	X_5
农林牧渔总产值(亿元)	X_6
农村居民人均纯收入(元)	X_7
恩格尔系数	X_8
农村用电量(亿千瓦时)	X_9
太阳能热水器(台)	X_{10}
年末人均耐用品拥有量(彩电、移动电话、家用计算机)(台)	X_{11}
农村养老服务机构(个)	X_{12}
文化机构(乡镇文化站)(个)	X_{13}
卫生技术人员(人)	X_{14}
中心卫生医院床位(个)	X_{15}
林业重点工程历年完成造林面积(千公顷)	X_{16}
村民委员会个数(个)	X_{17}

(3)因子分析过程。

1)计算相关系数矩阵并进行统计检验。从表6-5可以看到,这里的KMO值为0.710,在0.5~1.0之间;Bartlett的检验通过,相应的显著性概率(Sig)小于0.001为高度显著,因此,数据适合使用因子分析方法。

表6-5 KMO和Bartlett's Test检验

取样足够度的 Kaiser-Meyer-Olkin 度量		0.710
Bartlett 的球形度检验	近似卡方	3235.889
	df	136
	Sig.	0.000

2）求相关系数矩阵 R 的特征值和特征向量，并提取因子。

表 6–6 解释的总方差

成分	初始特征值			提取平方和载入			旋转平方和载入		
	合计	方差（%）	累计（%）	合计	方差（%）	累计（%）	合计	方差（%）	累计（%）
1	7.064	41.556	41.556	7.064	41.556	41.556	5.442	32.009	32.009
2	3.280	19.292	60.847	3.280	19.292	60.847	3.921	23.063	55.072
3	2.005	11.795	72.643	2.005	11.795	72.643	2.784	16.378	71.449
4	1.920	11.296	83.939	1.920	11.296	83.939	2.123	12.489	83.939
5	0.903	5.314	89.253						
6	0.615	3.618	92.870						
7	0.400	2.350	95.220						
8	0.212	1.247	96.467						
9	0.171	1.007	97.474						
10	0.125	0.733	98.208						
11	0.096	0.566	98.773						
12	0.068	0.400	99.173						
13	0.055	0.325	99.498						
14	0.032	0.190	99.688						
15	0.031	0.184	99.872						
16	0.015	0.087	99.959						
17	0.007	0.041	100.000						

提取方法：主成分分析。

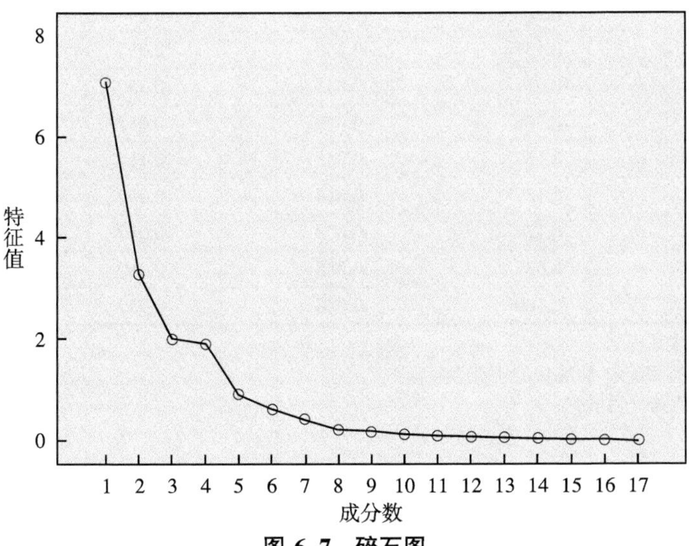

图 6–7 碎石图

表 6-6 为总方差解释列表，表中列出了所有的主成分，且按照特征根的从大到小次序排列。从表 6-6 中可见，第一个公共因子方差贡献率为 41.556%，第二个公共因子方差贡献率为 19.292%，第三个公共因子方差贡献率为 11.795%，第四个公共因子方差贡献率为 11.296%，方差累计贡献率达到 83.939%，一般来说，这四个公共因子足以概括了较大部分的样本信息，这在统计学上是比较有意义的，可以认为此次提取的主成分是合理的，所提取的四个主成分因子能够体现 17 个指标所要反映的信息。通过碎石图（见图 6-7）也可以直观地看出前四个因子可以反映出指标体系所要体现的主要信息。

3）建立因子载荷矩阵。采用方差极大旋转法（即 Varimax 法）旋转之后的因子载荷矩阵（按各因子综合系数得分排序）和旋转空间中的分布图，见表 6-7 和图 6-8。

表 6-7　旋转成分矩阵 [a]

	成分			
	1	2	3	4
Zscore（X_1）	0.035	0.170	-0.026	0.008
Zscore（X_2）	0.014	0.209	0.015	-0.020
Zscore（X_3）	-0.048	-0.032	-0.037	0.475
Zscore（X_4）	-0.086	0.297	0.109	0.004
Zscore（X_5）	0.077	0.113	-0.016	0.046
Zscore（X_6）	-0.047	-0.003	0.075	0.451
Zscore（X_7）	-0.017	0.041	0.349	0.004
Zscore（X_8）	0.076	-0.250	-0.273	0.096
Zscore（X_9）	0.220	-0.147	0.044	-0.086
Zscore（X_{10}）	0.131	-0.250	0.095	0.091
Zscore（X_{11}）	-0.011	0.031	0.350	0.067
Zscore（X_{12}）	0.206	-0.079	-0.052	-0.037
Zscore（X_{13}）	0.157	-0.055	-0.114	0.083
Zscore（X_{14}）	0.187	-0.014	0.092	-0.087
Zscore（X_{15}）	0.174	0.008	0.079	-0.064
Zscore（X_{16}）	0.035	0.085	-0.060	0.134
Zscore（X_{17}）	0.100	-0.046	-0.072	0.022

提取方法：主成分。
旋转法：具有 Kaiser 标准化的正交旋转法。
a 旋转在 7 次迭代后收敛。

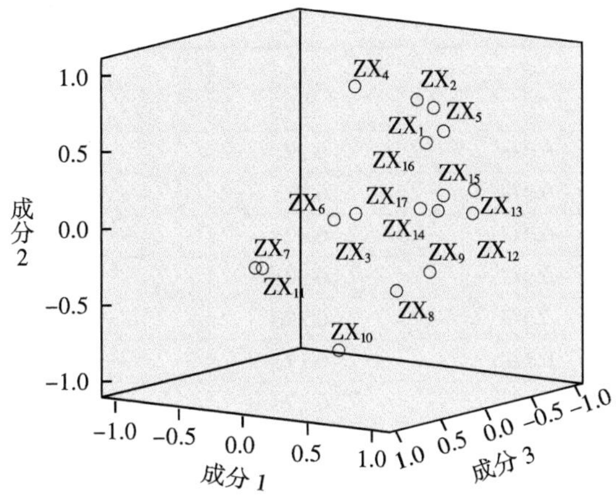

图 6-8 旋转空间中的成分图

设 F 为我们所提取出的因子，则四个因子可分别表示为 F_1、F_2、F_3 和 F_4。从表 6-8 我们可以看出，第一个公共因子 F_1 在农作物总播种面积、粮食总产量、农村用电量、农村养老服务机构、文化机构、卫生技术人员、中心卫生医院床位和村民委员会个数上拥有较高负荷，几乎反映了新农村建设的“生产发展”、“生活宽裕”、“乡风文明”、“村容整洁”和“管理民主”五个方面的建设情况，因此命名为综合因子。

第二个公共因子 F_2 在大小型拖拉机和渔用机动船年末数量、有效灌溉面积、太阳能热水器指标上的系数相对较大，拥有较高负荷，说明第二个公共因子主要反映了“生产发展”和“村容整洁”两个方面的建设情况，因而命名为生产环境因子。

第三个公共因子 F_3 在农村居民人均纯收入、恩格尔系数、年末人均耐用品拥有量（彩电、移动电话、家用计算机）指标上具有较高负荷，反映了新农村的基础设施建设，因而命名为生活富裕因子。

第四个公共因子 F_4 在机械总动力、农林牧渔总产值、林业重点工程历年完成造林面积反映了“生产发展”和环境保护，因此命名为环保生产因子。

4）计算各因子得分及综合评价得分并排序。我们记 Y_1，Y_2，Y_3 和 Y_4 分别是各年新农村建设在数三个因子上的得分，则有：

表 6-8 因子得分系数矩阵

	成分			
	1	2	3	4
Zscore（X_1）	0.035	0.170	−0.026	0.008
Zscore（X_2）	0.014	0.209	0.015	−0.020
Zscore（X_3）	−0.048	−0.032	−0.037	0.475

续表

	成分			
	1	2	3	4
Zscore（X_4）	-0.086	0.297	0.109	0.004
Zscore（X_5）	0.077	0.113	-0.016	0.046
Zscore（X_6）	-0.047	-0.003	0.075	0.451
Zscore（X_7）	-0.017	0.041	0.349	0.004
Zscore（X_8）	0.076	-0.250	-0.273	0.096
Zscore（X_9）	0.220	-0.147	0.044	-0.086
Zscore（X_{10}）	0.131	-0.250	0.095	0.091
Zscore（X_{11}）	-0.011	0.031	0.350	0.067
Zscore（X_{12}）	0.206	-0.079	-0.052	-0.037
Zscore（X_{13}）	0.157	-0.055	-0.114	0.083
Zscore（X_{14}）	0.187	-0.014	0.092	-0.087
Zscore（X_{15}）	0.174	0.008	0.079	-0.064
Zscore（X_{16}）	0.035	0.085	-0.060	0.134
Zscore（X_{17}）	0.100	-0.046	-0.072	0.022

提取方法：主成分。
旋转法：具有 Kaiser 标准化的正交旋转法。
构成得分。

$$Y_1 = 0.035ZX_1 + 0.014ZX_2 - 0.048ZX_3 + \cdots + 0.1ZX_{17}$$
$$Y_2 = 0.17ZX_1 + 0.209ZX_2 - 0.032ZX_3 + \cdots - 0.046ZX_{17}$$
$$Y_3 = -0.026ZX_1 + 0.015ZX_2 - 0.037ZX_3 + \cdots - 0.072ZX_{17}$$
$$Y_4 = 0.008ZX_1 - 0.02ZX_2 + 0.475ZX_3 + \cdots + 0.022ZX_{17}$$

其中，ZX_1，ZX_2，ZX_3，ZX_4，…，ZX_{17} 为各项指标经预处理之后的标准化数据。再以各因子所对应的贡献率为权重进行加权求和，即可得到综合评价得分 Y，即

$$Y = 0.41556Y_1 + 0.19292Y_2 + 0.11795Y_3 + 0.11296Y_4$$

2003~2012 年我国东部地区综合因子得分与排名、生产环境因子得分与排名、生活富裕因子得分与排名、环保生产因子得分与排名以及综合评价得分与排名的结果分别如图 6-9、图 6-10、图 6-11、图 6-12 和图 6-13 所示（具体数据见附件一中表 1、表 2、表 3、表 4 和表 5）。

（4）实证结果说明。首先，从时间序列纵向比较来看，2003~2012 年，各省的四个因子得分与综合得分都有相应的提高，这说明各省新农村建设在“生产发展”、“生活宽裕”、“乡风文明”、“村容整洁”和“管理民主”五个方面都是有所改善的，处于稳步上升之中。其次，从横向比较来看，在生产环境因子、生活富裕因子、环保生产因子和综合得分方面，各省的排名相对稳定，没有大起大落的

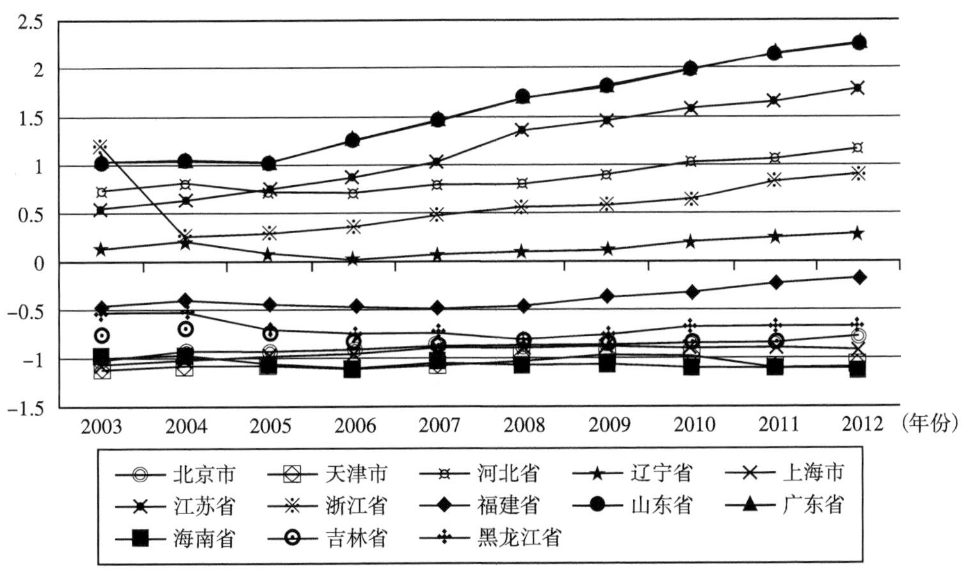

图 6-9 2003~2012 年综合因子得分与排名

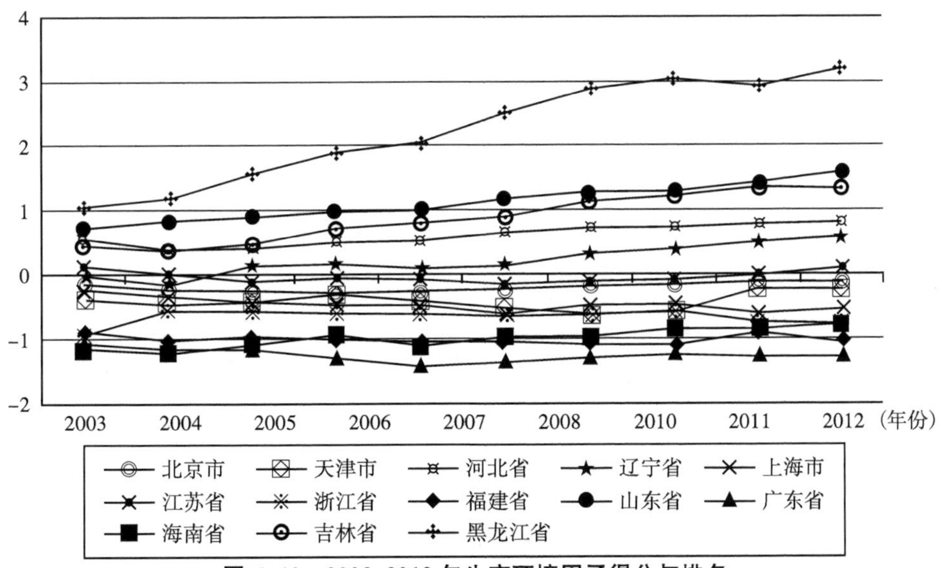

图 6-10 2003~2012 年生产环境因子得分与排名

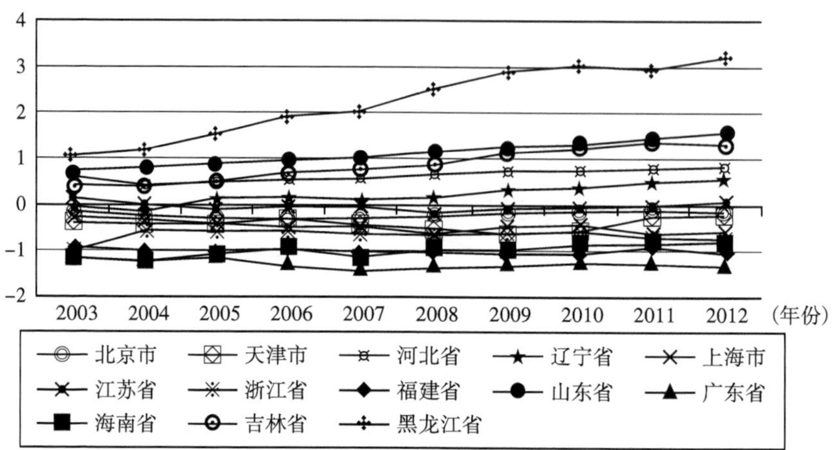

图 6-11 2003~2012 年生活富裕因子得分与排名

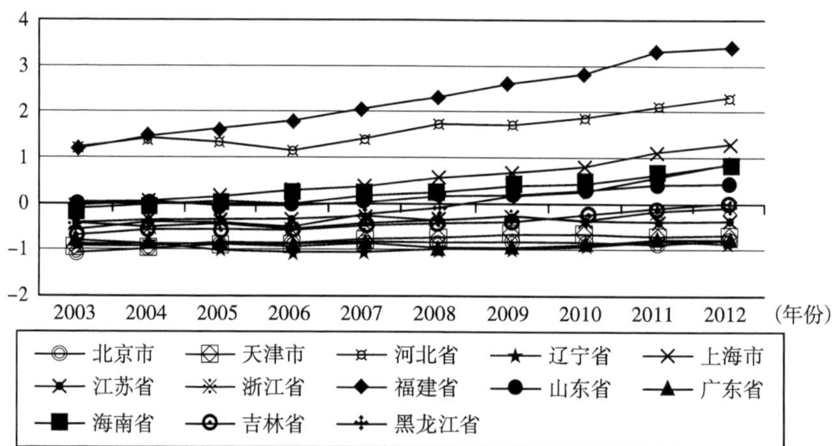

图 6-12 2003~2012 年环保生产因子得分与排名

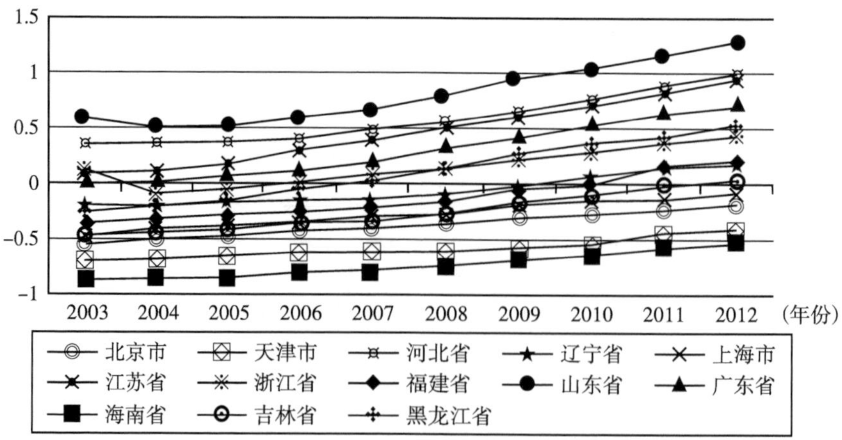

图 6-13 2003~2012 年综合评价得分与排名

现象，而在综合因子方面则存在着较大的波动。具体来看，在综合因子得分方面，广东省、江苏省和河北省基本处于前三名的位置，北京市、上海市以及海南省始终排名“垫底”；在生产环境因子方面，黑龙江省、山东省和吉林省的排名得分基本处于前三名，这在很大程度上可能是因为这三个省份在农用机械的推广以及有效灌溉方面做得比较好，广东省和福建省则处于靠后的位置；在生活富裕因子方面，黑龙江省一直处于领先位置，广东省在2005年后排名始终靠后。其他省份排名相差不大且比较稳定；在环保生产因子方面，福建省、河北省以及上海市排名始终领先。在综合得分方面，山东省排名第一，福建省和海南省发展较为落后，始终处于后两位。

2. 东部地区利用外资质量实证分析

（1）数据说明和方法选择。我们根据《中国乡镇企业及农产品加工业年鉴》和《中国固定资产投资统计年鉴》构造了包含乡镇企业外商投资企业劳动者报酬、乡镇企业外商投资企业个数、乡镇企业外商投资企业营业收入、外资经济固定资产投资总额、乡镇外商投资企业总产值、区域集中度（某省外商投资额/东部地区外商投资额）、外商投资经济社会建筑安装工程投资、外商投资经济全社会房屋竣工面积、全国乡镇外商投资企业利润总额、乡镇外资税收贡献率（乡镇外商投资企业税收/税收总额）10个指标的利用外资质量评价体系，旨在全面地反映东部地区的“农村投资环境、农村利用外资规模、利用外资结构、外资的农村建设效应”4个层面的情况。其中，关于涉及因物价指数变动指标，如乡镇企业外商投资企业劳动者报酬、乡镇企业外商投资企业营业收入和乡镇外商投资企业总产值等采用不变价格进行调整，方法：乡镇企业外商投资企业劳动者报酬=当年乡镇企业外商投资企业劳动者报酬×100÷CPI价格指数（设2003年为100）。具体指标构成如表6-9所示。鉴于数据的可收集性，本节仅对2003~2011年东部地区利用外资质量进行评价，利用全局主成分分析对东部地区的外资利用现状进行分析。

表6-9 东部地区利用外资质量具体指标层构成

具体指标层	变量
乡镇企业外商投资企业劳动者报酬（万元）	X_1
乡镇企业外商投资企业个数（万个）	X_2
乡镇企业外商投资企业营业收入（亿元）	X_3
外资经济固定资产投资总额（亿元）	X_4
乡镇外商投资企业总产值（亿元）	X_5
区域集中度（某省外商投资额/东部地区外商投资额）（%）	X_6
外商投资经济社会建筑安装工程投资（亿元）	X_7
外商投资经济社会房屋竣工面积（万平方米）	X_8
乡镇外商投资企业利润总额（亿元）	X_9
乡镇外资税收贡献率（%）（乡镇外商投资企业税收/税收总额）	X_{10}

（2）因子分析过程。

1）计算相关系数矩阵并进行统计检验。从表 6–10 可以看到，这里的 KMO 值为 0.859，为 0.5~1.0；Bartlett 的检验通过，相应的显著性概率（Sig）小于 0.001 为高度显著，因此数据适合使用因子分析方法。

表 6–10 KMO 和 Bartlett's Test 检验

取样足够度的 Kaiser–Meyer–Olkin 度量		0.859
Bartlett 的球形度检验	近似卡方	1631.543
	df	45
	Sig.	0.000

2）求相关系数矩阵 R 的特征值和特征向量，并提取因子。表 6–11 为总方差解释列表，表中列出了所有的主成分，且按照特征根从大到小的次序排列。从表 6–11 可见，第一个公共因子方差贡献率为 72.251%，第二个公共因子方差贡献率为 10.724%，方差累计贡献率达到 82.975%，一般来说，这两个公共因子足以概括较大部分的样本信息，这在统计学上是比较有意义的，可以认为此次提取的主成分是合理的，所提取的 2 个主成分因子能够体现 10 个指标所要反映的信息。通过碎石图（见图 6–14）也可以直观地看出前两个因子可以反映出指标体系所要体现的主要信息。

表 6–11 解释的总方差

成分	初始特征值			提取平方和载入			旋转平方和载入		
	合计	方差（%）	累计（%）	合计	方差（%）	累计（%）	合计	方差（%）	累计（%）
1	7.225	72.251	72.251	7.225	72.251	72.251	6.638	66.378	66.378
2	1.072	10.724	82.975	1.072	10.724	82.975	1.660	16.597	82.975
3	0.614	6.145	89.120						
4	0.439	4.385	93.505						
5	0.236	2.357	95.861						
6	0.169	1.694	97.555						
7	0.124	1.237	98.793						
8	0.055	0.546	99.339						
9	0.050	0.496	99.835						
10	0.017	0.165	100.000						

提取方法：主成分分析。

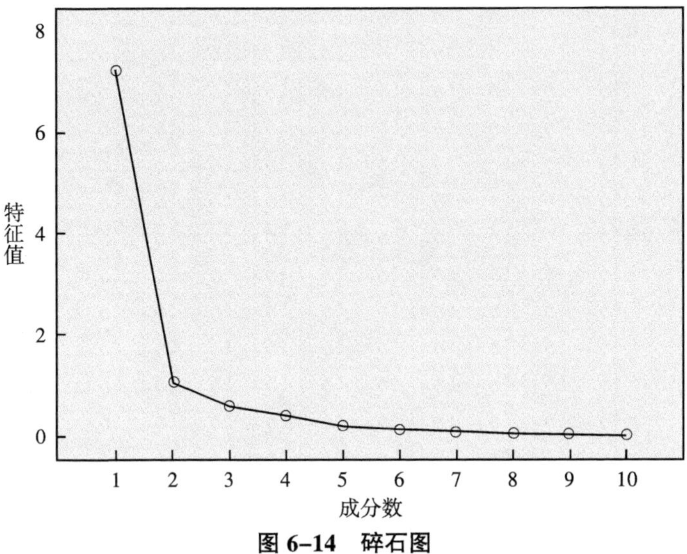

图 6-14 碎石图

3）建立因子载荷矩阵。采用方差极大旋转法（即 Varimax 法）旋转之后的因子载荷矩阵（按各因子综合系数得分排序）和旋转空间中的分布图，见表6-12 和图 6-15。

表 6-12 旋转成分矩阵 [a]

	成分	
	1	2
Zscore（X_1）	0.880	0.384
Zscore（X_2）	0.916	0.016
Zscore（X_3）	0.796	0.298
Zscore（X_4）	0.705	0.380
Zscore（X_5）	0.880	0.386
Zscore（X_6）	0.861	0.150
Zscore（X_7）	0.905	0.072
Zscore（X_8）	0.961	-0.014
Zscore（X_9）	0.794	0.462
Zscore（X_{10}）	0.066	0.943

提取方法：主成分。
旋转法：具有 Kaiser 标准化的正交旋转法。
a 旋转在 3 次迭代后收敛。

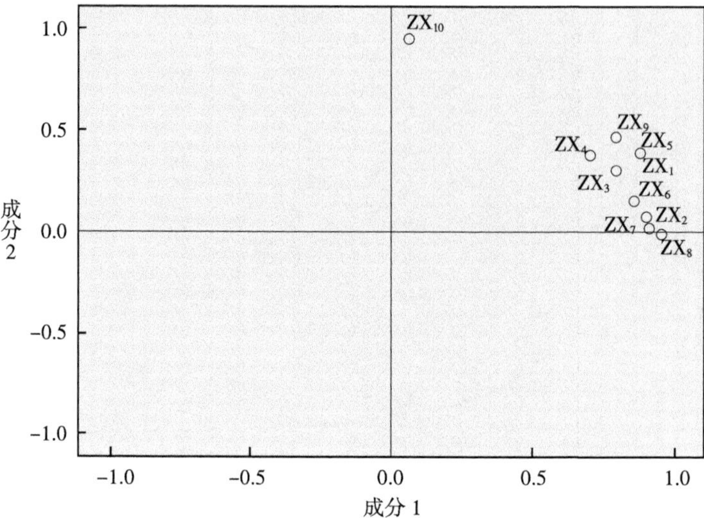

图 6-15　旋转空间中的成分图

设 F 为我们所提取出的因子，则两个因子可分别表示为 F_1 和 F_2。从表 6-13 我们可以看出，第一个公共因子 F_1 在乡镇企业外商投资企业劳动者报酬，乡镇企业外商投资企业营业收入，外资经济固定资产投资总额，乡镇外商投资企业总产值，区域集中度，外商投资经济社会建筑安装工程投资，乡镇企业外商投资企业个数，全国乡镇外商投资企业利润总额，外商投资经济全社会房屋竣工面积九个指标上拥有较高负荷，基本反映了东部地区“农村投资环境、农村利用外资规模、利用外资结构、外资的农村建设效应”四个方面的建设情况，因此命名为综合因子。

第二个公共因子 F_2 在乡镇外资税收贡献率指标上的系数相对较大，拥有较高负荷，说明第二个公共因子主要反映了“外资的农村建设效应”方面的建设情况，因而命名为外资建设效应因子。

4）计算各因子得分及综合评价得分并排序。我们记 Y_1 和 Y_2 分别是各年新农村建设在两个因子上的得分，则：

表 6-13　因子得分系数矩阵

	成分	
	1	2
Zscore（X_1）	0.099	0.123
Zscore（X_2）	0.192	−0.200
Zscore（X_3）	0.101	0.069
Zscore（X_4）	0.062	0.161

续表

	成分	
	1	2
Zscore (X_5)	0.098	0.125
Zscore (X_6)	0.149	-0.072
Zscore (X_7)	0.177	-0.149
Zscore (X_8)	0.209	-0.236
Zscore (X_9)	0.062	0.210
Zscore (X_{10})	-0.206	0.792

提取方法：主成分。
旋转法：具有 Kaiser 标准化的正交旋转法。
构成得分。

$$Y_1 = 0.099ZX_1 + 0.192ZX_2 - 0.101ZX_3 + \cdots - 0.206ZX_{10}$$

$$Y_2 = 0.123ZX_1 - 0.2ZX_2 + 0.069ZX_3 + \cdots + 0.792ZX_{10}$$

其中，ZX_1，ZX_2，ZX_3，ZX_4，…，ZX_{10} 为各项指标经预处理之后的标准化数据。再以各因子所对应的贡献率为权重进行加权求和，即可得到综合评价得分 Y，即：

$$Y = 0.72251Y_1 + 0.10724Y_2$$

2003~2011 年，我国东部地区利用外资综合因子得分与排名、外资建设效应因子得分与排名以及综合评价得分与排名的结果分别如图 6-16、图 6-17 和图 6-18 所示（具体数据见附表 1-6、附表 1-7 和附表 1-8）。

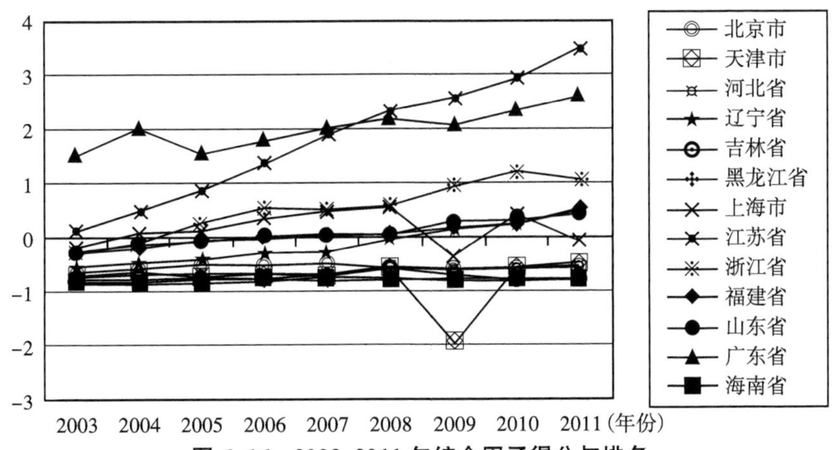

图 6-16 2003~2011 年综合因子得分与排名

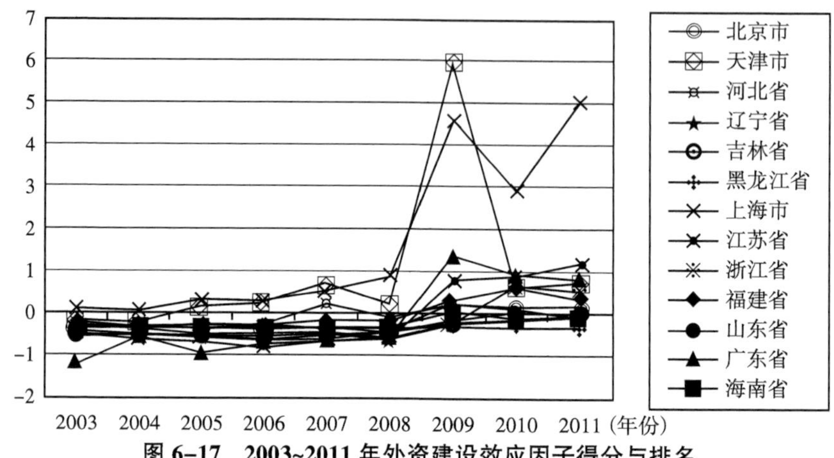

图 6-17　2003~2011 年外资建设效应因子得分与排名

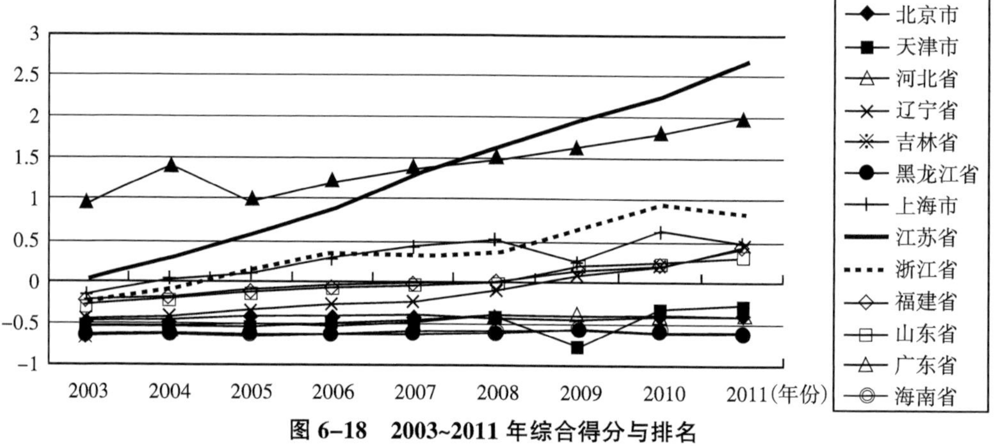

图 6-18　2003~2011 年综合得分与排名

（3）实证结果说明。首先，从时间序列纵向比较来看，2003~2011 年，在综合因子方面，广东省、江苏省、上海市以及浙江省都有显著上升，且在东部地区遥遥领先，说明这四个省市在利用外资质量方面具有较大的改善，同时这四个省市也是我国对外开放进程较为完善的省市，在利用外资方面具有先天优势；天津市 2009 年在综合因子方面存在较为明显的波动，2009 年在外资建设效应因子方面达到峰值，之后迅速下降，这很大程度上都是由于在 2009 年左右天津市存有大量的外资乡镇企业，而在 2009 年后众多外资向乡镇企业迁移，同时上海市也有类似情况；其他各省并无明显的波动，这主要是因为其他几省外商投资环境较差，长期以来外资引入程度较低。从整体来看，东部地区各省的利用外资质量是朝着较好的方向发展的。

3. 东部地区社会主义新农村建设与利用外资质量关系的实证分析

（1）方法选择。在社会主义新农村建设与利用外资质量关系的实证分析上，我们采用协调度来衡量。协调度是度量系统或要素之间协调状况好坏程度的定量指标。新农村建设和利用外资质量的协调度是用来度量新农村建设和利用外资质量协调状况好坏程度的定量指标，是表征两系统协调发展的和谐一致的程度，协调度越高，两系统之间的协调状况越好，其计算公式为：

$$C=\sqrt{\frac{[4\times\mu(x)e(y)]^2}{[\mu(x)+e(y)]^4}\times\frac{\mu(x)+e(y)}{2}} \tag{6-10}$$

式中，C 代表协调度；u(x)、e(y) 分别表示新农村建设和利用外资质量。由此可见，该值应全为正值，由于本书得到的评价结果是各个地区的相对值，存在负值，为此本书在进行耦合协调度分析时，首先对数值进行标准化处理。显然，0≤C≤1，当 C = 1 时，说明城市土地集约利用水平和城市化水平之间达到良性共振耦合；当 C = 0 时，耦合度极小，说明两者之间处于无关状态。

（2）实证分析结果。我们在东部地区社会主义新农村建设与利用外资质量评分的基础上，通过标准化处理后，借助协调度计算公式得出东部地区社会主义新农村建设与利用外资质量的协调度。由于利用外资质量的数据选取年度为 2003~2011 年，因此，东部地区社会主义新农村建设与利用外资质量的协调度分析选取的数据跨度也为2003~2011 年。从图 6-19 可以看出，东部地区社会主义新农村建设与利用外资质量协调度总体是朝着有序的方向发展，两者之间的协调性不断加强。其中，东部多个省市都处于稳步上升的趋势，利用外资质量整体满足于社会主义新农村建设，这与东部地区在新农村建设中的对外开放政策、合理利用

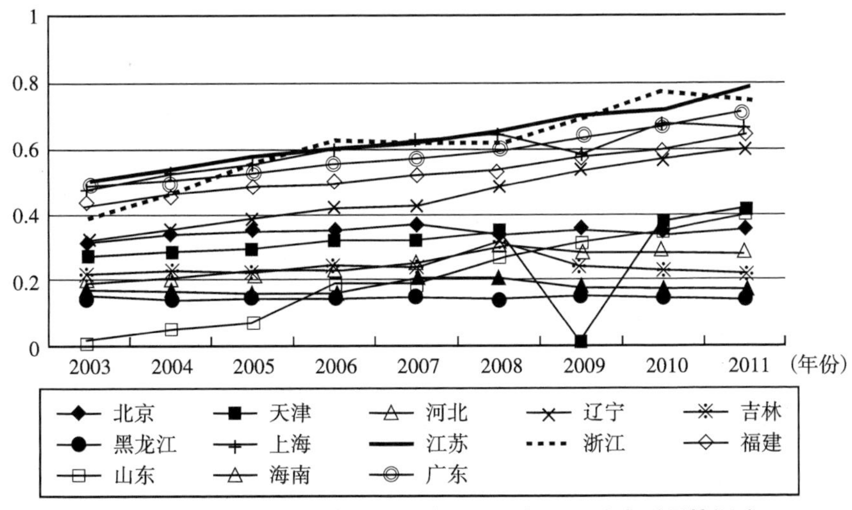

图 6-19　东部地区社会主义新农村建设与利用外资质量协调度

外资的战略是分不开的。其中浙江省在2010年的协调度值达到0.77，江苏省的协调度值在2011年达到0.78，均处于较高水平。山东省虽然在2003年协调度在东部各个省市中“垫底”，但之后逐年提升，可见其利用外资质量也有较为显著的提升。除此之外，其他各省的协调度变化不显著。

总体来看，东部地区利用外资质量较高的省份，其社会主义新农村建设的水平也相对较高，两系统的协调度也较大，表明两系统协调发展的和谐一致程度较高。从社会主义新农村建设与利用外资质量协调度发展的绝对水平来看，至2011年为止，江苏省、浙江省、广东省、上海市以及福建省的协调度已处于高度协调状态，山东省、天津市以及北京市处于勉强协调的状态，其他各省的社会主义新农村建设与利用外资质量水平都较一般，其系统协调度也处于低度协调状态。东部地区各省的协调度在整体上仍有很大的提升空间。

4. 东部地区新农村建设与利用外资质量相关性分析

（1）统计方法选择。对于我国东部、中部、西部三个地区的利用外资质量和新农村建设间的关系分析，我们采用与第七章一样的方法，即偏相关性分析和回归分析，来研究各个地区利用外资质量对新农村建设的作用和影响。

（2）相关性分析过程和结果。此处我们选择将东部地区新农村建设总体评分以及东部地区新农村建设目标下利用外资质量两个公共因子评分作为因变量和自变量，选取其中2003~2011年[①]数据进行新农村建设和利用外资质量的相关性分析。为了便于数据处理和分析，我们将东部地区13省市各年利用外资质量得分加总进行平均化处理，用所得数据作为东部地区该自变量取值，利用外资质量两公共因子自变量和新农村建设因变量均做相同处理。

Y为东部地区社会主义新农村建设综合评价得分；X_1为反映东部地区“农村投资环境、农村利用外资规模、利用外资结构、外资的农村建设效应”四个方面的建设情况的综合因子；X_2为体现东部地区外资的农村建设效应的公共因子得分情况。具体数据如表6–14所示。

表6–14　数据列表

年份	Y	X_1	X_2
2011	0.243683	0.345385	0.608254
2010	0.156394	0.276672	0.454051
2009	0.086162	0.023103	0.937415
2008	−0.00316	0.143305	−0.2847
2007	−0.07309	0.027409	−0.22414

① 根据之前统计数据的可用性、合理性，以及所能查找到的数据年限，选取2003~2011年共9年作为统计样本。

续表

年份	Y	X_1	X_2
2006	−0.12396	−0.05208	−0.37012
2005	−0.17628	−0.17721	−0.3698
2004	−0.21368	−0.22317	−0.37142
2003	−0.21284	−0.36341	−0.37954

分别对三个变量进行统计量描述。

表 6–15　描述性统计量

	均值	标准差	N
Y	−0.035197	0.1669094	9
X_1	0.000000	0.2328224	9
X_2	0.000000	0.5174358	9

首先将 X_2 作为控制变量，对变量 Y 和变量 X_1 进行相关分析。

表 6–16　相关性

控制变量			Y	X_1	X_2
-无[a]	Y	相关性	1.000	0.932	0.852
		显著性（双侧）	0	0	0.004
		df	0	7	7
	X_1	相关性	0.932	1	0.639
		显著性（双侧）	0	0	0.064
		df	7	0	7
	X_2	相关性	0.852	0.639	1.000
		显著性（双侧）	0.004	0.064	0
		df	7	7	0
X_2	Y	相关性	1	0.962	
		显著性（双侧）	0	0	
		df	0	6	
	X_1	相关性	0.962	1	
		显著性（双侧）	0	0	
		df	6	0	

a 单元格包含零阶（Pearson）相关。

表 6–16 中第一部分为无控制变量 X_1、X_2、Y 间的相关性数据。第二部分为当选择 X_2 为控制变量时，变量 X_1 与 Y 间的相关性。从表 6–16 可以看出，偏相

关系数为 0.9620>0，双尾检测的相伴概率 P=0.000，小于显著性水平 0.05。故应拒绝原假设，说明变量 Y 与 X_1 间存在显著的正相关性，因此东部地区社会主义新农村建设与该地区利用外资质量综合情况呈极强的正相关性。说明了 2003~2011 年东部地区利用外资质量对东部地区社会主义新农村建设具有正效应的影响。东部地区利用外资的农村投资环境的影响、利用外资规模、利用外资结构和外资的技术溢出效应对新农村建设目标实现具有促进作用。

将变量 X_1 作为控制变量，对变量 Y 和 X_2 进行相关性分析。

表 6–17　相关性

控制变量			Y	X_2	X_1
–无[a]	Y	相关性	1.000	0.852	0.932
		显著性（双侧）	0	0.004	0
		df	0	7	7.000
	X_2	相关性	0.852	1	0.639
		显著性（双侧）	0.004	0	0.064
		df	7	0	7
	X_1	相关性	0.932	0.639	1.000
		显著性（双侧）	0	0.064	0
		df	7	7	0
X_1	Y	相关性	1	0.918	
		显著性（双侧）	0	0.001	
		df	0	6	
	X_2	相关性	0.918	1	
		显著性（双侧）	0.001	0	
		df	6	0	

a 单元格包含零阶（Pearson）相关。

表 6–17 中第二部分是以变量 X_1 作为控制变量条件下变量 Y 和 X_2 间的相关性。从表 6–17 中可以看出，偏相关系数为 0.918，双尾检测的相伴概率 P 明显小于显著性水平 0.05。因此东部地区社会主义新农村建设与外资的农村建设效应呈正相关性。且 $r_{x_1,y}=0.962>r_{x_2,y}=0.918$，因此，说明东部地区外资的农村建设效应和利用外资综合情况的提升对我国新农村建设目标实现均具有推动促进作用，X_1 的作用和影响较 X_2 更大。

5. 回归分析及所选样本间关系表示

我们通过回归分析建立函数模型对东部地区利用外资质量如何影响新农村建设目标的实现进行分析。

表 6-18 相关性

		Y	X_1	X_2
Pearson 相关性	Y	1.000	0.932	0.852
	X_1	0.932	1.000	0.639
	X_2	0.852	0.639	1.000
Sig.（单侧）	Y	0.000	0.000	0.002
	X_1	0.000	0.000	0.032
	X_2	0.002	0.032	0.000
N	Y	9	9	9
	X_1	9	9	9
	X_2	9	9	9

从相关系数矩阵表（见表 6-18）中可得，两个利用外资公共因子自变量与新农村建设因变量的相关系数分别为 0.932 和 0.852，其单侧检验显著性概率分别为 0.000 和 0.002，均远小于 0.05，因此两个自变量与因变量关系密切。

通过“逐步”法回归过程，先后将自变量 X_1、X_2 引入模型，得到表 6-19 两个模型数据。

表 6-19 模型汇总[c]

模型	R	R^2	调整 R^2	标准估计的误差	Durbin-Watson
1	0.932[a]	0.868	0.850	0.0647350	
2	0.990[b]	0.979	0.972	0.0277396	1.645

a 预测变量：（常量），X1。
b 预测变量：（常量），X1，X2。
c 因变量：Y。

相较于模型 1、模型 2 的复相关系数 R = 0.990，决定系数 R^2 = 0.979，具有较高的相关性和拟合优度。因此第二个模型优于第一个模型。

表 6-20 Anova[c]

模型		平方和	df	均方	F	Sig.
1	回归	0.194	1	0.194	46.183	0.000[a]
	残差	0.029	7	0.004		
	总计	0.223	8			
2	回归	0.218	2	0.109	141.817	0.000[b]
	残差	0.005	6	0.001		
	总计	0.223	8			

a 预测变量：（常量），X1。
b 预测变量：（常量），X1，X2。
c 因变量：Y。

从第二个模型来看，F = 141.817，显著性概率 P = 0.000，在显著性水平为 0.05 的条件下看，可以认为 Y（新农村建设）与 X_1（利用外资综合情况）和 X_2（外资的农村建设效应）具有线性关系。

表 6-21　系数 [a]

模型		非标准化系数		标准系数	t	Sig.
		B	标准误差	试用版		
1	（常量）	–0.035	0.022		–1.631	0.147
	X_1	0.668	0.098	0.932	6.796	0.000
2	（常量）	–0.035	0.009		–3.807	0.009
	X_1	0.470	0.055	0.655	8.573	0.000
	X_2	0.140	0.025	0.433	5.668	0.001

a 因变量：Y。

由回归系数表（表 6-21）可得到以下两个回归模型：

模型 1：$Y = -0.035 + 0.668X_1$（从拟合优度和 T 统计量概率上看进行排除）

模型 2：$Y = -0.035 + 0.470X_1 + 0.140X_2$（T 统计量伴随概率均远小于 0.05，选择模型 2）

表 6-22　残差统计量 [a]

	极小值	极大值	均值	标准偏差	N
预测值	–0.258878	0.211965	–0.035197	0.1651715	9
残差	–0.0217937	0.0460330	0.0000000	0.0240232	9
标准预测值	–1.354	1.496	0.000	1.000	9
标准残差	–0.786	1.659	0.000	0.866	9

a 因变量：Y。

标准化残差绝对值的最大值 1.659 < 2，因此样本数据中没有奇异数据。

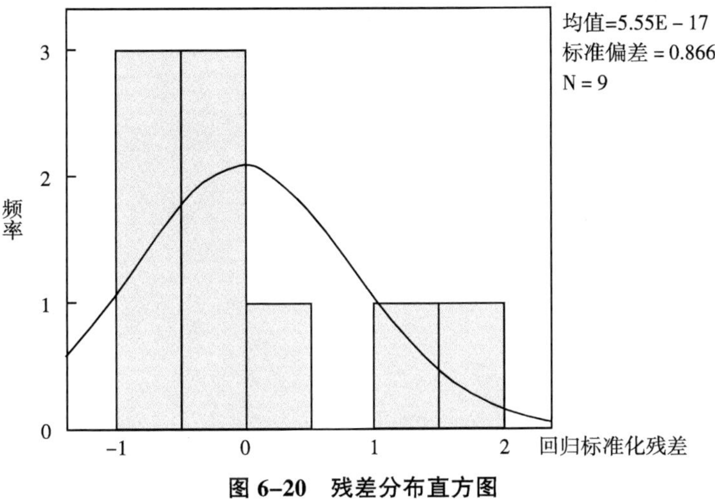

图 6-20 残差分布直方图

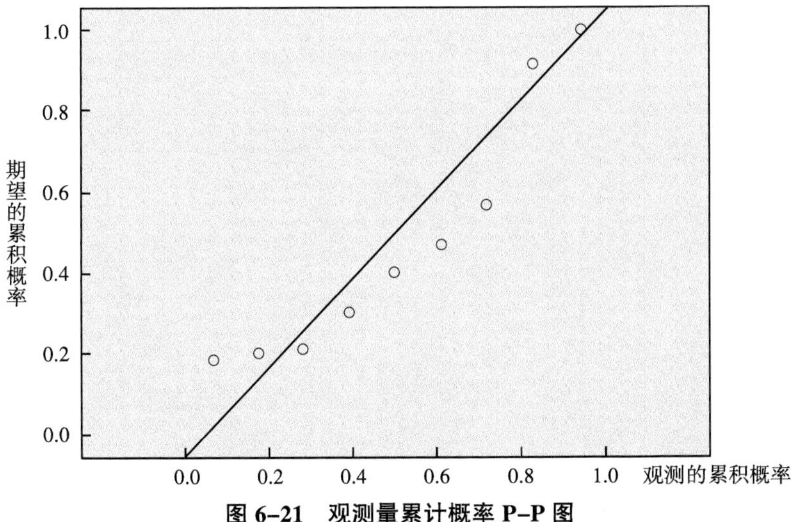

图 6-21 观测量累计概率 P-P 图

残差分布直方图（见图 6-20）和观测量累计概率 P-P 图（见图 6-21）表明残差分析的正态性，满足回归分析中残差服从正态分布的假定。

第七章
我国中部地区社会主义新农村建设目标下利用外资质量实证研究

第一节　中部地区新农村建设与利用外资质量的现状分析

一、中部地区社会主义新农村建设现状

1. 生产发展

（1）经济发展水平。由于目前缺乏农村 GDP 统计，这里使用中部农村社会总产值代表国民产出水平，该指标由农林牧渔总产值估算。

表 7-1　中部地区各省农林牧渔总产值

单位：亿元

年度	江西	山西	安徽	河南	湖北	湖南
2003	841.63	403.59	1305.36	2193.09	1342.09	1452.96
2004	1054.96	481.82	1644.42	2963.92	1695.44	1913.31
2005	1142.99	483.80	1666.19	3309.70	1775.58	2056.24
2006	1225.27	441.85	1742.72	3348.94	1842.20	1991.81
2007	1426.93	498.39	2070.09	3879.93	2296.84	2632.19
2008	1680.50	595.92	2446.51	4669.54	2940.47	3324.51
2009	1733.82	908.74	2569.46	4871.51	2985.19	3207.88
2010	1900.60	1047.80	2955.43	5734.20	3502.00	3787.50
2011	2207.27	1207.57	3459.66	6218.64	4252.90	4508.24
2012	2399.26	1304.26	3728.30	6679.04	4732.12	4904.10
2013	2578.35	1447.01	4009.24	7198.08	5160.56	5043.58

资料来源：根据《中国农业年鉴》有关数据整理而成。

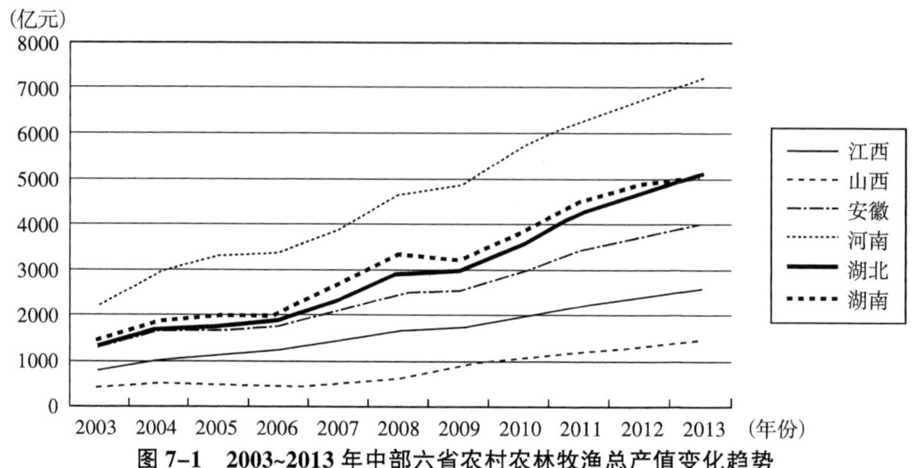

图 7-1　2003~2013 年中部六省农村农林牧渔总产值变化趋势

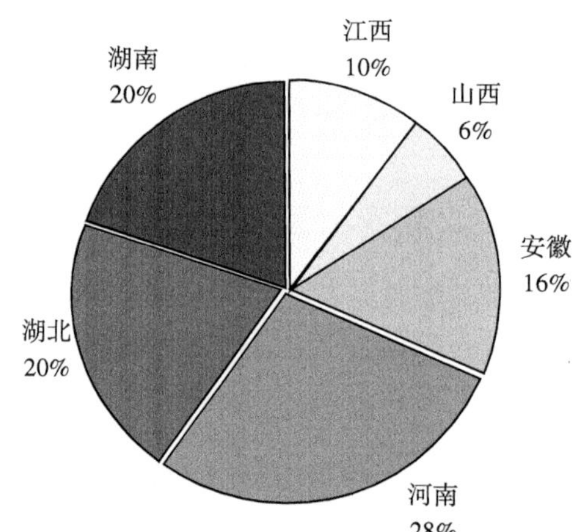

图 7-2　2013 年中部六省农村农林牧渔总产值比重

从发展变化来看（如表 7-1、图 7-1 所示），近年来我国中部地区农村经济增长取得了相当大的成就，中部地区农村农林牧渔总产值从 2003 年的 7538.72 亿元增长到 2012 年的 25436.82 亿元，增长 237.4%。各个地区经济发展都处于稳步上升态势，在 2008 年受到全球金融危机影响，各省都存在不同程度的波动。具体来看，河南省的经济发展始终遥遥领先，且发展迅速；山西省经济发展始终“垫底”，且发展缓慢，但同时也存在很大的发展空间。从横向比较来看，中部各省区农村经济发展水平差异较大（如图 7-1 所示），河南省农村经济发展较快，2013 年农林牧渔总产值 7198.08 亿元，占中部农村总产值的 28%（如图 7-2 所示），在相对落后的省份中，安徽省农村农林牧渔总产值为 4009.24 亿元，占中部的 16%。江西农村农林牧渔总产值 2578.35 亿元，占中部的 10%，山西省农村

农林牧渔总产值 1447.01 亿元，仅占中部的 6%。

（2）产业结构变化。随着社会经济的发展，工业和服务业能够吸纳更多的就业人口，同时，农业综合生产能力的稳步提高，农业科技和机械化水平的持续提升，也使得农业劳动力过剩，推动工业和服务业的发展，产业结构变化成为必然趋势。鉴于农村统计中缺乏工业和服务业的具体指标，这里以第一产业增加值占地区生产总值比重变化表示新农村产业结构的变化。

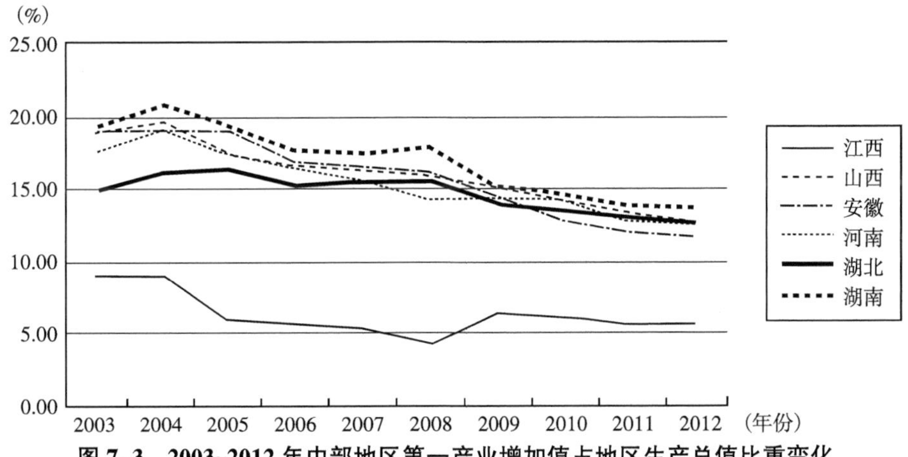

图 7-3 2003~2012 年中部地区第一产业增加值占地区生产总值比重变化

图 7-4 2012 年中部 6 省第一产业增加值占地区生产总值比重变化趋势

从发展变化来看（见图 7-3、图 7-4），2003~2012 年中部地区 6 个省第一产业增加值占地区生产总值比重都有不同程度的下降，侧面反映出各省产业结构都存在一定程度的转变。其中，江西省的变化最为明显，从 2003 年的 19%下降至 2012 年的 11.7%，波动较小的是山西省，其第一产业增加值占地区生产总值比重一直处于较低水平，并且 2003~2012 年山西省第一产业结构变化不大。横向来看，各省第一产业占比存在的区别除山西外不是很明显，湖南的占比明显较大，山西占比则较小。结合各省的经济发展水平，山西的发展在很大程度上并非依靠第一产业，而河南尽管是农业大省，但第一产业占比并非最高，其产业结构更加合理。

（3）农业现代化发展。这里也以机械总动力和有效灌溉面积来表示中部地区的农业现代化建设水平。

从发展变化来看（见图 7–5、图 7–6），在中部地区 6 个省的机械总动力方面，上升趋势明显。在有效灌溉面积方面，6 个省的变化都不大，但各个省份差异比较明显，以河南省和山西省为例，2003 年河南省有效灌溉面积为 4792.22 千公顷，而山西省有效灌溉面积仅为 1095.25 千公顷，截至 2012 年，河南省有效

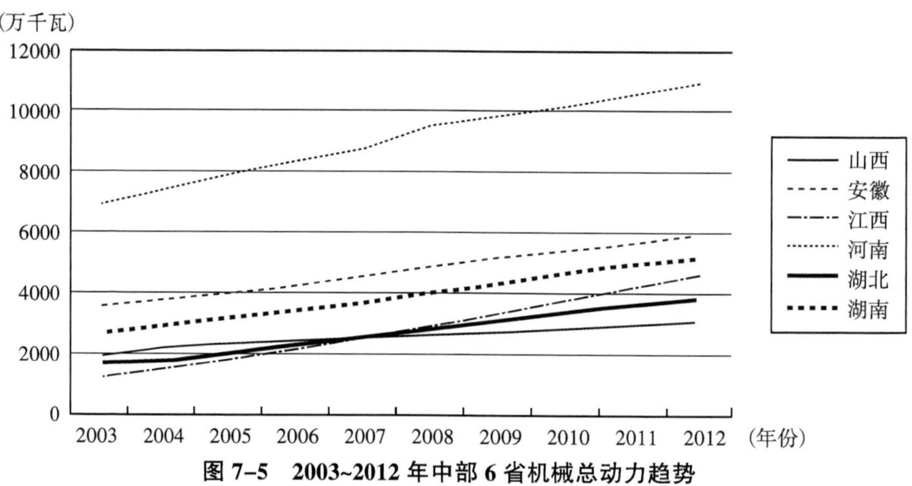

图 7–5　2003~2012 年中部 6 省机械总动力趋势

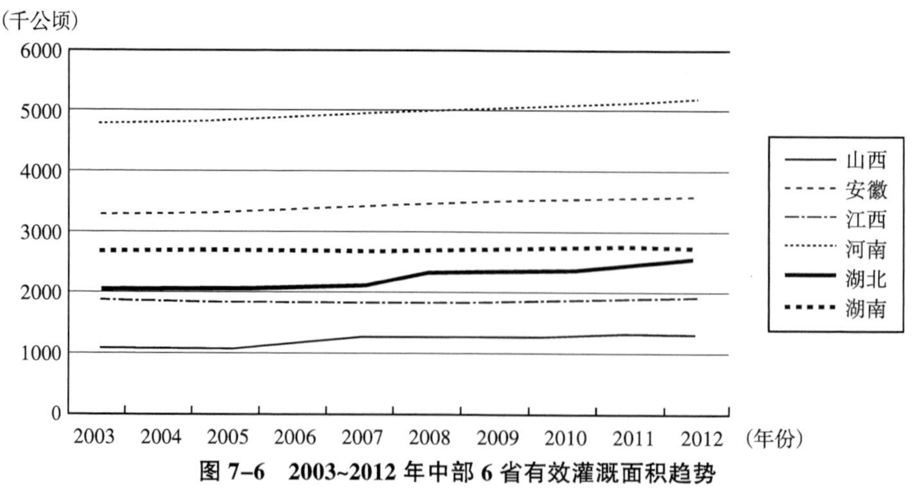

图 7–6　2003~2012 年中部 6 省有效灌溉面积趋势

灌溉面积为 5205.63 千公顷，而山西省有效灌溉面积仅为 1319.06。这从一定程度上反映出中部地区在新农村现代化建设方面的发展有所进步，但变化趋势比较平缓。

2. 生活宽裕

（1）居民收入水平。2003~2012 年中部 6 省农村居民人均收入变化趋势如图 7-7 所示。

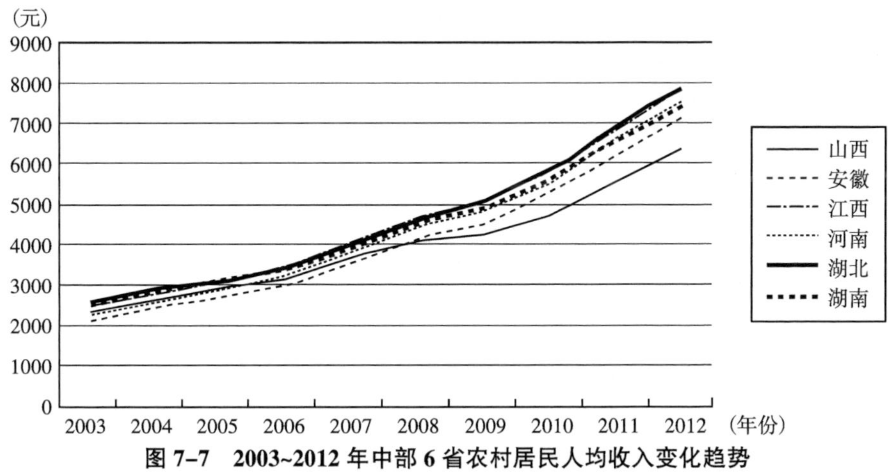

图 7-7 2003~2012 年中部 6 省农村居民人均收入变化趋势

从表 7-2 可以看到，中部地区的城乡差异较为突出，存在着城市现代经济部门与乡村传统经济部门并存的二元经济结构，体现了中部地区城乡发展的突出不平衡性，但是中部整体城乡居民收入水平差异只有山西省高于全国的平均水平，其他省份均低于全国平均值。

表 7-2 2013 年中部各省市城乡居民收入水平统计

单位：元/人

地区	农村居民家庭人均纯收入	城镇居民家庭人均可支配收入	城乡居民收入水平对比（农村居民=1）
全国总计	8895.9	26955.1	3.03
山西	7153.5	22455.6	3.14
江西	8781.5	21872.7	2.49
安徽	8097.9	23114.2	2.85
河南	8475.3	22398.0	2.64
湖北	8867.0	22906.4	2.58
湖南	8342.6	22928.9	2.80

资料来源：《中国农村统计年鉴 2014》。

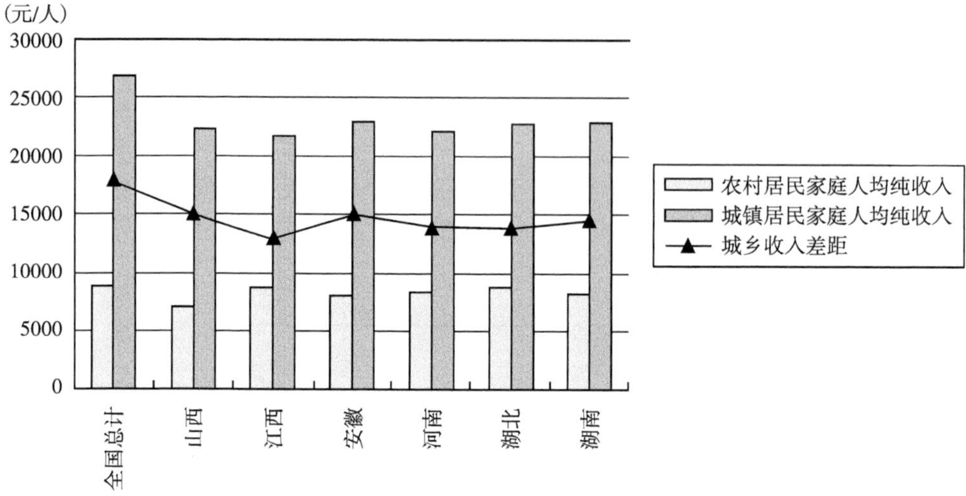

图 7-8　2012 年中部 6 省城乡居民收入差距对比

（2）居民消费水平。随着农村居民人均纯收入的增加，农村居民的生活水平日益改善，家庭耐用品的数量逐渐增加，消费结构也会发生改变。从表 7-3 可以看出，尽管中部 6 省的恩格尔系数仍然比较大，但 10 年间各省都存在不同程度的下降，说明各省农村居民生活水平得到较大的改善。从图 7-9 可以看出，大部分省的年末耐用品（太阳能热水器）拥有量都存在较为显著的上升趋势。2012 年江西和湖北几乎平均每家都拥有热水器。

表 7-3　2003~2012 年中部地区农村居民恩格尔系数

地区	2003	2004	2005	2006	2007	2008	2009	2010	2011	2012
山西省	0.43	0.46	0.44	0.39	0.39	0.39	0.37	0.37	0.38	0.33
安徽省	0.46	0.47	0.46	0.43	0.43	0.44	0.41	0.41	0.41	0.39
江西省	0.52	0.54	0.49	0.49	0.50	0.49	0.46	0.46	0.45	0.44
河南省	0.48	0.49	0.45	0.41	0.38	0.38	0.36	0.37	0.36	0.34
湖北省	0.52	0.52	0.49	0.47	0.48	0.47	0.44	0.43	0.39	0.38
湖南省	0.52	0.54	0.52	0.49	0.50	0.51	0.49	0.48	0.45	0.44

表 7-3 的数据显示，中部地区城镇恩格尔系数主要处于 0.3~0.6 区间，一定程度上可等价为城镇居民的生活普遍进入富裕阶层。其中，2012 年湖南省农村居民恩格尔系数比其他省份高，为 0.44，而山西省农村居民恩格尔系数最低，为 0.33。由此可见，中部地区农村人民生活水平差异不是十分明显。2012 年中部地区基本达到小康水平。

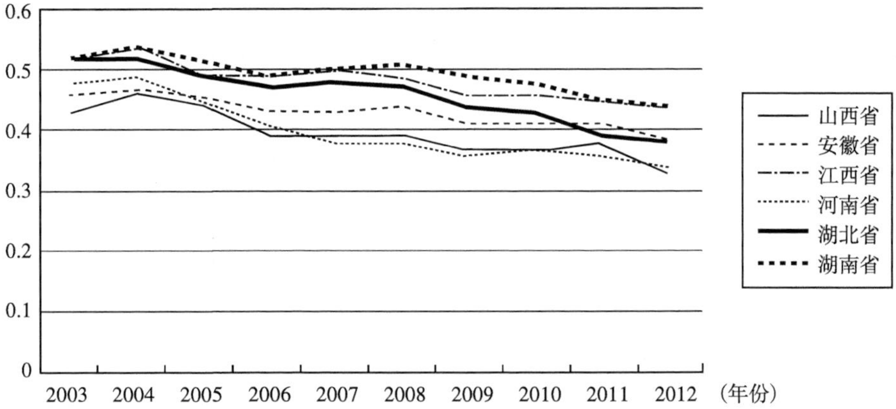

图 7-9 2003~2012 年中部各省恩格尔系数变化

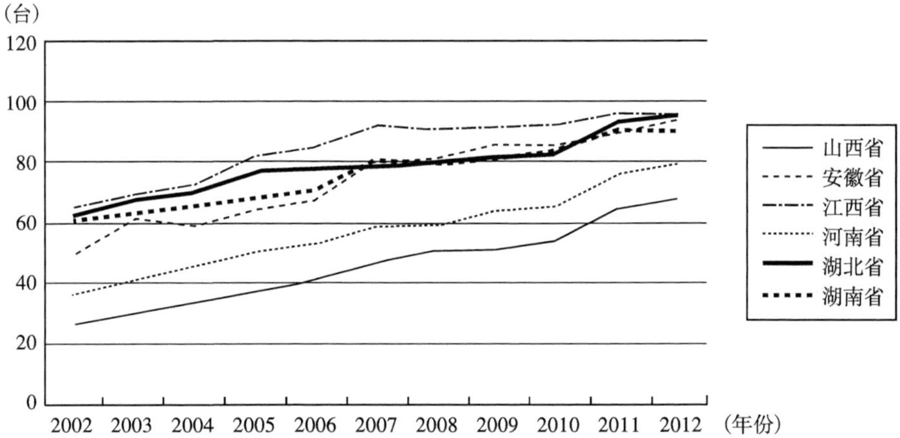

图 7-10 中部 6 省家庭平均每百户淋浴热水器拥有量

3. 乡风文明

我国中部地区的乡风文明水平经过新农村建设大幅度提高。一是随着电视、手机的普及，广大农民能不断接受新信息、新思想、新观念，文化生活水平不断提高，形成了勤劳致富、奋发上进的精神面貌。二是随着国家各种支农、惠农措施的实施，农民更加拥护党的领导，对党的改革开放政策越来越满意。中部地区大多为山区，各地具有不同的小气候环境和小生态环境，最适宜实施“一村一品”战略，在有关农业科学技术人员指导下，各乡或各村找到了最适宜发展的农业项目，许多经济作物需要的种苗及水泥架等基础设施都由政府免费提供，充分调动了农民的积极性，广大农民普遍形成了“现在党的政策很好，只要勤劳就能致富”的观念。三是中部地区农村的青壮年农民大多出去打工了，土地种不完，因争夺土地引起的纠纷少了，打架斗殴现象也越来越少。四是我国大多数的革命老区和革命圣地都分布在中部地区，近年来，我国中部地区加大了有关革命传统教育场馆的建设力度和宣传教育力度，使中部地区农民耳濡目染，接受了很好的革命传统教育，增强了农民爱党爱国的感情，提高了农民的政治思想觉悟。

4. 村容整洁

我国中部地区的地理地貌大多为山区，发展交通的成本比东部地区大，经过多年的新农村建设，实现了村村通水泥公路，但从村中心至各组的路大多还是土路；中部地区农村青壮年劳动力大多到发达地区打工去了，中部地区农村出现了“有屋无人住，有田无人种”现象，不少房屋年久失修，大量耕地撂荒，给村容村貌带来了不良影响。

改革开放以来，特别是 20 世纪 90 年代开始，大规模的工业园区建设和农业资源（荒山、荒坡等）开发，给中部地区生态环境造成很大破坏，引发严重的水土流失。据安徽省水利厅监测，安徽省年平均土壤流失量为 5547 万吨至 1 亿吨，其中黄山、铜陵、池州等 8 市水土流失面积超过当地总面积的 10%。根据《安徽省水土保持监测公报》，2014 年全省水土流失面积为 1.39 万平方千米，相比 2005 年下降了 0.49 万平方千米，其中有 18 个县的水土流失面积占比达到了 20% 以上，最高的是金寨县和岳中县。

鉴于中部农村环境的现状，投资活动对资源与环境的影响最大、最直接，加速了中部资源耗竭和环境污染，使资源与环境问题成为今后制约中部可持续发展的重要因素。在新农村建设过程中，要重视资源与环境容量的有限性问题，在各层面强调和重视中部自身资源与环境要素的稀缺性。例如安徽省自 2015 年 1 月1 日起施行《安徽省实施〈中华人民共和国水土保护法〉办法》，分别划定了水土流失重点预防区，以及水土流失重点治理范围。在这两类区域内，禁止铲草皮，挖树兜，滥挖中药材、兰草、杜鹃花等植物。实施办法对安徽省的水土流失治理提出明确要求，规定大别山区、皖南山区的水土流失治理，应当重点加强水源涵养林建设，整治坡耕地和坡式经济林地，江淮丘陵区的水土流失治理应当重点保护和培育土壤资源，整治坡耕地，皖北平原区的水土流失治理应当重点加强河、沟、渠植被防护，建设网格防护林。

5. 管理民主

社会主义新农村建设的主体是农民，管理民主不仅是治理新农村的方式，也是新农村建设的目标。只有通过民主选举、民主决策、民主管理、民主监督，才能使新农村建设真正按照农民群众的意愿实施，才能按照规章制度办事。河南省中牟县白沙镇白沙村、兰考县城关镇北街村等 16 个村榜上有名获得“全国民主法治示范村”的奖励标志着河南省农村的民主法治建设水平，又迈上了一个新台阶。自全国“五五”普法活动开展以来，河南省深入扎实地开展农村“民主法治示范村”创建活动，目前共创建“全国民主法治示范村”60 个、“全省民主法治

村”1500 余个、“全省民主法治村”创建活动先进单位 180 余个，农村广大干部群众的民主法治观念明显提升，农村法治化管理水平和村干部依法管理、依法办事的能力和水平有了很大提高。

二、中部地区社会主义新农村建设利用外资现状

1. 直接利用外资规模

(1) 农业利用外商直接投资规模。与东部地区相比，中部地区在利用外资方面处于起步时期。2007~2009 年，中部地区农、林、牧、渔各业利用外商直接投资项目数量仅为 265 个、73 个、121 个和 34 个，分别占我国农、林、牧、渔各业利用外商直接投资项目数量的 17.28%、28.19%、30.79%和 13.71%。中部地区农、林、牧、渔各业利用外商直接投资实际金额分别仅为 1.07 亿美元、0.95 亿美元、1.38 亿美元和 0.26 亿美元，分别占全国农业利用外商直接投资实际金额的 6.29%、20.52%、25.84%和 7.56%。2007~2009 年中部地区种植业和畜牧业利用外商直接投资平均规模仅为 42.12 万美元和 104.26 万美元；林业和渔业利用外商直接投资平均规模分别为 130.44 万美元和 80.44 万美元。①

(2) 非农产业利用外商直接投资规模。2012 年中部乡镇企业与外商合资合作新签协议项目数 3600 个，占全国 5.3%，2012 年实际利用外资金额 806898 万美元，占全国 13.78%。其中湖南省乡镇企业与外商合资合作新签协议项目数达 1463 个，占据了中部地区几乎 41%的新签项目数。在实际利用外资金额方面，江西省利用了 314384 万美元，占中部地区的 39%，湖南省紧随其后，占据中部地区实际利用外资金额的 26%。

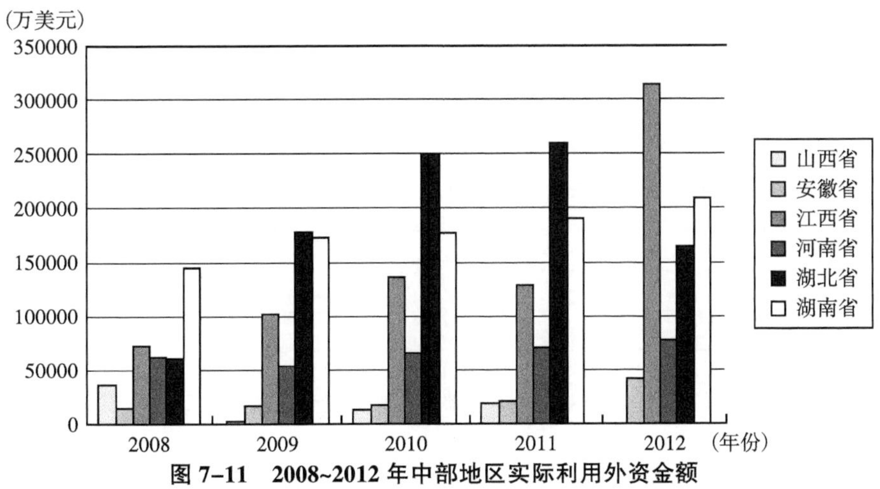

图 7-11 2008~2012 年中部地区实际利用外资金额

① 徐玉波. 农业利用外商直接投资对中国农业的影响 [D]. 北京：中国农业科学院博士学位论文，2012.

2008~2012 年，湖南省、江西省的实际利用外资金额逐年增加，且占中部地区的大部分比重，其他各省变化较小。

2. 间接利用外资规模

改革开放以来，中部地区曾一度处于政策塌陷区，由于梯度推进的对外开放政策，中国实际利用的外商投资绝大部分都集中在东部沿海地区，呈现出“东重西轻”的地区倾斜格局，1999 年实施西部大开发后，西部地区又有了政策优惠措施，在 2004 年的政府工作报告中，首次明确提出促进中部地区崛起，此后关于中部地区利用外资的政策措施也陆续出台。中部六大城市群（武汉城市群、中原城市群、长株潭城市群、皖江城市群、环鄱阳湖城市群、太原城市群）实际利用外资的方式逐步以外商独资企业为主，合资企业的比重逐渐减小，合作企业和其他方式所占的比重越来越小，这一点与全国基本相同①。

3. 外商投资企业的经济效益

从中部地区外商投资企业进出口额来看，2008 年以前有所增加，但增幅不大，2009 年以后，该指标增速加快，反映出中部地区外商投资企业的快速发展，以及其对中部地区经济的快速推动。从外商投资企业的进出口贡献率可以看出，在2008 年下跌后快速反弹，并逐年增加，体现出外商投资企业在中部地区重要性逐渐增强。中部大部分省份仍旧是欠发达地区，对于资金的需求量较大，但国家财政资金的扶植以及自筹资金仍不能满足当地的发展需要，外商投资总量在未来一段时间仍处于上升趋势。

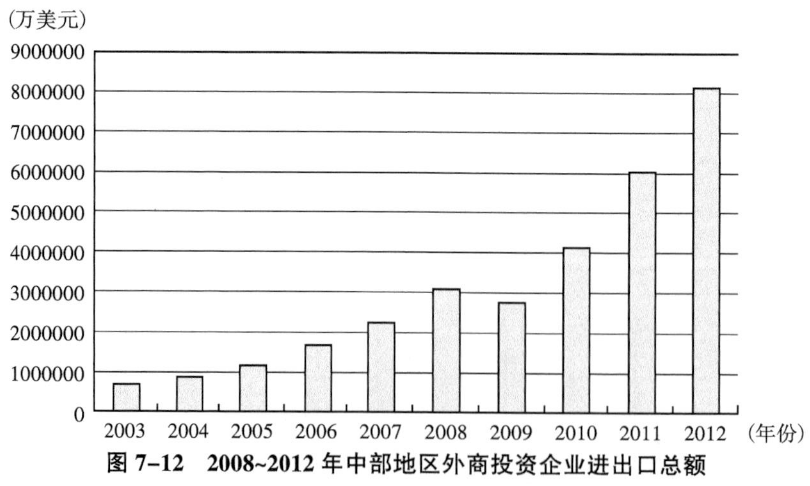

图 7–12　2008~2012 年中部地区外商投资企业进出口总额

① 赵婷婷，冯德连. 中部地区城市群利用外资态势及其困境摆脱［J］. 改革，2011（10）.

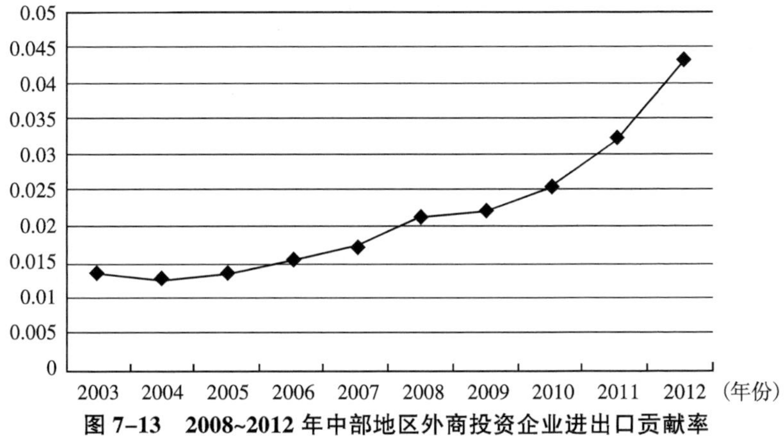

图 7-13　2008~2012 年中部地区外商投资企业进出口贡献率

三、中部地区新农村建设外资利用中存在的问题

1. 利用外资规模偏小，质量不高，技术含量低

中部地区利用外资经过多年的发展，在规模上已达到一定的水平。然而，相当一部分外资企业仍属于技术水平比较低的劳动密集型一般加工制造项目，项目质量偏低，规模偏小，具有较大资金规模和较高技术水平的外资项目比较少。究其原因，除了与中部地区的引资环境有关外，一个重要的原因是在引资工作中仍存在“重招商轻管理、重签约轻落实、重承诺轻兑现、重宣传轻服务”现象，特别是一些地方政府长期存在“重数量、轻质量”的思想，“不管好坏，先引进来再说”①。这种做法从长期来看，其负面影响是很严重的，它有可能最终成为制约该地区经济可持续发展的主要因素。与此同时，引资工作还存在重视引进、轻视管理的思想，导致外商投资项目资金到位率不高，开业建设率偏低等问题的出现，同时引发了一系列与组织管理松懈有关的问题。

2. 外商企业出现招聘普工较困难问题

外资企业向中部地区投资的主要是劳动密集型产业，充分利用中部地区的廉价劳动力，技术含量较低；然而中部地区劳动力大部分转移到长三角、珠三角等东部沿海地区。据报道，2012 年 9 月 12 日苹果公司发布 iPhone 5，从 8 月份开始，富士康在中国的多个生产基地已经领到来自苹果的 iPhone 5 生产任务；其中富士康郑州公司拥有日产 20 万部苹果手机的产能，为确保产能最大化，富士康郑州公司需要招收 20 万名工人来保证产能完成订单，其中仅 9 月份就需要招收 5 万人；作为河南省至此最大的一个招商引资项目，富士康答应落户郑州的条件是获得多项优惠政策；其中河南省政府协助富士康招工便是其中一项；据了解，

① 杨韬. 论中国利用外资的现状、问题及其对策［D］. 长春：吉林大学硕士学位论文，2003.

在2015年8月4日召开的河南省长办公会上决定，河南省将协助富士康招募20万名工人，这个任务被分配给了河南省各地的18个地市政府，完不成招工任务的县市将受批评①。在郑州市区及火车站、汽车站周边，富士康厂区和宿舍区周边散布着很多家招工报名点、招募中心。虽然此报道只是反映了富士康企业招工难，但其他的外资企业招工也不乐观。

3. 外商投资环境尤其基础设施不完善

从硬环境来讲，能源、交通、通信等基础设施不能满足外商的需要；现有企业经营效益不好影响了外商投资的信心；特别是一些大中型骨干企业经营效益不好，失去了吸引大型跨国公司的机会和与大型跨国公司合作的基础。从软环境来讲，人们的思想认识水平还比较低、市场开放程度限制比较多、科学教育水平和人才状况不能有效地满足外资企业的需求、劳动力的综合素质能力和工作效率相对西方国家来说略低、管理水平不适应跨国公司的规模、法律保障和政策措施不完善等社会综合因素很大程度上影响了外商特别是大型跨国公司投资的积极性，制约了外商投资的发展。另外配套服务和政府部门办事效率有待进一步提高。

4. 利用外资结构不合理

（1）地域分布结构不合理。外商在中部地区投资主要分布于湖北省、湖南省和江西省，近年虽然外商对其他地区的投资步伐有所加快，但基本格局没有根本改变，其他省份尤其安徽省利用外资依然滞后。从表7-4可看出，2011年实际利用外资排名前三位的省是湖南省、湖北省和江西省，约占中部地区实际利用外资总额的82%，而其他各地区实际利用外资总额约只有18%。

表7-4 外商中部地区直接投资金额

单位：万美元

省	新签协议（合同）金额		实际利用外资	
	2011年	2012年	2011年	2012年
全国	9635481	9708470	5492933	5859171
山西	28502	428	18991	239
安徽	44637	47778	20231	40431
江西	234205	167379	128776	314384
河南	80751	86325	71535	77095
湖北	506795	328357	165079	165079
湖南	465166	418335	209670	209670

资料来源：农业部乡镇企业局。

① 伊西科. 富士康围城：郭台铭的无解难题［J］. 环球企业家，2012（21）.

（2）产业结构分布不合理。当前中部地区外商直接投资过多流向第二产业，尤其是制造业，不利于第一产业、第三产业的发展，不能够有效促进产业结构升级。2010 年第一产业、第二产业、第三产业的实际利用外资比重为 3.9：72.4：23.7。而同期全国第一产业、第二产业、第三产业的实际利用外资比重为 1.8：50.9：47.3，虽然第二产业仍是全国利用外资最多的产业，但比重仅为五成。

5. 外商在中部投资活动中存在的管理问题

（1）政策透明度问题。目前，中部地区政策透明度还有待进一步完善，主要是政策环境缺乏透明度，政务公开还没有完全放开，稳定性差。许多外企反映，对政策法规特别是新出台的政策法规不是很了解或无从了解，一些新政策的实施缺乏有效过渡期和连续性，给企业做年度预算和正常经营带来很多麻烦。政策透明度问题不可小视，影响了外商对中部地区直接投资的信心，特别是对追加投资产生了不利影响。

（2）缺乏有效制约监督。中部地区各地在引进外资过程中，不同程度上存在多头领导、分散管理的现象，职责不清，效率低下。有些地方政府官员出于地区本位利益和个人政绩的考虑，片面追求外资企业数量，不讲究实际效益，对引进外资的形式、投向、配套能力以及可能出现的问题缺乏详细的考虑，没有长远目标；对引进项目评估不认真，往往流于形式，对评估结论不承担相应的法律责任，以逃避责任。合资合同往往不将土地的使用权、生产设施、厂房等作价入股，使国有资产大量流失。又由于个别地方在引进外资工作中对当地政府官员和企业领导者缺乏有效的约束机制，引进外资工作中产生了经济腐败现象。

（3）管理队伍素质有待提高。在引进和利用外资的过程中，特别是在外商投资企业建立后，管理具有十分重要的作用。在这一方面，中部地区通过多年的引进外资实践，已经培养了一些比较有经验的管理人才。但从实际需要来看，这些管理人员的整体素质还跟不上外商直接投资发展的需要，业务能力和水平还有待进一步提高。其实，在中部地区利用外商直接投资出现的一些问题，其根本原因是管理跟不上。

6. 区域经济稳定问题

近年来，跨国公司在中部进行了一些投资，以河南省为例，2011 年，有 4 家世界 500 强投资河南，从而使河南省的跨国公司增至 72 家。随着跨国公司在华投资规模的扩大，跨国公司对中国企业的并购也显著增加，主要是通过并购非上市公司和上市公司两种方式进行。加入世界贸易组织以后，中国的市场将进一步对外开放，为跨国公司并购河南地区企业提供了很大的机遇。虽然外资并购省内企业可以带来先进的科学技术和管理经验，解决企业资金短缺的问题，但是外资进入中部并购的动机和中部地区自身发展战略有时是不一致的，他们关注企业的利润，更长久地占领市场份额，打击竞争对手，巩固自己的竞争优势，努力取得行业或市场的支配地位，最终形成垄断，如果没有相应的约束机制，最终会妨碍市场的公平竞争；与此同时，如果事关国计民生、具有一定战略意义的企业被外资并购和控制，则不利于政府对国民经济的调控，不利于产业结构的优化，还可能导致经济的动荡，并引发新的危机。实际上，企业并购看似商业行为，但它往往会大大超出其商业意义，有政治的、社会的，甚至有军事的意味，对此要有充分的认识①。

四、中部地区新农村建设外资利用问题的成因分析

1. 农业产业的低收益阻碍了外资的流入

由于农业资金投入利润率明显低于其他行业，导致大量的外资流向资本收益较高的其他领域。同时，中部地区的地理环境因素以及农村农业发展的落后现状限制了现代农业的快速发展，从而影响了具有高新技术的外资企业的进入。另外，中部地区各省为追求当地经济的快速发展，也可能将部分农业产业的外资转向其他行业。

2. 利用外资的政策不配套

与非农业利用外资的情况相比，农业利用外资比重偏低、规模较小，农业利用外资地区分布不平衡，主要的原因是农业利用外资的配套政策不完善。其一，农业吸引外资的优惠政策倾斜不够。农业虽然是我国利用外资中一直鼓励的产业，但国家近年对农业吸引外资在税收上没有给予多少优惠，外商投资企业实际得到的是低国民待遇，外商因而不愿投资农业项目。其二，国家在完善外贸体制过程中对外商收费项目增多，外商感到负担太重，农产品绿色通道等政策也是近年才推出，外商多年来一直面对农产品流通方面的重重障碍。其三，国家没有针对农产品的低收益性、高风险性、长周期性，给予外商足够的补偿性优惠。其四，政府没有贴近外商的投资策略制定相应的优惠政策。当前跨国公司没有强烈的愿望向中国农业资源比较丰富的中部地区进行更多投资，在一定程度上说明中国的外商投资产业政策存在不足之处，尚不能实现与农业跨国企业投资决策的顺利对接。

3. 人力资本欠缺，专业技术人员不足

由于中部地区新农村的教育基础薄弱，教育结构不完善，大量人才外流，现有的从业人员受教育程度相对较低。尽管中部存在大量的剩余劳动力，劳动力成本低廉，有利于以劳动密集型为主的外资产业发展，但是这与以发展高效率的现代农业理念是相悖的，不能为农业产业的现代化发展提供有效支持。正是因为中部地区的文化教育落后，劳动力素质不高，大量的以劳动密集型为主的污染企业

① 陈继勇，肖光恩. 经济全球化发展的新趋势与我国的对策［J］. 对外经贸实务，2000（11）.

进入中部地区，不仅对现代化农业发展起不到促进作用，还对该地区的生态环境造成破坏，不利于农业产业的发展。同时，阻碍了以高新技术为主的外国资本进入中部地区。

4. 未充分重视农业的基础地位

现阶段尽管中部地区的农业产业仍是经济发展的重要内容，但是对农业发展的宏观调控不足，配套政策并未落实，表现为各级政府部门对引资的政策导向存在很大的偏差，项目管理混乱，缺乏统一的农业利用外资的协调管理机构，没有有效的利用外资规划，对外资的管理较多是使用行政手段，忽视了指导、协调、服务等应尽的职责。相对于其他产业来讲，农业外资在总体上处于“次国民待遇的地位”，政府对外商的政策引导不力，不能根据市场环境的变化，因地、因时制宜制订合理的吸引外商投资的措施，对农业基础设施和农业生产项目的引资力度不够。

5. 外资进入农村风险系数大

长期以来，中部地区多以家庭为单位的小农户分散式经营方式为主，农业生产专业化、规模化、产业化、市场化程度低，加上大量地区不适合农业种植的影响，使农业投资资金大，回收期长，市场风险和自然风险并存，且发达国家农业生产条件优越，政府补贴较多，在中国投资不具有明显的比较优势。加之农业产业本身的特点，农业技术模仿、传播成本很低，大大降低了以垄断的技术优势投资农业的外商的积极性。此外，中国农产品生产成本高于国际平均水平，在价格和非价格竞争方面均处于劣势。这些都增加了外商投资的风险，成为制约外商投资的重要因素。

第二节 中部地区新农村建设与利用外资质量的关系分析

一、中部地区新农村建设与利用外资质量的内涵

1. 中部地区新农村建设的内涵

中部地区社会主义新农村建设既有新农村建设的共性，也有其自身所存在的特殊性。从社会主义新农村建设的共性来看，中部地区新农村建设也必须按照“生产发展、生活宽裕、乡风文明、村容整洁、管理民主”的要求，从经济、文化、政治、社会等多个方面进行。中部地区新农村仍须将经济建设作为首要目标，解放和发展生产力，为新农村的各方面建设奠定基础。

从中部地区社会主义新农村建设的特殊性来看，由于中部地区地理位置以及资源禀赋等原因，大部分省份都属于欠发达地区，在经济建设上仍处于落后地位，新农村建设也处于早期阶段，因而当地新农村建设在当前和未来一定时间内仍然需以经济建设为中心，大力提升经济发展水平，提高人民生活质量。由于中部地区教育资源仍较匮乏，农村人口普遍受教育程度偏低，因而必须加大教育资金投入，这一方面可以提高当地的受教育水平，增强人力资本；另一方面也可以改善当地的民风，减少因教育缺失所导致的违法犯罪事件。随着经济发展，大量污染企业进入，导致很多地区的环境遭到破坏，因而当地新农村建设过程中将防范生态环境问题视为重要内容显得尤为重要。综上所述，中部地区社会主义新农村的建设应在遵从新农村建设的整体目标下，根据自身特点，有序对新农村建设中的不足进行改进，有重点推进各方面建设。而在对中部地区新农村建设评价时，也应根据中部地区发展的阶段性特点，对不同的建设方面赋予不同的权重，科学评价当地的优势和劣势方面，以求全面反映中部地区的建设现状。

2. 中部地区利用外资质量的内涵

从利用外资的共性来看，中部地区利用外资的根本目的仍然是促进当地的经济发展；利用外资的质量是中部地区在一定时期经济和社会发展战略规划下，利用外商直接投资对经济社会发展所产生的经济效益、社会效益、技术管理效益、生态环境效益等各方面的综合。

从中部地区利用外资质量的特殊性来看，由于中部地区的投资环境相对较差，对外开放程度不高，因而在吸引外资进入方面受到很大的限制，导致利用外资的质量偏低。同时，由于中部地区经济发展处于对外开放的初期阶段，利用外资的目的更多是为了解决资金短缺，促进经济发展等问题，因此容易犯“饥不择食”的错误，注重外资的经济增长效益，而忽略外资的社会效应和生态环境效应，使一些具有社会负效应和生态环境负效应的外资被引了进来，从而导致利用外资质量相对较低。综上所述，中部地区在利用外资的主要目的上更多关注的是经济效益，而根据其地理环境的特点，生态环境效益应该是当地的重点考察对象。因此，中部利用外资质量在当前和未来一段时间内应当以经济效益和生态效益为主，协调社会效益和技术管理效益等方面共同发展。

二、中部地区社会主义新农村建设与利用外资质量关系的实证分析

1. 中部地区社会主义新农村建设的实证分析

（1）数据说明和方法选择。这里采用与第六章一样的指标体系，利用全局主成分分析对中部地区社会主义新农村建设的现状进行分析。

（2）计算相关系数矩阵并进行统计检验。从表 7-5 可以看到，这里的 KMO 值为 0.799，在 0.5~1.0 之间；Bartlett 的检验通过，相应的显著性概率（Sig）小

于 0.001 为高度显著，因此，数据适合使用因子分析方法。

表 7-5 KMO 和 Bartlett 的检验

取样足够度的 Kaiser-Meyer-Olkin 度量		0.799
Bartlett 的球形度检验	近似卡方	2071.488
	df	136
	Sig.	0.000

（3）求相关系数矩阵 R 的特征值和特征向量，并提取因子。表 7-6 为总方差解释列表，表中列出了所有的主成分，且按照特征根从大到小的次序排列。从表 7-6 中可见，第一个公共因子方差贡献率为 54.676%，第二个公共因子方差贡献率为 20.439%，第三个公共因子方差贡献率为 7.647%，方差累计贡献率达到 82.762%，一般来说，这三个公共因子足以概括大部分的样本信息，这在统计学上是比较有意义的，可以认为此次提取的主成分是合理的，所提取的 3 个主成分因子能够体现 17 个指标所要反映的信息。通过碎石图（见图 7-14）也可以直观看出前四个因子可以反映出指标体系所要体现的主要信息。

表 7-6 解释的总方差

成分	初始特征值			提取平方和载入			旋转平方和载入		
	合计	方差（%）	累计（%）	合计	方差（%）	累计（%）	合计	方差（%）	累计（%）
1	9.295	54.676	54.676	9.295	54.676	54.676	8.292	48.779	48.779
2	3.475	20.439	75.115	3.475	20.439	75.115	3.740	21.998	70.777
3	1.300	7.647	82.762	1.300	7.647	82.762	2.037	11.984	82.762
4	0.932	5.485	88.247						
5	0.816	4.803	93.049						
6	0.453	2.664	95.713						
7	0.293	1.721	97.434						
8	0.188	1.106	98.540						
9	0.107	0.627	99.168						
10	0.060	0.352	99.520						
11	0.034	0.203	99.722						
12	0.019	0.111	99.833						
13	0.010	0.060	99.894						
14	0.009	0.053	99.946						
15	0.004	0.026	99.972						
16	0.003	0.016	99.988						
17	0.002	0.012	100.000						

提取方法：主成分分析。

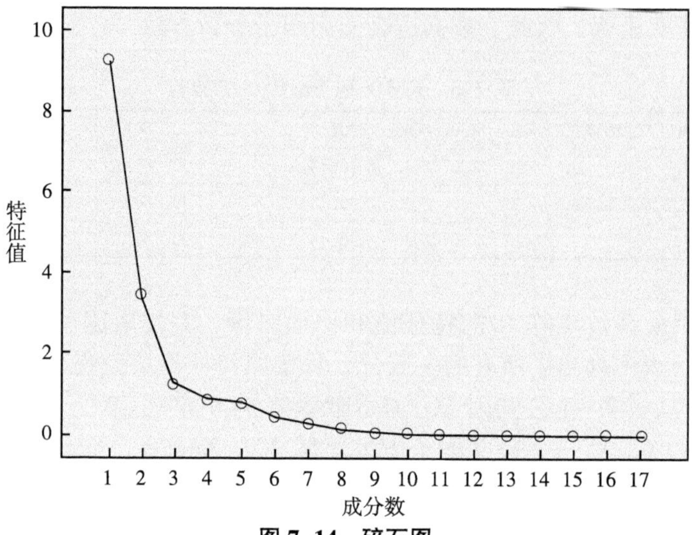

图 7-14 碎石图

（4）建立因子载荷矩阵。采用方差极大旋转法（即 Varimax 法）旋转之后的因子载荷矩阵（按各因子综合系数得分排序）和旋转空间中的分布图，如表 7-7 和图 7-15 所示。

表 7-7 旋转成分矩阵 [a]

	成分		
	1	2	3
Zscore（X_1）	0.962	0.026	0.164
Zscore（X_2）	0.952	0.160	0.200
Zscore（X_3）	0.921	0.179	0.211
Zscore（X_4）	0.948	-0.009	-0.150
Zscore（X_5）	0.965	0.035	0.109
Zscore（X_6）	0.734	0.574	0.275
Zscore（X_7）	0.081	0.904	0.103
Zscore（X_8）	0.841	-0.221	0.322
Zscore（X_9）	0.872	0.176	0.244
Zscore（X_{10}）	-0.068	0.888	-0.195
Zscore（X_{11}）	0.080	0.939	0.007
Zscore（X_{12}）	0.723	0.513	0.088
Zscore（X_{13}）	0.388	0.073	0.682
Zscore（X_{14}）	0.768	0.305	0.438
Zscore（X_{15}）	0.407	0.134	-0.338
Zscore（X_{16}）	-0.280	-0.601	0.443
Zscore（X_{17}）	0.501	-0.204	0.792

提取方法：主成分。
旋转法：具有 Kaiser 标准化的正交旋转法。
a 旋转在 6 次迭代后收敛。

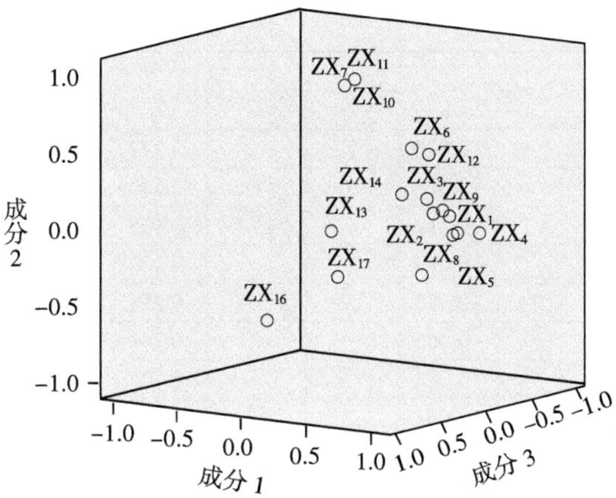

图 7–15 旋转空间中的成分图

设 F 为我们所提取出的因子，则三个因子可分别表示为 F_1、F_2 和 F_3。从表7–7 我们可以看出，第一个公共因子 F_1 在农作物总播种面积、粮食总产量、机械总动力、大小型拖拉机和渔用机动船年末数量、有效灌溉面积、农林牧渔总产值、恩格尔系数、农村用电量、农村养老服务机构、中心卫生医院床位指标上拥有较高负荷，主要反映了新农村建设的“生产发展”、“生活宽裕”、“乡风文明”和“村容整洁”，因此命名为综合因子。

第二个公共因子 F_2 在农村居民人均纯收入、太阳能热水器、年末人均耐用品拥有量、卫生技术人员、林业重点工程历年完成造林面积指标上的系数相对较大，拥有较高负荷，说明第二个公共因子主要反映了“生活富裕”和“村容整洁”两个方面的建设情况，因而命名为生活环境因子。

第三个公共因子 F_3 在文化机构、村民委员会个数指标上具有较高负荷，反映了新农村的“乡风文明”和“管理民主”两个方面的内容，因而命名为民主文明因子。

（5）计算各因子得分及综合评价得分并排序。我们记 Y_1、Y_2 和 Y_3 分别是各年新农村建设在上述三个因子上的得分，则有：

表 7–8 成分得分系数矩阵

	成分		
	1	2	3
Zscore （X_1）	0.142	−0.056	−0.063
Zscore （X_2）	0.122	−0.010	−0.023
Zscore （X_3）	0.113	−0.001	−0.008
Zscore （X_4）	0.200	−0.096	−0.277
Zscore （X_5）	0.152	−0.059	−0.100

续表

	成分		
	1	2	3
Zscore （X_6）	0.035	0.142	0.108
Zscore （X_7）	−0.079	0.280	0.143
Zscore （X_8）	0.112	−0.105	0.042
Zscore （X_9）	0.099	0.006	0.023
Zscore （X_{10}）	−0.050	0.258	−0.033
Zscore （X_{11}）	−0.065	0.281	0.082
Zscore （X_{12}）	0.072	0.106	−0.023
Zscore （X_{13}）	−0.061	0.057	0.398
Zscore （X_{14}）	0.033	0.073	0.186
Zscore （X_{15}）	0.125	−0.026	−0.291
Zscore （X_{16}）	−0.082	−0.117	0.292
Zscore （X_{17}）	−0.038	−0.026	0.425

$$Y_1 = 0.142ZX_1 + 0.122ZX_2 + 0.113ZX_3 + \cdots - 0.038ZX_{17}$$

$$Y_2 = -0.056ZX_1 - 0.023ZX_2 - 0.008ZX_3 + \cdots - 0.026ZX_{17}$$

$$Y_3 = -0.063ZX_1 - 0.023ZX_2 - 0.008ZX_3 + \cdots + 0.425ZX_{17}$$

其中，ZX_1，ZX_2，ZX_3，ZX_4，…，ZX_{17} 为各项指标经预处理之后的标准化数据。再以各因子所对应的贡献率为权重进行加权求和，即可得到综合评价得分 Y，即：

$$Y = 0.41556Y_1 + 0.19292Y_2 + 0.11795Y_3$$

2003~2012 年我国中部地区综合因子得分与排名、生产环境因子得分与排名、生活富裕因子得分与排名以及综合评价得分与排名的结果分别如图 7-16、图7-17、图 7-18 和图 7-19 所示（具体数据如附表 2-1、附表 2-2、附表 2-3 和附表 2-4 所示）。

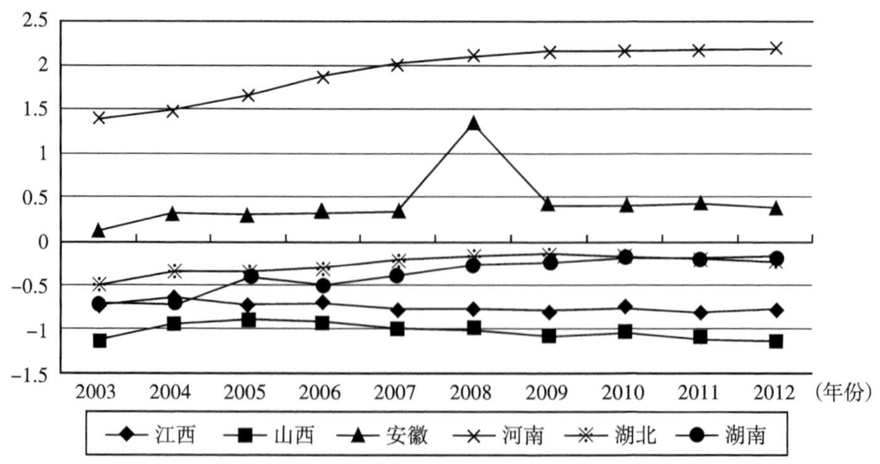

图 7-16　2003~2012 年我国中部地区综合因子得分与排名

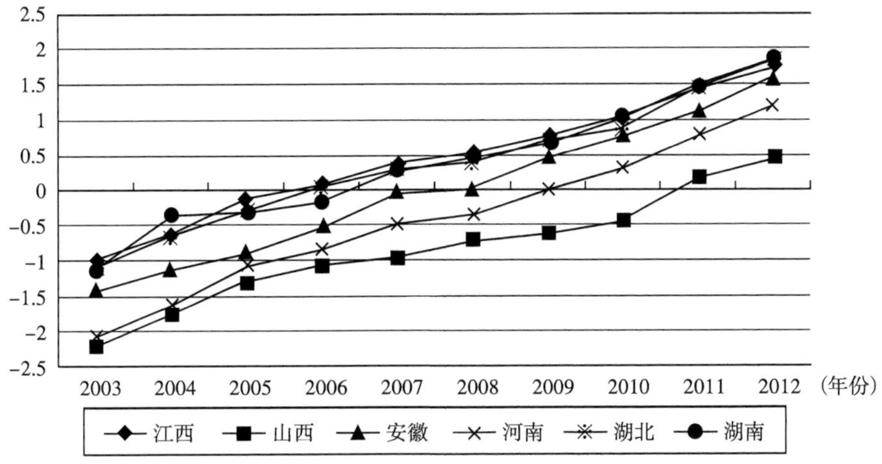

图 7-17 2003~2012 年我国中部地区生产环境得分与排名

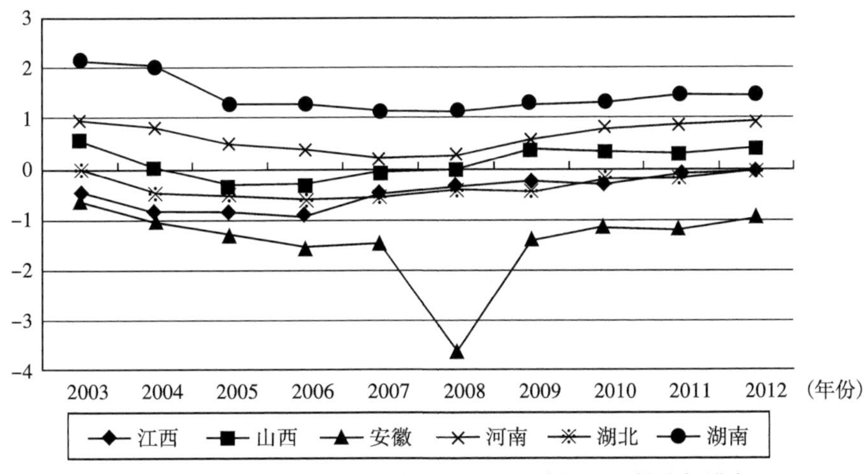

图 7-18 2003~2012 年我国中部地区生活富裕因子得分与排名

(6) 实证结果说明。首先，从时间序列纵向比较来看，2003~2012 年，各省的三个因子得分与综合得分都有相应的提高，这说明各省新农村建设在“生产发展”、“生活宽裕”、“乡风文明”、“村容整洁”和“管理民主”五个方面都是有所改善的，处于稳步上升之中。其次，从横向比较来看，在综合因子、生活环境因子和综合得分方面，除安徽省外，其余各省的排名相对稳定，没有大起大落的现象，而在生活富裕因子方面则存在着较大的波动。具体来看，在综合因子得分方面，河南省名列前茅，山西省排名“垫底”；在生活环境因子方面，湖南省、湖北省和江西省靠前，这很大程度上可能是因为其在环境保护方面，尤其是植树造林方面做得比较好，山西省则处于靠后的位置；在生活富裕因子方面，安徽省始

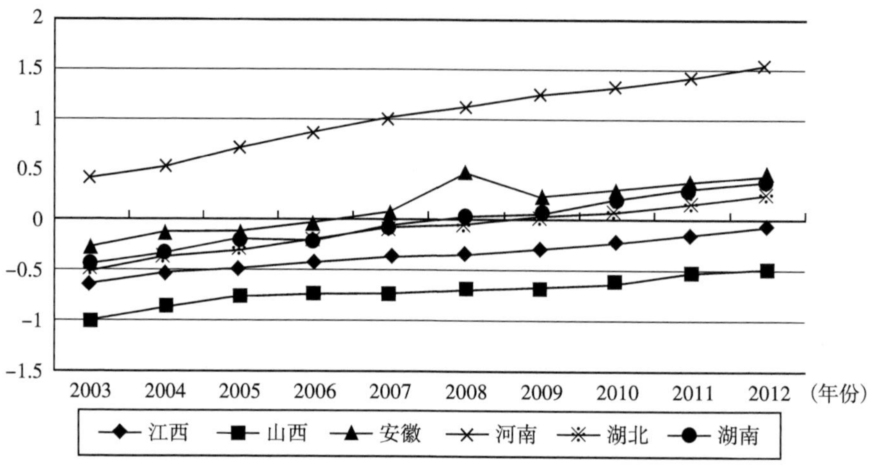

图 7-19 2003~2012 年我国中部地区综合得分与排名

终处于“垫底”的状态，并且在 2008 年全球经济危机时波动幅度较大，而后发展并无很大起色。在综合得分方面，河南省始终遥遥领先，山西省仍处于最后一位。

2. 中部地区利用外资质量实证分析

（1）数据说明和方法选择。指标选取和数据处理方法同东部地区。具体指标构成如表 7-9 所示。鉴于数据的可收集性以及可统计性，这里仅对 2003~2011 年中部地区利用外资质量进行评价。对中部地区利用外资质量进行评价采用同东部地区相同评价方法，利用主成分分析对中部地区外资现状进行分析。

表 7-9 中部地区利用外资质量具体指标层构成

具体指标层	变量
乡镇企业外商投资企业劳动者报酬（万元）	X_1
乡镇企业外商投资企业个数（万个）	X_2
乡镇企业外商投资企业营业收入（亿元）	X_3
外资经济固定资产投资总额（亿元）	X_4
乡镇外商投资企业总产值（亿元）	X_5
区域集中度（某省外商投资额/东部地区外商投资额）（%）	X_6
外商投资经济社会建筑安装工程投资（亿元）	X_7
外商投资经济全社会房屋竣工面积（万平方米）	X_8
乡镇外商投资企业利润总额（亿元）	X_9
乡镇外资税收贡献率（%）（乡镇外商投资企业税收/税收总额）	X_{10}

（2）因子分析过程。

1）计算相关系数矩阵并进行统计检验。从表 7-10 可以看到，这里的 KMO

值为 0. 826，在 0.5~1.0 之间；Bartlett 的检验通过，相应的显著性概率（Sig.）小于 0.001 为高度显著，因此数据适合使用因子分析方法。

表 7-10 KMO 和 Bartlett 的检验

取样足够度的 Kaiser-Meyer-Olkin 度量		0.826
Bartlett 的球形度检验	近似卡方	439.151
	df	45
	Sig.	0.000

2）求相关系数矩阵 R 的特征值和特征向量，并提取因子。表 7-11 为总方差解释列表，表中列出了所有的主成分，且按照特征根从大到小的次序排列。从表 7-11 中可见，第一个公共因子方差贡献率为 57.899%，第二个公共因子方差贡献率为 11.272%，方差累计贡献率达到 69.171%，一般来说，这两个公共因子足以概括了较大部分的样本信息，这在统计学上是比较有意义的，可以认为此次提取的主成分是合理的，所提取的 2 个主成分因子能够体现 10 个指标所要反映的信息。通过图 7-20 也可以直观看出前两个因子可以反映出指标体系所要体现的主要信息。

表 7-11 解释的总方差

成分	初始特征值			提取平方和载入			旋转平方和载入		
	合计	方差（%）	累计（%）	合计	方差（%）	累计（%）	合计	方差（%）	累计（%）
1	5.790	57.899	57.899	5.790	57.899	57.899	5.452	54.525	54.525
2	1.127	11.272	69.171	1.127	11.272	69.171	1.465	14.646	69.171
3	0.966	9.661	78.832						
4	0.662	6.619	85.452						
5	0.495	4.945	90.397						
6	0.397	3.969	94.366						
7	0.256	2.565	96.931						
8	0.178	1.775	98.706						
9	0.094	0.940	99.645						
10	0.035	0.355	100.000						

提取方法：主成分分析。

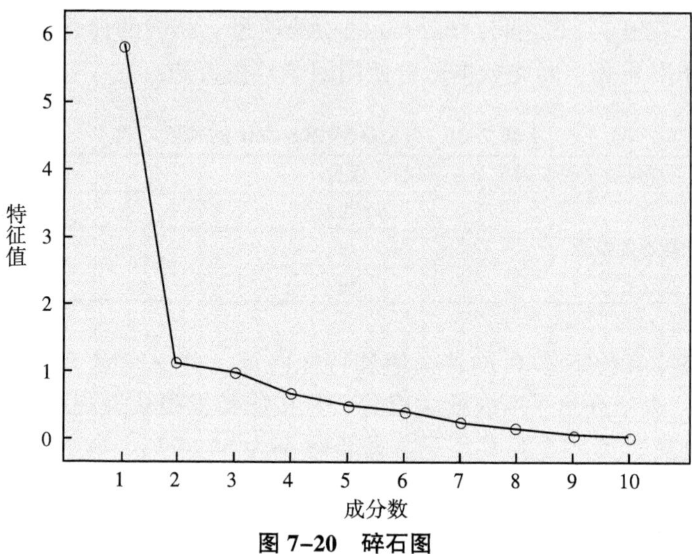

图 7-20 碎石图

3）建立因子载荷矩阵。采用方差极大旋转法（即 Varimax 法）旋转之后的因子载荷矩阵（按各因子综合系数得分排序）和旋转空间中的分布图，见表 7-12 和图 7-21。

表 7-12 旋转成分矩阵 [a]

	成分	
	1	2
Zscore（X_1）	0.753	0.077
Zscore（X_2）	-0.102	0.801
Zscore（X_3）	0.940	0.077
Zscore（X_4）	0.702	0.276
Zscore（X_5）	0.943	0.069
Zscore（X_6）	0.658	0.211
Zscore（X_7）	0.678	0.487
Zscore（X_8）	0.404	0.651
Zscore（X_9）	0.882	0.153
Zscore（X_{10}）	0.881	0.039

提取方法：主成分。
旋转法：具有 Kaiser 标准化的正交旋转法。
a 旋转在 3 次迭代后收敛。

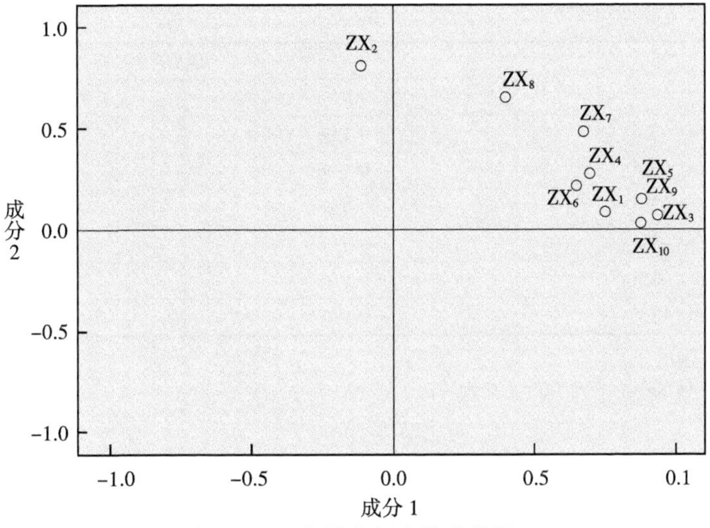

图 7-21　旋转空间中的成分图

设 F 为我们所提取出的因子，则两个因子可分别表示为 F_1 和 F_2。从表 7-12 我们可以看出，第一个公共因子 F_1 在乡镇企业外商投资企业劳动者报酬、乡镇企业外商投资企业营业收入、外资经济固定资产投资总额、乡镇外商投资企业总产值、区域集中度（某省外商投资额/西部地区外商投资额）、外商投资经济社会建筑安装工程投资、外商投资经济全社会房屋竣工面积、乡镇外资税收贡献率指标上拥有较高负荷，基本反映了西部地区“农村投资环境”、“农村利用外资规模”、“利用外资结构”、“外资的农村建设效应”四个方面的建设情况，因此命名为综合因子。

第二个公共因子 F_2 在乡镇企业外商投资企业个数，全国乡镇外商投资企业利润总额，指标上的系数相对较大，拥有较高负荷，说明第二个公共因子主要反映了“农村投资环境”和“外资的农村建设效应”方面的建设情况，因而命名为环境效应因子。

4）计算各因子得分及综合评价得分并排序。我们记 Y_1 和 Y_2 分别是各年新农村建设在两个因子上的得分，则：

表 7-13　成分得分系数矩阵

	成分	
	1	2
Zscore（X_1）	0.155	-0.075
Zscore（X_2）	-0.171	0.688
Zscore（X_3）	0.197	-0.110
Zscore（X_4）	0.106	0.101

续表

	成分	
	1	2
Zscore（X_5）	0.199	-0.117
Zscore（X_6）	0.109	0.054
Zscore（X_7）	0.062	0.281
Zscore（X_8）	-0.030	0.469
Zscore（X_9）	0.170	-0.035
Zscore（X_{10}）	0.190	-0.131

提取方法：主成分。
旋转法：具有 Kaiser 标准化的正交旋转法。
构成得分。

$Y_1 = 0.155ZX_1 - 0.171ZX_2 + 0.197ZX_3 + \cdots + 0.190ZX_{10}$

$Y_2 = 0.123ZX_1 + -0.2ZX_2 + 0.069ZX_3 + \cdots + 0.792ZX_{10}$

其中，ZX_1，ZX_2，ZX_3，ZX_4，…，ZX_{10} 为各项指标经预处理之后的标准化数据。再以各因子所对应的贡献率为权重进行加权求和，即可得到综合评价得分 Y，即：

$Y = 0.57899Y_1 + 0.11272Y_2$

2003~2011 年我国中部地区利用外资综合因子得分与排名、环境效应因子得分与排名以及综合评价得分与排名的结果分别如图 7-22、图 7-23 和图 7-24 所示（具体数据见附表 1-6、附表 1-7 和附表 1-8）。

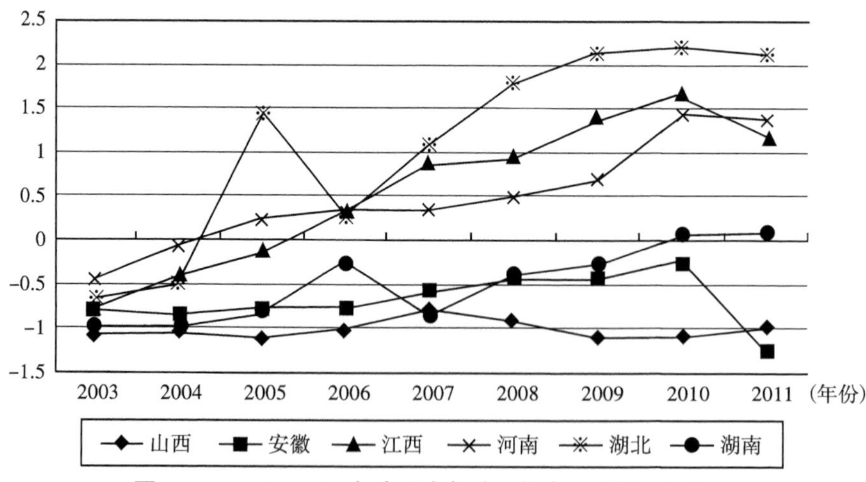

图 7-22　2003~2011 年我国中部地区综合因子得分与排名

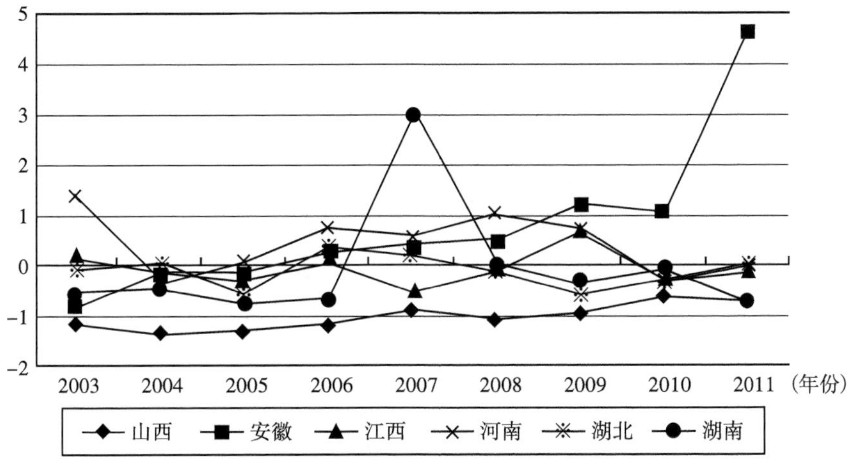

图 7-23　2003~2011 年我国中部地区环境效应因子得分与排名

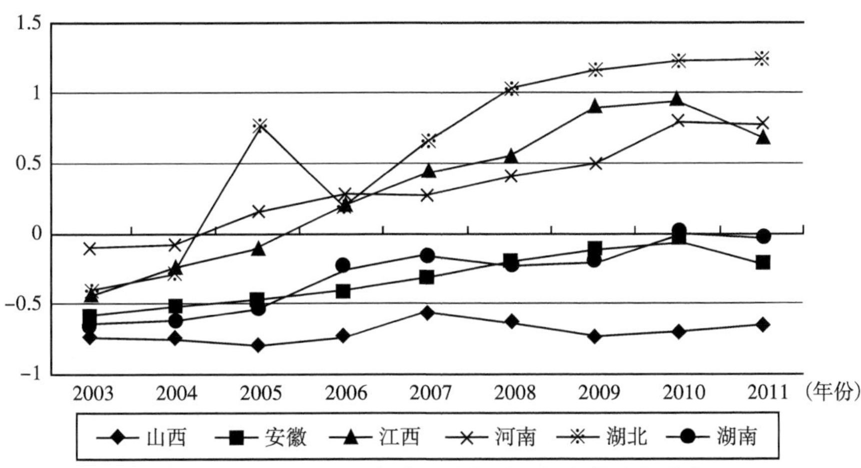

图 7-24　2003~2011 年我国中部地区综合得分与排名

（3）实证结果说明。首先，从时间序列纵向比较来看，2003~2011 年在综合因子方面，湖北省、河南省以及江西省在 2006~2011 年整体趋势均有显著的上升，且在中部地区遥遥领先，说明这三个省市在利用外资质量方面具有较大的改善；湖南省在统计年间趋于整体稳定缓慢增长过程中，2007 年在环境效应因子方面有极为明显的波动，达到峰值之后迅速下降回到缓慢增长趋势，主要是因为大量外资向湖南省乡镇企业转移；安徽省在 2010 年后也呈现这种趋势。其他各省并无明显的波动，这主要是因为其他几省外商投资环境较差，长期以来外资引入程度较低。从整体来看，中部地区各省的利用外资质量是朝着较好的方向发展的。

3. 中部地区新农村建设与利用外资质量关系的实证分析

（1）相关性分析过程和结果。同东部地区一样，我们将中部地区新农村建设总体评分和该地区新农村建设目标下利用外资质量两个公共因子评分作为因变量和自变量，选取其中 2003~2011 年① 数据进行新农村建设和利用外资质量的相关性分析，并进行各个年份各省份评分的平均化处理。

Y 为中部地区社会主义新农村建设目标下的综合评价得分；X_1 为反映中部地区利用外资的农村投资环境的影响、利用外资规模、利用外资结构和外资的溢出效应四个方面综合情况的公共因子得分；X_2 为体现中部地区利用外资结构和外资溢出效应的公共因子得分情况。具体数据见表 7-14。

表 7-14 数据列表

年份	Y	X_1	X_2
2011	0.267176	0.417403	0.522112
2010	0.18147	0.67362	-0.07366
2009	0.105735	0.407271	0.140047
2008	0.093928	0.258299	0.051385
2007	-0.02759	0.015864	0.465116
2006	-0.11835	-0.18002	-0.05621
2005	-0.17976	-0.18185	-0.47933
2004	-0.27033	-0.62469	-0.39004
2003	-0.40068	-0.78589	-0.17942

（2）分别对三个变量进行统计量描述。将 X_2 作为控制变量，对变量 Y 和变量 X_1 的相关分析。

表 7-15 描述性统计量

	均值	标准差	N
Y	-0.038711	0.2212287	9
X_1	0.000000	0.4917028	9
X_2	0.000000	0.3416596	9

① 根据之前统计数据的可用性、合理性，以及所能查找到的数据年限，选取 2003~2011 年共 9 年作为统计样本。

表 7-16 相关性

<table>
<tr><th colspan="3">控制变量</th><th>Y</th><th>X_1</th><th>X_2</th></tr>
<tr><td rowspan="9">-无[①]</td><td rowspan="3">Y</td><td>相关性</td><td>1.000</td><td>0.963</td><td>0.667</td></tr>
<tr><td>显著性（双侧）</td><td>0</td><td>0.000</td><td>0.050</td></tr>
<tr><td>df</td><td>0</td><td>7</td><td>7</td></tr>
<tr><td rowspan="3">X_1</td><td>相关性</td><td>0.963</td><td>1.000</td><td>0.542</td></tr>
<tr><td>显著性（双侧）</td><td>0.000</td><td>0.000</td><td>0.132</td></tr>
<tr><td>df</td><td>7</td><td>0</td><td>7</td></tr>
<tr><td rowspan="3">X_2</td><td>相关性</td><td>0.667</td><td>0.542</td><td>1.000</td></tr>
<tr><td>显著性（双侧）</td><td>0.050</td><td>0.132</td><td>0.000</td></tr>
<tr><td>df</td><td>7</td><td>7</td><td>0</td></tr>
<tr><td rowspan="6">X_2</td><td rowspan="3">Y</td><td>相关性</td><td>1.000</td><td>0.961</td><td></td></tr>
<tr><td>显著性（双侧）</td><td>0.000</td><td>0.000</td><td></td></tr>
<tr><td>df</td><td>0</td><td>6</td><td></td></tr>
<tr><td rowspan="3">X_1</td><td>相关性</td><td>0.961</td><td>1.000</td><td></td></tr>
<tr><td>显著性（双侧）</td><td>0.000</td><td>0.000</td><td></td></tr>
<tr><td>df</td><td>6</td><td>0.000</td><td></td></tr>
</table>

注：①单元格包含零阶（Pearson）相关。

表 7-16 中第一部分为无控制变量 X_1、X_2、Y 间的相关性数据。第二部分为当选择 X_2 为控制变量时，变量 X_1 与 Y 间的相关性。从该表可以看出，偏相关系数为 $0.961>0$，双尾检测的相伴概率 $P=0.000$ 小于显著性水平 0.05。故应拒绝原假设，说明变量 Y 与 X_1 间存在显著的正相关性，因此中部地区社会主义新农村建设与该地区利用外资质量综合情况间具有较强的正相关性。说明了 2003~2011 年中部地区利用外资质量的改善有利于新农村建设目标的实现。

将变量 X_1 作为控制变量，对变量 Y 和 X_2 进行相关性分析。

表 7-17 相关性

<table>
<tr><th colspan="3">控制变量</th><th>Y</th><th>X_2</th><th>X_1</th></tr>
<tr><td rowspan="9">-无[①]</td><td rowspan="3">Y</td><td>相关性</td><td>1.000</td><td>0.667</td><td>0.963</td></tr>
<tr><td>显著性（双侧）</td><td>0.000</td><td>0.050</td><td>0</td></tr>
<tr><td>df</td><td>0</td><td>7</td><td>7</td></tr>
<tr><td rowspan="3">X_2</td><td>相关性</td><td>0.667</td><td>1.000</td><td>0.542</td></tr>
<tr><td>显著性（双侧）</td><td>0.050</td><td>0</td><td>0.132</td></tr>
<tr><td>df</td><td>7</td><td>0</td><td>7</td></tr>
<tr><td rowspan="3">X_1</td><td>相关性</td><td>0.963</td><td>0.542</td><td>1.000</td></tr>
<tr><td>显著性（双侧）</td><td>0.000</td><td>0.132</td><td>0</td></tr>
<tr><td>df</td><td>7</td><td>7</td><td>0</td></tr>
</table>

续表

控制变量			Y	X_2	X_1
X_1	Y	相关性	1.000	0.643	
		显著性（双侧）	0	0.086	
		df	0	6	
	X_2	相关性	0.643	1.000	
		显著性（双侧）	0.086	0.000	
		df	6	0	

①单元格包含零阶（Pearson）相关。

表 7-17 中第二部分是以变量 X_1 作为控制变量条件下变量 Y 和 X_2 间的相关性。从表 7-17 可以看出，偏相关系数为 0.063。双尾检测的相伴概率 P=0.086，大于显著性水平 0.05，因此接受原假设，即东部地区社会主义新农村建设与利用外资结构和外资技术溢出效应间没有较强相关性。

这种情况的出现，与中部地区的特殊性有关。中部地区相较于东部地区，开放时间短，相关政策相较于东部优势较弱，发展较为缓慢。因此，外资的结构和外资技术溢出效应对于新农村建设的作用还没有完全显现。

（3）回归分析及所选样本间关系表示。我们通过回归分析建立函数模型对中部地区利用外资质量如何影响新农村建设目标的实现进行分析。

表 7-18　相关性

		Y	X_1	X_2
Pearson 相关性	Y	1.000	0.963	0.667
	X_1	0.963	1.000	0.542
	X_2	0.667	0.542	1.000
Sig.（单侧）	Y	0	0.000	0.025
	X_1	0.000	0	0.066
	X_2	0.025	0.066	0
N	Y	9	9	9
	X_1	9	9	9
	X_2	9	9	9

从相关系数矩阵表 7-18 中可知，两个利用外资公共因子自变量与新农村建设因变量的相关系数分别为 0.963 和 0.667，其单侧检验显著性概率分别为 0.000 和 0.025，均小于 0.05，因此两个自变量与因变量关系较为密切。

通过“逐步”法回归过程，先后将自变量 X_1、X_2 引入模型，得到如表 7-19 所示两个模型数据。

表 7-19 模型汇总[b]

模型	R	R^2	调整 R^2	标准估计的误差	Durbin-Watson
1	0.963[a]	0.928	0.918	0.0633676	20.170

a 预测变量：（常量），X1。
b 因变量：Y。

表 7-20 Anova[b]

模型		平方和	df	均方	F	Sig.
1	回归	0.363	1	0.363	90.508	0.000[a]
	残差	0.028	7	0.004		
	总计	0.392	8			

a 预测变量：（常量），X1。
b 因变量：Y。

表 7-21 系数[a]

模型		非标准化系数		标准系数	t	Sig.
		B	标准误差	试用版		
1	（常量）	-0.039	0.021		-1.833	0.110
	X_1	0.433	0.046	0.963	9.514	0.000

a 因变量：Y。

表 7-22 已排除的变量[b]

模型		Beta In	t	Sig.	偏相关	共线性统计量
						容差
1	X_2	0.205[a]	2.055	0.086	0.643	0.707

a 模型中的预测变量：（常量），X1。
b 因变量：Y。

（4）实证结果说明。通过表 7-19 至表 7-22 可以看出，系统将变量 X_2，即利用外资的外资技术溢出效应进行了排除。自变量 X_1（利用外资质量的综合因子）与因变量 Y（新农村建设目标）具有较强的线性关系，而自变量 X_2（利用外资质量的外资技术溢出效应因子）与 Y 的线性关系弱。这表明，中部地区利用外资质量整体上对新农村建设目标的实现具有正面的推动作用，但由于中部地区生产力相对较弱、产业结构有待转型升级、政策支持和开放程度还有可上升空间等一系列原因，利用外资的技术溢出效应尚未显现。

|第八章|

我国西部地区社会主义新农村建设目标下利用外资质量实证研究

第一节　西部地区新农村建设与利用外资质量的现状分析

一、西部地区社会主义新农村建设现状

1. 生产发展

(1) 经济发展水平。近年来我国西部农村地区经济增长取得了相当大的成就。通过图 8-1、表 8-1 进行时间序列纵向比较可见，西部地区农村农林牧渔总

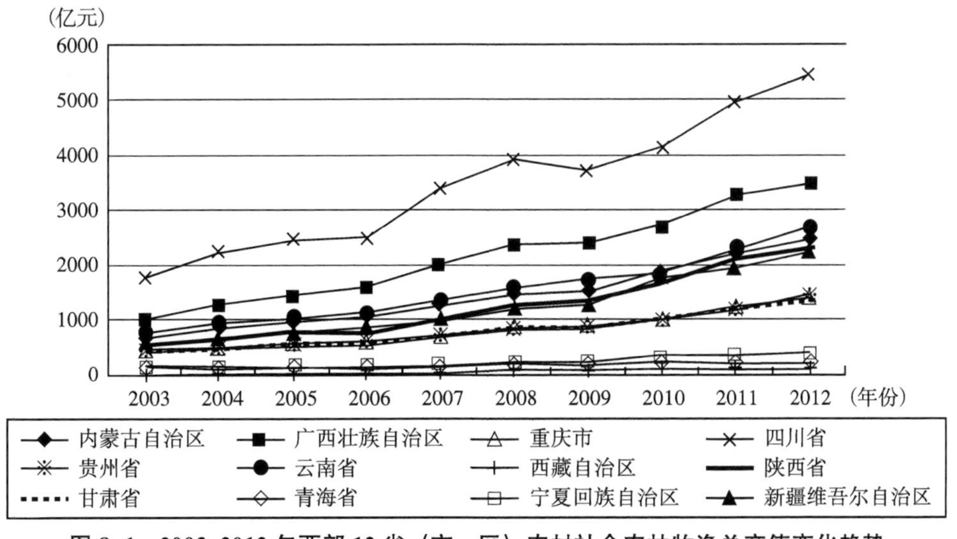

图 8-1　2003~2012 年西部 12 省（市、区）农村社会农林牧渔总产值变化趋势

表 8–1　西部 12 省（市、区）农村总产值

单位：亿元

省（市、区）\年份	2003	2004	2005	2006	2007	2008	2009	2010	2011	2012
内蒙古自治区	666.38	851.3	980.21	1058.5	1276.44	1525.74	1570.58	1843.6	2204.51	2449.34
广西壮族自治区	1030.89	1294.53	1448.37	1622.22	2026.22	2389.79	2377.2	2721	3323.37	3490.72
重庆市	488.57	612.77	662.19	575.24	720.73	871.39	913.11	1021.1	1265.33	1402.03
四川省	1784.49	2252.28	2457.46	2510.66	3377	3903.4	3689.81	4081.8	4932.73	5433.12
贵州省	466.72	524.6	571.84	601.54	697.02	843.8	875.2	997.8	1165.46	1436.61
云南省	799.33	965.22	1068.58	1142.1	1331.7	1594.51	1706.19	1810.5	2306.49	2680.22
西藏自治区	58.63	62.74	67.74	71.4	79.8	88.45	93.38	100.8	109.37	118.33
陕西省	534.96	651.21	730.72	821.54	1002.85	1277.86	1337.22	1666.1	2058.6	2303.2
甘肃省	400.8	477.35	521.53	593.7	686.1	808.1	876.28	1057	1187.76	1358.16
青海省	76.95	86.65	94.04	97.63	121.25	153.4	157.3	201.3	230.82	263.86
宁夏回族自治区	103.39	125.52	138	148.18	182.95	227.2	243.5	305.9	354.68	385.15
新疆维吾尔自治区	688.32	750.68	831.06	888	1063.5	1176.69	1297.61	1846.2	1955.39	2275.67

资料来源：根据《中国农业年鉴》有关数据整理而成。

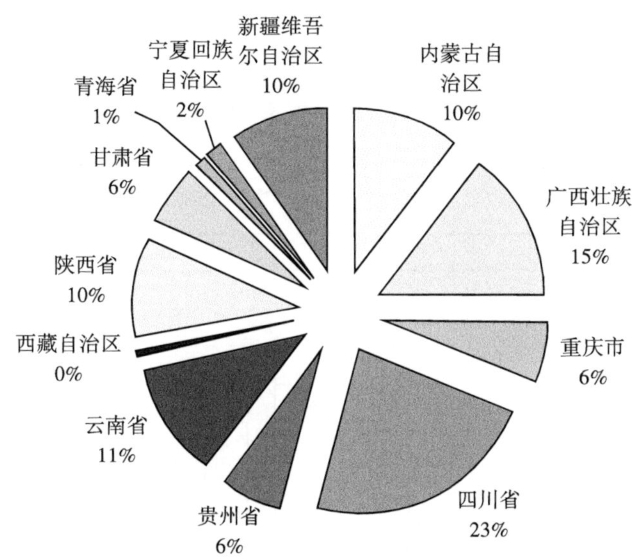

图 8-2　2012 年西部 12 省（市、区）农村社会农林牧渔总产值比重

产值从 2003 年 7099.43 亿元增长到 2012 年 23596.41 亿元，增长 232.4%。西部各省区经济发展都处于稳步上升态势。

通过图 8-2 进行横向比较可知，2012 年四川省、广西壮族自治区和云南省的农林牧渔总产值在西部地区占比处于前三位，分别是 23%、15%和 11%。而西藏自治区、青海省和宁夏回族自治区累计占比不足 4%。

（2）产业结构变化。从时间序列纵向来看（见图 8-3），2003~2012 年西部地

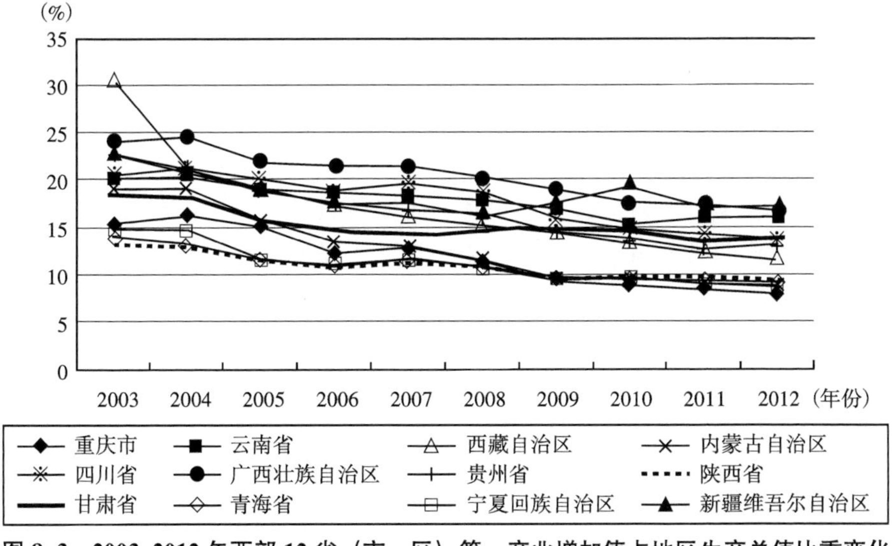

图 8-3　2003~2012 年西部 12 省（市、区）第一产业增加值占地区生产总值比重变化

区 12 个省第一产业增加值占地区生产总值比重都有不同程度的下降，侧面反映出各省产业结构都存在一定程度的转变。其中，西藏自治区的变化最为明显，从 2003 年的 30.5%下降至 2012 年的 11.6%，新疆维吾尔自治区的波动比较明显，第一产业结构变化并不大。

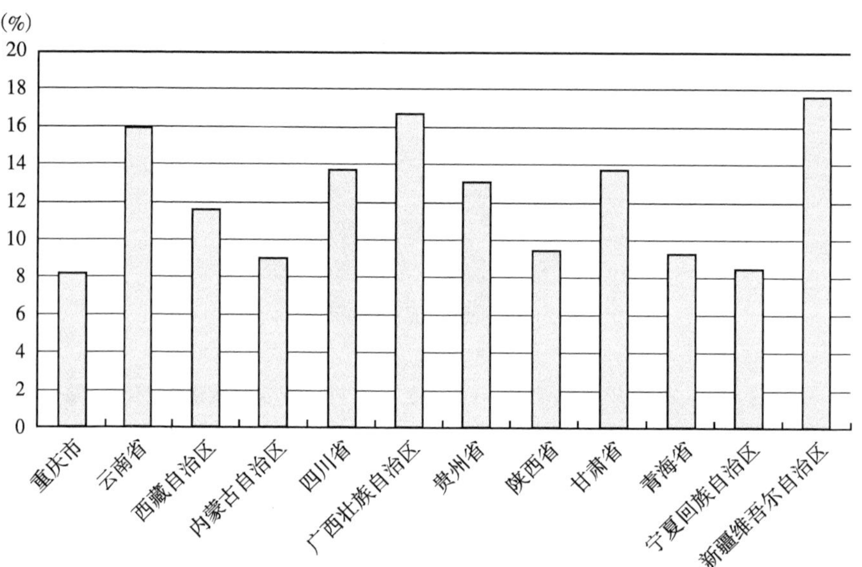

图 8-4　2012 年西部 12 省（市、区）第一产业增加值占地区生产总值比重变化趋势

横向来看（见图 8-4），各省第一产业占比存在明显的区别，新疆维吾尔自治区、广西壮族自治区和云南省的占比明显较大，重庆市、青海省和宁夏回族自治区的占比则较小。结合各省的经济发展水平，广西壮族自治区和云南省的发展在很大程度上依靠第一产业，而四川省尽管是农业大省，但第一产业占比并非最高，其产业结构更加合理。

（3）农业现代化发展。从图 8-5、图 8-6 可知，在西部地区 12 个省的机械总动力方面，新疆维吾尔自治区、四川省、内蒙古自治区、广西壮族自治区、云南省、甘肃省、陕西省和贵州省上升趋势明显，宁夏回族自治区、青海省、重庆市和西藏自治区变化较小。在有效灌溉面积方面，新疆维吾尔自治区、内蒙古自治区、四川省、贵州省和甘肃省存在较为明显的改观，其他几个省和地区的变化不大。这从一定程度上反映出新疆维吾尔自治区、内蒙古自治区、四川省、贵州省和甘肃省五个省区在新农村现代化建设方面的发展较为显著。

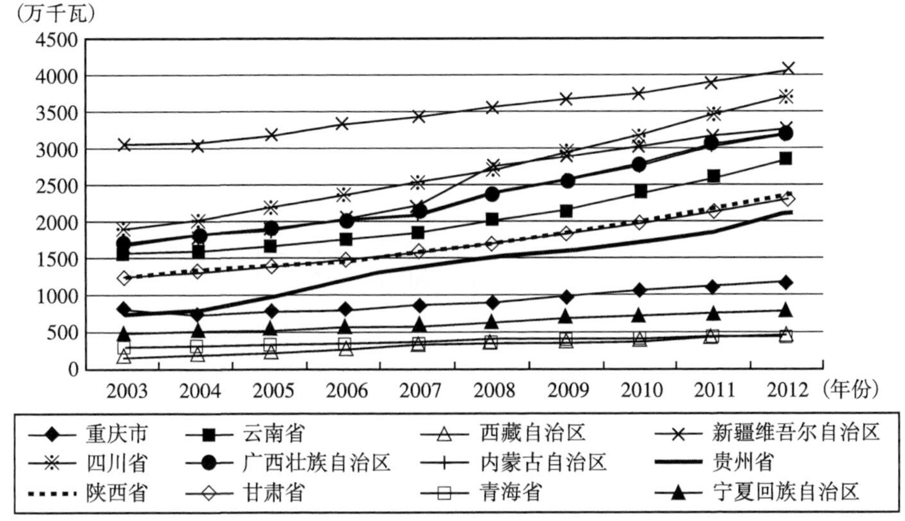

图 8-5 2003~2012 年西部 12 省（市、区）机械总动力趋势

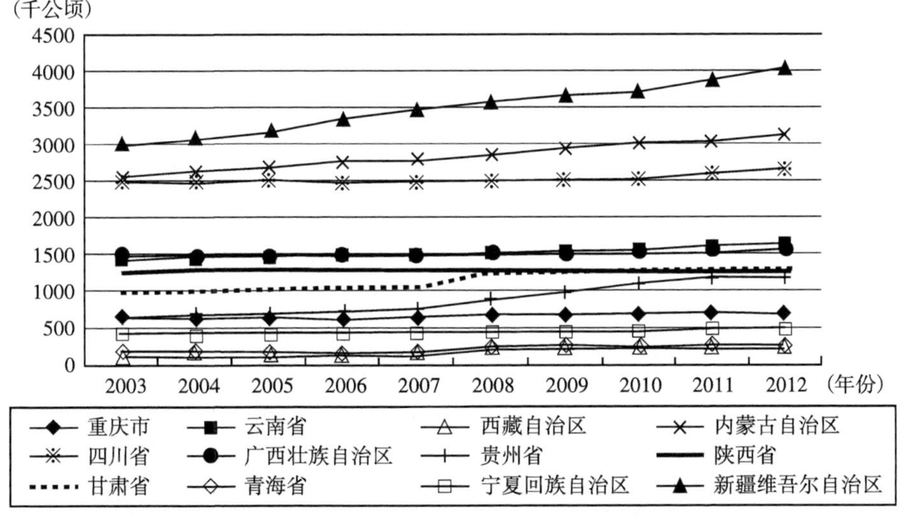

图 8-6 2003~2012 年西部 12 省（市、区）有效灌溉面积趋势

2. 生活宽裕

(1) 居民收入水平。从图 8-7 可以看到，西部地区各省之间农村居民收入的差距较为明显。最高的内蒙古自治区农村居民纯收入达 7611.3 元，而最低的甘肃省仅为 4506.7 元，仅及前者的 59.2%。但与全国农村居民人均纯收入 7916.6 元相比，西部地区所有省份都低于全国平均水平，生活水平偏低。

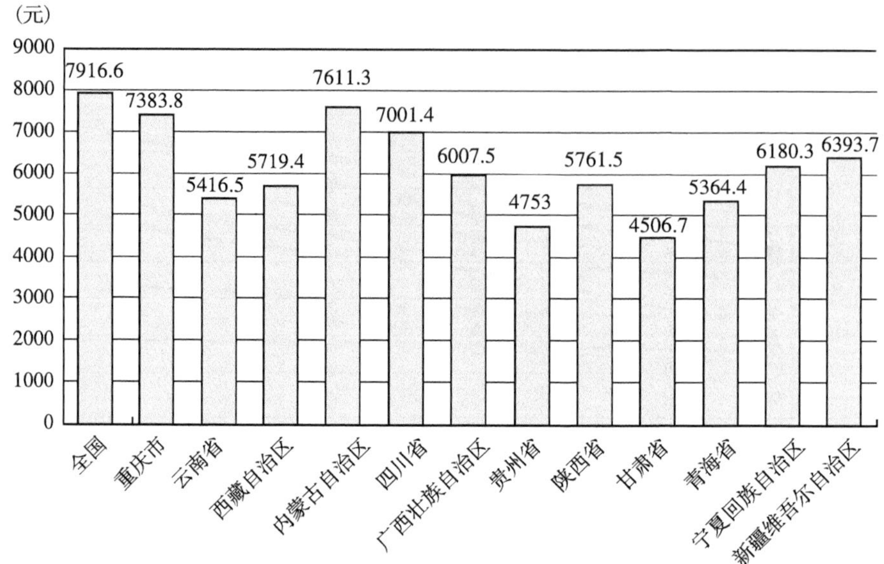

图 8-7　2012 年西部 12 省（市、区）农村居民人均纯收入

(2) 居民消费水平。随着农村居民人均纯收入的增加，农村居民的生活水平日益改善，家庭耐用品的数量逐渐增加，消费结构也在发生改变。从表 8-2 可以看出，尽管西部 12 个省的恩格尔系数仍然比较大，但 10 年间各省都存在不同程度的下降，说明各省农村居民生活水平得到较大的改善。从图 8-8 可以看出，大部分省份的耐用品(太阳能热水器) 拥有量都存在较为显著的上升趋势。2012 年

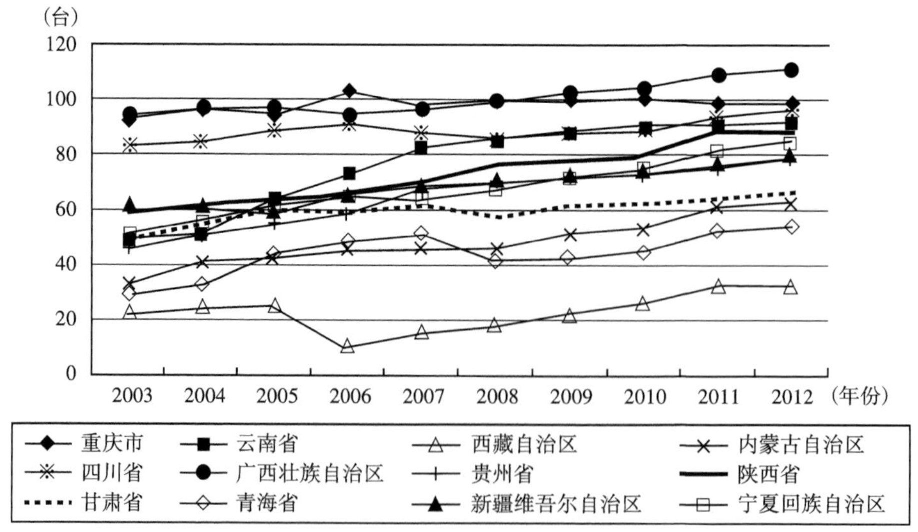

图 8-8　2003~2012 年西部 12 省（市、区）每百户拥有太阳能热水器数量变化

表 8-2　2003~2012 年西部 12 省（市、区）恩格尔系数变化

省（市、区）＼年份	2003	2004	2005	2006	2007	2008	2009	2010	2011	2012
重庆市	0.53	0.56	0.53	0.52	0.54	0.53	0.49	0.48	0.47	0.44
云南省	0.53	0.54	0.55	0.49	0.47	0.50	0.48	0.47	0.47	0.46
西藏自治区	0.65	0.64	0.69	0.48	0.49	0.52	0.50	0.50	0.51	0.54
内蒙古自治区	0.41	0.43	0.43	0.39	0.39	0.41	0.40	0.38	0.38	0.37
四川省	0.54	0.56	0.55	0.51	0.52	0.52	0.42	0.48	0.46	0.47
广西壮族自治区	0.51	0.54	0.51	0.08	0.50	0.53	0.49	0.48	0.44	0.42
贵州省	0.57	0.58	0.53	0.52	0.52	0.52	0.45	0.46	0.26	0.45
陕西省	0.39	0.42	0.43	0.39	0.37	0.37	0.35	0.34	0.30	0.30
甘肃省	0.44	0.48	0.47	0.47	0.47	0.47	0.41	0.05	0.58	0.40
青海省	0.50	0.49	0.45	0.43	0.44	0.42	0.36	0.38	0.38	0.35
宁夏回族自治区	0.42	0.41	0.44	0.41	0.40	0.42	0.42	0.38	0.37	0.35
新疆维吾尔自治区	0.46	0.45	0.42	0.40	0.40	0.43	0.42	0.40	0.36	0.36

四川省、云南省和重庆市几乎平均每家都拥有热水器，广西壮族自治区甚至每家拥有热水器数量不止一台。但是西藏自治区、青海省和甘肃省都在2006年左右存在一定程度的波动，且热水器拥有量相对较少。

3. 乡风文明

由于西部地区大多为少数民族地区，西部农村乡风也带有浓郁的民族特色，许多民族拥有自己的节日和礼仪，有许多民族拥有唱山歌、对山歌的习惯，这些体现着少数民族文化的好习惯好传统应该加以保护、传承和弘扬。但西部农村也存在一些封建迷信、打架斗殴等不好的现象。

近年来，西部各省区在加强乡风文明建设方面做了大量工作。如西藏自治区依托创先争优、强基础、惠民生活动驻村（居）工作队和便民警务站，组织开展帮贫助困、捐资助学、环境卫生和“中国梦·文明西藏自治区五大行动”等志愿服务活动。内蒙古自治区突泉县9个乡镇机关都建有政德讲堂，188个行政村都有道德讲堂，同时建立“道德信用银行”，对文明户、文明人发放道德信用金卡，凭卡可贷款3万~5万元，“存”的是道德信用，“取”的是发展资金。

4. 村容整洁

西部地区大多为少数民族地区，村容村貌具有各自民族特色，许多体现少数民族风情的村庄非常美丽。但由于西部地区整体经济发展水平落后，西部农村的村容整洁水平整体落后于全国平均水平。一是许多农户独门独户分散居住，房屋未成片集中；二是经过多年的新农村建设，基本实现了村村通公路，但公路尚未覆盖到所有村民小组；三是生活垃圾大多往溪边或河边排放，污染了水源；四是家禽家畜粪便因自然放养随处可见。

5. 管理民主

西部地区农村由于经济发展水平较低，村级财政收入较低，加上西部地区农民的文化素质较低，农民对管理民主的诉求没有东部发达地区高，管理民主的参与意识没有发达地区强，对管理是否民主表现得较冷漠。但是，在社会主义新农村建设过程中，西部各地也在积极探索管理民主的方法，并取得了较好的成效。如西部许多地区根据少数民族特点，实行了村民自治制度。贵州省六枝特区在广泛征求群众意见建议的基础上，将村庄整治、村风民俗、邻里关系、人口计生、综治维稳等写入村规民约，当地村民都按照此约定开展日常事务。广西壮族自治区天等县进远乡岩造村推行“两代会”，即在原有的组织架构上增加党员代表大会，与村民代表大会形成“两代会”治村模式。通过留守党员治安工作队和村民轮流值守相结合的方法，管住了农村的治安问题，打架斗殴、赌博、吸毒等违法现象大大减少。新疆维吾尔自治区大丰镇树窝子村实行了监委会制度，村民都对监委会制度表示满意，他们认为，监委会成立以来，村上的财务和村务比过去更

透明了，工程招标和价格情况也比过去公开了。①

二、西部地区社会主义新农村利用外资现状

1. 直接利用外资规模

（1）农业利用外商直接投资规模。近年来，农业领域外资涉及的范围正扩展到农业行业的所有方面，主要包括：农村政策调整、农村改革、农业教育科研及农业支持服务体系、区域性的农业综合开发、粮食流通及基础设施、水利灌溉、土壤改良、农产品加工、农村金融事业、灾民安置和灾民救助等领域。外商直接投资的重点主要集中在：引进优良种植品种，畜牧业养殖与加工和农产品深加工，荒山、荒地、荒滩和未养殖水面的开发与利用等项目；另外对高风险、高技术含量和高附加值的项目，如农业技术研发、农业生物制品生产、农产品品种改良等，外商直接投资也在不断增加。

农业外资项目在全国各省、市、自治区分布不均衡，其中起步早、数量多、成效明显的是东部地区，相对而言，中部、西部地区在利用外资方面处于起步时期，但近年来比例不断提高。2007~2009 年，西部地区农、林、牧、渔各业利用外商直接投资项目数量仅为 153 个、33 个、47 个和 1 个，分别占我国农、林、牧、渔各业利用外商直接投资项目数量的 9.97%、12.74%、11.96%和 0.40%。西部地区农、林、牧、渔各业利用外商直接投资实际金额分别仅为 0.65 亿美元、1.33 亿美元、0.27 亿美元和 0.02 亿美元，分别占全国农业利用外商直接投资实际金额的 3.82%、28.73%、5.06%和 0.58%。2007~2009 年西部地区种植业和畜牧业利用外商直接投资平均规模较大，分别为 45.77 万美元和56.30 万美元；林业和渔业利用外商直接投资平均规模分别为 402.30 万美元和166.00 万美元。②

（2）非农产业利用外商直接投资规模。2012 年西部乡镇企业与外商合资合作新签协议项目数 5446 项，占全国的8.01%，2012 年实际利用外资金额 242703 万美元，占全国的 4.14%。其中四川省乡镇企业与外商合资合作新签协议项目数达 4014 项，占据了西部地区几乎 74%的新签项目数。在实际利用外资金额方面，尽管四川省利用了 92481 万美元，但仅占西部地区的 38.1%，广西壮族自治区紧随其后，占据西部地区实际利用外资金额的 36.7%。

2008~2012 年，广西壮族自治区、四川省和陕西省的实际利用外资金额逐年增加，且占西部地区的大部分比重，其他各省变化较小，尤其是西藏自治区、宁夏回族自治区和贵州省，实际利用外资金额更小。

① 杨继春，纪洲. 农村民主管理的新路子［N］. 新疆日报，2006-07-20.

② 徐玉波. 农业利用外商直接投资对中国农业的影响［D］. 北京：中国农业科学院博士学位论文，2012.

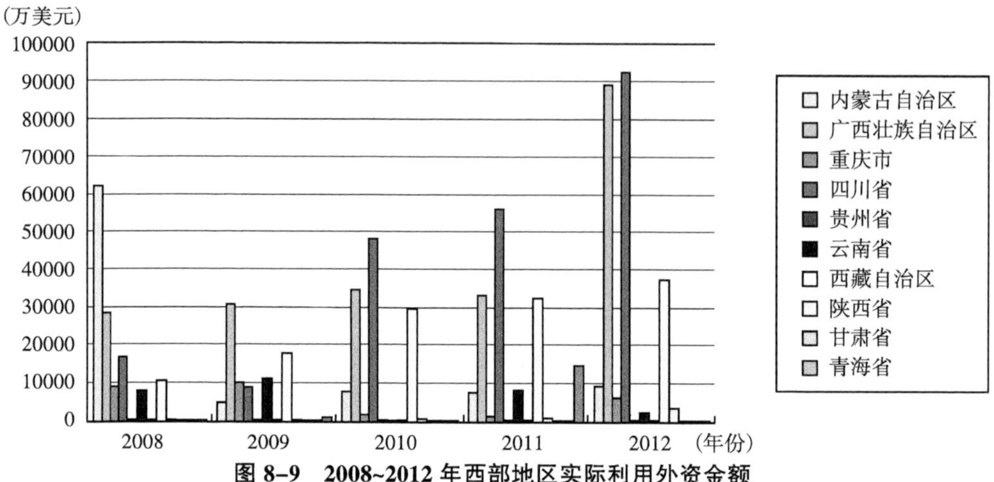

图 8-9　2008~2012 年西部地区实际利用外资金额

2. 间接利用外资规模

间接利用外资的渠道主要是国际多边机构提供的贷款、赠款或者双边政府之间的经济技术合作协议。国际多边机构提供的贷款或赠款以联合国所属的国际组织和国际机构为提供资金的主体，如世界银行（WB）、国际农业发展基金会（IFAD）、亚洲开发银行（ADB）、世界粮食计划署（WFP）、联合国粮农组织（FAO）、联合国开发计划署（UNDP）等。据统计，在国外贷款和援助方面，西部地区占全国比重为 41.93%。西部大开发以来，由于国债资金、财政预算内建设资金向西部地区倾斜、地方配套资金的增加以及东部资金介入等因素，西部地区的投资得以快速增长。但由于西部地区在投资环境、地理位置以及政府服务水平上与东部存在巨大差异，因此，政府投入仍然是西部地区投资增长的重要推动力。今后，随着我国西部开发的进一步推进，以官方融资和担保为主的国外贷款从政策上将更加强调向西部地区转移。

3. 外商投资企业的经济效益

西部地区引进外资能够产生就业创造效应，提高当地的就业率，同时带来的新技术也可以快速提升当地的经济产出水平，增强当地的经济实力。我们仅以外商投资企业的进出口总额反映西部地区引进外资所带来的经济效益。

从外商投资企业进出口额来看，2007 年以前变化不大，2007 年以后，该指标显著增加，反映出西部地区外商投资企业的快速发展，以及其对西部地区经济的快速推动。从外商投资企业的进出口贡献率可以看出，在 2007 年下跌后快速反弹，并逐年增加，体现出外商投资企业在西部地区重要性逐渐增加，这与西部地区经济落后的现状是相对应的。西部大部分省份仍旧是欠发达地区，对于资金的需求量较大，但国家财政资金的扶植以及自筹资金仍不能满足当地的发展，外

商投资总量在未来一段时间仍处于上升趋势。

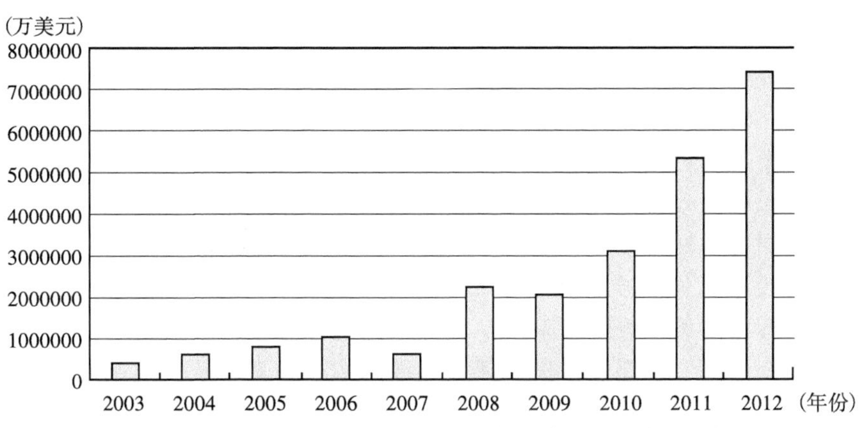

图 8-10　2003~2012 年西部地区外商投资企业进出口总额

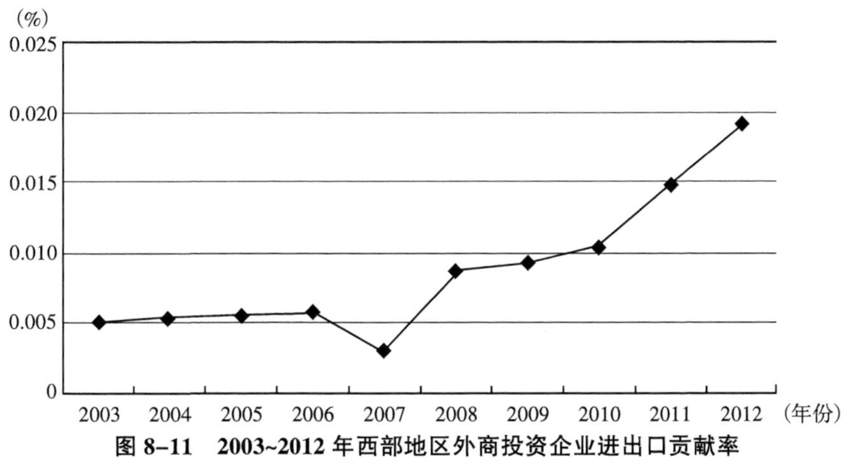

图 8-11　2003~2012 年西部地区外商投资企业进出口贡献率

三、西部地区新农村建设外资利用中存在的问题

1. 外资总量不高，外资利用效率偏低

由于西部地区的大部分省份以农业发展为主，因而在农业引入外资方面具有比较优势，但由于地理环境等因素，在外资总量上仍然偏低。受到当地生产技术水平的限制，外资的利用效率也不及东中部地区。而在利用外资的来源方面，中国港澳台地区的外资所占比重较高。

2. 西部地区内部差异明显

从区域角度来看，西部地区新农村外资利用总量不仅低于东中部地区，其内部之间也存在很大差异。如经济条件相对较好的四川省、广西壮族自治区、陕西省和重庆市等省市区，在利用外资的规模和质量上，较其他省（市区）有较大的优势，而西藏自治区、青海省和新疆维吾尔自治区几个省区则很难引入外资。

3. 农业外资管理体制不完善

在农业外资审批过程中，存在多头审批、多头借款的现象，导致一些项目的配置失控，不利于外资使用的整体规划。一些项目同时在不同部门设立办公室，导致人浮于事，项目实施缺乏效率，不利于外资的有效利用。部分省份在外资的利用上更多采取行政手段，导致外资利用效率低下。同时，有的地区将项目资金转为他用，损伤了外商投资者的信心，也对当地经济建设造成不良影响。

4. 基础设施建设落后，缺乏有效的利用外资条件

由于地理区位条件等因素限制，西部地区的基础设施建设远远落后于其他地区，这是限制西部地区新农村投资环境建设的主要因素。从交通条件来看，西部地区公路建设落后，大部分地区不具备大型货运车运行的条件，铁路轨道的铺设远不足以覆盖西部新农村的大部分地区。从邮电通信条件来看，西部地区新农村的电话机总量低于东中部地区，网络覆盖率偏低，邮电业务总量不高，这些都导致西部地区建设成本偏高，新农村投资环境缺乏对外商投资企业的吸引力。另外，由于西部地区的发展相对落后，产业集聚效应不明显，产业环境及相关的产业链发展不完善，不利于招商引资。

第二节　西部地区新农村建设与利用外资质量的关系分析

一、西部地区社会主义新农村建设的实证分析

1. 数据说明和方法选择

本节采用与前两章一样的指标体系和方法，利用全局主成分分析对西部地区社会主义新农村建设的现状进行分析。

2. 因子分析过程

（1）计算相关系数矩阵并进行统计检验。

表 8-3　KMO 和 Bartlett's Test 检验

取样足够度的 Kaiser-Meyer-Olkin 度量		0.808
Bartlett 的球形度检验	近似卡方	2477.833
	df	136
	Sig.	0.000

从表 8–3 可以看到，这里的 KMO 值为 0.808，在 0.5~1.0 之间；Bartlett 的检验通过，相应的显著性概率（Sig.）小于 0.001 为高度显著，因此数据适合使用因子分析方法。

（2）求相关系数矩阵 R 的特征值和特征向量，并提取因子。表 8–4 为总方差解释列表，表中列出了所有的主成分，且按照特征根从大到小次序排列。从表 8–4 中可见，第一个公共因子方差贡献率为 47.966%，第二个公共因子方差贡献率为 12.988%，第三个公共因子方差贡献率为 9.594%，方差累计贡献率达到 70.547%。一般来说，这三个公共因子足以概括较大部分的样本信息，这在统计学上是比较有意义的，可以认为此次提取的主成分是合理的，所提取的 3 个主成分因子能够体现 17 个指标所要反映的信息。通过碎石图（见图 8–12）也可以直观看出前三个因子可以反映出指标体系所要体现的主要信息。

表 8–4 解释的总方差

成分	初始特征值			提取平方和载入			旋转平方和载入		
	合计	方差（%）	累计（%）	合计	方差（%）	累计（%）	合计	方差（%）	累计（%）
1	8.154	47.966	47.966	8.154	47.966	47.966	7.362	43.307	43.307
2	2.208	12.988	60.954	2.208	12.988	60.954	2.968	17.458	60.766
3	1.631	9.594	70.547	1.631	9.594	70.547	1.663	9.782	70.547
4	0.984	5.789	76.337						
5	0.866	5.093	81.430						
6	0.684	4.023	85.453						
7	0.605	3.560	89.013						
8	0.585	3.442	92.455						
9	0.496	2.919	95.374						
10	0.315	1.851	97.225						
11	0.177	1.041	98.266						
12	0.106	0.621	98.887						
13	0.085	0.500	99.387						
14	0.047	0.275	99.662						
15	0.036	0.214	99.876						
16	0.013	0.075	99.951						
17	0.008	0.049	100.000						

提取方法：主成分分析。

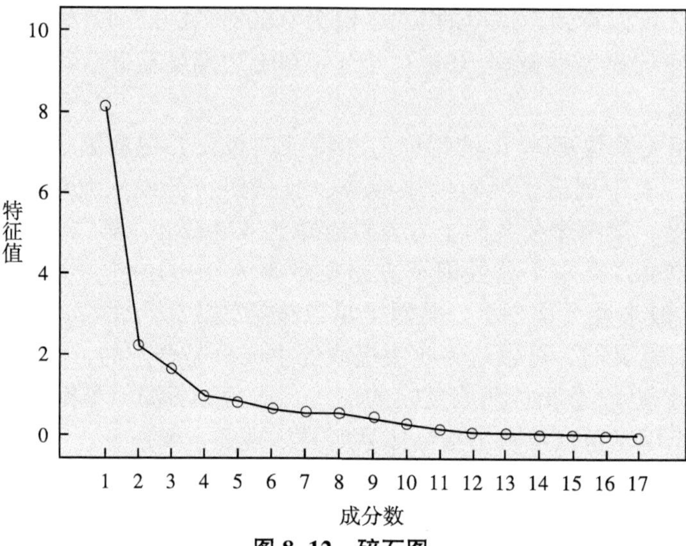

图 8-12 碎石图

（3）建立因子载荷矩阵。采用方差极大旋转法（即 Varimax 法）旋转之后的因子载荷矩阵（按各因子综合系数得分排序）和旋转空间中的分布图，见表 8-5 和图 8-13。

表 8-5 旋转成分矩阵 [a]

	成分		
	1	2	3
Zscore（X_1）	0.837	0.476	-0.115
Zscore（X_2）	0.862	0.412	-0.111
Zscore（X_3）	0.747	0.532	0.245
Zscore（X_4）	-0.048	0.875	0.268
Zscore（X_5）	0.429	0.758	0.039
Zscore（X_6）	0.908	0.286	0.139
Zscore（X_7）	0.036	-0.011	0.524
Zscore（X_8）	0.078	-0.322	-0.603
Zscore（X_9）	0.849	0.184	0.090
Zscore（X_{10}）	0.758	-0.158	0.280
Zscore（X_{11}）	0.529	-0.218	0.701
Zscore（X_{12}）	0.696	-0.168	-0.040
Zscore（X_{13}）	0.883	0.154	-0.244
Zscore（X_{14}）	0.936	0.264	0.042
Zscore（X_{15}）	0.620	0.051	0.062
Zscore（X_{16}）	0.126	0.729	-0.160
Zscore（X_{17}）	0.475	0.019	-0.420

提取方法：主成分。
旋转法：具有 Kaiser 标准化的正交旋转法。
a 旋转在 5 次迭代后收敛。

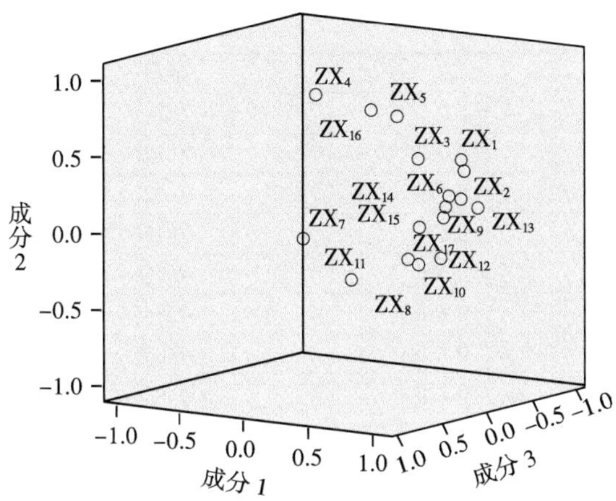

图 8-13 旋转空间中的成分图

设 F 为我们所提取出的因子，则三个因子可分别表示为 F_1、F_2 和 F_3。从表 8-5 可以看出，第一个公共因子 F_1 在农作物总播种面积、粮食总产量、机械总动力、农林牧渔总产值、恩格尔系数、农村用电量、太阳能热水器、农村养老服务机构、文化机构（乡镇文化站）、卫生技术人员、中心卫生医院床位个数、村民委员会个数等指标上拥有较高负荷，几乎反映了新农村建设的“生产发展”、“生活宽裕”、“乡风文明”、“村容整洁”和“管理民主”五个方面的建设情况，因此命名为综合因子。

第二个公共因子 F_2 在大小型拖拉机和渔用机动船年末数量、有效灌溉面积、林业重点工程历年完成造林面积（公顷）指标上的系数相对较大，拥有较高负荷，说明第二个公共因子主要反映了“生产发展”和“村容整洁”两个方面的建设情况，因而命名为生产环境因子。

第三个公共因子 F_3 在农村居民人均纯收入、年末耐用品拥有量（彩电、移动电话、家用计算机）指标上具有较高负荷，反映了新农村的基础设施建设，因而命名为生活富裕因子。

表 8-6 因子得分系数矩阵

	成分		
	1	2	3
Zscore（X_1）	0.090	0.107	−0.102
Zscore（X_2）	0.101	0.078	−0.098
Zscore（X_3）	0.060	0.131	0.118
Zscore（X_4）	−0.111	0.359	0.142
Zscore（X_5）	−0.013	0.264	−0.006
Zscore（X_6）	0.117	0.015	0.056
Zscore（X_7）	−0.005	−0.022	0.319

续表

	成分		
	1	2	3
Zscore（X_8）	0.063	-0.126	-0.361
Zscore（X_9）	0.119	-0.020	0.030
Zscore（X_{10}）	0.137	-0.156	0.157
Zscore（X_{11}）	0.096	-0.166	0.420
Zscore（X_{12}）	0.136	-0.145	-0.037
Zscore（X_{13}）	0.136	-0.027	-0.173
Zscore（X_{14}）	0.126	0.005	-0.003
Zscore（X_{15}）	0.096	-0.049	0.022
Zscore（X_{16}）	-0.055	0.291	-0.119
Zscore（X_{17}）	0.087	-0.034	-0.268

提取方法：主成分。
旋转法：具有 Kaiser 标准化的正交旋转法。
构成得分。

（4）计算各因子得分及综合评价得分并排序。我们记 Y_1、Y_2 和 Y_3 分别是各年新农村建设在三个因子上的得分，则：

$$Y_1 = 0.09ZX_1 + 0.101ZX_2 + 0.06ZX_3 + \cdots + 0.87ZX_{17}$$

$$Y_2 = 0.107ZX_1 + 0.078ZX_2 + 0.131ZX_3 + \cdots + 0.034ZX_{17}$$

$$Y_3 = -0.102ZX_1 - 0.098ZX_2 + 0.118ZX_3 + \cdots - 0.268ZX_{17}$$

其中，ZX_1，ZX_2，ZX_3，ZX_4，…，ZX_{17} 为各项指标经预处理之后的标准化数据。再以各因子所对应的贡献率为权重进行加权求和，即可得到综合评价得分 Y，即：

$$Y = 0.47966Y_1 + 0.12988Y_2 + 0.09594Y_3$$

2003~2012 年我国西部地区综合因子得分与排名、生产环境因子得分与排名、生活富裕因子得分与排名以及综合评价得分与排名的结果分别如图 8-14、图 8-15、图 8-16 和图 8-17（具体数据见附表 3-1、附表 3-2、附表 3-3 和附表 3-4 所示）。

3. 实证结果说明

首先，从时间序列纵向比较来看，2003~2012 年，各省的三个因子得分与综合得分都有相应的提高，这说明各省新农村建设在“生产发展”、“生活宽裕”、“乡风文明”、“村容整洁”和“管理民主”五个方面都是有所改善的，处于稳步上升之中。其次，从横向上比较来看，在综合因子、生产环境因子和综合得分方面，各省的排名相对稳定，没有大起大落的现象，而在生活富裕因子方面则存在着较大的波动。具体来看，在综合因子得分方面，四川省、广西壮族自治区和重

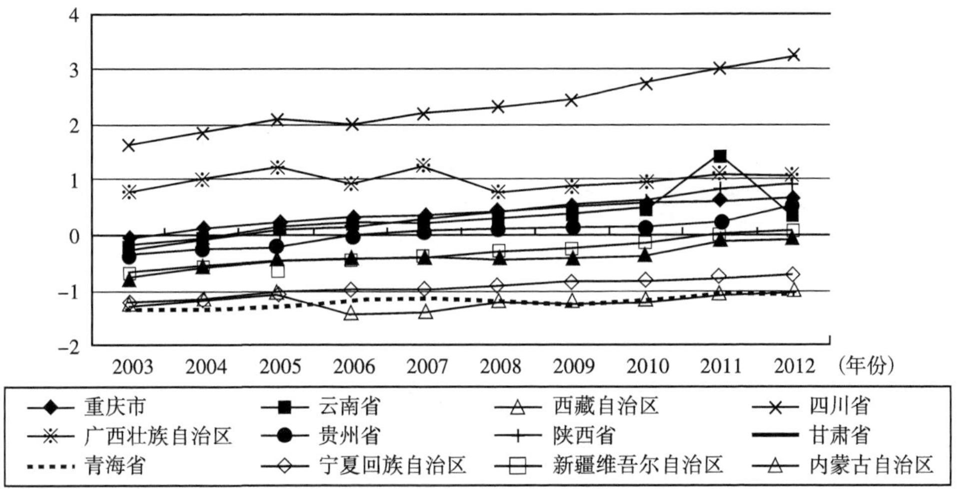

图 8-14 2003~2012 年我国西部地区综合因子得分与排名

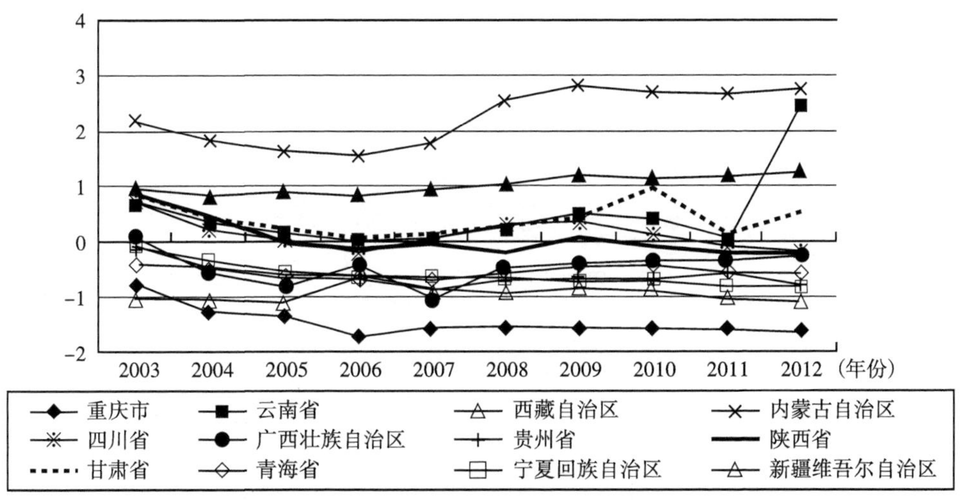

图 8-15 2003~2012 年我国西部地区生产环境因子得分与排名

庆市基本处于前三名的位置，青海省、西藏自治区始终排名最后；在生产环境因子方面，内蒙古自治区、新疆维吾尔自治区和甘肃省基本处于前三名，这很大程度上可能是因为这三个省份在环境保护方面，尤其是植树造林方面做得比较好，重庆市、西藏自治区则处于靠后的位置；在生活富裕因子方面，2003 年和 2004 年，广西壮族自治区省处于“垫底”的状态，而后发展迅速，多个年度处于领先地位，西藏自治区在多数年份排名始终靠后，但在 2007 年一跃成为西部各省区的第一名；在综合得分方面，四川省始终遥遥领先，广西壮族自治区和陕西省处

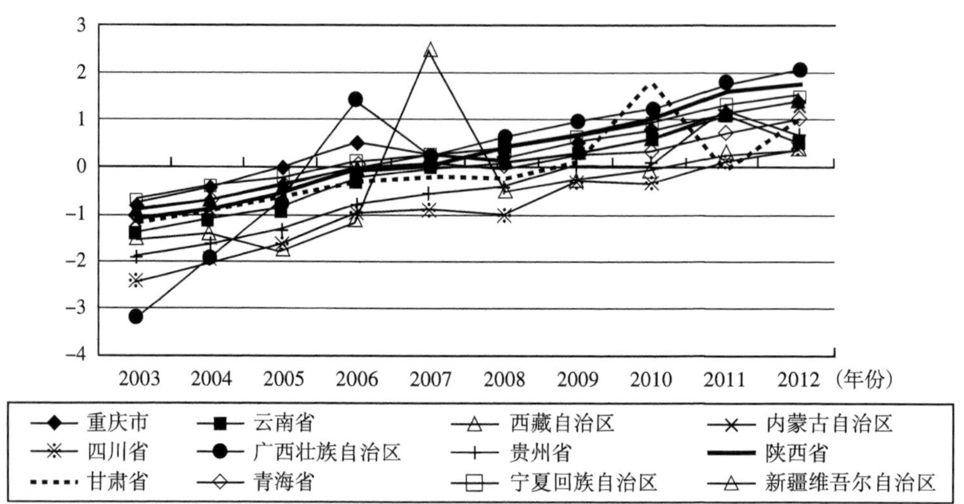

图 8-16　2003~2012 年我国西部地区生活富裕因子得分与排名

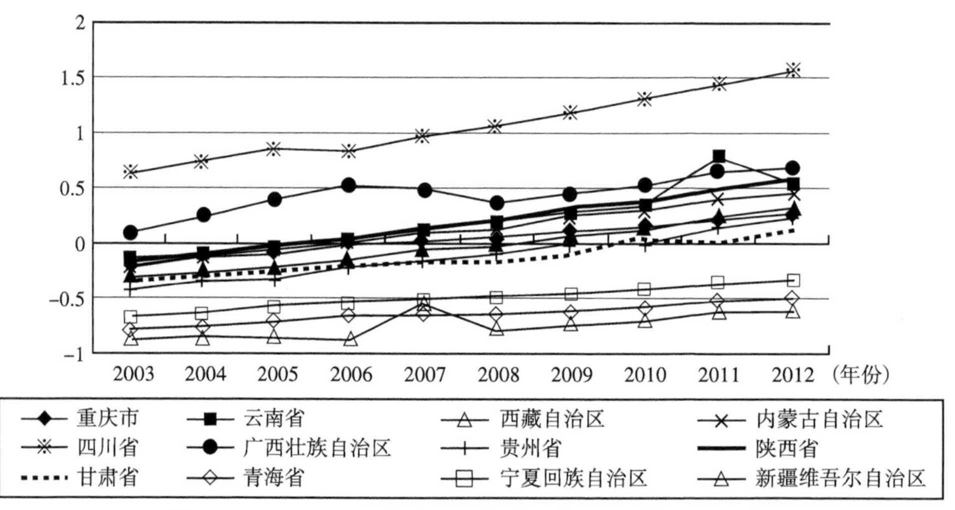

图 8-17　2003~2012 年我国西部地区综合评价得分与排名

于第二名、第三名的位置，青海省和西藏自治区的发展较为落后，始终处于最后两位。

二、西部地区利用外资质量的实证分析

1. 数据说明和方法选择

指标选取和数据处理方法与前两章相同。具体指标构成如表 8-7 所示。鉴于数据的可收集性，这里仅对 2003~2011 年西部地区利用外资质量进行评价，采用的方法与前两章一致，利用全局主成分分析对西部地区的外资利用现状进行分析。

表 8-7　西部地区利用外资质量具体指标层构成

具体指标层	变量
乡镇企业外商投资企业劳动者报酬（万元）	X_1
乡镇企业外商投资企业个数（万个）	X_2
乡镇企业外商投资企业营业收入（亿元）	X_3
外资经济固定资产投资总额（亿元）	X_4
乡镇外商投资企业总产值（亿元）	X_5
区域集中度（某省外商投资额/西部地区外商投资额）（%）	X_6
外商投资经济社会建筑安装工程投资（亿元）	X_7
外商投资经济全社会房屋竣工面积（万平方米）	X_8
乡镇外商投资企业利润总额（亿元）	X_9
乡镇外资税收贡献率（%）（乡镇外商投资企业税收/税收总额）	X_{10}

2. 因子分析过程

（1）计算相关系数矩阵并进行统计检验。从表 8-8 可以看到，这里的 KMO 值为 0.828，在 0.5~1.0 之间；Bartlett 的检验通过，相应的显著性概率（Sig.）小于 0.001 为高度显著，因此数据适合使用因子分析方法。

表 8-8　KMO 和 Bartlett's Test 检验

取样足够度的 Kaiser-Meyer-Olkin 度量		0.828
Bartlett 的球形度检验	近似卡方	826.707
	df	45
	Sig.	0.000

（2）求相关系数矩阵 R 的特征值和特征向量，并提取因子。表 8-9 为总方差解释列表，表中列出了所有的主成分，且按照特征根从大到小次序排列。从表 8-9 中可见，第一个公共因子方差贡献率为 52.965%，第二个公共因子方差贡献率为 15.045%，方差累计贡献率达到 68.010%，一般来说，这两个公共因子足以概括较大部分的样本信息，这在统计学上是比较有意义的，可以认为此次提取的主成分是合理的，所提取的 2 个主成分因子能够体现 10 个指标所要反映的信息。通过碎石图（见图 8-18）也可以直观看出前两个因子可以反映出指标体系所要体现的主要信息。

（3）建立因子载荷矩阵。采用方差极大旋转法（即 Varimax 法）旋转之后的因子载荷矩阵（按各因子综合系数得分排序）和旋转空间中的分布图，见表 8-10 和图 8-19。

表 8-9 解释的总方差

成分	初始特征值			提取平方和载入			旋转平方和载入		
	合计	方差（%）	累计（%）	合计	方差（%）	累计（%）	合计	方差（%）	累计（%）
1	5.297	52.965	52.965	5.297	52.965	52.965	4.803	48.032	48.032
2	1.505	15.045	68.010	1.505	15.045	68.010	1.998	19.979	68.010
3	0.963	9.631	77.641						
4	0.660	6.596	84.237						
5	0.600	5.995	90.232						
6	0.330	3.301	93.533						
7	0.259	2.593	96.126						
8	0.244	2.445	98.571						
9	0.077	0.766	99.337						
10	0.066	0.663	100.000						

提取方法：主成分分析。

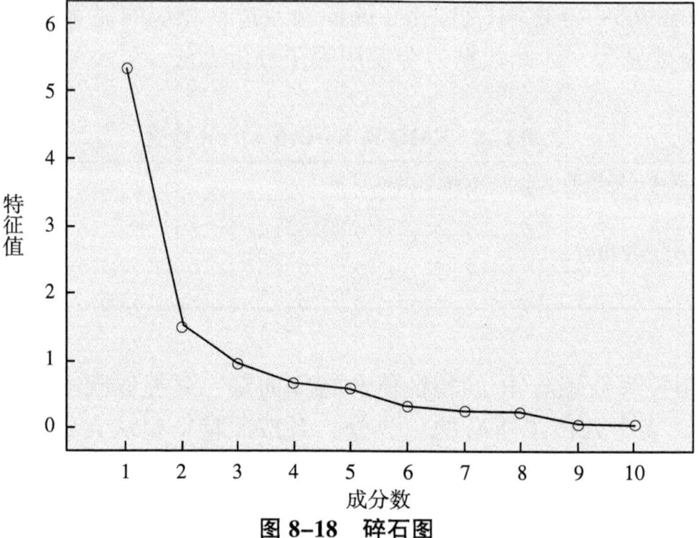

图 8-18 碎石图

表 8-10 旋转成分矩阵

	成分	
	1	2
Zscore（X_1）	0.701	0.435
Zscore（X_2）	−0.053	0.807
Zscore（X_3）	0.566	0.414
Zscore（X_4）	0.886	−0.116
Zscore（X_5）	0.785	0.552

续表

	成分	
	1	2
Zscore（X_6）	0.794	0.219
Zscore（X_7）	0.941	0.027
Zscore（X_8）	0.838	–0.157
Zscore（X_9）	0.608	0.627
Zscore（X_{10}）	–0.001	0.447

提取方法：主成分。
旋转法：具有 Kaiser 标准化的正交旋转法。
a. 旋转在 3 次迭代后收敛。

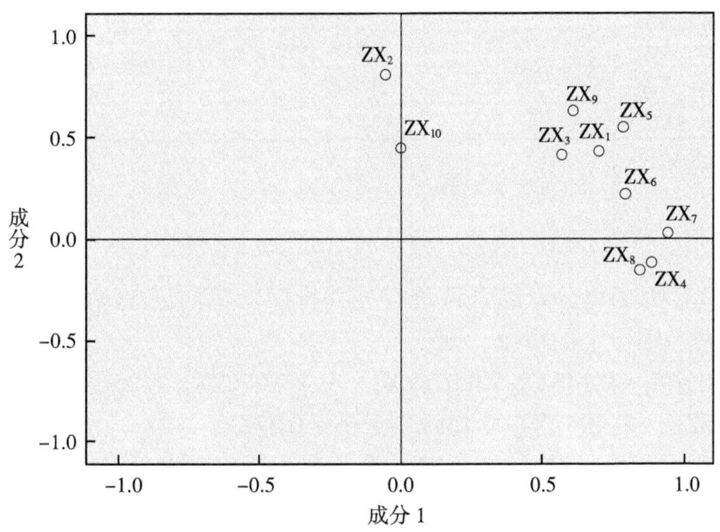

图 8–19 旋转空间中的成分图

设 F 为我们所提取出的因子，则两个因子可分别表示为 F_1 和 F_2。从表 8–10 我们可以看出，第一个公共因子 F_1 在乡镇企业外商投资企业劳动者报酬、乡镇企业外商投资企业营业收入、外资经济固定资产投资总额、乡镇外商投资企业总产值、区域集中度、外商投资经济社会建筑安装工程投资、外商投资经济全社会房屋竣工面积 7 个指标上拥有较高负荷，基本反映了西部地区“农村投资环境、农村利用外资规模、利用外资结构、外资的溢出效应”四个方面的建设情况，因此命名为综合因子。

第二个公共因子 F_2 在乡镇企业外商投资企业个数，乡镇外商投资企业利润总额，乡镇外资税收贡献率指标上的系数相对较大，拥有较高负荷，说明第二个公共因子主要反映了“农村投资环境”和“外资的农村建设效应”方面的建设情况，因而命名为环境效应因子。

表 8-11 因子得分系数矩阵

	成分	
	1	2
Zscore（X_1）	0.106	0.150
Zscore（X_2）	-0.143	0.495
Zscore（X_3）	0.076	0.159
Zscore（X_4）	0.241	-0.212
Zscore（X_5）	0.109	0.207
Zscore（X_6）	0.164	0.005
Zscore（X_7）	0.232	-0.134
Zscore（X_8）	0.235	-0.229
Zscore（X_9）	0.052	0.281
Zscore（X_{10}）	-0.072	0.270

提取方法：主成分。
旋转法：具有 Kaiser 标准化的正交旋转法。
构成得分。

（4）计算各因子得分及综合评价得分并排序。我们记 Y_1 和 Y_2 分别是各年新农村建设在两个因子上的得分，则：

$$Y_1 = 0.106ZX_1 - 0.143ZX_2 + 0.076ZX_3 + \cdots - 0.072ZX_{10}$$

$$Y_2 = 0.15ZX_1 + 0.495ZX_2 + 0.159ZX_3 + \cdots + 0.27ZX_{10}$$

其中，ZX_1，ZX_2，ZX_3，…，ZX_{10} 为各项指标经预处理之后的标准化数据。再以各因子所对应的贡献率为权重进行加权求和，即可得到综合评价得分 Y，即

$$Y = 0.52965Y_1 + 0.15045Y_2$$

2003~2011 年，我国西部地区利用外资综合因子得分与排名、环境效应因子得分与排名以及综合评价得分与排名的结果分别如图 8-20、图 8-21 和图 8-22 所示（具体数据见附表 3-5、附表 3-6 和附表 3-7）。

3. 实证结果说明

首先，从时间序列纵向比较来看，2003~2011 年，在综合因子和综合得分两方面，四川省、重庆市和广西壮族自治区都有显著的上升，陕西省也有一定程度的提高，说明这四个省区在利用外资质量方面具有较大的改善；内蒙古自治区 2006 年和 2009 年在综合因子方面存在较为明显的波动，2007 年在综合得分方面达到峰值，之后迅速下降，这在很大程度上是由于在 2007 年左右内蒙古自治区存有大量的外资乡镇企业，而在2007 年后众多外资乡镇企业迁移；贵州省长期处于平稳状态，而在最近两年存在一定的上升趋势；其他各省并无明显的波动，

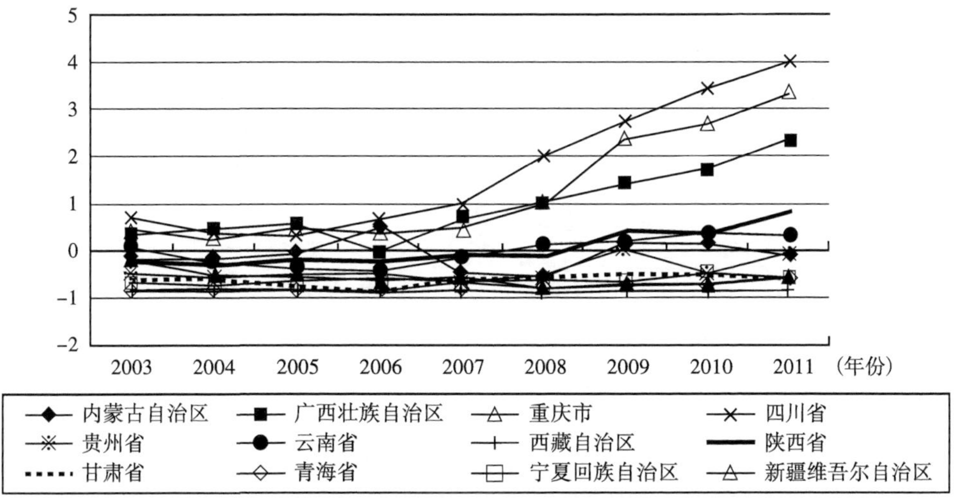

图 8-20 2003~2011 年我国西部地区利用外资综合因子得分与排名

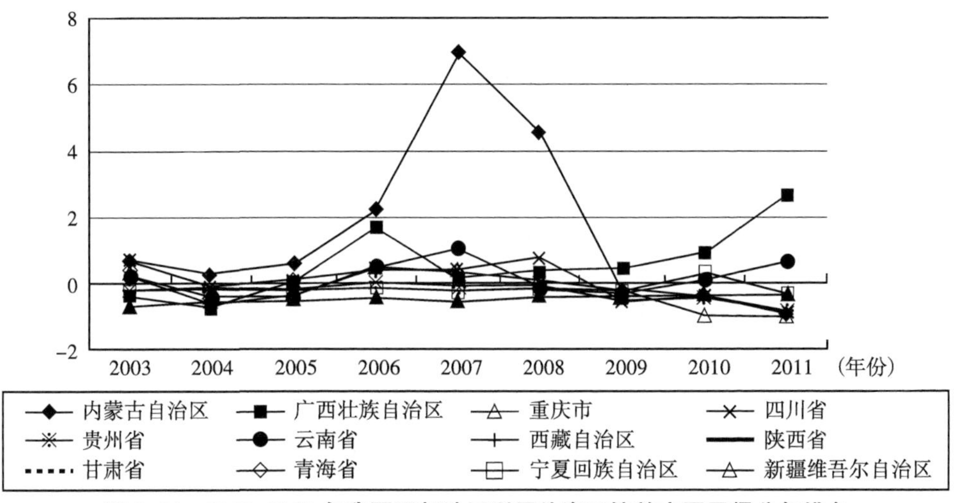

图 8-21 2003~2011 年我国西部地区利用外资环境效应因子得分与排名

这主要是因为其他几省地理位置较为偏远，外商投资环境较差，长期以来外资引入程度较低。而在环境效应因子方面，内蒙古自治区存在非常大的波动，在 2007 年，外资建设效应达到峰值，之后显著下降；广西壮族自治区则在 2006 年小幅波动后开始上升；云南省存在较为明显的波动，但波动幅度不大；宁夏回族自治区和陕西省却在最近两年出现一定程度的下降；其他各省表现较为平稳，没有较为明显的波动。

从横向比较来看，四川省、重庆市和广西壮族自治区在综合因子和综合得分

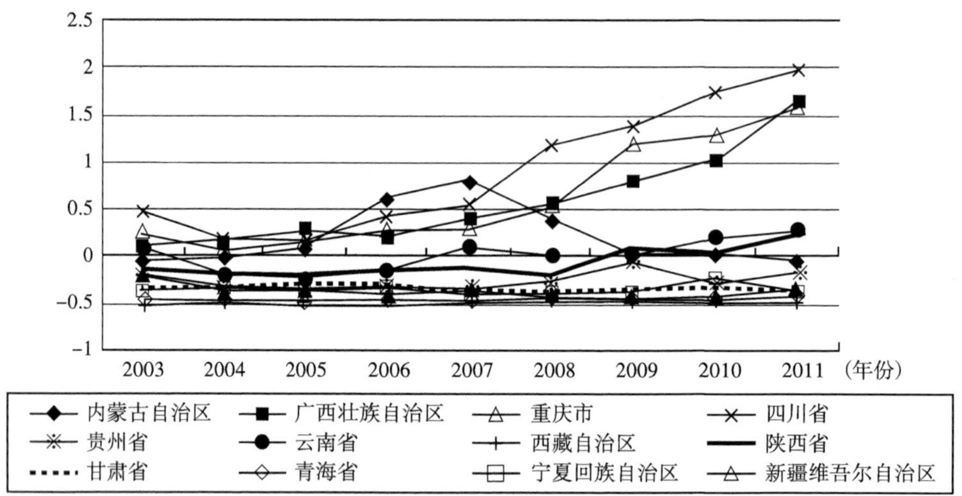

图 8-22 2003~2011 年我国西部地区利用外资综合评价得分与排名

两方面基本处于第一名、第二名、第三名的位置，只有少数年份内蒙古自治区的排名超越了这三个省，表明这三个省对外开放程度以及利用外资的水平远高于其他省份，且在利用外资质量方面较为稳定。而青海省、宁夏回族自治区、西藏自治区和新疆维吾尔自治区基本处于"垫底"的位置，尽管排名有前后之别，但利用外资质量方面并没有太大差别，主要原因在于这四个省区处于西部较为偏远地区，对外开放程度很低，外资利用较少。在环境效应因子方面，2003~2008 年，四川省和内蒙古自治区基本处于领先的位置，而在 2009~2011 年，广西壮族自治区和宁夏回族自治区的排名则较为靠前；2003~2006 年，青海省和新疆维吾尔自治区的排名相对靠后，而在 2007~2011 年间，陕西基本处于"垫底"位置；其他省份排名并无太大变化。总的来说，在环境效应因子方面，各省之间的差异不大，且变化较为平稳。从整体来看，西部地区各省的利用外资质量是朝着较好的方向发展的。

三、西部地区社会主义新农村建设与利用外资质量关系的实证分析

1. 协调度分析

我们在西部地区社会主义新农村建设与利用外资质量评分的基础上，通过标准化处理后，借助协调度计算公式得出西部地区社会主义新农村建设与利用外资质量的协调度。由于利用外资质量的数据选取年度为 2003~2011 年，因此，西部地区社会主义新农村建设与利用外资质量的协调度分析选取的数据跨度也为 2003~2011 年。从图 8-23 可以看出，西部地区社会主义新农村建设与利用外资质量协调度总体是朝着有序的方向发展，两者之间的协调性不断加强。其中，四

川省、广西壮族自治区、陕西省和云南省都处于稳步上升的趋势，利用外资质量整体满足于社会主义新农村建设的要求，这与这四个省区在新农村建设中的对外开放政策，合理利用外资的战略分不开。且在2012年，广西壮族自治区的协调度值已达到0.88，四川省达到了0.808，均处于较高水平。宁夏回族自治区和贵州省的协调度存在较大的波动，处于无序状态，且系统协调度不高，稳定性不强。重庆市于2007年系统协调度达到最高，在较为明显的下降后处于稳步上升趋势。西藏自治区的社会主义新农村建设与利用外资质量协调度基本处于无关状态，这主要是因为西藏自治区地区对外开放程度太低，基本没有利用外资。除此之外，其他各省区的协调度并无明显变化。

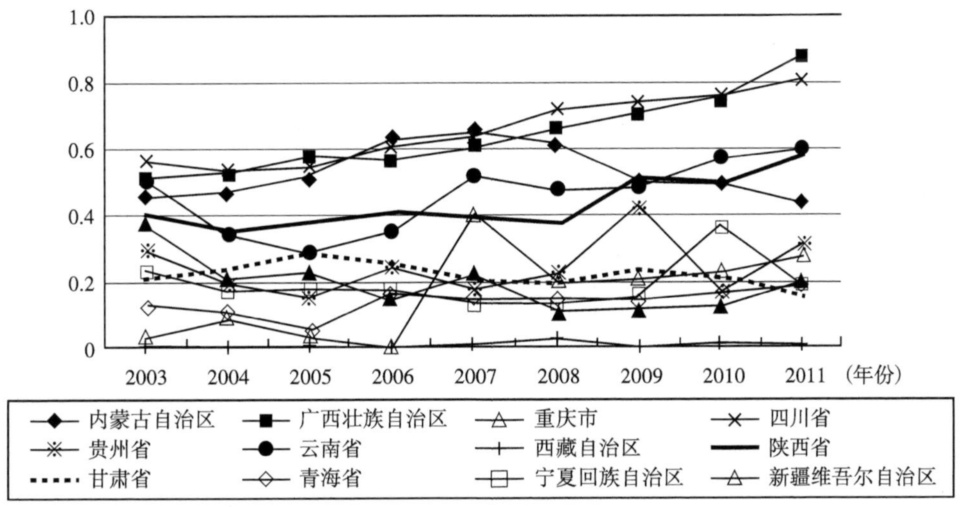

图 8-23 西部地区社会主义新农村建设与利用外资质量协调度

总的来看，西部地区利用外资质量较高的省份，其社会主义新农村建设的水平也相对较高，两系统的协调度也较大，表明两系统协调发展的和谐一致程度较高。从社会主义新农村建设与利用外资质量协调度发展的绝对水平看，至2011年，只有广西壮族自治区和四川省的协调度已处于高度协调状态，云南省和陕西省处于勉强协调的状态，其他各省的社会主义新农村建设与利用外资质量水平都较低，其系统协调度也处于低度协调状态。

2. 相关性分析过程和结果

通过对数据和分析目的进行选择，此处我们选择将我国西部地区新农村建设总体评分以及本章中新农村建设目标下利用外资质量两个公共因子评分，选取其中 2003~2011 年数据[①] 进行新农村建设和利用外资质量的相关性分析。为了便于数据进行处理和分析，我们将西部地区 12 个省市区各年利用外资质量得分加总进行平均化处理，用所得数据作为西部地区该自变量取值，利用外资质量两公共因子自变量和新农村建设因变量均做相同处理。

Y 为社会主义新农村建设目标下综合评价得分；X_1 为反映利用外资的农村投资环境的影响、利用外资规模、利用外资结构和外资的溢出效应四个方面综合情况的公共因子得分；X_2 为体现利用外资农村投资环境的影响和外资溢出效应的公共因子得分。具体数据见表 8-12。

表 8-12 数据列表

年份	Y	X_1	X_2
2011	0.251573	0.610508	-0.21179
2010	0.131212	0.412752	-0.25571
2009	0.065947	0.330321	-0.35744
2008	-0.00313	-0.05973	0.295103
2007	-0.01855	-0.2118	0.540628
2006	-0.08818	-0.29591	0.45203
2005	-0.14536	-0.27253	-0.18388
2004	-0.20655	-0.29729	-0.26634
2003	-0.27119	-0.21633	-0.0126

分别对三个变量进行统计量描述。

表 8-13 描述性统计量

	均值	标准差	N
Y	-0.031581	0.1663378	9
X_1	0.000000	0.3531345	9
X_2	0.000000	0.3403324	9

首先在对变量 X_2 进行控制的条件下进行变量 Y 和变量 X_1 的相关分析。

① 根据之前统计数据的可用性、合理性，以及所能查找到的数据年限，选取 2003~2001 年 9 年作为统计样本。

表 8-14　相关性

控制变量			Y	X_1	X_2
无[a]	Y	相关性	1.000	0.893	-0.168
		显著性（双侧）	0.000	0.001	0.666
		df	0	7	7
	X_1	相关性	0.893	1.000	-0.506
		显著性（双侧）	0.001	0.000	0.164
		df	7	0	7
	X_2	相关性	-0.168	-0.506	1.000
		显著性（双侧）	0.666	0.164	0
		df	7	7	0
X_2	Y	相关性	1.000	0.950	
		显著性（双侧）	0.000	0.000	
		df	0	6	
	X_1	相关性	0.950	1.000	
		显著性（双侧）	0.000	0.000	
		df	6	0	

a 单元格包含零阶（Pearson）相关。

表 8-14 中第一部分为无控制变量 X_1、X_2、Y 间的相关性数据。第二部分为当选择 X_2 为控制变量时，变量 X_1 与 Y 间的相关性。从表 8-14 可以看出，偏相关系数为 0.950>0，双尾检测的相伴概率 P=0.000 明显小于显著性水平 0.05。故应拒绝原假设，说明变量 Y 与 X_1 间存在显著的相关性，且由于 0.950>0，因此社会主义新农村建设与利用外资质量综合情况呈极强的正相关性。说明了在 2003~2011 年我国西部地区利用外资总体上有利于新农村建设目标的实现。

同理，将变量 X_1 作为控制变量，对变量 Y 和 X_2 进行相关性分析。

表 8-15　相关性

控制变量			Y	X_2	X_1
无[a]	Y	相关性	1.000	-0.168	0.893
		显著性（双侧）	0.000	0.666	0.001
		df	0	7	7
	X_2	相关性	-0.168	1.000	-0.506
		显著性（双侧）	0.666	0.000	0.164
		df	7	0	7
	X_1	相关性	0.893	-0.506	1.000
		显著性（双侧）	0.001	0.164	0.000
		df	7	7	0

续表

控制变量			Y	X_2	X_1
X_1	Y	相关性	1.000	0.730	
		显著性（双侧）	0.000	0.040	
		df	0	6	
	X_2	相关性	0.730	1.000	
		显著性（双侧）	0.040	0	
		df	6	0	

a 单元格包含零阶（Pearson）相关。

表 8-15 中第一部分依然为在无控制变量条件下三个变量间的相关性分析。通过两表第一部分对比可得知，该部分相关系数矩阵是一个对称矩阵，两个变量 X_1、Y 与 Y、X_1 之间的相关系数一样，即对相关性来讲，两变量之间的地位是平等的，无主次之分。

表 8-15 中第二部分是以变量 X_1 作为控制变量条件下变量 Y 和 X_2 间的相关性。从表 8-15 中可以看出，偏相关系数为 0.730，双尾检测的相伴概率 P 为 0.04，小于显著性水平 0.05。故应拒绝原假设，说明变量 Y 与 X_2 间存在显著的正相关性。因此西部社会主义新农村建设与利用外资环境和利用外资溢出效应呈正相关性。又由于 $r_{x1,y} = 0.950 > r_{x2,y} = 0.730$，因此说明西部利用外资溢出效应和投资环境的改善对西部新农村建设目标实现具有推动作用。

3. 回归分析

我们在对西部地区新农村建设总体评分以及本章中新农村建设目标下利用外资质量两个公共因子评分相关性研究的基础上，对其进行回归分析，结果显示，利用外资质量综合因子与新农村建设总体评分之间存在较为显著的线性关系，而利用外资环境和利用外资溢出效应与新农村建设总体评分之间的线性关系则较弱。这表明西部利用外资质量在总体上对社会主义新农村建设是有益的，但是由于西部地区地理区位的原因，交通较为不便，生产力落后，对外开放程度不高，利用外资的总量较小，利用外资的结构相对单一，因而利用外资的环境较差，外资建设的效果尚不明显，因而西部地区新农村建设与利用外资质量的关系还有待长期考察。

| 第九章 |

我国社会主义新农村建设目标下提高利用外资质量的对策研究

第一节　我国社会主义新农村建设目标下利用外资的趋势分析

改革开放 30 多年来，随着我国对外开放程度不断提高，我国引进外商直接投资（外商直接投资）不断增加。在改革开放初期的 1983 年实际利用外资 22.6 亿美元，其中外商直接投资只有 9.2 亿美元；[①] 1992 年，我国确定了建立社会主义市场经济体制的改革方向，这一年实际利用外商直接投资额 110 亿美元，[②] 比 1983 年增加了 11 倍，在 10 年后的 2002 年，中国实际利用外商直接投资额突破 500 亿美元大关，达到 527.43 亿美元，[③] 这 10 年又翻了两番多；开始进行市场经济体制改革 20 年之后的 2012 年达到 1117.2 亿美元，[④] 第二个 10 年翻了一番多，但第二个 10 年利用外资的最高年份是 2011 年，为 1160.11 亿美元；之后的 2013 年是1175.86 亿美元，2014 年是 1195.6 亿美元。[⑤] 我国利用外资的增长速度这种变化与国民经济增长速度变化在整体上同步。近年来，我国经济增长速度趋缓，利用外资的增长速度也随之趋缓。未来我国经济进入新常态，经济增长由高速增长转为中低速增长，利用外资增速也将只能在中低速以下运行。但是，未来 10 年，是我国全面建设小康社会最关键的 10 年，我国促进经济平稳增长的策略不会改变，政策力度只会加大，同时，我国工业化任务和农村城镇化任务还没有完成，新农村建设工作会加速推进。由此，一方面决定我国对外资的需求仍然很大，另一方面决定外资在我国仍有很多的投资机会和很大的盈利空间。所以，我

①②③④ http：//www.taodocs.com/p-1783343.html.

⑤ http：//finance.ifeng.com/a/20150121/13447155_0.shtml.

国利用外资的总量仍会总体上保持增长态势。

随着我国城乡一体化和社会主义新农村建设进程的加快，我国农村的投资环境将会不断改善，这一过程本身将会创造出许多经济增长点，创造出更多的投资机会，吸引外商向农村投资。另外，2015 年的中共中央一号文件明确提出：农村围绕城乡发展一体化，深入推进新农村建设，要大力发展特色农业和高科技农业，要提高统筹利用国际国内两个市场两种资源的能力，鼓励社会资本投向农村基础设施建设和在农村兴办各类事业。从这些表述可以看出，我国当前的政策也支持吸引外资投向农村参与社会主义新农村建设。不论从农村的投资环境和国家政策环境，还是从投资方和引资方的需要来看，都支持以下基本判断：未来我国利用的与新农村建设相关的外资不论在总量规模上还是在所占比重上都存在增长趋势。

第二节　我国未来 10 年社会主义新农村建设目标下提高利用外资质量的目标

利用外资的城乡结构不断优化，农村利用外资达到 20%以上，与社会主义新农村建设相关的利用外资达到 30%以上。与社会主义新农村建设相关的利用外资的经济发展效益不断提高，利用外资的 GDP 增长净贡献率保持在 2%~3%，外资投在第三产业的比例达到 60%以上；与社会主义新农村建设相关的利用外资的社会效益不断提高，外资企业的就业贡献率达到 10%以上，外资企业税收贡献率达到 3%以上；与社会主义新农村建设相关的利用外资的技术管理效益不断提高，外资企业技术溢出率达到 60%以上，外资企业先进管理制度的普及率达到 90%以上；与社会主义新农村建设相关的利用外资的生态环境效益不断提高，用于环保产品和绿色产品生产的外资项目占引进外资总项目的比重达到 30%以上，外资工业污染企业达标率达到 100%，外资企业“三废”的循环利用率达到 80%以上，外资企业的单位产值的碳排放量小于中等发达国家水平，外资企业单位产值的能耗量小于中等发达国家水平。

提出上述目标的主要依据是需要和可能。这里的需要是参照实现社会主义新农村目标的需要，可能是指目标的实现要以付出很大努力为条件，不付出努力，目标就不能实现；但只要付出很大努力，目标就一定能实现。

目前中央财政预算安排的“三农”支出大多用在兴修水利、兴修公路等农村基础设施建设和各类补贴（粮食直补、良种补贴、农资综合补贴、农机购置补贴等）、教育、扶贫等 15 个大类上面。2013 年中央财政用于“三农”的支出是

13799亿元人民币，[①] 相对于新农村建设的需要，缺口还非常大。而2013年我国实际利用外资1175.86亿美元，折合人民币约7000亿元，设想将其中的30%投在与新农村建设相关的项目中，也只有约2100亿元，只相当于中央财政用于“三农”支出的15%。但只要能增加这15%，也能对新农村建设发挥较大作用。那么能不能获得这15%呢？我国2013年农业利用外资只有当年全部利用外资的2%，即只有140亿元左右的外资投在农业中。可见目前要获得15%是很困难的。考虑到农村利用外资要大于农业利用外资，预计占10%，那么我们提出农村利用外资10年后达到全部利用外资的20%以上的目标，也就是按平均每年提高1%的速度增长，这个目标是通过努力可以实现的。

在实现数量目标的基础上，还要通过搞好对外资的选择、加强对外资的监管来提高利用外资的质量。

第三节　社会主义新农村建设目标下提高利用外资质量的政策建议

为了实现我国未来10年社会主义新农村建设目标下提高利用外资质量的目标，本书提出以下政策建议：

一、制定农业利用外资优惠政策，充分认识农业利用外资工作的重要性

积极地引进外资，合理有效地利用外资来发展农业是中国农村经济进一步发展的重要措施，必须在战略思想上给予高度重视。目前农业投资不足的问题还是非常严重的，不缓解这个矛盾，农业的发展和农业现代化的进程将受到极大的制约，相应地，农民收入增长的速度也就难以提高。因此，在中国对外开放进一步扩大，国际经济全球化趋势不断加剧的新形势下，积极扩大利用外资，是加快农业发展、促进农业现代化进程的重要途径。同时，农业利用外资，不仅直接反映在资金支持上，而且在科学与技术上的带动效应也是很大的。需要借助外资引进先进的农业科技、农业生产资料、良种、种苗、种畜及种养、生产、加工上的技术；通过利用外资我们还可以吸引、借鉴由外资带来的现代农业生产和农业企业管理方式、产业化生产经营方式的经验，以及在利用外资中的人才培养和引进智力等。我们要在加深认识的基础上，进一步解放思想，积极放手从多渠道、多形

---

① http：//www.mofangge.com/html/qDetail/08/g3/201408/8ssgg308281116.html.

式扩大吸引和利用外资来促进农业的发展。要把引进外资列入各级党委和政府的议事日程，要继续抓好农业引资责任制的落实，各有关部门要为农业引资创造条件，提供方便，多做贡献。同时，要加强宣传报道，改变广大农民传统和保守的思想。

考虑到农业在我国的特殊地位和农业利用外商投资的特殊性，国家必须在税收、用地等方面采取必要的优惠措施，鼓励、吸引外商投资。近年我国进行税收改革，对外商投资逐步实行国民待遇，原则上取消优惠，但对不同产业应有所区别。农业项目投资回收期长，不可预测因素多，投资风险大，没有相当的政策优惠难以吸引投资者，而且加强对农业的扶持也是我国今后长时期的任务，不应指望从农业方面得到太多的税收。因此，有关税收应最大限度地减免，如延长所得税减免期、减免农业特产税，有关机械设备的进口即使关税不能免也应减免进口增值税等。对外商投资于中低产田改造或投资于能明显提高农产品产量、质量和效益的项目，应给予土地出让出租优惠；在土地使用期限内，对已开发的土地，可依法转让、出租、抵押、继承等。对外商从事农业基础设施建设，以行政划拨方式取得国有土地使用权的，免缴土地使用费。外商投资企业以有偿方式取得土地使用权从事种、养殖业的，免收公路建设附加费等地方性规费。此外还需要适当扩大地方政府对外商投资种植业和养殖业项目的土地使用审批权限。对农业所进行的倾斜，要通过法令的形式确定下来，以保证优惠措施顺利实施。

二、优化农业利用外资的地区结构

优化农业利用外资的投向和布局，有针对性地引进国外先进的农业科技，提高农业利用外资的科技含量。根据中国农业发展要求和外商投资特点，当前应重点鼓励兴办农业综合开发项目、农产品精深加工项目、商品基地建设项目、相关产业的科技项目、农业社会化服务项目以及新品种、新技术的引进项目等，有针对性地引进国外先进的农业科技，提高农业利用外资的科技含量。同时，还要注意外资项目的区域布局，对农业利用外资项目进行统筹安排。各地可以根据本地区发展的需要，积极引导外商在农业领域进行投资，充分发挥本地的资源优势，合理对现有资源加以开发利用。东部沿海地区农业利用外资已有一定基础，今后应重点引进国外农业高新技术，发展高科技含量、高附加值的高产优质高效农业和创汇农业，以及农产品的精深加工和综合利用等，形成具有国际竞争优势的新的产业体系。中西部地区资源丰富，劳动力成本和土地价格相对低廉，今后农业利用外资的重点是进行中低产田改造、农业基础设施建设、农产品精深加工以及节水灌溉、旱作农业技术等，以推动农业产业化经营，为其成为优质农产品生产、加工基地提供良好条件。

三、完善农业投资环境①

首先，要加强农村的基础设施建设，大力改善我国农村的交通、通信、供电等条件，兴修农田水利，大力改善农业的生态环境，认真治理水源、耕地和大气的污染。只有具备了一定的硬件环境，才会吸引外商投资。其次，要完善农业利用外资的政策。改革对农业外商使用土地的审批、收费及管理政策，对于那些大型的农业开发项目、引进先进技术和优良品种的项目、投向基础设施、回报期较长的项目给予一定的税收和信贷政策的优惠；逐步放开对外商投资所需的农业生产资料的进出口管理。进一步向外商放开农产品市场，允许外商从事包括农产品的仓储、运输、销售等活动。最后，通过各种方式的业务和技术培训，提高农村基层干部和农村劳动力的文化科技水平以及经营管理素质，对于外资项目所需人才的引进要积极配合。

四、重视就业和税收效应，协调经济社会发展

当前，进一步发挥外资对就业的积极作用，主要着眼于两个层面：一是保持劳动密集型产业外资的稳定增长，充分发挥其对就业增加的促进作用，引导外资更多地投向第三产业。二是注重通过利用外资提高从业人员素质，促进人力资本提升。外商投资企业在就业质量问题方面有着明显的两面性，一方面，他们对高素质人才提供了在国内极具竞争力的薪酬、良好的福利待遇、优越的工作环境；另一方面，他们中的不少企业，特别是劳动密集型企业，直接或间接地侵犯了一些劳动者的劳动权益。这时，政府调控尤为重要，比如建立能够真正代表劳动者利益、具有强烈维权意识、良好的谈判能力的工会，制定切合我国实际的法律法规，保护劳动者安全，等等。

从税收角度来看，在利用外资过程中，着重处理好以下几方面的问题：一是要加强税收征管，防止跨国公司偷税逃税行为，重点是防止跨国公司利用转移价格避税。二是要进一步清理税收优惠政策，逐步在税收政策上对外资企业实施与内资企业相同的税收待遇，同时，要强化税收优惠的导向性，突出特定产业和地区发展的需要。

利用外资质量是其对经济社会发展所发挥的一系列经济社会效应的综合，进一步提高利用外资质量必须在外资政策综合协调的基础上充分发挥外资对西部经济发展目标的促进作用。因此，在未来利用外资的过程中，也还需要进一步关注外资对环境保护、经济安全等方面的影响，这也需要加快建立全口径的外商投资统计体系，全面监测、准确反映利用外资动态，及时完整地公布外资统计数据，

① 王星. 我国农业利用外资中存在的问题及建议［J］. 安徽农学通报，2005（11）.

并据此对利用外资质量进行系统的动态评价，从而更好地制定有利于进一步提高利用外资质量的外资政策。

第四节 社会主义新农村建设目标下我国提高利用外资质量的路径

一、更新思想观念，树立科学的利用外资质量观

要快速提高社会主义新农村建设目标下的利用外资质量，必须从解放思想，更新观念，树立科学的利用外资质量观入手。外资管理部门和地方政府部门的有关决策者必须搞清楚什么是利用外资质量，衡量利用外资质量高低的标准是什么，只有弄清这些问题，才能弄清为了提高利用外资质量，哪些外资可以引进，哪些外资不能引进，以及如何加强对外资的管理等问题。过去一段时期，我国外资管理部门和地方政府部门的一些决策者在利用外资的决策上，主要看重利用外资的经济效益，即形成了利用外资的经济效益质量观，有些地方政府甚至只追求外资做大地方 GDP 的贡献，不在意利用外资的社会效益和生态环境效益，使一些地方引进的外资在做大地方 GDP 的同时，带来了劳资矛盾尖锐、破坏生态环境等不良后果。今后，在社会主义新农村建设目标下，必须实现利用外资质量观的转变，即由单纯追求经济效益的利用外资质量观，向追求经济效益、社会效益、技术管理效益、生态环境效益并举的利用外资质量观转变。

二、培养高层次引资人才

在树立了科学地利用外资质量观的基础上，提高利用外资质量的路径就进入培养高层次引资人才。引资人才首先在思想观念上具有科学地利用外资质量观，在业务上应具有以下能力：第一，对外资相对于实现社会主义新农村建设目标的优劣具有很强的鉴别能力；第二，掌握外资流动的规律、外资质量提高的规律、产业结构演化的规律、产业转移和承接的规律；第三，熟悉国际惯例、国际经济法规以及我国经济领域的法律法规；第四，掌握对基于建设社会主义新农村目标下的利用外资质量进行评价的方法；第五，具有很强的提高利用外资质量的社会责任感；第六，具有国际贸易、国际金融等方面的专业知识；第七，具有保护生态环境方面的专业知识。

三、制定提高利用外资质量的目标

在培养高层次引资人才的基础上，提高利用外资质量的路径，制定提高基于建设社会主义新农村目标下的利用外资质量的目标。科学合理地提高利用外资质量的目标需要在高层次引资人才的参与下才能制定出来，所以在路径安排上，培养高层次引资人才在先，制定提高利用外资质量的目标随其后。提高利用外资质量的目标可以从利用外资的经济效益、社会效益、技术管理效益、生态环境效益等方面用定性和定量两个指标进行综合表述，但要突出社会主义新农村建设目标的视角。利用外资质量的目标要有合理的高度，它必须经过努力才能达到，也要确保经过努力能够达到。目标的制定必须建立在现状分析和科学预测的基础上。

四、编制符合社会主义新农村建设目标的利用外资质量要求的引资目录，引导外资投放方向

在制定好提高利用外资质量的目标的基础上，提高利用外资质量的路径就进入编制符合社会主义新农村建设目标的利用外资质量要求的引资目录，引导外资投放方向。对外资的合理选择是实现提高利用外资质量目标的基础。投放方向不同的外资与提高利用外资质量目标的关系不一样，有些领域的外资的引进有利于提高利用外资质量，有些领域的外资的引进不利于提高利用外资质量。为了实现提高利用外资质量的目标，我们应该只引进有利于提高利用外资质量的领域的外资，对不利于提高利用外资质量的领域的外资应拒之门外，对外资的“饥不择食”的时代已经过去。因此，有关部门必须编制符合社会主义新农村建设目标的利用外资质量要求的引资目录，引导外资投放方向。可列入引资目录的外资应该是：第一，同时具有正的经济效益、社会效益、技术管理效益、生态环境效益的外资；第二，同时具有正的社会效益、技术管理效益、生态环境效益的外资；第三，同时具有正的技术管理效益、生态环境效益，而经济效益和社会效益不为负的外资；第四，具有正的生态环境效益，而经济效益、社会效益、技术管理效益不为负的外资；第五，具有正的技术管理效益，而经济效益、社会效益和生态环境效益均不为负的外资；第六，具有正的社会效益，而经济效益、技术管理效益、生态环境效益均不为负的外资；第七，具有正的经济效益，而社会效益、技术管理效益、生态环境效益均不为负的外资。

五、改善投资环境

在编制符合社会主义新农村建设目标的利用外资质量要求的引资目录，引导外资投放方向的基础上，提高利用外资质量的路径就进入改善投资环境。在编制好了符合社会主义新农村建设目标的利用外资质量要求的引资目录后，就要设法

将列入引资目录的外资大量引进来，为此，必须改善投资环境。投资环境包括投资硬环境和投资软环境。改善投资硬环境要从大力发展交通运输、通信、网络等事业入手；改善投资软环境要从完善有关立法执法、制度、社会秩序、建立廉洁高效的服务型地方政府等入手。

六、建立对利用外资质量进行监测的统计指标体系

在改善了投资环境的基础上，提高利用外资质量的路径就进入建立对利用外资质量进行监测的统计指标体系。通过改善投资环境引进符合社会主义新农村建设目标的利用外资质量要求的外资，只是为提高利用外资质量打下了一个好基础。要很好提高利用外资质量，需要对引进外资的利用的现实质量进行监测，找出引进外资在利用环节存在的问题，为此，必须建立对利用外资质量进行监测的统计指标体系。该指标体系的构成以及各指标权重的确定要充分体现社会主义新农村建设的目标。目前我国缺乏对利用外资质量进行监测的统计指标体系，我们应将统计指标体系建立起来，有关统计部门应增设对有关指标数据进行收集和统计的职能。

七、定期对利用外资的质量进行监测

在建立了对利用外资质量进行监测的统计指标体系的基础上，提高利用外资质量的路径就进入定期对利用外资的质量进行监测。通过对利用外资的质量进行监测，找出当前利用外资质量存在的问题及其成因。

八、制定提高利用外资质量的对策

在对利用外资的质量进行监测，找出当前利用外资质量存在的问题及其成因之后，提高利用外资质量的路径就进入到制定提高利用外资质量的对策。提高利用外资质量的对策应具有科学性、针对性、可行性和可操作性。

九、利用外资质量提高

在具有科学性、针对性、可行性和可操作性的提高利用外资质量的对策实施到位之后，利用外资的质量必将提高。

第五节　社会主义新农村建设目标下我国提高利用外资质量的对策

一、解放思想，更新观念，树立正确的利用外资质量观

万事万物都是不断发展变化的。随着我国30多年的改革开放及其带来的经济发展，资金短缺问题已得到很大缓解，我国当前及今后利用外资已不再单纯为了弥补资金不足和促进经济发展，而是要让外资为促进我国社会发展和改善生态环境做出贡献。这说明，经济发展水平的变化，带来了利用外资目的的变化，而利用外资目的的变化，必然要求利用外资质量观随之变化，就我国广大农村地区来说，今后应该树立利用外资的社会主义新农村建设质量观，所谓利用外资的社会主义新农村建设质量观，就是在考察利用外资质量时，要引入利用外资对社会主义新农村建设的影响，即要分别从利用外资获得的农村经济发展效益、社会效益、技术管理效益、生态环境效益等角度获得的利用外资质量值中扣除利用外资对社会主义新农村建设带来的负面影响，加上对社会主义新农村建设带来的正面影响。总体来说，大凡利用外资对社会主义新农村建设带来了负面影响，不管其带来的经济发展效益、社会效益、技术管理效益有多高，其基于社会主义新农村建设目标的利用外资质量不会太高。我国应该按照这样的利用外资质量观调整今后利用外资的政策，搞好对外资的选择。

二、大力培养高层次引资人才

随着经济全球化的发展，国外资本供给越来越充裕，使我国利用外资具有了更多的选择性。哪些外资可以引进，哪些外资不能引进，这应经过高层次引资人才进行论证。高层次引资人才在思想上应具有基于社会主义新农村建设目标的利用外资质量观，在业务上能对即将引进的外资基于社会主义新农村建设目标的利用外资质量进行评价，能对已经引进的外资基于社会主义新农村建设目标的利用外资质量进行监测。为此，有关高等院校应加强对高层次引资人才的培养，增设相关专业。

三、改善投资环境，扩大符合社会主义新农村建设目标要求的高质量外资引进规模

外资本身的质量是影响利用外资质量的决定性因素，因而扩大符合社会主义

新农村建设目标要求的高质量外资的引进规模是提高利用外资质量的重要手段。所谓符合社会主义新农村建设目标要求的高质量外资，是指既能带来很大的经济发展效益、技术管理效益、社会效益，又不会对社会主义新农村建设造成负面影响的外资，而那些能对社会主义新农村建设造成正面影响的外资，尤其是愿意直接投放在社会主义新农村建设项目的外资是符合建设社会主义新农村建设目标要求的最高质量的外资。但是符合社会主义新农村建设目标要求的高质量的外资往往不容易引得进来，要能扩大符合社会主义新农村建设目标要求的高质量外资的引进规模，必须改善投资环境。改善农村的投资环境需要做好以下工作：第一，继续加强农村交通、通信等基础设施建设；第二，加强农村的社会治安管理，营造安全、有序的社会秩序；第三，简化政府行政审批程序，提高政府办事效率和质量，建设服务型地方政府；第四，建立和完善外资企业管理的法律法规；第五，对一般的外资项目取消原来的超国民待遇，给予一般的国民待遇，但对那些给社会主义新农村建设能造成正面影响的外资，尤其是愿意直接投放在社会主义新农村建设项目的外资要给予减免税收、补贴和政府采购等超国民待遇；第六，在农村地区布局、建立有关生态环境保护和社会主义新农村建设的产业园区和产业集群，使投资于社会主义新农村建设的项目以及与社会主义新农村建设相关的项目的外资企业能获得外在经济效应。

四、大力提高农村地区的经济发展水平，加快农村城镇化进程，缩小城乡经济发展差距

基于社会主义新农村建设目标的利用外资质量与经济发展水平有关。我国农村地区引进高质量外资低于城市的一个重要原因是农村地区经济发展水平低于城市。大力提高农村地区经济发展水平，尤其大力提高西部地区相对落后省份的农村经济发展水平，可以降低农村未来经济发展对外资的依赖，加强对引进外资的选择，多引进有利于社会主义新农村建设的高质量外资，将不利于社会主义新农村建设的外资拒之门外，从而有利于提高基于社会主义新农村建设的利用外资质量。

然而，提高农村地区经济发展水平面临完成农村地区城镇化的任务，实现城镇化的过程往往伴随着环境污染水平的提高，给农村社会主义新农村建设造成不利影响，这就要求农村地区走出一条低污染的城镇化道路。

五、大力提高农村地区科技含量高、技术创新能力强、管理水平高的外资的引进力度，提高这类外资在农村利用外资中的比重，并建立外资科技和管理的扩散机制

科技含量高和管理水平高的外资企业的环境污染水平往往相对较低，增加对

这类外资的引进，一方面有利于发挥外资的技术和管理的溢出效应，另一方面不会对社会主义新农村建设带来太大的不利影响。目前农村地区引进外资的技术管理效益还很低，这在整体上降低了社会主义新农村建设目标下的利用外资质量的分值。造成农村地区引进外资技术管理效益低的主要原因是农村地区引进的外资科技含量、技术创新能力和管理水平都不是很高，也就更谈不上引进外资技术和管理的溢出效应了。所以，今后应加大农村地区科技含量高、技术创新能力强、管理水平高的外资引进力度。为此，要加强对这类外资的主动寻找、鉴别和评估，然后要为引进这类外资创造软硬件条件，包括实行税收优惠、建立高科技产业园区等。这类外资引进来后，应布局在高科技产业园区，在高科技产业园区建立外资科技和管理的扩散机制，通过高新技术产业集聚、开展内外资企业技术合作和联合创新，搞好外资科技和管理的吸收、消化和再创新工作，以获得更高的外资技术管理效应。

附　件

附件一　东部地区各年份指标及排名

附表 1–1　2003~2012 年东部 13 省、市新农村建设综合因子得分与排名

年份 省市	2003	2004	2005	2006	2007	2008	2009	2010	2011	2012
北京市	–1.01068	–0.94706	–0.94254	–0.91437	–0.891	–0.87931	–0.87778	–0.85232	–0.83946	–0.78987
天津市	–1.10087	–1.07838	–1.07878	–1.11187	–1.07151	–1.02826	–0.98645	–0.98872	–1.1	–1.09118
河北省	0.745815	0.815916	0.715103	0.702821	0.793485	0.811769	0.903999	1.033248	1.067813	1.164372
辽宁省	0.1281	0.208747	0.073768	0.026524	0.066539	0.099515	0.116603	0.205148	0.2584	0.278102
上海市	–1.06909	–1.01651	–0.98532	–0.94939	–0.91044	–0.87277	–0.9066	–0.90983	–0.8946	–0.93058
江苏省	0.537175	0.643177	0.760131	0.874332	1.03751	1.343468	1.449381	1.574044	1.655779	1.784581
浙江省	1.187191	0.261369	0.301465	0.366408	0.478021	0.558351	0.578919	0.654972	0.833595	0.898695
福建省	–0.45918	–0.40594	–0.44531	–0.47792	–0.49667	–0.46613	–0.36671	–0.32249	–0.23394	–0.17058
山东省	1.537844	1.184794	1.100384	1.187561	1.268733	1.365	1.557431	1.674321	1.739032	1.825059
广东省	1.054477	1.059455	1.044172	1.252399	1.463264	1.690642	1.831854	1.990839	2.152972	2.254518
海南省	–0.98957	–0.96863	–1.05968	–1.09595	–1.03245	–1.07146	–1.06278	–1.10691	–1.10688	–1.13521
吉林省	–0.72862	–0.67248	–0.72137	–0.79964	–0.86621	–0.80475	–0.85621	–0.80273	–0.82362	–0.77321
黑龙江省	–0.53916	–0.53013	–0.70016	–0.74852	–0.73523	–0.81168	–0.76941	–0.68488	–0.67698	–0.68421

附表 1–2　2003~2012 年东部 13 省、市生产环境因子得分与排名

省市＼年份	2003	2004	2005	2006	2007	2008	2009	2010	2011	2012
北京市	–0.15544	–0.23317	–0.28513	–0.27821	–0.2743	–0.24667	–0.16486	–0.15562	–0.12336	–0.14579
天津市	–0.38989	–0.4565	–0.44358	–0.31621	–0.43837	–0.51752	–0.60785	–0.58101	–0.2322	–0.23939
河北省	0.566577	0.412897	0.476007	0.53231	0.541739	0.678217	0.726585	0.740961	0.79772	0.838716
辽宁省	–0.02006	–0.16105	0.127872	0.169396	0.093168	0.139626	0.320929	0.383153	0.483375	0.564364
上海市	–0.25374	–0.34599	–0.43012	–0.48894	–0.48284	–0.6265	–0.46952	–0.45513	–0.62438	–0.55125
江苏省	0.150912	0.012324	–0.1105	–0.052	–0.06588	–0.17377	–0.10162	–0.09293	–0.00674	0.091651
浙江省	–0.96089	–0.53835	–0.58516	–0.59528	–0.62978	–0.68649	–0.62023	–0.58376	–0.7398	–0.74928
福建省	–0.89451	–1.01946	–0.9879	–0.97834	–1.02021	–1.04423	–1.06911	–1.09585	–0.91412	–1.05779
山东省	0.702916	0.825962	0.883959	0.988376	1.003517	1.168581	1.274057	1.305558	1.459784	1.600103
广东省	–1.14812	–1.1912	–1.13984	–1.31057	–1.41818	–1.36752	–1.3151	–1.24921	–1.28724	–1.29821
海南省	–1.14862	–1.22824	–1.07488	–0.93758	–1.12202	–0.97147	–0.97608	–0.84464	–0.85821	–0.78351
吉林省	0.4551	0.377589	0.490569	0.723603	0.802471	0.903002	1.13726	1.228239	1.361842	1.336101
黑龙江省	1.064294	1.190071	1.553774	1.921395	2.039319	2.517395	2.897144	3.032553	2.94651	3.199455

附表 1–3 2003~2012 年东部 13 省、市生活富裕因子得分与排名

省市 \ 年份	2003	2004	2005	2006	2007	2008	2009	2010	2011	2012
北京市	0.136566	0.328019	0.636372	0.861838	1.058528	1.213782	1.601267	1.79004	1.967463	2.199363
天津市	–0.5672	–0.49901	–0.2729	–0.00424	0.005707	0.049645	0.170991	0.401878	1.178039	1.424033
河北省	–1.73972	–1.74331	–1.38102	–1.001	–0.83923	–0.79748	–0.40888	–0.13314	0.486158	0.698093
辽宁省	–1.37064	–1.40996	–0.90344	–0.64956	–0.58652	–0.45093	–0.092	0.000567	0.239726	0.513427
上海市	0.217966	0.434483	0.692072	0.896356	1.11299	1.152837	1.670921	1.926774	1.901823	2.264143
江苏省	–0.95677	–0.89199	–0.57857	–0.1649	0.117936	0.172152	0.57299	0.91651	1.459029	1.926938
浙江省	–1.18617	–0.40502	0.026552	0.300318	0.55223	0.715589	1.067779	1.393198	1.522489	1.862333
福建省	–1.08818	–0.98408	–0.72242	–0.46816	–0.38605	–0.16126	0.104095	0.28653	0.537769	0.862889
山东省	–1.60024	–1.29753	–0.90379	–0.64225	–0.37971	–0.03665	0.395482	0.60608	1.063037	1.512434
广东省	–1.05473	–0.90956	–0.58554	–0.44808	–0.31479	–0.1268	0.169618	0.345273	0.661435	0.918304
海南省	–1.98658	–1.89417	–1.79665	–1.44907	–1.38371	–1.11525	–0.91208	–0.65572	–0.29689	–0.03878
吉林省	–1.48548	–1.4203	–1.1197	–0.80419	–0.56135	–0.38816	0.09594	0.129986	0.694008	0.874347
黑龙江省	–1.47802	–1.33854	–0.81049	–0.53818	–0.36383	–0.06679	0.209534	0.308492	0.574421	0.859804

附表 1–4　2003~2012 年东部 13 省、市环保生产因子得分与排名

省市＼年份	2003	2004	2005	2006	2007	2008	2009	2010	2011	2012
北京市	–1.00747	–0.9428	–0.91464	–0.897	–0.88485	–0.86877	–0.87044	–0.87349	–0.8608	–0.81597
天津市	–0.89898	–0.86257	–0.83291	–0.87723	–0.80987	–0.7459	–0.68149	–0.6795	–0.74751	–0.71835
河北省	1.248463	1.412924	1.344503	1.145665	1.39642	1.716907	1.730664	1.85056	2.090481	2.298662
辽宁省	–0.92748	–0.89855	–0.99901	–1.09429	–1.03561	–1.00718	–0.9826	–0.90481	–0.78388	–0.78563
上海市	–0.12845	0.029021	0.157155	0.259223	0.327472	0.562229	0.677553	0.798397	1.103448	1.300212
江苏省	–0.45049	–0.43155	–0.38546	–0.39477	–0.37102	–0.38932	–0.40724	–0.37835	–0.40273	–0.4202
浙江省	–0.38247	–0.56156	–0.48989	–0.52239	–0.4868	–0.40605	–0.33619	–0.33577	–0.1687	–0.11274
福建省	1.206898	1.449759	1.624176	1.790248	2.054339	2.338224	2.631586	2.818307	3.323423	3.388986
山东省	–0.01676	0.028773	–0.0605	–0.08808	–0.01647	0.176443	0.155012	0.277172	0.40246	0.409007
广东省	–0.82227	–0.83066	–0.85977	–0.89487	–0.91593	–0.92695	–0.95351	–0.86019	–0.77079	–0.80151
海南省	–0.15492	–0.03204	0.013729	–0.01217	0.142114	0.218307	0.369133	0.420834	0.627117	0.795404
吉林省	–0.71088	–0.5988	–0.57396	–0.60335	–0.52258	–0.43639	–0.38839	–0.24601	–0.13625	0.017658
黑龙江省	–0.5969	–0.44995	–0.51616	–0.51349	–0.2788	–0.1334	0.10681	0.295581	0.508933	0.854022

附表 1–5　2003~2012 年东部 13 省、市新农村建设综合评价得分与排名

省市＼年份	2003	2004	2005	2006	2007	2008	2009	2010	2011	2012
北京市	–0.54768	–0.50635	–0.47495	–0.43332	–0.39828	–0.36796	–0.30603	–0.27174	–0.23782	–0.18912
天津市	–0.70115	–0.69249	–0.66015	–0.62264	–0.62066	–0.60555	–0.58401	–0.55232	–0.4474	–0.41281
河北省	0.355061	0.372699	0.377983	0.406104	0.493005	0.56806	0.663107	0.765658	0.89112	0.987668
辽宁省	–0.21707	–0.21213	–0.16408	–0.15652	–0.14054	–0.09867	–0.01148	0.057028	0.140362	0.196259
上海市	–0.48202	–0.43464	–0.39306	–0.35385	–0.30322	–0.28406	–0.1937	–0.14844	–0.14325	–0.07913
江苏省	0.088604	0.115698	0.182777	0.289262	0.390439	0.501095	0.604282	0.701545	0.813375	0.939099
浙江省	0.124862	–0.10645	–0.03982	0.013837	0.087295	0.138127	0.20889	0.285961	0.364207	0.435837
福建省	–0.35541	–0.31767	–0.27738	–0.24034	–0.21669	–0.15005	–0.0491	0.006728	0.165277	0.209642
山东省	0.584031	0.501904	0.514372	0.598478	0.674186	0.808291	0.957154	1.050445	1.175141	1.291706
广东省	–0.00059	0.009348	0.047834	0.113676	0.193886	0.319077	0.419835	0.529873	0.637302	0.704213
海南省	–0.88464	–0.86651	–0.85809	–0.8086	–0.79266	–0.73955	–0.69584	–0.65274	–0.58972	–0.53763
吉林省	–0.4705	–0.44178	–0.40204	–0.35571	–0.33039	–0.25529	–0.16896	–0.10909	–0.01307	0.041571
黑龙江省	–0.26049	–0.19942	–0.14511	–0.06186	0.013487	0.125407	0.27596	0.370207	0.412359	0.530791

附表 1–6　2003~2011 年东部 13 省、市利用外资质量综合因子得分与排名

省市＼年份	2003	2004	2005	2006	2007	2008	2009	2010	2011
北京市	–0.65454	–0.5785	–0.5192	–0.52471	–0.50047	–0.53996	–0.61707	–0.59887	–0.58143
天津市	–0.73932	–0.70478	–0.75703	–0.68399	–0.74412	–0.58333	–1.9755	–0.55304	–0.48072
河北省	–0.75937	–0.72392	–0.70085	–0.68592	–0.70104	–0.54225	–0.58186	–0.56261	–0.53905
辽宁省	–0.56466	–0.502	–0.40314	–0.30195	–0.27233	–0.0529	0.15971	0.26406	0.433961
吉林省	–0.82153	–0.80208	–0.80019	–0.75467	–0.76537	–0.60194	–0.73668	–0.7768	–0.81073
黑龙江省	–0.8504	–0.84585	–0.84077	–0.82447	–0.80857	–0.82274	–0.78075	–0.79588	–0.78974
上海市	–0.18697	0.076538	0.103196	0.336752	0.478247	0.571067	–0.36113	0.420856	–0.05916
江苏省	0.129777	0.486716	0.863124	1.341261	1.867705	2.342727	2.580163	2.933647	3.513857
浙江省	–0.30002	–0.10889	0.254626	0.536646	0.496772	0.563689	0.92401	1.207414	1.05591
福建省	–0.28621	–0.20476	–0.07262	–0.04457	0.020817	0.066231	0.163666	0.232088	0.525054
山东省	–0.32114	–0.16179	–0.10058	0.00162	0.011362	0.034881	0.285015	0.301834	0.420834
广东省	1.486847	2.020937	1.520589	1.775883	2.017449	2.173842	2.066316	2.342474	2.607205
海南省	–0.85687	–0.85283	–0.85085	–0.84895	–0.74412	–0.74635	–0.82555	–0.81844	–0.80599

附表 1–7　2003~2011 年东部 13 省、市外资建设效应因子得分与排名

省市 \ 年份	2003	2004	2005	2006	2007	2008	2009	2010	2011
北京市	–0.35287	–0.41776	–0.41635	–0.39575	–0.34391	–0.36865	0.224963	0.133993	0.160047
天津市	–0.16282	–0.21719	0.149894	0.225085	0.690274	0.198402	5.902018	0.61126	0.708339
河北省	–0.31001	–0.2997	–0.2643	–0.28366	0.231329	–0.07294	0.215632	0.099343	–0.07691
辽宁省	–0.41393	–0.47824	–0.5272	–0.57509	–0.46399	–0.66592	–0.28663	–0.14636	–0.19697
吉林省	–0.34862	–0.35666	–0.34249	–0.37836	–0.31586	–0.49257	–0.30591	–0.16568	–0.0885
黑龙江省	–0.32551	–0.33102	–0.31657	–0.34776	–0.3752	–0.35368	–0.32808	–0.3424	–0.34388
上海市	0.11566	0.0311	0.299253	0.293772	0.549361	0.892935	4.60615	2.844992	4.994464
江苏省	–0.49585	–0.63448	–0.65261	–0.85591	–0.65566	–0.63257	0.819382	0.881888	1.204885
浙江省	–0.33577	–0.37525	–0.49087	–0.45699	–0.4365	–0.60706	–0.20463	0.636136	0.508083
福建省	–0.24086	–0.32783	–0.36972	–0.2813	–0.18427	–0.21001	0.307339	0.580734	0.353789
山东省	–0.54582	–0.52677	–0.58013	–0.68722	–0.5989	–0.44897	–0.16699	0.013041	–0.02381
广东省	–1.20992	–0.58011	–0.97014	–0.75317	–0.67287	–0.59778	1.363312	0.897797	0.836956
海南省	–0.30765	–0.3145	–0.32622	–0.31522	–0.33761	–0.34233	0.039843	–0.14208	–0.12919

附表 1-8　2003~2011 年东部 13 省、市利用外资质量综合评价得分与排名

省市 \ 年份	2003	2004	2005	2006	2007	2008	2009	2010	2011
北京市	-0.51076	-0.46277	-0.41978	-0.42154	-0.39848	-0.42966	-0.42171	-0.41832	-0.40292
天津市	-0.55163	-0.5325	-0.53089	-0.47005	-0.46361	-0.40019	-0.79439	-0.33403	-0.27136
河北省	-0.58189	-0.55518	-0.53471	-0.52601	-0.4817	-0.39961	-0.39727	-0.39584	-0.39772
辽宁省	-0.45236	-0.41398	-0.34781	-0.27983	-0.24652	-0.10963	0.084654	0.17509	0.292418
吉林省	-0.63095	-0.61776	-0.61488	-0.58583	-0.58686	-0.48773	-0.56507	-0.57901	-0.59525
黑龙江省	-0.64933	-0.64663	-0.64141	-0.63298	-0.62444	-0.63236	-0.59928	-0.61175	-0.60747
上海市	-0.12268	0.058634	0.106652	0.274811	0.404452	0.50836	0.233041	0.60917	0.492864
江苏省	0.04059	0.283616	0.553629	0.877287	1.279122	1.624807	1.952064	2.214163	2.668008
浙江省	-0.25278	-0.11892	0.131329	0.338724	0.312113	0.34217	0.645662	0.940588	0.817392
福建省	-0.23262	-0.1831	-0.09212	-0.06237	-0.00472	0.025331	0.15121	0.229964	0.417297
山东省	-0.29056	-0.17339	-0.13489	-0.07253	-0.05602	-0.02295	0.188018	0.219476	0.301504
广东省	0.94451	1.397936	0.994603	1.202323	1.385468	1.506516	1.639136	1.788741	1.973487
海南省	-0.65209	-0.6499	-0.64973	-0.64718	-0.57384	-0.57596	-0.59219	-0.60657	-0.59619

附件二　中部地区各年份指标及排名

附表 2–1　2003~2012 年中部 6 省综合因子得分与排名

年份 得分排序	2003		2004		2005		2006		2007	
1	河南	1.394707	河南	1.477252	河南	1.661099	河南	1.873397	河南	2.002576
2	安徽	0.132523	安徽	0.319811	安徽	0.293499	安徽	0.34319	安徽	0.364278
3	湖北	–0.50116	湖北	–0.34956	湖北	–0.34507	湖北	–0.31694	湖北	–0.22399
4	湖南	–0.68796	江西	–0.63049	湖南	–0.40389	湖南	–0.48467	湖南	–0.37193
5	江西	–0.72812	湖南	–0.69374	江西	–0.7116	江西	–0.6947	江西	–0.76517
6	山西	–1.1018	山西	–0.91768	山西	–0.86771	山西	–0.89795	山西	–0.98182
	2008		2009		2010		2011		2012	
1	河南	2.117243	河南	2.163075	河南	2.180847	河南	2.163126	河南	2.207555
2	安徽	1.352262	安徽	0.434237	安徽	0.423224	安徽	0.433024	安徽	0.385624
3	湖北	–0.17249	湖北	–0.15296	湖北	–0.15318	湖南	–0.19202	湖南	–0.17596
4	湖南	–0.26705	湖南	–0.24009	湖南	–0.1694	湖北	–0.21488	湖北	–0.21631
5	江西	–0.76015	江西	–0.78801	江西	–0.73874	江西	–0.7881	江西	–0.77099
6	山西	–0.98658	山西	–1.05922	山西	–1.01796	山西	–1.05919	山西	–1.12333

附表 2-2　2003~2012 年中部 6 省生产环境因子得分与排名

年份 / 得分排序	2003		2004		2005		2006		2007	
1	江西	-0.95441	湖南	-0.32212	江西	-0.08891	江西	0.096982	江西	0.39571
2	湖北	-1.08469	江西	-0.60434	湖北	-0.2557	湖北	0.064456	湖北	0.336397
3	湖南	-1.12089	湖北	-0.62207	湖南	-0.2973	湖南	-0.15868	湖南	0.295738
4	安徽	-1.3897	安徽	-1.09015	安徽	-0.84981	安徽	-0.49033	安徽	-0.01203
5	河南	-2.01994	河南	-1.59572	河南	-1.04212	河南	-0.82207	河南	-0.45766
6	山西	-2.19902	山西	-1.76687	山西	-1.30763	山西	-1.04772	山西	-0.94497
	2008		2009		2010		2011		2012	
1	江西	0.57953	江西	0.784571	湖南	1.057709	湖南	1.501519	湖南	1.869925
2	湖南	0.472435	湖南	0.706907	江西	1.011655	江西	1.45732	湖北	1.866105
3	湖北	0.392853	湖北	0.705937	湖北	0.859699	湖北	1.451733	江西	1.768667
4	安徽	0.026001	安徽	0.479593	安徽	0.773782	安徽	1.134347	安徽	1.56544
5	河南	-0.34126	河南	0.004397	河南	0.309474	河南	0.791789	河南	1.21741
6	山西	-0.7011	山西	-0.61453	山西	-0.40009	山西	0.159029	山西	0.464715

附表 2-3 2003~2012 年中部 6 省生活富裕因子得分与排名

得分排序 \ 年份	2003		2004		2005		2006		2007	
1	湖南	2.170733	湖南	2.030452	湖南	1.294499	湖南	1.293381	湖南	1.091643
2	河南	0.968073	河南	0.816591	河南	0.502531	河南	0.368535	河南	0.19587
3	山西	0.604168	山西	0.053883	山西	−0.2946	山西	−0.29635	山西	−0.07252
4	湖北	−0.02029	湖北	−0.49964	湖北	−0.52779	湖北	−0.64142	江西	−0.45633
5	江西	−0.46624	江西	−0.85206	江西	−0.84679	江西	−0.92298	湖北	−0.56044
6	安徽	−0.59161	安徽	−1.03992	安徽	−1.29262	安徽	−1.51577	安徽	−1.50046
	2008		2009		2010		2011		2012	
1	湖南	1.186056	湖南	1.297113	湖南	1.341416	湖南	1.459044	湖南	1.489895
2	河南	0.278776	河南	0.582257	河南	0.795117	河南	0.837693	河南	0.918575
3	山西	0.002135	山西	0.390636	山西	0.320378	山西	0.284913	山西	0.393977
4	江西	−0.3668	江西	−0.25489	湖北	−0.20393	江西	−0.09743	江西	−0.03902
5	湖北	−0.44872	湖北	−0.44996	江西	−0.29964	湖北	−0.16392	湖北	−0.05124
6	安徽	−3.60196	安徽	−1.34611	安徽	−1.12185	安徽	−1.164	安徽	−0.96107

附表 2-4　2003~2012 年中部 6 省综合得分与排名

年份 得分排序	2003		2004		2005		2006		2007	
1	河南	0.423742	河南	0.543997	河南	0.733652	河南	0.884459	河南	1.016366
2	安徽	–0.25682	安徽	–0.12748	安徽	–0.11207	安徽	–0.02849	安徽	0.081973
3	湖南	–0.43925	湖南	–0.28988	湖南	–0.18261	湖南	–0.19853	湖南	–0.05943
4	湖北	–0.49727	湖北	–0.35648	湖北	–0.28129	湖北	–0.20916	湖北	–0.09657
5	江西	–0.62883	江西	–0.53341	江西	–0.472	江西	–0.43059	江西	–0.37238
6	山西	–1.00568	山西	–0.85876	山西	–0.76422	山西	–0.72777	山西	–0.73551
	2008		2009		2010		2011		2012	
1	河南	1.109191	山西	–0.67487	河南	1.316456	河南	1.408603	河南	1.526072
2	安徽	0.469235	江西	–0.28999	安徽	0.303767	安徽	0.379598	安徽	0.457312
3	湖南	0.041247	湖南	0.112405	湖南	0.226141	湖南	0.313482	湖南	0.399919
4	湖北	–0.04833	湖北	0.026244	湖北	0.076364	湖北	0.166695	湖北	0.259222
5	江西	–0.32522	河南	1.228107	江西	–0.22006	江西	–0.14049	江西	–0.06303
6	山西	–0.68256	安徽	0.232511	山西	–0.61386	山西	–0.52483	山西	–0.48908

附表 2–5　2003~2011 年中部六省综合因子得分与排名

得分排序＼年份	2003		2004		2005		2006		2007	
1	河南	–0.43596	河南	–0.0734	湖北	1.449329	江西	0.363891	湖北	1.091472
2	湖北	–0.67429	江西	–0.35082	河南	0.249058	河南	0.347514	江西	0.8842
3	江西	–0.75541	湖北	–0.48305	江西	–0.10837	湖北	0.261516	河南	0.350071
4	安徽	–0.77934	安徽	–0.83823	安徽	–0.77233	湖南	–0.25613	安徽	–0.59265
5	湖南	–1.00488	湖南	–0.97448	湖南	–0.79363	安徽	–0.76351	山西	–0.79752
6	山西	–1.06547	山西	–1.02819	山西	–1.11517	山西	–1.0334	湖南	–0.84038
	2008		2009		2010		2011			
1	湖北	1.791477	湖北	2.112041	湖北	2.190588	湖北	2.116236		
2	江西	0.960432	江西	1.430323	江西	1.706195	河南	1.357595		
3	河南	0.504323	河南	0.720464	河南	1.451276	江西	1.208784		
4	湖南	–0.3863	湖南	–0.28167	湖南	0.065888	湖南	0.087568		
5	安徽	–0.42578	安徽	–0.43052	安徽	–0.27414	山西	–1.00131		
6	山西	–0.89435	山西	–1.10701	山西	–1.09809	安徽	–1.26446		

附表 2-6　2003~2011 年中部 6 省环境效应因子得分与排名

得分排序＼年份	2003		2004		2005		2006		2007	
1	河南	1.346826	湖北	0.050836	河南	0.124321	河南	0.745293	湖南	3.044194
2	江西	0.197611	江西	-0.13764	安徽	-0.11609	湖北	0.371275	河南	0.547054
3	湖北	-0.11899	安徽	-0.15132	江西	-0.26701	安徽	0.309104	安徽	0.405534
4	湖南	-0.57168	河南	-0.32155	湖北	-0.57431	江西	0.113623	湖北	0.191118
5	安徽	-0.80426	湖南	-0.45889	湖南	-0.73817	湖南	-0.68181	江西	-0.51574
6	山西	-1.12603	山西	-1.32165	山西	-1.30472	山西	-1.19477	山西	-0.88146
	2008		2009		2010		2011			
1	河南	1.054106	安徽	1.247	安徽	1.059551	安徽	4.636184		
2	安徽	0.48524	河南	0.728195	湖南	-0.06696	湖北	0.044283		
3	湖南	0.019399	江西	0.665602	江西	-0.22015	河南	0.001508		
4	江西	-0.06774	湖南	-0.29636	河南	-0.28502	江西	-0.10491		
5	湖北	-0.12604	湖北	-0.56186	湖北	-0.32496	山西	-0.72205		
6	山西	-1.05665	山西	-0.94229	山西	-0.60444	湖南	-0.72234		

附表 2-7　2003~2011 年中部 6 省综合得分与排名

得分排序＼年份	2003		2004		2005		2006		2007	
1	河南	-0.10061	河南	-0.07875	湖北	0.774411	河南	0.285216	湖北	0.653494
2	湖北	-0.40382	江西	-0.21863	河南	0.158215	江西	0.223497	江西	0.453808
3	江西	-0.4151	湖北	-0.27395	江西	-0.09284	湖北	0.193266	河南	0.264352
4	安徽	-0.54188	安徽	-0.50238	安徽	-0.46025	湖南	-0.22515	湖南	-0.14343
5	湖南	-0.64626	湖南	-0.61594	湖南	-0.54271	安徽	-0.40722	安徽	-0.29743
6	山西	-0.74382	山西	-0.74429	山西	-0.79274	山西	-0.733	山西	-0.56112
	2008		2009		2010		2011			
1	湖北	1.02304	湖北	1.159518	湖北	1.231699	湖北	1.230271		
2	江西	0.548445	江西	0.903169	江西	0.963054	河南	0.786204		
3	河南	0.410817	河南	0.499224	河南	0.808147	江西	0.688048		
4	安徽	-0.19183	安徽	-0.1087	湖南	0.030601	湖南	-0.03072		
5	湖南	-0.22148	湖南	-0.19649	安徽	-0.03929	安徽	-0.20952		
6	山西	-0.63693	山西	-0.74717	山西	-0.70392	山西	-0.66114		

附件三　西部地区各年份指标及排名

附表 3-1　2003~2012 年西部 12 省、市、自治区综合因子得分与排名

年份 得分排序	2003		2004		2005		2006		2007	
	省份	得分	省份	得分	省份	得分	省份	得分	省份	得分
1	四川省	1.625043	四川省	1.843836	四川省	2.097554	四川省	2.003821	四川省	2.201151
2	广西壮族自治区	0.806743	广西壮族自治区	1.019289	广西壮族自治区	1.187806	广西壮族自治区	0.912889	广西壮族自治区	1.237833
3	重庆市	–0.01656	重庆市	0.157619	重庆市	0.206192	重庆市	0.352416	重庆市	0.379239
4	云南省	–0.21144	云南省	–0.03605	云南省	0.122732	云南省	0.162617	陕西省	0.260462
5	陕西省	–0.27051	陕西省	–0.1069	陕西省	0.075673	陕西省	0.158749	云南省	0.25164
6	贵州省	–0.43313	贵州省	–0.25028	贵州省	–0.19824	贵州省	–0.07723	贵州省	0.062697
7	新疆维吾尔自治区	–0.67104	甘肃省	–0.52112	内蒙古自治区	–0.44855	甘肃省	–0.39357	甘肃省	–0.36354
8	甘肃省	–0.70857	内蒙古自治区	–0.56899	甘肃省	–0.46039	内蒙古自治区	–0.40693	内蒙古自治区	–0.38337
9	内蒙古自治区	–0.79163	新疆维吾尔自治区	–0.5929	新疆维吾尔自治区	–0.57911	新疆维吾尔自治区	–0.46436	新疆维吾尔自治区	–0.40386
10	西藏自治区	–1.18031	宁夏回族自治区	–1.15377	宁夏回族自治区	–1.04183	宁夏回族自治区	–0.9875	宁夏回族自治区	–0.9733
11	宁夏回族自治区	–1.25249	西藏自治区	–1.16088	西藏自治区	–1.11193	青海省	–1.13938	青海省	–1.12128
12	青海省	–1.34517	青海省	–1.30578	青海省	–1.21175	西藏自治区	–1.43838	西藏自治区	–1.38136

续表

得分排序 \ 年份	2008		2009		2010		2011		2012	
	省份	得分	省份	得分	省份	得分	省份	得分	省份	得分
1	四川省	2.351726	四川省	2.43936	四川省	2.747134	四川省	3.021052	四川省	3.237362
2	广西壮族自治区	0.769018	广西壮族自治区	0.839251	广西壮族自治区	0.953067	云南省	1.423425	广西壮族自治区	1.081927
3	重庆市	0.448847	重庆市	0.526356	陕西省	0.626152	广西壮族自治区	1.103038	陕西省	0.916716
4	陕西省	0.426584	陕西省	0.473694	重庆市	0.579588	陕西省	0.794081	重庆市	0.687364
5	云南省	0.296408	云南省	0.36305	云南省	0.455458	重庆市	0.636626	贵州省	0.533281
6	贵州省	0.111206	贵州省	0.157554	贵州省	0.133928	贵州省	0.220293	云南省	0.35705
7	新疆维吾尔自治区	−0.31929	新疆维吾尔自治区	−0.25207	新疆维吾尔自治区	−0.12073	新疆维吾尔自治区	−0.02533	新疆维吾尔自治区	0.065445
8	甘肃省	−0.35588	甘肃省	−0.3341	内蒙古自治区	−0.29022	甘肃省	−0.02867	内蒙古自治区	−0.02128
9	内蒙古自治区	−0.41955	内蒙古自治区	−0.39597	甘肃省	−0.50614	内蒙古自治区	−0.09161	甘肃省	−0.09861
10	宁夏回族自治区	−0.91391	宁夏回族自治区	−0.85187	宁夏回族自治区	−0.82481	宁夏回族自治区	−0.74669	宁夏回族自治区	−0.72323
11	青海省	−1.20959	西藏自治区	−1.19139	西藏自治区	−1.1617	西藏自治区	−1.05447	西藏自治区	−1.0278
12	西藏自治区	−1.2099	青海省	−1.24397	青海省	−1.17566	青海省	−1.07844	青海省	−1.06576

附表 3-2　2003~2012 年西部 12 省、市、自治区生产环境因子得分与排名

得分排序＼年份	2003		2004		2005		2006		2007	
	省市区	得分	省市区	得分	省市区	得分	省市区	得分	省市区	得分
1	内蒙古自治区	2.180599	内蒙古自治区	1.803016	内蒙古自治区	1.625728	内蒙古自治区	1.559031	内蒙古自治区	1.786692
2	新疆维吾尔自治区	0.996829	新疆维吾尔自治区	0.87931	新疆维吾尔自治区	0.949503	新疆维吾尔自治区	0.9051	新疆维吾尔自治区	0.986686
3	甘肃省	0.860615	陕西省	0.514695	甘肃省	0.262634	甘肃省	0.048135	甘肃省	0.156301
4	陕西省	0.799015	甘肃省	0.444846	云南省	0.152422	云南省	0.017087	云南省	0.070901
5	云南省	0.754416	云南省	0.354356	四川省	0.014655	陕西省	–0.10318	四川省	0.041962
6	四川省	0.752484	四川省	0.247796	陕西省	–0.00258	四川省	–0.19756	陕西省	–0.07328
7	广西壮族自治区	0.092713	宁夏回族自治区	–0.28236	宁夏回族自治区	–0.49508	广西壮族自治区	–0.43057	宁夏回族自治区	–0.5741
8	宁夏回族自治区	–0.02087	青海省	–0.44655	青海省	–0.57268	西藏自治区	–0.5086	青海省	–0.66509
9	贵州省	–0.12296	广西壮族自治区	–0.46365	贵州省	–0.68996	宁夏回族自治区	–0.59305	西藏自治区	–0.88322
10	青海省	–0.38423	贵州省	–0.48955	广西壮族自治区	–0.79363	青海省	–0.69093	贵州省	–0.92194
11	重庆市	–0.76824	西藏自治区	–1.00208	西藏自治区	–1.06707	贵州省	–0.69877	广西壮族自治区	–1.02711
12	西藏自治区	–1.01773	重庆市	–1.26321	重庆市	–1.30642	重庆市	–1.71435	重庆市	–1.54539

续表

年份 得分排序	2003		2004		2005		2006		2012	
	省市区	得分	省市区	得分	省市区	得分	省市区	得分	省市区	得分
1	内蒙古自治区	2.508548	内蒙古自治区	2.841329	内蒙古自治区	2.691835	内蒙古自治区	2.666172	内蒙古自治区	2.729547
2	新疆维吾尔自治区	1.081209	新疆维吾尔自治区	1.283456	新疆维吾尔自治区	1.228237	新疆维吾尔自治区	1.243375	云南省	2.477954
3	甘肃省	0.294812	云南省	0.470779	甘肃省	0.967953	甘肃省	0.193337	新疆维吾尔自治区	1.32472
4	四川省	0.294249	甘肃省	0.468839	云南省	0.44455	云南省	0.068835	甘肃省	0.522616
5	云南省	0.240487	四川省	0.362005	四川省	0.101498	四川省	–0.13417	四川省	–0.18242
6	陕西省	–0.18311	陕西省	0.057713	陕西省	–0.07888	陕西省	–0.18535	陕西省	–0.20554
7	广西壮族自治区	–0.46378	青海省	–0.35459	广西壮族自治区	–0.35839	广西壮族自治区	–0.31672	广西壮族自治区	–0.21328
8	青海省	–0.51329	广西壮族自治区	–0.35834	青海省	–0.45164	贵州省	–0.47492	青海省	–0.55816
9	宁夏回族自治区	–0.61184	贵州省	–0.59421	贵州省	–0.62071	青海省	–0.54156	贵州省	–0.7485
10	贵州省	–0.69803	宁夏回族自治区	–0.69187	宁夏回族自治区	–0.68038	宁夏回族自治区	–0.80146	宁夏回族自治区	–0.80449
11	西藏自治区	–0.84434	西藏自治区	–0.80219	西藏自治区	–0.84121	西藏自治区	–0.98307	西藏自治区	–1.01366
12	重庆市	–1.51839	重庆市	–1.53904	重庆市	–1.52701	重庆市	–1.5526	重庆市	–1.55842

附表 3-3　2003~2012 年西部 12 省、市、自治区生活富裕因子得分与排名

年份 得分排序	2003		2004		2005		2006		2007	
	省市区	得分	省市区	得分	省市区	得分	省市区	得分	省市区	得分
1	宁夏回族自治区	-0.68992	宁夏回族自治区	-0.38528	重庆市	-0.03269	广西壮族自治区	1.397687	西藏自治区	2.501154
2	重庆市	-0.80122	重庆市	-0.43304	宁夏回族自治区	-0.1944	重庆市	0.539865	宁夏回族自治区	0.281983
3	新疆维吾尔自治区	-0.87453	新疆维吾尔自治区	-0.657	青海省	-0.31474	宁夏回族自治区	0.125476	内蒙古自治区	0.267142
4	青海省	-1.00379	内蒙古自治区	-0.73202	新疆维吾尔自治区	-0.32554	内蒙古自治区	0.075978	重庆市	0.252696
5	陕西省	-1.11154	青海省	-0.74049	内蒙古自治区	-0.40778	青海省	0.059004	陕西省	0.227352
6	甘肃省	-1.18313	陕西省	-0.94364	陕西省	-0.57527	新疆维吾尔自治区	0.020598	新疆维吾尔自治区	0.214698
7	内蒙古自治区	-1.18584	甘肃省	-0.95959	甘肃省	-0.60224	陕西省	-0.04444	广西壮族自治区	0.195166
8	云南省	-1.467	云南省	-1.14622	广西壮族自治区	-0.74765	云南省	-0.21936	青海省	0.115575
9	西藏自治区	-1.4771	西藏自治区	-1.36814	云南省	-0.875	甘肃省	-0.29039	云南省	0.057327
10	贵州省	-1.90513	贵州省	-1.64869	贵州省	-1.30996	贵州省	-0.83086	甘肃省	-0.21777
11	四川省	-2.38478	广西壮族自治区	-1.87784	四川省	-1.68125	四川省	-0.95639	贵州省	-0.54167
12	广西壮族自治区	-3.17386	四川省	-1.96611	西藏自治区	-1.70354	西藏自治区	-1.06337	四川省	-0.92114

续表

得分排序 \ 年份	2008		2009		2010		2011		2012	
	省市区	得分	省市区	得分	省市区	得分	省市区	得分	省市区	得分
1	广西壮族自治区	0.618647	广西壮族自治区	0.990635	甘肃省	1.815533	广西壮族自治区	1.81224	广西壮族自治区	2.058421
2	陕西省	0.485351	陕西省	0.693475	广西壮族自治区	1.227666	陕西省	1.57254	陕西省	1.76238
3	宁夏回族自治区	0.409439	宁夏回族自治区	0.647754	陕西省	1.002937	贵州省	1.26495	宁夏回族自治区	1.494117
4	内蒙古自治区	0.407446	重庆市	0.559419	宁夏回族自治区	0.959304	宁夏回族自治区	1.256076	新疆维吾尔自治区	1.462839
5	重庆市	0.24833	内蒙古自治区	0.54406	内蒙古自治区	0.874063	内蒙古自治区	1.194294	内蒙古自治区	1.365095
6	新疆维吾尔自治区	0.176513	新疆维吾尔自治区	0.365062	重庆市	0.824659	新疆维吾尔自治区	1.191113	重庆市	1.361719
7	云南省	0.146818	云南省	0.347005	云南省	0.673201	云南省	1.130157	青海省	1.037072
8	青海省	0.034418	青海省	0.337994	新疆维吾尔自治区	0.650794	重庆市	1.071552	甘肃省	0.984631
9	甘肃省	−0.24894	甘肃省	0.124552	青海省	0.394769	青海省	0.762956	贵州省	0.699133
10	贵州省	−0.45727	贵州省	0.00869	贵州省	0.096278	西藏自治区	0.347483	云南省	0.466189
11	西藏自治区	−0.49141	西藏自治区	−0.23207	西藏自治区	−0.03266	四川省	0.137847	四川省	0.384813
12	四川省	−1.03961	四川省	−0.33581	四川省	−0.34022	甘肃省	−0.03207	西藏自治区	0.3673

附表 3–4 2003~2012 年西部 12 省、市、自治区综合得分与排名

年份 得分排序	2003		2004		2005		2006		2007	
	省市区	得分	省市区	得分	省市区	得分	省市区	得分	省市区	得分
1	四川省	0.648405	四川省	0.72797	四川省	0.846717	四川省	0.843738	四川省	0.972879
2	广西壮族自治区	0.094503	广西壮族自治区	0.248534	广西壮族自治区	0.394937	广西壮族自治区	0.516048	广西壮族自治区	0.479062
3	陕西省	–0.13262	陕西省	–0.07496	云南省	–0.00528	云南省	0.059175	陕西省	0.137228
4	云南省	–0.14418	云南省	–0.08123	陕西省	–0.01923	陕西省	0.05848	云南省	0.13541
5	重庆市	–0.18459	内蒙古自治区	–0.10898	内蒙古自治区	–0.04313	内蒙古自治区	0.01459	内蒙古自治区	0.073798
6	内蒙古自治区	–0.21026	重庆市	–0.13001	重庆市	–0.07391	重庆市	–0.00183	重庆市	0.005434
7	新疆维吾尔自治区	–0.2763	新疆维吾尔自治区	–0.23322	新疆维吾尔自治区	–0.18569	新疆维吾尔自治区	–0.10321	新疆维吾尔自治区	–0.04497
8	甘肃省	–0.34161	甘肃省	–0.28425	甘肃省	–0.2445	贵州省	–0.20751	贵州省	–0.14164
9	贵州省	–0.4065	贵州省	–0.34181	贵州省	–0.31038	甘肃省	–0.21039	甘肃省	–0.17497
10	宁夏回族自治区	–0.66967	宁夏回族自治区	–0.62706	宁夏回族自治区	–0.58268	宁夏回族自治区	–0.53865	宁夏回族自治区	–0.51436
11	青海省	–0.79143	青海省	–0.75537	青海省	–0.68581	青海省	–0.63059	西藏自治区	–0.53733
12	西藏自治区	–0.84004	西藏自治区	–0.81824	西藏自治区	–0.83538	西藏自治区	–0.85801	青海省	–0.61313

续表

得分排序 \ 年份	2008		2009		2010		2011		2012	
	省市区	得分	省市区	得分	省市区	得分	省市区	得分	省市区	得分
1	四川省	1.066506	四川省	1.184863	四川省	1.298232	四川省	1.444877	四川省	1.566059
2	广西壮族自治区	0.367985	广西壮族自治区	0.451055	广西壮族自治区	0.528383	云南省	0.800128	广西壮族自治区	0.688741
3	陕西省	0.227397	陕西省	0.30124	陕西省	0.386317	广西壮族自治区	0.661813	陕西省	0.582099
4	云南省	0.187495	云南省	0.268577	云南省	0.34079	陕西省	0.507685	云南省	0.537825
5	内蒙古自治区	0.163658	内蒙古自治区	0.231299	内蒙古自治区	0.294267	内蒙古自治区	0.416921	内蒙古自治区	0.475273
6	重庆市	0.041911	重庆市	0.106252	新疆维吾尔自治区	0.164052	新疆维吾尔自治区	0.263613	新疆维吾尔自治区	0.343791
7	新疆维吾尔自治区	0.00421	新疆维吾尔自治区	0.080811	重庆市	0.158795	重庆市	0.206517	重庆市	0.257936
8	贵州省	−0.08119	贵州省	−0.00077	甘肃省	0.057124	贵州省	0.165342	贵州省	0.225654
9	甘肃省	−0.1563	甘肃省	−0.08741	贵州省	−0.00714	甘肃省	0.008283	甘肃省	0.115042
10	宁夏回族自治区	−0.47855	宁夏回族自治区	−0.43632	宁夏回族自治区	−0.39196	宁夏回族自治区	−0.34174	宁夏回族自治区	−0.30805
11	青海省	−0.64356	青海省	−0.61031	青海省	−0.5847	青海省	−0.51443	青海省	−0.4842
12	西藏自治区	−0.73715	西藏自治区	−0.69792	西藏自治区	−0.66961	西藏自治区	−0.60013	西藏自治区	−0.58941

附表 3–5　2003~2011 年西部 12 省、市、自治区综合因子得分与排名

年份 得分排序	2003		2004		2005		2006		2007	
	省市区	得分	省市区	得分	省市区	得分	省市区	得分	省市区	得分
1	四川省	0.679699	广西壮族自治区	0.458533	广西壮族自治区	0.497801	四川省	0.652025	四川省	0.934796
2	重庆市	0.454654	四川省	0.377787	重庆市	0.479741	内蒙古自治区	0.526859	广西壮族自治区	0.69103
3	广西壮族自治区	0.226872	重庆市	0.318768	四川省	0.283885	重庆市	0.392192	重庆市	0.49531
4	云南省	0.060039	内蒙古自治区	–0.13785	内蒙古自治区	–0.0209	广西壮族自治区	–0.07915	陕西省	–0.10069
5	新疆维吾尔自治区	–0.15705	云南省	–0.27595	陕西省	–0.21864	陕西省	–0.23155	云南省	–0.11567
6	陕西省	–0.21438	陕西省	–0.31345	云南省	–0.39902	云南省	–0.47117	内蒙古自治区	–0.47283
7	内蒙古自治区	–0.26861	甘肃省	–0.52596	甘肃省	–0.42146	贵州省	–0.52686	新疆维吾尔自治区	–0.4954
8	贵州省	–0.45803	新疆维吾尔自治区	–0.53984	新疆维吾尔自治区	–0.48015	新疆维吾尔自治区	–0.65235	甘肃省	–0.58941
9	甘肃省	–0.64759	贵州省	–0.60327	贵州省	–0.64507	青海省	–0.69551	贵州省	–0.60257
10	宁夏回族自治区	–0.66203	宁夏回族自治区	–0.70306	宁夏回族自治区	–0.6912	宁夏回族自治区	–0.72403	青海省	–0.72153
11	青海省	–0.77031	青海省	–0.78129	青海省	–0.81217	西藏自治区	–0.84358	宁夏回族自治区	–0.72249
12	西藏自治区	–0.83922	西藏自治区	–0.84185	西藏自治区	–0.84314	甘肃省	–0.89777	西藏自治区	–0.84215

续表

年份 得分排序	2008		2009		2010		2011	
	省市区	得分	省市区	得分	省市区	得分	省市区	得分
1	四川省	2.019429	四川省	2.771127	四川省	3.416108	四川省	4.014551
2	重庆市	1.057242	重庆市	2.423265	重庆市	2.728375	重庆市	3.34818
3	广西壮族自治区	1.006788	广西壮族自治区	1.407472	广西壮族自治区	1.692432	广西壮族自治区	2.34465
4	云南省	0.100953	陕西省	0.455666	云南省	0.350464	陕西省	0.779578
5	陕西省	–0.14004	内蒙古自治区	0.198777	陕西省	0.332909	云南省	0.31906
6	内蒙古自治区	–0.5317	云南省	0.123589	内蒙古自治区	0.149033	内蒙古自治区	–0.07223
7	贵州省	–0.55589	贵州省	0.04126	宁夏回族自治区	–0.48932	贵州省	–0.07679
8	甘肃省	–0.61018	甘肃省	–0.49345	贵州省	–0.49615	新疆维吾尔自治区	–0.55392
9	新疆维吾尔自治区	–0.7212	新疆维吾尔自治区	–0.69108	甘肃省	–0.53274	宁夏回族自治区	–0.63351
10	青海省	–0.73003	宁夏回族自治区	–0.69859	青海省	–0.67505	青海省	–0.64919
11	宁夏回族自治区	–0.74747	青海省	–0.73019	新疆维吾尔自治区	–0.68674	甘肃省	–0.6595
12	西藏自治区	–0.86466	西藏自治区	–0.84399	西藏自治区	–0.83629	西藏自治区	–0.83479

附表 3–6　2003~2011 年西部 12 省、市、自治区环境效应因子得分与排名

得分排序＼年份	2003		2004		2005		2006		2007	
	省市区	得分	省市区	得分	省市区	得分	省市区	得分	省市区	得分
1	四川省	0.686592	内蒙古自治区	0.331897	内蒙古自治区	0.590561	内蒙古自治区	2.222294	内蒙古自治区	6.942335
2	内蒙古自治区	0.660909	四川省	–0.07836	四川省	0.154889	广西壮族自治区	1.789253	云南省	1.026264
3	重庆市	0.377099	贵州省	–0.14454	广西壮族自治区	–0.08714	甘肃省	1.008019	重庆市	0.435804
4	云南省	0.155028	西藏自治区	–0.26244	贵州省	–0.10683	重庆市	0.560393	四川省	0.359158
5	贵州省	0.055154	宁夏回族自治区	–0.27201	西藏自治区	–0.2616	云南省	0.544643	广西壮族自治区	0.091736
6	陕西省	–0.1468	陕西省	–0.2819	云南省	–0.27488	四川省	0.425321	贵州省	–0.09727
7	宁夏回族自治区	–0.18018	云南省	–0.28614	青海省	–0.2752	陕西省	0.020196	西藏自治区	–0.26228
8	甘肃省	–0.22258	青海省	–0.29478	宁夏回族自治区	–0.27554	贵州省	0.015808	宁夏回族自治区	–0.31412
9	西藏自治区	–0.25834	重庆市	–0.30544	重庆市	–0.29472	宁夏回族自治区	–0.1822	青海省	–0.32564
10	广西壮族自治区	–0.27685	甘肃省	–0.4445	陕西省	–0.31405	西藏自治区	–0.2615	甘肃省	–0.33868
11	青海省	–0.29677	新疆维吾尔自治区	–0.50598	甘肃省	–0.50345	新疆维吾尔自治区	–0.35659	新疆维吾尔自治区	–0.46348
12	新疆维吾尔自治区	–0.70447	广西壮族自治区	–0.65195	新疆维吾尔自治区	–0.55855	青海省	–0.36128	陕西省	–0.5663

续表

年份 得分排序	2008		2009		2010		2011	
	省市区	得分	省市区	得分	省市区	得分	省市区	得分
1	内蒙古自治区	4.555488	广西壮族自治区	0.494659	广西壮族自治区	0.923785	广西壮族自治区	2.704704
2	四川省	0.725851	宁夏回族自治区	−0.25192	宁夏回族自治区	0.34829	云南省	0.634003
3	广西壮族自治区	0.253025	西藏自治区	−0.2617	云南省	0.10963	内蒙古自治区	−0.23918
4	重庆市	0.125265	云南省	−0.32272	西藏自治区	−0.26843	甘肃省	−0.26783
5	贵州省	0.075171	新疆维吾尔自治区	−0.32279	新疆维吾尔自治区	−0.28095	西藏自治区	−0.26858
6	西藏自治区	−0.11274	青海省	−0.32587	内蒙古自治区	−0.35589	新疆维吾尔自治区	−0.30387
7	宁夏回族自治区	−0.23568	重庆市	−0.34731	青海省	−0.37505	宁夏回族自治区	−0.32751
8	新疆维吾尔自治区	−0.27	贵州省	−0.39177	甘肃省	−0.3875	青海省	−0.38261
9	青海省	−0.31521	甘肃省	−0.44602	四川省	−0.38805	贵州省	−0.83152
10	云南省	−0.32422	四川省	−0.51313	贵州省	−0.49715	四川省	−0.94146
11	甘肃省	−0.34862	内蒙古自治区	−0.53303	重庆市	−0.94463	重庆市	−0.99052
12	陕西省	−0.58709	陕西省	−1.06767	陕西省	−0.95257	陕西省	−1.32713

附表 3–7 2003~2011 年西部 12 省、市、自治区综合得分与排名

得分排序 \ 年份	2003		2004		2005		2006		2007	
	省市区	得分	省市区	得分	省市区	得分	省市区	得分	省市区	得分
1	四川省	0.4633	四川省	0.188306	广西壮族自治区	0.25055	内蒙古自治区	0.613395	内蒙古自治区	0.794038
2	重庆市	0.297542	广西壮族自治区	0.144776	重庆市	0.209754	四川省	0.409334	四川省	0.54915
3	广西壮族自治区	0.078511	重庆市	0.122882	四川省	0.173663	重庆市	0.292036	广西壮族自治区	0.379806
4	云南省	0.055123	内蒙古自治区	–0.02308	内蒙古自治区	0.077778	广西壮族自治区	0.227273	重庆市	0.327907
5	内蒙古自治区	–0.04284	云南省	–0.1892	陕西省	–0.16305	陕西省	–0.1196	云南省	0.093137
6	陕西省	–0.13563	陕西省	–0.20843	云南省	–0.25269	云南省	–0.16761	陕西省	–0.13853
7	新疆维吾尔自治区	–0.18917	贵州省	–0.34127	甘肃省	–0.29897	贵州省	–0.27668	新疆维吾尔自治区	–0.33212
8	贵州省	–0.2343	甘肃省	–0.34545	新疆维吾尔自治区	–0.33835	甘肃省	–0.32385	贵州省	–0.33378
9	甘肃省	–0.37648	新疆维吾尔自治区	–0.36205	贵州省	–0.35773	新疆维吾尔自治区	–0.39916	甘肃省	–0.36313
10	宁夏回族自治区	–0.37775	宁夏回族自治区	–0.4133	宁夏回族自治区	–0.40755	宁夏回族自治区	–0.4109	宁夏回族自治区	–0.42993
11	青海省	–0.45265	青海省	–0.45816	青海省	–0.47157	青海省	–0.42273	青海省	–0.43115
12	西藏自治区	–0.48336	西藏自治区	–0.48537	西藏自治区	–0.48593	西藏自治区	–0.48615	西藏自治区	–0.4855

续表

年份 得分排序	2008		2009		2010		2011	
	省市区	得分	省市区	得分	省市区	得分	省市区	得分
1	四川省	1.178795	四川省	1.390527	四川省	1.75096	四川省	1.984665
2	重庆市	0.578814	重庆市	1.23123	重庆市	1.302965	广西壮族自治区	1.648766
3	广西壮族自治区	0.571313	广西壮族自治区	0.819889	广西壮族自治区	1.03538	重庆市	1.62434
4	内蒙古自治区	0.403759	陕西省	0.080713	云南省	0.202117	云南省	0.264376
5	云南省	0.00469	内蒙古自治区	0.025088	陕西省	0.033011	陕西省	0.213237
6	陕西省	–0.1625	云南省	0.016906	内蒙古自治区	0.025391	内蒙古自治区	–0.07424
7	贵州省	–0.28312	贵州省	–0.03709	宁夏回族自治区	–0.20677	贵州省	–0.16577
8	甘肃省	–0.37563	甘肃省	–0.32846	贵州省	–0.33758	新疆维吾尔自治区	–0.3391
9	新疆维吾尔自治区	–0.42261	宁夏回族自治区	–0.40791	甘肃省	–0.34047	宁夏回族自治区	–0.38481
10	宁夏回族自治区	–0.43136	新疆维吾尔自治区	–0.41459	新疆维吾尔自治区	–0.406	甘肃省	–0.3896
11	青海省	–0.43408	青海省	–0.43577	青海省	–0.41397	青海省	–0.40141
12	西藏自治区	–0.47493	西藏自治区	–0.48639	西藏自治区	–0.48333	西藏自治区	–0.48256

参考文献

［1］Buckley P. J.，J. Clegg，C.Wang. The Relationship between Inward Foreign Direct Investment and the Performance of Domestically-owned Chinese Manufacturing Industry［J］. The Multinational Business Review，2004，3（12）.

［2］Borensztein E.，Gregorio J.D.，Lee J-W. How does Foreign Direct Investment Affect Economic Growth［J］. Journal of International Economics，1998（45）：115-135.

［3］Kumar. N. Globalization and the Quality of Foreign Direct Investment［M］. New Delhi：Oxford University Press，2002.

［4］Kumar，N.Quality of Flows as Important as Magnitude［EB/OL］. http：// fecolumnists expressindia.com，2009-01-23/2005-11-03.

［5］Yamagishi K.，Kobayashi H. A Study on the Regional Landscape Planning Framework on the Relationships Between Urban and Rural Areas：Case Study of Tokachi Region，Hokkaido，Japan//Marchettini N，Brebbia C A，Tiezzi E，et al. The Sustainable City III：Urban Regeneration and Sustainability［M］. Southampton：WIT Press，2004.

［6］祝小宁，罗敏. 对马克思恩格斯城乡统筹发展理论体系的当代解读［J］. 西华师范大学学报（哲学社会科学版），2008（5）：78-82.

［7］岑乾明，宋卫琴. 分工理论：理解马克思主义城乡观的钥匙［J］. 求索，2010（9）：100-102.

［8］刘荣才. 马克思主义城乡发展理论及其对新农村建设的启示［J］. 延安大学学报（社会科学版），2011，33（3）：15-18.

［9］陈昭玖，周波，唐卫东等. 韩国新村运动的实践及对我国新农村建设的启示［J］. 农业经济问题，2006（2）：72-77.

［10］孙保营. 韩国"新村运动"与我国新农村建设问题分析［J］. 商丘师范学院学报，2009（1）.

［11］李炳坤. 扎实稳步推进社会主义新农村建设［J］. 中国农业经济，2005（11）.

［12］陈锡文. 关于建设社会主义新农村的若干问题［J］. 理论前沿，2007（1）.

[13] 金人庆. 建设社会主义新农村 [M]. 北京：中共中央党校出版社，2006.

[14] 王雍君，陈灵. 新农村建设论集 [M]. 北京：经济科学出版社，2006.

[15] 任庆国. 我国社会主义新农村建设政策框架研究 [D]. 保定：河北农业大学博士学位论文，2007.

[16] 王德海，孙素芬. 新农村建设中农民视角的生产发展问题与需求分析 [J]. 农村经济，2009（4）：34-36.

[17] 张敬华. 江苏扬泰地区新农村建设研究 [D]. 南京：南京大学博士学位论文，2014.

[18] 周生贤. 推进村容整洁是新农村环保工作的重大任务 [J]. 环境保护，2007（1）：8-11.

[19] 刘雪荣，程水源，张正才. 中部欠发达地区新农村建设中“村容整洁”的发展现状与路径选择 [J]. 生态经济，2009（9）：163-166.

[20] 湛方栋，郭先华. 农村环境整治：村容整洁的实现路径 [J]. 云南农业大学学报（社会科学版），2013，7（S1）：117-123.

[21] 雷鸣. 论新农村建设中的管理民主 [J]. 前沿，2010（7）：128-130.

[22] 王学军，陈武. 社会主义新农村建设过程评价的实证研究 [J]. 中国人口，2009（1）.

[23] 王景新. 我国新农村建设的形态、范例、区域差异及应讨论的问题 [J]. 现代经济探讨，2006（3）：12-16.

[24] 刘彦随. 中国东部沿海地区乡村转型发展与新农村建设 [J]. 地理学报，2007（6）：563-570.

[25] 高炎琼. 影响我国中西部地区新农村建设的主要因素与对策研究 [D]. 武汉：武汉科技大学硕士学位论文，2007.

[26] 李瑞霞，陈烈. 国内新农村建设研究动态 [J]. 社会科学战线，2008（4）：78-84.

[27] 段晓凤，薛兴华. 新农村建设中民族地区传统村落的发展困境与可持续路径分析 [J]. 长江大学学报（自科版），2015，12（15）：77-81.

[28] 陈锡文. 当前农村改革发展的形势和总体思路 [J]. 浙江大学学报，2009（4）：5-10.

[29] 吴传钧. 中国农业与农村经济可持续发展问题 [M]. 北京：中国环境科学出版社，2000.

[30] 佘德蓉，陈红卫，宋俊. 对提高我国利用外商直接投资质量的思考 [J]. 四川省师范学院学报，1997（6）.

[31] 张宏. 跨国并购与山东的积极引资政策 [J]. 山东社会科学，2004（4）.

[32] 何洁. 外国直接投资对中国工业部门外溢效应的进一步精确量化 [J]. 世界经济，2000（12）.

[33] 陈自芳. 提升外商直接投资外溢效应以及引进外资质量的定量化探索 [J]. 学术研究，2005（10）.

[34] 傅元海，彭民安. 中国利用外商直接投资质量的评价标准研究 [J]. 求索，2007（11）.

[35] 甘宏业. 关于引进外资的质量评价 [J]. 中国流通经济，1996（6）.

[36] 江小涓. 吸引外资对推进中国产业技术进步的影响 [J]. 煤炭企业管理，2004（5）.

[37] 江小涓. 内资不能替代外资 [J]. 国际贸易，2000（3）.

[38] 崔凡. 利用横向外资，提高外资质量 [J]. 国际贸易，2007（1）.

[39] 隆国强. 论新时期进一步提高利用外资质量与水平 [J]. 国际贸易，2007（10）：47-48.

[40] 李萍. 进一步利用我国外资实质性的思考——注重发挥外商直接投资的技术效应 [J]. 国际贸易问题，2004（12）.

[41] 汪春，傅元海. 我国外商直接投资的利用质量评价 [J]. 湖南科技学院学报，2011（2）.

[42] 李凡. 论外资质量研究中应注意的几个问题 [J]. 湖南商学院学报，2002（2）.

[43] 姜晓亭. 创新引资方式提高利用外资质量和水平 [J]. 对外经贸研究，2003（5）.

[44] 张亚春. 中国利用外资适度规模的模型及实证分析 [J]. 亚太经济，2005(3).

[45] 世界银行编. 中国利用外资的前景和战略研究 [M]. 北京：中信出版社，2007.

[46] 许佩倩. 我国利用外资的绩效评价级区域比较 [J]. 设计界经济与政治论坛，2006（6）.

[47] 鲁明泓等. 国际直接投资区位决定因素 [M]. 南京：南京大学出版社，2000.

[48] 朱延福等. 外资国民待遇导论 [M]. 北京：中国财政经济出版社，2003.

[49] 王巾英. 关于提高我国引进外资质量指标体系的探索 [J]. 经济前沿，2001（12）：8-11.

[50] 张强. 我国利用外资质量的现状分析及对策 [J]. 商业经济，2009（2）.

[51] 吴敏华. 中国农业利用外资的现状分析及政策建议 [D]. 北京：对外经

济贸易大学硕士学位论文，2006.

[52] 吴献忠. 外商投资与中国东中西部经济市场化差别的实证研究 [D]. 上海：华东师范大学硕士学位论文，2006.

[53] 尹淑贤. 外商直接投资与经济增长关系的研究 [J]. 中央财经大学学报，2008 (2).

[54] 李志平. 外资利用与新农村建设 [J]. 北方经贸，2007 (5).

[55] 闵海燕，马明. 利用外资促进辽宁新农村建设对策分析 [J]. 农村发展，2007 (5).

[56] 赵慧娥. 国外农业利用外资政策及其对中国的启示 [J]. 理论界，2005 (2).

[57] 吴宇晖. 试论第一部类内部两个部类的划分和比例关系 [J]. 经济纵横，1989 (5)：18–23.

[58] 有田博之，王宝刚. 日本的村镇建设 [J]. 小城镇建设，2002 (6)：86–89.

[59] 焦必方，孙彬彬. 日本现代农村建设研究 [M]. 上海：复旦大学出版社，2009.

[60] 王欣昱. 外资外贸推动中国经济增长的路径分析 [D]. 长春：吉林大学博士学位论文，2011.

[61] 陈成. 西部地区产业结构优化目标下的提高利用外资质量问题研究 [D]. 贵阳：贵州大学硕士学位论文，2009.

[62] 吕晓慧. 西部地区社会主义新农村建设目标下提高利用外资质量问题研究 [D]. 贵阳：贵州大学硕士学位论文，2009.

[63] 蔡静. 贵州省新农村建设目标下提高利用外资质量问题研究 [D]. 贵阳：贵州大学硕士学位论文，2010.

[64] 崔凡. 利用横向外资，提高外资质量 [D]. 国际贸易，2007 (1).

[65] 乔颖. 提高利用我国外资质量的对策研究 [J]. 现代商业，2010 (33).

[66] 陈自芳. 外商直接投资对内资竞争力的影响与区域投资环境——以浙江为例的探讨 [J]. 社会科学，2006 (6).

[67] 郑世杰，张锐. 中国农业：利用外资的若干问题研究 [J]. 当代经济科学，1994 (4).

[68] 艾烨. 外商直接投资对我国就业效应的影响分析 [D]. 武汉：华中科技大学硕士学位论文，2005.

[69] 张燕虹. 外商直接投资对我国就业影响的效应分析 [D]. 厦门：厦门大学硕士学位论文，2007.

[70] 桑秀国. 外商直接投资与中国经济增长 [D]. 天津：天津大学博士学位

论文，2002.

［71］李恒. 外商直接投资对我国就业效应的影响分析［D］. 大连：东北财经大学硕士学位论文，2006.

［72］苗珊珊. 我国农业利用外资问题研究［D］. 咸阳：西北农林科技大学硕士学位论文，2006.

［73］田佳妮. 中国农业利用外资研究［D］. 北京：中国农业科学院硕士学位论文，2009.

［74］傅元海. 中国外商直接投资质量问题研究［M］. 北京：经济科学出版社，2009.

［75］张海洋. 外资技术扩散与中国经济增长：理论、实证与政策［M］. 成都：巴蜀书社，2007.

［76］张晴. 我国外商直接投资技术溢出效应研究［M］. 杭州：浙江大学出版社，2010.

［77］张一力. 人力资本与区域经济增长——温州与苏州比较实证研究［M］. 杭州：浙江大学出版社，2006.

［78］高素英. 人力资本与经济可持续发展［M］. 北京：中国经济出版社，2010.

［79］罗中昌. 西部新农村建设要抓住本质、看准主题、正视矛盾［J］. 集团经济研究，2006（9）.

［80］张爱玲. 外商直接投资的技术外溢机制问题——结合中国现实的研究［D］. 北京：对外经济贸易大学博士学位论文，2006.

［81］联合国贸发会议. 1999 年世界投资报告［M］. 北京：中国财政经济出版社，2000.

［82］陈国宏. 我国工业利用外资与技术进步关系研究［M］. 北京：经济科学出版社，2000.

［83］邓维斌，唐兴艳等. SPSS19.0 统计分析实用教程［M］. 北京：电子工业出版社，2013.

［84］张国亭. 进一步提高利用外资水平的政策建议［J］. 三农论坛，2009（5）.

［85］吴祁. 我国农业利用外资的现状、滞后原因及对策［J］. 苏南科技开发，2004（5）.

［86］王星. 我国农业利用外资中存在的问题及建议［J］. 安徽农学通报，2005（11）.

后 记

经过两年多的努力，本书终于出版了，笔者在欣喜之余，要感谢为本书研究和出版提供帮助的单位和朋友。

第一要感谢同济大学马克思主义学院为本书的出版提供了出版经费。

第二要感谢本书在引用和参考文献目录中提到的所有学术界的同仁，他们在相关领域的研究成果是本书研究的基础，为本书提供了重要的思想来源。

第三要感谢上海财经大学博士生导师马艳教授及她的博士生团队，他们多次集体参与本书相关问题的讨论与研究。马艳教授为本书撰写做了学理上的指导工作。

第四要感谢经济管理出版社王光艳老师对本书出版所做的推介工作以及经济管理出版社各位老师所做的有关审稿、校对、印刷、发行等出版工作。

第五要感谢我的学生。本书的论题产生于笔者长期在高校从事国际经济学的教学与研究。在给本科开设国际贸易、国际金融，给研究生开设国际经济学研究等课程过程中，本着理论要指导实践，要接受实践的检验的思路，产生了要思考这样一个理论性和现实性都很强的论题的动机。这得益于本科教学中互动式教学方法，得益于研究生教学中研讨式教学方法，亦即得益于教学相长。事实上，有些学生还直接参与了该论题的讨论、研究，甚至参与了本书部分内容的撰写，这既锻炼了学生的学术研究能力，也加快了本书的生成速度。如我的本科学生，后来成为我的同事，现在同济大学马克思主义学院攻读博士的甘梅霞（又结成新的师生之谊）对“提高利用外资质量演化规律”的撰写；在攻读硕士研究生期间选修过我任教的课程的学生，现已在上海财经大学学报编辑部工作的邱国景博士对理论界对利用外资问题已有研究所做的文献梳理；我在同济大学、上海财经大学和贵州大学指导的硕士研究生乔文瑄、宗茜、武晨、吕晓慧在数据收集等方面所做的工作；我的本科学生，现在上海大学攻读硕士学位的金鑫在本书关于社会主义新农村建设评价指标体系构建所做的工作等，都对本书的生成做出了较大贡献。我的本科学生李洋洋、杨龑超在数据收集和整理方面所做的工作也对本书的生成做出了贡献。

本书从运动、发展、联系、相对的多维视角，对利用外资质量一般和基于建设社会主义新农村目标下的利用外资质量的特定内涵进行动态、发展、相对、系统的理论研究，在此基础上探讨提高利用外资质量与建设社会主义新农村的关系，提出提高建设社会主义新农村目标下的利用外资质量的政策建议，这些工作都实现了较好的创新。当然，创新的具体成效留待读者评鉴。

由于作者水平有限，本书错漏在所难免，敬请读者批评指正。

笔者关于利用外资质量问题的思考随着本书的出版，可以暂告一段落，但是学无止境，而且随着经济社会的发展，在利用外资领域又会不断出现新情况和新问题等待我们去探索，所以仅仅只是暂告一段落，对该问题的探索没有结束。期待更多的学者也参与该问题的讨论和思索。

龚晓莺

2015 年 8 月 20 日于上海连成新苑